罗马帝国史

从奥古斯都即位到西罗马帝国灭亡

〔爱尔兰〕托马斯·凯特利 —— 著　齐建晓　孙海燕 —— 译

HISTORY OF THE ROMAN EMPIRE

FROM THE ACCESSION OF AUGUSTUS TO
THE END OF THE EMPIRE OF THE WEST

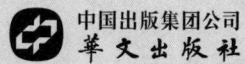

中国出版集团公司
华文出版社

图书在版编目（CIP）数据

罗马帝国史：从奥古斯都即位到西罗马帝国灭亡 /
(爱尔兰) 托马斯·凯特利著；齐建晓，孙海燕译. —
北京：华文出版社，2022.11
（华文全球史）
ISBN 978-7-5075-5155-6

Ⅰ.①罗… Ⅱ.①托…②齐…③孙… Ⅲ.①罗马帝国—历史 Ⅳ.①K126

中国版本图书馆CIP数据核字(2022)第175106号

罗马帝国史：从奥古斯都即位到西罗马帝国灭亡

作　　者：	〔爱尔兰〕托马斯·凯特利
译　　者：	齐建晓　孙海燕
选题策划：	
插图供应：	029—85504182
责任编辑：	景洋子
出版发行：	华文出版社
社　　址：	北京市西城区广外大街305号8区2号楼
邮政编码：	100055
网　　址：	http://www.hwcbs.cn
电　　话：	总编室010—58336239
	发行部010—58336212
经　　销：	新华书店
印　　刷：	北京博海升彩色印刷有限公司
开　　本：	710×1000　1/16
印　　张：	34.75
字　　数：	420千字
版　　次：	2022年11月第1版
印　　次：	2022年11月第1次印刷
标准书号：	ISBN 978-7-5075-5155-6
定　　价：	128.00元

版权所有　侵权必究

出版前言

随着中国开放的大门越开越大,关注世界各国尤其是西方国家文明的源流、发展和未来已经成为当下世界史研究的一个热点。为了成系统地推出一套强调"史源性"且在现有世界史出版物中具有拾遗补阙价值的作品,我们经过认真论证,推出了"华文全球史"系列,首次出版约为一百个品种。

"华文全球史"系列从书目选择到译者的确定,从书稿中图片的采用到人名地名的规范,都有比较严格的遴选规定、编审要求和成稿检查,目的就是要奉献给读者一套具有学术性、权威性和高质量的世界史系列图书。

书目的选择。本系列图书重视世界史学科建设,视角宽阔,层级明晰,数量均衡,有所突出。计划出版的华文全球史中,既有通史,也有专题史,还有回忆录,大都是世界历史著作中的上乘之作,同时填补了国内同类作品出版的空白。

人名地名规范。本系列图书中人名地名,翻译规范,重视专业性。同时,在人名翻译方面,我们坚持"姓名皆全"的原则,加大考据力度,从而实现了有姓必有名,有名必有姓,方便读者的使用。另外,在注释方面,书中既有原书注,完整地保留了原著中的注释,也有译者注,体现了译者的研究性成果。

书中的插图。本系列图书的一个重要特点是功能性插图,这些插图全方位、多层次、宽视角反映当时重大历史事件,或与事件的场景密切相关,涉及政治、军事、经济、社会、外交、人物、地理、民俗、生活等方面的绘画作品与摄影作品。功能性插图与文字结合,赋予文字视觉的艺术,增加了文字的内涵。

译者的确定。本系列图书的翻译主要凭借的是一个以大学教师为主的翻译团队，团队中不乏知名教授和相关领域的资深人士。他们治学严谨，译笔优美，为确保质量奉献良多。

"华文全球史"系列作为一套具有较高学术价值的优秀的世界历史丛书，对增加读者的知识，开阔读者的视野，具有积极的意义。同时要看到，一方面很多西方历史学家的观点符合事实，另一方面不少西方历史学家的观点是错误的，对于这些，我们希望读者不要不加分析地全盘接受或全盘否定，而是要批判地吸收外国文化中有益的东西。

华文出版社
2019年8月

序 言

本书的付梓意味着整套《罗马史》系列的收官。然而，我并未给它命名为《罗马史》第二卷，而是使它成为一部独立的作品。在完成《罗马共和国史》之后，由于种种原因，我背离初衷，转而完成了一部《英格兰史》。在本卷写作中，我顾虑重重，担心会有突发事情，致使写作再次中断。本卷的写作可谓殚精竭虑，耗费时日，当然是为了使作品接近完美。另外，有人认为，比起《罗马共和国史》，在学校里，《罗马帝国史》的读者不会那么普遍。但我不希望落下这样的"罪名"——强迫他人购买不想阅读的书。

我倾向于认为这种担心是错误的。在古典学派可供阅读的著作中，没有哪一部分内容会比罗马帝国的屋大维到图密善统治末期这一阶段的内容更重要。如果没有对罗马帝国历史的了解，就不可能完全理解拉丁文学全盛时期的作家，也不能完全理解诗人尤维纳利斯。事实上，我们缺乏对这段历史的了解。大多数读者虽然接触到贺拉斯和其他诗人，但只能从一些注解中获得支离破碎的信息，对这些人的故事并不熟悉。因此，我在本书中特别留意，尽量避免这种不便，并且有信心让发生在这些诗人身上的故事得以重现。

本书简要地勾勒了最初四个世纪基督教的历史。书中描绘了基督教徒遭受的迫害、教派间的纷争和"异端邪说"的形成等。此外，本书还涉及对主要基督教神学家及其作品的描述。一部缺乏基督教历史的罗马帝国史是荒谬的，但读者可能对我能否讲清基督教的历史没有足够的信心。我的作品主要面向年轻读者。我想，能援引历史学家莫斯海姆①的观点作为权威参考是一种更安全的做法。莫斯海姆博学多识、公平正直，他的作品经受了近一个世纪的考验，并且总被列入神学专业学生阅读推荐书目。此外，我还参考了维达尔先生的译作《君士坦丁一世前的基督教史》。这部作品通俗易懂，流利晓畅。同时，我必须声明我对基督教神学家的故事并不陌生。许多年前，我有机会大量阅读了他们的作品。以前，我认为他们身兼作家和教师的角色，通过阅读他们的著作，进一步印证了这一看法。

因此，读者从这本书中获得的益处是：了解拉丁诗人，了解基督教早期的历史，能够比较正确地理解强大的罗马帝国衰落和灭亡的原因及其过程。了解罗马帝国的崛起和发展的历史有助于读者追溯整个罗马史。爱德华·吉本的《罗马帝国衰亡史》始于康茂德统治时期，而本册有将近一半的内容是关于康茂德之前的历史。如前所述，读者一般对这段历史并不了解。至于康茂德之后的历史，我相信很少有人只愿意把爱德华·吉本的作品交给年轻人阅读。

如同其他历史作品一样，历史年表和地理名称同样受到关注。罗马帝国时期的专有名词混乱不堪，因而我不太可能像《罗马史》那样，以"氏族"为群体，小心翼翼地一一标注出它们的"族名"。我大胆尝试，采用了现代称谓形式，如果再使用诸如"维斯帕西安努斯""君士坦丁努斯"这样的称谓则显得矫揉造作。

托马斯·凯特利
于伦敦

---

① 莫斯海姆（1693—1755），德国历史学家，主要研究教会史。——译者注

目 录

第 1 部分　恺撒家族 / 001

003　**第 1 章**
　　　奥古斯都（公元前 29 年至公元前 8 年）

025　**第 2 章**
　　　奥古斯都（公元前 8 年至公元 14 年）

045　**第 3 章**
　　　提比略（公元 14 年至公元 37 年）

077　**第 4 章**
　　　卡利古拉（公元 37 年至公元 41 年）

089　**第 5 章**
　　　克劳狄（公元 41 年至公元 55 年）

105　第 6 章
　　　尼　禄（公元 55 年至公元 68 年）

133　第 7 章
　　　基督教

第 2 部分　军人当政的皇帝 / 143

145　第 1 章
　　　加尔巴、奥托、维特利乌斯（公元 68 年至公元 70 年）

171　第 2 章
　　　弗拉维王朝（公元 70 年至公元 96 年）

197　第 3 章
　　　涅尔瓦、图拉真、哈德良、安敦尼·庇护、马可·奥勒留
　　　（公元 96 年至公元 180 年）

221　第 4 章
　　　康茂德、佩蒂纳克斯、狄迪乌斯·尤利安努斯、塞普提米乌斯·塞维鲁
　　　（公元 180 年至公元 211 年）

245　第 5 章
　　　卡拉卡拉、马克里努斯、埃拉伽巴路斯、亚历山大·塞维鲁
　　　（公元 211 年至公元 235 年）

265 第 6 章

马克西米努斯·色雷克斯、普皮恩努斯、巴尔比努斯、戈尔迪安三世、菲利普、德西乌斯、加卢斯、埃米利安努斯、瓦勒良、加里恩努斯（公元 235 年至公元 268 年）

287 第 7 章

克劳狄二世、奥勒良、克劳狄·塔西佗、普罗布斯、卡鲁斯、卡里努斯、努梅里安（公元 268 年至公元 285 年）

307 第 8 章

基督教

第 3 部分　信奉基督教的皇帝 / 333

335 第 1 章

戴克里先和马克西米安（公元 285 年至公元 305 年）

349 第 2 章

伽列里乌斯、君士坦提乌斯、塞维鲁、马克森提乌斯、马克西米安、李锡尼、马克西米努斯、君士坦丁（公元 304 年至公元 337 年）

371 第 3 章

君士坦丁二世、君士坦提乌斯二世、君士坦斯

（公元 337 年至公元 350 年）

391	**第 4 章**
	尤利安、约维安（公元 361 年至公元 364 年）
411	**第 5 章**
	瓦伦提尼安一世、瓦伦斯、格拉提安、瓦伦提尼安二世及狄奥多西一世（公元 364 年至公元 375 年）
439	**第 6 章**
	基督教会
461	**第 7 章**
	霍诺里乌斯、瓦伦提尼安三世（公元 395 年至公元 476 年）
489	**译名对照表**

第 1 部分
恺撒家族

第1章

奥古斯都
（公元前29年至公元前8年）

精彩看点

罗马帝国——奥古斯都的统治——奥古斯都在西班牙——奥古斯都在亚细亚——法律——奥古斯都家族——阿格里帕之死——日耳曼战争——大德鲁苏斯——马塞勒斯——文学

罗历723年①（公元前31年），亚克兴战役结束了马克·安东尼和屋大维②之间持续多年的罗马最高权力的争夺。马克·安东尼自杀身亡后，时年三十四岁的屋大维无疑成为罗马世界的主人。四十四个军团③视屋大维为首领。多年的内战和"公敌宣告"④导致罗马名门显贵死亡殆尽。元老院和公民纷纷表示愿意接受君主政体。虽然我们可以对元老院的奴性嗤之以鼻，但事实会证明其此番选择的正确性。回顾公元前2世纪的罗马历史，当时的人们更愿意接受动荡不安的无政府状态，而不是稳定、强大的独裁统治。所以沉迷于"自由"和"共和"观念的人们，一定会被"呼吁"君主政体的主张弄得六神无主。需要补充的一点是，尽管君主政体的主张有违初衷、荒诞不经，但因为大家了解屋大维的人品，所以满怀希望，相信屋大维能做一个公平仁义的君主。

但撇开其他因素不谈，仅考虑臣民当下幸福，鉴于罗马帝国的庞大规模，除了君主政体，任何其他政体形式都不会与之相容。罗马帝国的形成也许是世界史

---

① 本书前两章我们使用瓦罗年表，塔西佗、卡西乌斯·迪奥和其他历史学家也曾使用这种年表。——原注
② 屋大维，即奥古斯都。本章中，在屋大维成为罗马元首之前我们称其为屋大维，成为元首之后改用奥古斯都这一称号。——译者注
③ 保罗·奥罗西指出，这里的军团并不完备，有的军团只徒有虚名，人数和装备并不完善。——原注
④ 罗马共和国末期，控制政权的军人一方面推动一系列法律的颁行，另一方面又不经法律拟订"公敌宣告"名单，宣布名单上的人为罗马公敌，任何人都可杀死"公敌"，并获得赏金。——译者注

上最令人惊奇的现象。无论罗马早期的历史多么辉煌灿烂,但有一点毋庸置疑,罗马发端于一个小镇,确切地说是一个村落,方圆不过几英里。后来,在历代国王统治下,罗马一步一步地前进,在意大利各城邦中一枝独秀,鹤立鸡群。共和国时期,罗马每年会选出两名执政官,执政官急于在任期内建功立业,而达此目的的手段是军事扩张。执政官的勃勃野心是靠罗马军团的英勇作战和严明纪律来保障的,而元老院的雄才大略则体现在把军阀割据的领土重新凝聚成强大坚实的整体。在罗马帝国的东方,大范围的开疆辟土常常会立竿见影,但土崩瓦解就在转瞬之间。后世欧洲曾出现由查理曼大帝和拿破仑一世创建的大帝国,但这些帝国的存在犹如昙花一现。相反,罗马帝国却持续了数百年。也许我们可以拿俄罗斯帝国比较其相似之处。俄罗斯帝国周围虎视眈眈的对手势力强大,对它心生忌恨。俄罗斯帝国扩张的步伐鬼鬼祟祟,耍奸弄滑,背信弃义,而罗马帝国扩张的步伐则不藏不掖,明枪实弹,勇往直前。①

　　屋大维统治下的罗马帝国幅员辽阔,西濒大西洋,北至莱茵河、阿尔卑斯山脉和哈伊莫司山脉②,东抵幼发拉底河,南达阿特拉斯山脉和阿非利加北部的沙漠地带。罗马帝国控制下的各个部落的生存状况,与英国迅速获得的印度殖民地情况有些类似。一部分部落在罗马帝国政府直接控制下,而另一部分则以盟友③的名义,在对内事务中拥有一定程度的独立性,但对外事务听从罗马。对普通的人民来说,无论是贵族政体还是民主政体,都是专制暴虐的。罗马帝国建立前,资深执政官和地方长官常常残酷压迫行省人民,人民无法从共和政体中获得任何利益,殷切希望罗马建立君主制。当时,罗马世界状况就是如此。

---

① 此处描述的是作者所处的19世纪末俄罗斯帝国的境况及作者的看法,请读者辩证看待。——译者注
② 今哈伊莫司山。——译者注
③ 这些盟友既有实行君主制的也有实行共和制的。实行君主制的有犹地亚、阿拉伯、纳巴泰、科马基尼、奇里乞亚、本都、加拉提亚、卡帕多西亚、亚美尼亚、色雷斯、努米底亚;实行共和制的有克里特岛的基多尼亚和兰帕亚,基齐库斯,罗得岛,雅典,提尔和西顿,吕西亚,以及滨海阿尔卑斯山附近的利古里亚。——原注

马克·安东尼败亡的消息传到罗马后,元老院迅速授予屋大维终身保民官的权力、裁判的否决权力、提名祭司官的权力,还授予他其他各种各样的荣誉。元老院下令在所有公共献祭场合刻上屋大维的名字,要求人们无论在公共场合还是在私人娱乐活动中,首先要为屋大维举杯献词。罗马举行了盛大仪式,关闭雅努斯①神殿的大门,因为战争已经结束。

处理完埃及的事务后,屋大维派科尼利厄斯·加卢斯担任埃及总督,自己则动身返回罗马。途经亚细亚时,屋大维在此停留了一个冬天,来协调边境事宜。在此期间,帕提亚国王弗拉特斯四世派人把自己的儿子送到罗马当人质。罗历725年(公元前29年)夏,屋大维回到罗马,举行了为期三天的凯旋仪式来庆祝自己在亚克兴和亚历山德里亚取得的胜利,以及他的副将在达尔马提亚和潘诺尼亚取得的胜利。屋大维对人民大撒钱财,清偿或免除所有人的债务。罗马的货币供给急剧增加,导致利率下降了三分之二。

据说,此时的屋大维认真考虑过放弃大权,恢复共和体制。他就此事咨询了朋友阿格里帕和梅塞纳斯。历史学家卡西乌斯·迪奥记载了阿格里帕和梅塞纳斯就此事的回应:阿格里帕表示为了共和大业,支持屋大维放弃权力的想法,尽管他的理由苍白无力,而梅塞纳斯则为屋大维制订了未来君主制的整个体系。当然,书中记载的未必可信。屋大维同两位朋友的商讨极有可能发生。屋大维一向处事谨慎,他目睹了养父——独裁者尤利乌斯·恺撒的下场,而苏拉②和庞培③的例子也表明应该放下权力,全身而退,以求自保。不久前,一桩谋杀事件发生了,小雷必达企图在屋大维返回罗马后暗杀他。小雷必达是三巨头之一雷必达之子,也是布鲁

---

① 雅努斯,罗马神话中的门神和战时国家的守护神,有两张脸,故可同时察看前后两个方向。战时士兵出征必经此门,和平时才会关闭。——译者注
② 苏拉(公元前138年—公元前78年),古罗马著名统帅,奴隶主贵族政治家。公元前79年,他弃职"隐退"乡间,次年病死。其军事独裁统治沉重打击了罗马共和制。当政期间多次对罗马宪法进行改革,性格既勇敢又狡猾,被人形容为"半狐半狮"。——译者注
③ 庞培,古罗马共和国末期著名军事家和政治家。在罗马内战中,他被尤利乌斯·恺撒打败后逃到埃及,被阿基拉斯刺死,终年五十八岁。——译者注

●尤利乌斯·恺撒被刺杀

图的外甥[①]。后来,阴谋败露,小雷必达被控制罗马的梅塞纳斯处死。即使如此,人们也很难相信屋大维真的打算放弃手中大权。

  与其说梅塞纳斯的提议占了上风,不如说屋大维早就心意已决。屋大维准备稳扎稳打,以求牢牢掌握大权。他的目标是确立一套体制,即在共和国的外衣下实行军事君主制。基于此,屋大维认为有必要限制元老院的人数并提升元老们的素质。独裁者尤利乌斯·恺撒曾出于对贵族的仇恨,在元老院引入了大量乌合之众。尤利乌斯·恺撒被刺杀后,马克·安东尼为了敛财或出于个人偏好,对那

---

① 布鲁图(公元前85年—前42年),罗马共和国晚期元老院元老。作为一名坚定的共和主义者,他联合部分元老,谋划了刺杀尤利乌斯·恺撒的行动。雷必达的妻子尤尼亚是布鲁图同母异父的妹妹。——译者注

些附庸风雅、攀高附贵之人大开方便之门，元老数目多达千人，鱼目混珠，泥沙俱下。为扭转这种局面，屋大维让自己和阿格里帕先成功当选监察官。他没有任意驱逐元老院中不称职的人员，而是让他们根据资格做自我评判。五十位元老被迫主动辞职，之后又有一百四十人离开。声名狼藉的元老离开元老院后，屋大维暂缓了改革的步伐。由于内战导致贵族数量骤减，屋大维决定增加贵族数量。为消除骚乱的危险，屋大维更改了尤利乌斯·恺撒的规定，除了西西里和纳博讷高卢，禁止元老院未经允许访问其他行省。这段时期，罗马麻烦不断，人人自危。为了缓解元老的恐惧，也为了防止元老联合起来谋害自己，屋大维向元老保证，已悉数焚毁马克·安东尼的秘密文件。事实上，屋大维只烧掉了小部分，保留了大部分，以备不时之需。

如同尤利乌斯·恺撒被授予"凯旋将军"头衔一样，屋大维也被授予"凯旋将军"头衔。罗历726年（公元前28年），他第六次出任执政官。在整理元老名单时，根据以前共和制的惯例，他得到了元老院授予他的"首席元老"的头衔，而这是他最喜欢的一个头衔。屋大维免除所有国债，焚烧了债券，举办了取悦公民的各种演出。罗历727年（公元前27年），屋大维在元老院发表讲话，请求把治国大权还给元老院，恳求元老们允许自己退隐，颐养天年。这引发了人们的种种猜测。只有少数人了解屋大维的真实意图，心照不宣，秘而不谈。一些人愿意相信屋大维的话，认为屋大维打算把权力还给元老院是真心实意。但更多人对共和国时的无政府状态和动荡不安心有余悸。出于不同动机，所有人一致呼吁屋大维不要放弃权力。屋大维推脱再三，假装极不情愿地做出妥协。如此一来，他便获得了至高无上的权力，并且权力来得名正言顺，是元老院和公民授予的。屋大维还支付给禁卫军双倍的酬劳，以提高其警惕性和忠诚度。

屋大维达到了目的，以合法手段确立了至高无上的权力。但在过去的十多年，他拒绝接受这样的权力，原因是他认为国家还没有实现安宁与和平。此外，屋大维虽然接受对整个帝国的监管权，但他并不承担对所有行省的直接管控。

相反,他将行省分成两类:阿非利加、亚细亚、巴提卡西班牙[1]等比较和平有序的行省委托给元老院管理,而留给自己的则是容易滋生战事和动荡不安的行省,诸如高卢、塔拉科西班牙[2]和埃及。第一类行省总督的选举由元老院通过抽签方式从元老中选出。不管以前有没有担任过执政官,被选中的元老将以"资深执政官"的名义任职一年。这些资深执政官手不握利剑,身不着戎装,其管辖权仅限于民事方面。第二类行省总督由屋大维直接任命。他们将被任命为"雷加图斯"[3]和"地方长官",只要他们愿意,任期无限制,可佩带利剑,身着戎装,对士兵有生杀予夺大权。"资深执政官"有十二名护卫,"地方长官"则有六名刀斧手。屋大维还派遣财务官到各行省征税和管理税收。所有总督和下级官员都将获得固定的酬劳,不能像共和国时期那样自付酬劳。

当时,元老院还把一些桂冠放在屋大维的帕拉丁宫殿[4]门前,桂冠之上悬挂一顶橡树叶王冠,以此表明屋大维永远是打败国家敌人的胜利者,永远是罗马人民的守护者。也有人提议授予屋大维其他一些特殊的称谓。屋大维本人更喜欢"罗慕路斯"[5]这一称谓,因为这代表自己是罗马的第二位创建者。但屋大维发现这一称谓会引起人们对他觊觎皇权的怀疑;因此,他默许了元老院关于"奥古斯都"这一称谓的提议。这一称谓由穆纳提乌斯·普兰库斯提出,带有至尊至圣的含义。

奥古斯都[6]奠定了权力基础。然后,他借口远征不列颠离开了罗马。奥古斯都发现高卢仍不稳定,于是在高卢待了一段时间,直至高卢重归安宁。此时,阿斯图里亚人和坎塔布里亚人入侵西班牙。奥古斯都兴兵讨伐。然而,他发现与敌人

---

[1] 巴提卡山脉以南及以东的西班牙地区。——译者注
[2] 山北西班牙地区。——译者注
[3] 雷加图斯是元老院的头衔,原义指"使者",也是罗马军队的"司令官""副将"等高级将领、幕僚的职衔,等同于现代的将官。——译者注
[4] 罗马帝国开国之君屋大维住在帕拉丁的宫殿。——译者注
[5] 罗慕路斯,传说中罗马城的建立者,王政时代第一王。——译者注
[6] 奥古斯都,即屋大维。下文中我们以"奥古斯都"来称屋大维。——译者注

的周旋很难尽兴，因为敌人总是避入山区，从不在平原开阔地带作战。他们埋伏在丛林幽谷，不断偷袭奥古斯都的军队。奥古斯都不胜其烦，加之操劳过度，不久染病在身。他回到塔拉科，把军队指挥权留给了安提斯提乌斯。在安提斯提乌斯和卡里修斯的率领和指挥下，罗马军队在战争中取得了优势。奥古斯都随后遣散了那些服满法定兵役的士兵，并在卢西塔尼亚为他们建了一个城镇，取名梅里达。罗历730年（公元前24年），奥古斯都回到罗马，他有近三年时间不在罗马了。然而，奥古斯都一离开西班牙，坎塔布里亚人和阿斯图里亚人又拿起了武器。尽管地方长官卢修斯·埃米利乌斯出兵镇压，但这些顽强的山地人从未被彻底征服。严格地说，他们一直保持着某种半独立性。

罗历730年（公元前24年），出于贪婪或征服欲望，奥古斯都命令埃及总督埃利乌斯·加卢斯远征到处是珍宝的"福地"阿拉伯半岛。然而，在穿越沙漠时，烈日炎炎，饮用水不足，新型疾病暴发，罗马士兵苦不堪言。加上土著部落的骚扰，军队人数损失过半。埃利乌斯·加卢斯不得不放弃原定计划。此后，罗马人再也没有试图征服过阿拉伯半岛。

奥古斯都在西班牙患病后，似乎一直饱受疾病困扰。回到罗马后的第二年（公元前23年），他的健康状况恶化，甚至不再抱生的希望。奥古斯都认为自己大限将至。于是，当着主要元老院议员和骑士的面，他给了与他同时担任执政官的卡尔普尼乌斯·皮索一本书。书上记录着国家军事力量和财政税收等状况。同时，奥古斯都把自己象征权力的戒指戴在阿格里帕的手上，但没有指明谁应该是继承人。每个人都期望奥古斯都任命马塞勒斯——奥古斯都的姐姐屋大维娅的儿子，奥古斯都把自己唯一的女儿大尤利娅许配给了马塞勒斯。然而，一个叫安东尼·穆萨的医生通过一套冷水沐浴和冷饮的方法，使奥古斯都重获健康。奥古斯都康复后，希望在元老院宣读自己的遗嘱，证明他没有在遗嘱中指定继承人。但元老们不同意他这样做。奥古斯都是打算恢复共和体制，还是希望阿格里帕接替自己的位置，这一点我们无从得知，而后者的做法更符合他的性格，似乎是一种更有可能的假设。康复后,奥古斯都不仅担任终身保民官,还享有元老院授予的一切权力。奥古斯都即使不再担任执政官了,也永久享有资深执政官的权威。

无论奥古斯都有没有让马塞勒斯即位的打算,但大家都为马塞勒斯的英年早逝倍感沮丧。马塞勒斯逝世时只有二十岁上下,这令人们非常悲伤。因为马塞勒斯继承了母亲屋大维娅和蔼可亲的品质,受到了所有人的爱戴。

奥古斯都已经做了连续九年的执政官。他觉得自己的权力已足够稳固,不再需要这一头衔。于是,罗历732年(公元前22年),执政官由马库斯·克劳狄·马塞勒斯和卢修斯·阿伦提乌斯担任。但这一年疫病肆虐,饥荒暴发,迷信说法认为这些灾难源于奥古斯都没有担任执政官。于是,人们包围了元老院,威胁元老院如果不立奥古斯都为独裁官,就会将元老院付之一炬。接下来,人们抢来二十四根刀斧手的束棒,呈送到奥古斯都面前,恳求他上任并监管全国的谷物市场。最后,奥古斯都接受了权力,但拒绝了易招反感的头衔,甚至在人们强迫他"紫袍加身"时,他也表示勉为其难,以"租借"的方式接受。奥古斯都以同样方式拒绝接受终身监察官的头衔,但他始终拥有监察官的权力。

虽然奥古斯都受到人们的爱戴,但罗马仍然有一些不安定的因素。有些人认为,无论奥古斯都多么温和可敬,罗马都不应该置于一个人的统治之下。这时,针对奥古斯都的阴谋出现了,法尼乌斯·卡埃皮奥是主谋,据说梅塞纳斯的妹夫卢修斯·穆雷纳也牵涉其中。在审判过程中,他们没有抗辩,被判有罪后直接被处决。

奥古斯都决定访问罗马帝国东部并在这里实施行之有效的管理方案。罗历733年(公元前21年),奥古斯都离开罗马,他的首站是西西里岛。在此停留期间,他得知罗马因执政官的选举而发生了诸多骚乱。谨慎的人们热切期待奥古斯都返回罗马。然而,奥古斯都并没有满足他们的意愿。但为了维持罗马的秩序,奥古斯都召回了当时在亚细亚行省的阿格里帕。他命令阿格里帕同妻子离婚,并且让阿格里帕娶了马塞勒斯的遗孀大尤利娅①。奥古斯都把罗马的管理权交给阿格里帕。阿格里帕做事雷厉风行，管控有方，罗马迅速恢复了秩序和安宁。

奥古斯都在继子提比略的陪同下，从西西里岛出发，前往希腊。当时，希腊的地位已微不足道，在处理完这个小地方的事务后，奥古斯都前往萨摩斯，在这里度过了一个冬天。罗历734年（公元前20年）春，他前往亚细亚，来到叙利亚。奥古斯都处理了所有与罗马结盟或受罗马保护的小君主国的相关事宜，然后又回到萨摩斯过冬。在这里，奥古斯都接待了许多来自不同国家的使者，其中有一人来自印度，双方签署了和平友好条约。印度使者带来不少礼物，其中一个礼物是能弯弓射箭且能用脚把小号举到嘴边吹奏的无臂之人。印度使者还送给奥古斯都几只老虎，这是首批被带入欧洲的老虎。

帕提亚国王弗拉特斯四世因为担心战争再起，之前一直未能履行协议——释放同克拉苏和马克·安东尼作战时的俘虏。奥古斯都一到亚细亚，弗拉特斯四世很快就履行了之前的承诺。到底多少士兵因此回到了自己的国家，我们不得而知，但返乡者可能只占最初被俘人数的一小部分。被俘期间许多人已经死亡，活下来的大部分俘虏则更愿意留在当地，因为他们已经习惯那里的生活。奥古斯都本人一直认为此番作为是他一生中最辉煌的成就。他建造了一座神殿献给战神马尔斯以示纪念。而那些为奥古斯都的统治增添光彩的诗人则不遗余力地大发溢美之词，为奥古斯都不战而屈人之兵的胜利歌功颂德。

执政官选举引发了新的叛乱，甚至导致了流血冲突。罗历735年（公元前19年），奥古斯都为此回到了罗马。元老院一如既往毫不吝惜地授予奥古斯都各种各样的荣誉，但奥古斯都只同意建造一座神坛，献给命运女神福尔图娜·雷多克斯。另外，元老院在公共节日中增加新的节日，纪念奥古斯都返回罗马的日子，这个节日被称为"奥古斯塔利亚"。奥古斯都还被任命为礼仪督查官，任期五年。同

---

① 据说，奥古斯都在询问梅塞纳斯关于阿格里帕的意见时，梅塞纳斯对奥古斯都说："你给了阿格里帕如此大的权力，所以你要么让他成为你的女婿，要么处死他。"——原注

时，他拥有同一时期的监察权，并担任终身执政官。此时，阿格里帕正在西班牙镇压起义。阿格里帕认为使罗马重新恢复秩序后，有必要前往高卢一趟，因为那里正在发生叛乱，并且遭到日耳曼人的侵扰。之后，他又从高卢出发，马不停蹄地赶往西班牙，因为当地的坎塔布里亚人联合起义了。阿格里帕平定了起义，并未遇到太大的麻烦。然后，他返回罗马。奥古斯都提议授予阿格里帕种种凯旋荣誉，但阿格里帕一如往常，婉言谢绝了奥古斯都的好意。

在奥古斯都看来，元老院仍然是一个过于庞大的机构。他认为改革的步伐可以再大胆一些，对元老院的人数做进一步精简。但他在改革过程中遇到了困难。他没能像期望的那样把元老院人数降到三百人，而是不得不将其人数保留到六百人。然而，即使适度削减元老院人数，也会引起无端猜疑。针对奥古斯都和阿格里帕的阴谋时有发生，有几次阴谋密而未发，有几次则已兵戎相见。

奥古斯都一向谨言慎行，他深知寡头统治和无知民主的罪恶。他的目标是建立一个受人尊敬的贵族政体国家。正是基于这种考虑，奥古斯都努力限制元老数量，提升元老品质。罗历736年（公元前18年），他进一步改革，以法律和命令的形式，迫不及待地鼓励元老院的元老和罗马骑士相互通婚。但当时的挥霍放荡之风盛行，不管奥古斯都如何许以荣誉之冠、物质奖赏还是有罪豁免的有利政策，都效果不佳。人们甚至热衷于一种新做法——与幼儿订婚。这种做法不仅可以逃避法律的惩罚，还可以从中获利。按照法律规定，订婚者两年之内如果不能完婚则婚配无效，而法律又禁止十岁以下幼儿结婚。于是，有婚约之名而无婚约之实，既合法又能获利。对奥古斯都来说，不幸的是，他自己的性格和品行对帝国婚配制度并没有产生任何积极影响。众所周知，他对妻子利维娅的不忠早已传遍天下。

或许我们有必要介绍一下奥古斯都的家庭。奥古斯都的前任妻子是斯里柏尼娅，他们育有一女，即大尤利娅。后来，奥古斯都和利维娅结了婚，他们婚后无子。利维娅也为再婚之人。起初，奥古斯都把大尤利娅嫁给了自己的外甥马塞勒斯。马塞勒斯是奥古斯都的姐姐屋大维娅与其第一任丈夫克劳狄·马塞勒斯之子,但年纪轻轻就死掉了。马塞勒斯死后,奥古斯都便强迫阿格里帕与妻子玛塞拉——屋大维娅的女儿——离婚并娶了大尤利娅。阿格里帕与大尤利娅再婚后生有两个儿子,一个叫盖乌斯·恺撒,一个叫卢修斯·恺撒。此二人后来都被奥古斯都收养。利维娅与第一任丈夫克劳狄·尼禄也生有两个儿子——一个是提比略,另一个是大德鲁苏斯。但大德鲁苏斯是在利维娅和奥古斯都结婚后才出生的——利维娅和奥古斯都结婚时,利维娅已身怀六甲。提比略娶了维普撒妮亚·阿格里皮娜,她是阿格里帕和第一任妻子采齐利娅·阿蒂卡的女儿。采齐利娅·阿蒂卡是西塞罗的朋友阿提库斯的女儿。

  罗历737年(公元前17年),奥古斯都和阿格里帕隆重地庆祝了百年节。接下来,奥古斯都认为离开罗马一段时间是明智的,于是派遣阿格里帕去亚细亚,他自己则借口日耳曼人入侵而前往高卢。但一部分人认为他此行的目的是与梅塞纳斯的妻子特伦蒂娅秘密幽会,他们已经私通很长时间了。奥古斯都带着继子提比略,用了大约三年来管理高卢、西班牙和日耳曼各行省。罗历741年(公元前13年),奥古斯都回到了罗马,第二年便担任了大祭司。这一职位因雷必达的离世而一直空缺,雷必达曾是奥古斯都三巨头同盟时期[①]的盟友,尽管奥古斯都总是故意揶揄嘲弄雷必达,但在雷必达生前,奥古斯都一直让他担任这一光荣的职务。

  阿格里帕这段时间一直在亚细亚。罗历741年(公元前13年),他也回到了罗马。奥古斯都对他的信任从未减少,授予了他五年的保民官权力。潘诺尼亚人跃跃欲试,入侵的矛头指向罗马,奥古斯都把镇压潘诺尼亚人的任务交给了阿格里帕。潘诺尼亚人一听阿格里帕来到,立即放弃所有侵略的想法。因此,阿格里帕便率军撤退。罗历742年(公元前12年)春,阿格里帕在坎帕尼亚一病不起。当

[①] 公元前43年,马克·安东尼、屋大维和雷必达组成官方政治同盟,史称"后三巨头同盟"。——译者注

时，奥古斯都正在罗马庆祝"五日节"①，听闻此消息后便急忙前去探望阿格里帕，但他赶到时，阿格里帕已撒手人寰。奥古斯都下令把阿格里帕的遗体运回罗马，在罗马努姆广场亲自为阿格里帕发表了葬礼演讲。虽然阿格里帕已有准备的下葬之地——战神广场，但奥古斯都还是把阿格里帕的骨灰安放在了奥古斯都陵。阿格里帕与世长辞时不到五十一岁。

历史上，没有几个人物可以比阿格里帕更令人敬仰。阿格里帕出身卑微，他的崛起完全是靠自己的努力，靠他对上层始终如一的崇高忠诚。无论是贵族还是平民百姓，人们都肯定他、赞扬他。贵族认为他是真诚的朋友、能力出众的大臣和能征善战的将军；平民百姓视他为保护神、广施恩泽的大善人。阿格里帕拥有雄厚财产，致力于公共服务、造福人民和美化城市。罗历735年（公元前19年），阿格里帕花了大笔钱财开凿几条引水渠，这几条引水渠中从维尔戈水道到战神广场的引水渠最值得一提。罗历728年（公元前26年），阿格里帕用大理石和绘画装饰了赛普塔剧场周围的柱廊，柱廊是雷必达所建。为了纪念奥古斯都，阿格里帕把柱廊命名为"尤利安"。阿格里帕还为海神尼普顿神殿修建了美轮美奂的柱廊，此外，他还建造了一座名为"万神殿"的圆形神殿，这座神殿保存至今。根据阿格里帕的遗嘱，他把以自己名字命名的花园和浴场留给罗马公民。奥古斯都是阿格里帕遗产的主要继承人，但他以阿格里帕的名义向每位平民捐赠了一百德拉克马银币。

虽然阿格里帕无可替代，但奥古斯都还是迫切需要一个可以接手阿格里帕工作的人。于是，他很不情愿地选择了继子提比略。奥古斯都似乎有一条不成文的规定，即不管谁将来成为继任者，都应该娶自己的女儿大尤利娅。因此，他强迫提比略同阿格里帕的女儿维普撒妮亚·阿格里皮娜离婚。提比略与维普撒妮亚·阿格里皮娜情深意笃，她已为提比略生有一子，并且当时还怀有身孕，但面

---

① 在古罗马宗教中，"五日节"是3月19日庆祝密涅瓦（智慧女神，即希腊神话中的雅典娜）的神圣节日。——译者注

对君令，提比略不得不与维普撒妮亚·阿格里皮娜离婚，娶了大尤利娅。随后，奥古斯都派提比略去镇压潘诺尼亚人起义——潘诺尼亚人听到阿格里帕死亡的消息后，重新拿起了武器。

现在，我们再来谈一谈罗马帝国的外交关系和军事事务。

在罗马帝国管辖的疆域内，唯一敢对抗罗马军队的是活跃在西班牙北部山区的巴斯克人。巴斯克人虽然经常吃败仗，势力受到削弱，但在有利的地理条件庇护下，从未被彻底征服。在阿非利加的南部边境，土著部落偶尔也会受雇于邻省的总督并听从他们的指挥。罗历732年（公元前22年），埃塞俄比亚人在坎达丝女王的带领下，入侵了上埃及，一直攻占象皮那城。但埃塞俄比亚人很快就被总督彼得罗纽斯击退了。彼得罗纽斯乘胜一鼓作气，攻入埃塞俄比亚，迫使坎达丝女王休战。在奥古斯都统治时期，帕提亚倒是一片风平浪静，但多瑙河和莱茵河附近的部落成了罗马帝国最危险的敌人。当时，这些部落不止一次给罗马帝国制造恐慌，罗马帝国需要派遣大量军队来击退或镇压他们。

色雷斯因被降格为罗马帝国的一个行省而引发了新的战事。色雷斯的原住部落还不习惯臣服新主子，凭借罗多彼山脉和哈伊莫司山脉的天然屏障，叛乱一触即发。罗历743年（公元前11年），色雷斯爆发了一场大规模起义。起义持续了三年，最后被总督卢修斯·皮索镇压。卢修斯·皮索因此获得了凯旋式①荣誉。

罗马共和国后期，罗马的边境已经逐渐扩大到伊利里亚。伊利里亚位于亚得里亚海北部，这让罗马人与一些深处内陆的部落可以有商业往来。对罗马人的入侵，这些部落本就不服，再加上罗马人飞扬跋扈和对他们的无情压迫，产生敌对情绪也就在所难免。罗历738年（公元前16年），两个来自阿尔派恩的部落——卡穆尼亚人和维尼亚人揭竿而起，但很快就被资深执政官普布里乌斯·西柳斯镇压下去。紧接着，潘诺尼亚人在诺利卡人的帮助下入侵伊斯特里亚，但被普布

---

① 凯旋式是一种宗教仪式，起源于埃特鲁西亚。它是罗马军事指挥官得到的最高荣誉。——译者注

里乌斯·西柳斯击退。普布里乌斯·西柳斯随后率领军队进攻诺里库姆,对诺利卡人施以打击。不久,阿尔卑斯山脉一带的拉提亚人和居住在他们与多瑙河之间的温得利人开始入侵高卢和意大利。拉提亚人和温得利人常常逮捕并处死那些在他们国家旅行的罗马人。于是,奥古斯都派继子大德鲁苏斯去攻打拉提亚人和温得利人。大德鲁苏斯在特里登图姆山区击败敌人。此时,拉提亚人和温得利人继续向高卢侵犯。奥古斯都命令大德鲁苏斯的哥哥提比略在另一侧发动进攻。在提比略、大德鲁苏斯和将军们的共同努力下,这些山地人被打得服服帖帖。敌人中身强体壮的男丁被悉数抓走,剩下的只是一些老弱病残,再也无法兴风作浪。潘诺尼亚人在罗历743年(公元前11年)再次起义,提比略率军出征并成功终结了潘诺尼亚人的起义。元老院认为提比略大获全胜,但奥古斯都只允许授予提比略荣誉勋章。

此时,大德鲁苏斯同日耳曼人进行了一场战斗。独裁者尤利乌斯·恺撒时期,罗马已扩张至莱茵河一带,乌比安人、凡吉尼亚人和其他一些日耳曼人惧于罗马人的声威,在威逼利诱下,穿过并定居于莱茵河东岸。后来,他们逐渐习惯了罗马人的生活方式。他们生活的地区称作上日耳曼和下日耳曼,即现在的塞莱斯塔到克莱沃一带。罗马人沿莱茵河西岸设有几处防御工事,而在莱茵河东岸未建大本营。但罗马人同莱茵河东岸的人们有着正常的贸易往来。

罗历729年(公元前33年),日耳曼人杀了一些正常出入他们国家的罗马人。为了惩罚这些日耳曼人,马库斯·维尼修斯在莱茵河东岸指挥军队发动进攻。战斗胜利后,马库斯·维尼修斯获得了凯旋式荣誉。此后近十年这一带都风平浪静,直到罗历738年(公元前16年),日耳曼三个部落——西坎布里亚人、乌西佩坦人和泰克特兰人抓获一批罗马商人并把他们钉死在十字架上。然后,这些部落跨过莱茵河,大肆劫掠高卢和日耳曼行省。罗马雷加图斯马库斯·罗利乌斯率军与之交战。但这些部落预先设下埋伏,一举击溃了罗马骑兵团,并且还在追击过程中奇袭了马库斯·罗利乌斯的部队,夺走了罗马第五军团的鹰旗。奥古斯都得知此消息后，认为受到了奇耻大辱，动身前往高卢。当奥古斯都到达的时候，日耳曼人已同意停战并交出人质。

奥古斯都在高卢待了近三年。罗历741年（公元前13年），他离开高卢，把日耳曼边境的防御任务交给了他的继子大德鲁苏斯。奥古斯都离开后，西坎布里亚人及其盟友重新挑起战事。此时，高卢人的不满情绪也似乎有蔓延的趋势。为此，大德鲁苏斯以纪念奥古斯都而举办庆祝活动为名，邀请日耳曼主要首领前往卢格杜努姆[①]。大德鲁苏斯监视着日耳曼人的一举一动。当日耳曼人渡莱茵河时，大德鲁苏斯发起突然袭击，先分割、后围歼。罗历742年（公元前12年），大德鲁苏斯亲自率军渡过莱茵河，进入乌西佩坦人的领地，再推进到西坎布里亚人的领地，将这些地方夷为平地。大德鲁苏斯率领军队沿着莱茵河乘船继续北上，进入大海，军队沿着海岸航行，与居住在海岸附近的弗里斯人结盟。然而，由于船小，加之海水退潮，船在乔坎斯海岸搁浅。多亏了弗里斯人，大德鲁苏斯的军队才安全脱险。之后，大德鲁苏斯率领军队返航，在冬营地安营。罗历743年（公元前11年）春，大德鲁苏斯再次率军渡过莱茵河，彻底击败了乌西佩坦人。由于查塔人拒绝加入西坎布里亚人对抗罗马的联盟，西坎布里亚人恼羞成怒，攻打查塔人。大德鲁苏斯利用西坎布里亚人老巢空虚这一时机，在利珀河上架起了一座桥，快速穿过西坎布里亚人的领地，进入切鲁索，推进到威悉河附近。然而，由于缺乏补给，罗马人没有渡过威悉河就被迫返回了。在撤退过程中，罗马人不断受到日耳曼人的骚扰和袭击。有一次，罗马军团遭遇伏击，但因为敌人过于自信，使罗马军团有了自救的机会——敌人认为罗马军团已经溃不成军，便随意地展开攻击，但令日耳曼人意想不到的是，罗马军团纪律严明、训练有素，轻而易举地便扭转了局势。大德鲁苏斯在埃里森河和利珀河的交汇处建造了一座堡垒，又在莱茵河的查塔人领地建造了另一座堡垒，然后返回高卢过冬。罗历744年

---

① 今里昂。——原注

（公元前10年），因为同日耳曼人的战争爆发，奥古斯都动身前往战区，坐镇卢格杜努姆。大德鲁苏斯再次率军渡过莱茵河，对西坎布里亚人及其盟友发动进攻——这次查塔人加入了这个反罗马联盟，所以查塔人成为这次战争的主要受害者。战争结束后，奥古斯都和他的继子大德鲁苏斯回到了罗马。

罗历745年（公元前9年），大德鲁苏斯第四次渡过莱茵河，摧毁查塔人的残余势力。他从查塔出发，挺进施瓦本，以同样的方式消灭所有反抗之人。接着，大德鲁苏斯率军进入切鲁斯坎，越过威悉河，到达易北河。一路上，罗马军队所到之处无坚不摧。然而，在渡易北河时，罗马军队遇到阻碍，大德鲁苏斯不得不率军返回莱茵河。在返回途中，马失前蹄，大德鲁苏斯摔成重伤，还未到莱茵河畔就命归黄泉了。大德鲁苏斯的遗体被运回罗马，奥古斯都和提比略在罗马为他

●大德鲁苏斯率军到达易北河

发表了葬礼演说。大德鲁苏斯的骨灰被安放在尤利乌斯家族的陵园里。大德鲁苏斯和他的孩子也被授予"日耳曼尼库斯"[①]的头衔，此外，驻扎在莱茵河畔的军队也为他建立了纪念碑。

大德鲁苏斯罹难时只有三十岁。生前他娶了三巨头之一马克·安东尼和屋大维娅的小女儿，并育有几个孩子，但在大德鲁苏斯去世时，在世的只有三个孩子：日耳曼尼库斯、克劳狄和莉薇拉。大德鲁苏斯不管是作为士兵还是作为公民，都展现了高尚的品格。人们普遍认为，如果大德鲁苏斯能大权在握，就会恢复共和制。有传言说他曾写信给兄长提比略，提议迫使奥古斯都重新恢复公民自由，但提比略把这封信给奥古斯都看了。后来，提比略抱着诽谤奥古斯都的目的，捕风捉影地向众人暗示：大德鲁苏斯罔顾奥古斯都的召回命令，所以奥古斯都下令毒杀了大德鲁苏斯。

罗历743年（公元前11年），奥古斯都的姐姐屋大维娅去世了。罗历746年（公元前8年）年底，大德鲁苏斯去世不到两年时，梅塞纳斯也撒手人寰，奥古斯都对这位早期的朋友、顾问和重臣表示沉痛的哀悼——当然特伦蒂娅还在世，奥古斯都还可以继续与她风流快活。

梅塞纳斯是酒色之徒，骄奢淫逸，纵情享乐，同时是出色的政治家，能力出众，精明善断。梅塞纳斯把这两种看似水火不容的性格结合得天衣无缝。在履行公务的时候，梅塞纳斯表现出的远见卓识、精神活力和积极向上无人能及。一旦放下公务，梅塞纳斯就会立马放松身心，闲暇时分的奢华纤弱更胜女流。梅塞纳斯对于奥古斯都的慷慨赏赐照单全收，当然他也利用手中的权力卖官鬻爵。梅塞纳斯并不为自己捞取荣誉和职位。他出生于骑士之家，直到终老仍属于骑士阶层。梅塞纳斯似乎与阿格里帕不同，他没有把财富用于改善和装饰城市，但他是文人骚客的支持者，也是文艺创作的资助者。当人们朗诵维吉尔和贺拉斯诗

[①] 日耳曼尼库斯的意思是"日耳曼征服者"。——译者注

歌的时候——没人能抵挡得了他们诗歌的魅力,同时被千千万万读者朗诵的还有梅塞纳斯的名字,这个名字带着荣耀,熠熠生辉。相比而言,出身更高贵的阿格里帕的名字则鲜为人知。这就是文学的力量,使人永享盛名!

这实际上是罗马文学史上最辉煌的时期。虽然我们不能说是政治环境塑造了文学巨匠,但我们看到的是,文学的长足发展通常与重大政治事件同步出现。正是在希波战争、伯罗奔尼撒战争期间,关于希腊永恒的缪斯女神的神话产生了。正是在近代欧洲因宗教纷争而动荡不安的这段时期,意大利、西班牙和英格兰诞生了最优秀的天才诗歌作品。同样,第一批罗马诗人出现在布匿战争时期,第二批罗马诗人出现在内战的灾难时期。比起第一批诗人的作品,第二批诗人的作品虽然没有那么犀利有力,但依旧无比辉煌。

第一位天才诗人是维吉尔。罗历684年(公元前70年),维吉尔出生于安第斯一个靠近曼图的小村庄,罗历735年(公元前19年)卒于布伦迪西乌姆。维吉尔常年住在乡下,喜欢乡村生活。他的第一篇诗歌是塞奥克里托斯[①]式的诗歌。然而,他的这次尝试并没有取得显著成功。维吉尔的诗歌虽然甜美和谐,描写秀美动人,但并没有达到塞奥克里托斯的那种自然和质朴。接下来,维吉尔又创作了《农事诗》,这是关于农业教诲式的诗歌。毋庸置疑,这次他获得了成功,因为这是世界上臻于完美的教诲式诗歌。然后,维吉尔在史诗领域大胆尝试,欲与荷马一争高下。同《伊利亚特》相比,维吉尔的史诗《埃涅阿斯记》少了激情与思想;同《奥德赛》相比,《埃涅阿斯记》少了浪漫和温馨;作为一部史诗,同近代意大利作品《耶路撒冷的解放》相比,《埃涅阿斯记》也稍逊一筹。但无论如何,这部作品仍属于格调高雅的史诗,给心性高雅的读者带来快乐。在选择罗马读者对象

---

① 塞奥克里托斯(约公元前310—公元前250年),希腊诗人,其生平记载甚少,仅存的诗歌有以乡村为背景的田园诗和哑剧,也有以城镇为背景的叙事诗、抒情诗和短诗。其田园诗富有特色和影响力,他将田园文学引入诗歌中,从而成为维吉尔的田园诗和许多文艺复兴时期诗歌戏剧的灵感来源。塞奥克里托斯最著名的田园诗包括《泰尔西斯》和《收获节歌》。——译者注

这个问题上，维吉尔证明了自己卓越的判断力，他取代了恩尼乌斯①的地位，成为民族诗人。

罗历689年（公元前65年），贺拉斯生于阿普利亚的韦诺萨。在其讽刺诗集和书信集中，充分表现了他优雅从容、温润如玉、饱含智慧的性格，他对人类和世界都有深邃的洞察。贺拉斯还将阿尔凯奥斯、萨福②和其他希腊诗人的抒情方法用于拉丁语诗歌创作中。贺拉斯的颂歌集轻松活泼、淡雅温和、充满哲理，有着独特而无可比拟的魅力。在较高文学层次的创作中，贺拉斯的成就相对较少，但在这些领域也可以看到他尝试的努力。贺拉斯于罗历746年（公元前8年）去世。同年，他的朋友兼赞助人梅塞纳斯也撒手人寰。

提布鲁斯和普罗佩提乌斯分别化名涅埃拉和辛西娅为他们的艺妓情人写了不少爱情挽歌。与古代其他诗人相比，提布鲁斯的风格更接近现代的感伤主义。普罗佩提乌斯则展示了在神话方面的博学多识，其作品中散发出的雅致与纯粹也是那个时代的爱情诗人难以企及的。

同时期的诗人还有瓦利乌斯、瓦尔吉乌斯、科尼利厄斯·加卢斯、普罗提乌斯·图卡、普布里乌斯·泰伦斯·瓦罗等。他们受到同时代人的赞扬，但他们的作品已经佚失——这或许从侧面证明了他们的成就相对不高。他们都模仿希腊人的写作风格。

奥维德生活在奥古斯都统治的后期。罗历711年（公元前43年），他出生于帕尔格纳的萨尔莫。罗历770年（公元17年），他在流放地攸克辛海③的托米去世。奥维德是一位天才诗人，尝试创作出了不同题材的作品。他借用古希腊英雄的名字

---

① 恩尼乌斯（公元前239—公元前169年），罗马诗人、戏剧家。早期拉丁诗人中最有影响者，公认的罗马文学之父。其叙事诗《编年纪》从埃涅阿斯的漂流写到诗人自己所处时代的罗马，也是一部民族史诗。直到罗马诗人维吉尔写的《埃涅阿斯纪》出现，恩尼乌斯的《编年纪》才黯然失色。——译者注
② 萨福是公元前7世纪初莱斯博斯岛的希腊抒情诗人。她的诗歌大都表现她对女人的感情和爱，从而引发了她是女同性恋的猜想。——译者注
③ 即黑海。——原注

和他们的性格特征创作的作品有《女杰书简》，爱情挽歌，教诲诗《爱的艺术》，《变形计》，以及关于罗马历法的《岁时记》。此外，奥维德创作了一部名为《美狄亚》的悲剧。这部作品受到古代评论家的高度赞扬。奥维德的作品典雅细腻、轻松幽默，但少了磅礴大气，并且常常对严肃的话题插科打诨。另外，在奥维德的爱情诗中，他少了一些提布鲁斯和普罗佩提乌斯的细腻和微妙。奥维德的作品虽然有这样那样的缺点，但他仍是一位给大家带来快乐的诗人。奥维德为什么在罗历761年（公元8年）被流放到托米，这一直是一个未解之谜。他自己认为有两个原因：一是他的作品《爱的艺术》的某些内容所致，二是他看到了一些不应该看到的东西。奥维德在被流放后创作出书札诗歌透露出一种消极的状态，不再有以前的魄力。

诞生在奥古斯都统治时期的还有著名史学家提图斯·李维。他著的《罗马自建城以来的历史》展现了一幅罗马共和国波澜壮阔的宏伟画卷。罗历695年（公元前59年），提图斯·李维出生在伯杜瓦，罗历770年（公元17年）去世（奥维德也于同年去世）。提图斯·李维讲述了从埃涅阿斯弃船登陆意大利到罗历745年（公元前9年）大德鲁苏斯去世期间的这段历史，其中大部分有价值的史料已经佚失。

第2章

奥古斯都
(公元前8年至公元14年)

精彩看点

提比略——放逐大尤利娅——提比略对日耳曼人的战争——瓦鲁斯的惨败——奥古斯都驾崩及其性格——罗马帝国的形成和条件

自从奥古斯都战胜马克·安东尼成为罗马的最高统治者，二十一年已经过去。在此期间，奥古斯都的外甥马塞勒斯、高贵的继子大德鲁苏斯及两个最能干、最亲密的朋友阿格里帕与梅塞纳斯相继离世。奥古斯都现在可以寄托希望的有两个外孙兼养子盖乌斯·恺撒和卢修斯·恺撒[①]以及小阿格里帕——他是盖乌斯·恺撒和卢修斯·恺撒的弟弟，是阿格里帕的遗腹子，他继承了父亲的名字。此外，奥古斯都还把希望寄托在提比略的身上，以及大德鲁苏斯之子日耳曼尼库斯的身上。

　　罗历746年（公元前8年），盖乌斯·恺撒十三岁，卢修斯·恺撒比盖乌斯·恺撒小三岁。在成长过程中，兄弟二人逐渐形成的性格让奥古斯都很苦恼。他们生于"紫衣寝宫"[②]，得到了所有人的极力奉承巴结，集万千宠爱于一身，两位王子恃宠骄横也就在所难免。对于提比略，虽然奥古斯都清楚地认识到他性格中的

---

① 卢修斯·恺撒（公元前17年到公元2年），奥古斯都的外孙，阿格里帕和大尤利娅的儿子，他与哥哥盖乌斯·恺撒被奥古斯都收养。作为皇帝的养子和罗马帝国的共同继承人，他们的政治和军事生涯充满希望。然而，卢修斯·恺撒于公元2年8月20日在高卢的马西利亚突发疾病去世。他的哥哥盖乌斯·恺撒也于公元4年2月21日去世。两位继承人的早逝迫使奥古斯都在公元4年6月26日收养了卢修斯·恺撒的弟弟阿格里帕·波斯图姆斯和他的继子提比略，从而重新划定了继承权。——原注

② 也就是说，在奥古斯都掌权后第一批出生在帝王之家的皇子。——原注

缺点，但不得不给他安排一个职位，因为提比略年富力强，经验丰富，完全有资格获得一个重要职位。因此，大德鲁苏斯去世后，奥古斯都把日耳曼战争的军事指挥权交给了提比略。罗历746年（公元前8年）和罗历747年（公元前7年），提比略率领罗马军团渡过莱茵河进攻日耳曼，但这次日耳曼人没有抵抗。罗历748年（公元前6年），奥古斯都授予提比略五年保民官的权力。适逢亚美尼亚局势动荡，奥古斯都便派提比略前去平定。

然而，提比略决定暂时淡出政坛。起初，他的借口是自己早已厌倦荣华富贵，希望能够过上一段平静安逸的日子。后来，他又说自己退隐的真正原因是不想妨碍盖乌斯·恺撒和卢修斯·恺撒接受锻炼，因为他们正向成人迈进。另外，提比略妻子大尤利娅行为放荡也是他离开的一个原因。也有可能他认为通过暂时离开政坛，在国家要求他回归时，他就有了增加自己权力的砝码。甚至有人说他之所以退隐，是因为密谋陷害盖乌斯·恺撒和卢修斯·恺撒而被奥古斯都驱逐出境。但要想获得母亲利维娅和继父奥古斯都的许可来实施自己的退隐计划并非一帆风顺。我们了解到，提比略为达目的，以绝食相威胁，而且实际上他已经绝食四天了。最终，奥古斯都勉强同意了提比略的请求。提比略带着几个随从悄悄前往奥斯蒂亚，然后他们乘船沿着坎帕尼亚海岸前进。途中提比略听到奥古斯都患病的消息，立即停止前行，但他又意识到，如果奥古斯都驾崩，此时返回罗马会让人们认为他觊觎皇位。尽管当时天气条件并不适宜航行，但提比略还是起航继续前往罗得岛。

早在罗历735年（公元前19年），提比略从亚美尼亚返回罗马时就曾游历过罗得岛。罗得岛气候舒适宜人，环境有益健康，深受他喜欢，所以他决定隐居在此。他深居简出，所住房间不大不小，举止彬彬有礼，对待周围居民也都一视同仁，平等相待。那些前往亚细亚的行省总督和雷加图斯也都会去拜访提比略。罗历753年（公元前1年），盖乌斯·恺撒奉命管理亚美尼亚政务，提比略特意到希俄斯岛等候他。提比略是盖乌斯·恺撒的继兄，年长于盖乌斯·恺撒，所以一开始盖乌斯·恺撒对提比略非常尊重。但在马库斯·罗利乌斯——奥古斯都配给盖乌斯·恺撒的军师——的挑拨下，不久，盖乌斯·恺撒就同提比略疏远了。

提比略的保民官任期结束后，他请求回到罗马，声称当初之所以隐退是希望摆脱自己同盖乌斯·恺撒和卢修斯·恺撒争夺权力的嫌疑。因为两位皇子已经长大成人，并且自己能够保住一人之下万人之上的地位，提比略觉得自己没有必要再待在外面了。提比略希望获得允许，能够再次回到罗马拜访自己的亲朋好友。然而，他的请求被直接拒绝。提比略的母亲为了挽回儿子的颜面，给他弄到一个雷加图斯荣誉。提比略在罗得岛又待了两年，直到盖乌斯·恺撒同意他的请求。为此，盖乌斯·恺撒还和马库斯·罗利乌斯吵了一架。罗历755年（公元1年），提比略得到允许，回到了罗马，但前提是不得参与国事。

罗历752年（公元前2年）提比略离开罗马期间，大尤利娅行为放荡，人尽皆知，传到了她父亲奥古斯都的耳朵里。在作为阿格里帕的妻子时，大尤利娅就行为不检，当时她的情夫遍布罗马的整个贵族阶层。最后，她变得愈加寡廉鲜耻，夜晚在广场上狂欢作乐，喝得酩酊大醉，甚至在公共演讲台上行为放荡。奥古斯都虽然早就怀疑大尤利娅行为不端，但当他亲眼看见大尤利娅堕落的样子时，依旧怒不可遏。奥古斯都将"家丑"外扬到元老院，并且要将放荡的女儿大尤利娅流放到位于坎帕尼亚海岸的潘达达里亚岛上，由她的生母斯里柏尼娅陪同。严禁大尤利娅享用美酒佳肴、珠宝华服；不经奥古斯都特准，任何人不准探望大尤利娅。奥古斯都完全不理会提比略为大尤利娅写的求情信，还以提比略的名义送去一纸休书。对于人们不断要求召回她的请求，奥古斯都一概拒绝。有一次人们的请求极其迫切，奥古斯都便公然祈愿：苍天啊，大地啊，但愿你们也摊上这样的妻女！大尤利娅经历了长达五年的放逐后，奥古斯都终于允许她离开潘达达里亚岛，搬到位于大陆利基翁的小镇上，待遇也稍有改善。

大尤利娅的情夫中有一个叫尤鲁斯·安东尼的人，他是后三巨头同盟成员之一马克·安东尼和富尔维娅的儿子。奥古斯都一直待他不薄，还将自己姐姐屋大维娅的女儿许配给他,给予他无上的荣耀和地位。然而,尤鲁斯·安东尼做出这种忘恩负义的事情,实在罪不可赦,尤鲁斯·安东尼最后以死谢罪。其余与大尤利娅有染的人,如森普罗尼乌斯·格拉胡斯、昆可提斯·克里斯皮努斯、阿庇乌斯·克劳狄等,要么被处决,要么被流放。

家门不幸和家庭变故给奥古斯都带来一次次的打击。罗历755年(公元2年),奥古斯都的外孙卢修斯·恺撒在去西班牙的路上一病不起,在马萨利亚①去世。罗历757年(公元4年),盖乌斯·恺撒返回意大利时,在吕西亚与世长辞。奥古斯都现在仅剩下一个外孙——与阿格里帕同名的遗腹子小阿格里帕。奥古斯都于同一天收养了小阿格里帕和提比略,他对提比略说:"我这样做是为了国家的发展。"同时,奥古斯都命提比略收养了弟弟大德鲁苏斯的长子日耳曼尼库斯。实际上,提比略有自己亲生的儿子,是他与第一任妻子所生,名字也叫德鲁苏斯,以下称他为小德鲁苏斯。

提比略又被授予另外五年的保民官权力,随即被派往日耳曼战场。此前,罗马同日耳曼人的战争已持续了三年。第一次作战,提比略率军渡过威悉河,成功控制威悉河,一直持续到12月。提比略命部队驻扎在利珀河上游的冬营地,自己则返回罗马。罗历758年(公元5年),提比略率领部队接受了乔坎斯部落的臣服,并击溃了日耳曼最凶猛的部落——伦巴第。随后,提比略率罗马军团向易北河岸挺进。同时,提比略的船队也安全地从莱茵河口驶入易北河口,与陆军部队协同作战。

罗历759年(公元6年),罗马对日耳曼人的作战计划可谓气势恢宏。日耳曼中的马科曼尼人放弃了故土,占领了位于赫西尼亚大森林中心的波希乌姆。马科曼尼人的首领叫马罗波杜斯。他拥有杰出的才能,凭借智慧而非蛮力使自己在马科曼尼人中确立了无可争议的权威,并且用武力征服或者游说的方式使周围各部

---

① 今马赛。——原注

落归顺。后来，马罗波杜斯麾下共有步兵七万，骑兵四千，同时军队训练有素，纪律严明。马罗波杜斯的南下部队距离阿尔卑斯山脉只有两百英里。因此，他能够迅速派出大批军队进攻意大利。马罗波杜斯时时刻刻准备支援日耳曼或伊利里亚行省的叛乱。作为政治家的提比略深谋远虑，他预料到这种危险后，准备对马科曼尼人发起联合进攻。于是，他命令盖乌斯·森提乌斯·萨图尼努斯率军从查塔人的北方进攻波希乌姆，而提比略自己则率领伊利里亚军队从查塔人的南方进攻。这支军队是他在诺里库姆的卡农图姆早已集结好的。

但罗马人宏伟的作战计划因达尔马提亚人发生大规模叛乱而遭受挫折。达尔马提亚人不堪忍受罗马人施加的重税。此时，他们刚好发现境内的罗马驻军撤离去参加日耳曼战争，同时他们接到命令要筹备一支辅助军队。达尔马提亚人意识到自己的兵力数量和作战能力同罗马军队相比也许并不逊色。于是，在首领巴托的带领下，达尔马提亚人决心争取独立。此时，潘诺尼亚部落中的布雷坎人挑起了事端，后来加入了达尔马提亚人的队伍。于是，很短时间内，所有潘诺尼亚人都加入了反叛的队伍。

镇压潘诺尼亚人的战争持续了三年，迫使罗马动用了十五个军团和同等数量的辅助部队，被认为是自汉尼拔时代以来最惊心动魄的对外战争。这次战争的主战场毗邻意大利的边界，因此奥古斯都在元老院公开宣布，如果不采取适当的措施，那么敌人不出十日就能攻到罗马城下。潘诺尼亚人十分了解罗马人的语言、艺术和知识等。他们组织了庞大的叛乱联盟，据估计，约有步兵二十万，骑兵九千。叛乱首领的领导能力出众，擅长主动出击。为了在兵力上不逊于敌人，奥古斯都不得不召集所有退伍军人重新入伍，雇用获释奴隶参军，并从奴隶主手里购买身体强壮的奴隶入伍。但不幸的是，罗马当时正遭受着严重的饥荒，艰难困苦由此可见一斑。

提比略在战场上证明了自己是一位杰出的将军，日耳曼尼库斯——奉奥古斯都之命参战——也在战争中为自己日后的声望奠定了基础。罗历762年（公元9

年），战争胜利结束，从亚得里亚海到多瑙河，从诺里卡到色雷斯和马其顿，尽归罗马帝国版图。

这场危险的战争刚一结束，就有消息传来：位于日耳曼行省的罗马军团遭受重创。罗马人在莱茵河北岸占领了部分日耳曼领土后，派军驻扎于此，并建立了堡垒。在长期接触过程中，日耳曼人逐渐学到罗马人的礼仪和制度。日耳曼人如果能够得到妥善安抚，本可以受到文明的教化，成为有用的臣民。但当时担任日耳曼行省的军队指挥官是瓦鲁斯。他曾担任叙利亚的总督，早已习惯了人们无条件地服从他，忽略了温顺的叙利亚人和野蛮的日耳曼人之间的区别。瓦鲁斯仍套用管理叙利亚的经验，苛刻地对待日耳曼人，并征收重税。重压唤醒了日耳曼民族的战斗精神。他们秘密制订计划，试图摆脱外来压迫的桎梏。他们的主要领导人是阿尔米尼乌斯。阿尔米尼乌斯的父亲西吉默是切鲁斯坎部落的首领。西吉默曾长期在罗马军团服役，获得了罗马公民和骑士身份。阿尔米尼乌斯和西吉默的计划是把瓦鲁斯诱骗到一个安全的地方，假装欣然接受瓦鲁斯下达的所有命令，诱使瓦鲁斯离开莱茵河并进军威悉河地带。西吉默和阿尔米尼乌斯一直跟随瓦鲁斯，赢得了瓦鲁斯的完全信任。即使查塔人赛格斯特斯向瓦鲁斯透露了这个阴谋并建议瓦鲁斯逮捕阿尔米尼乌斯等人，瓦鲁斯也拒绝相信，根本不理会赛格斯特斯的建议。

一切准备就绪后，阿尔米尼乌斯向几个偏远的日耳曼部落下令，要它们做好随时作战的准备，以便在袭击瓦鲁斯时多一层安全保障。在瓦鲁斯准备进军威悉河地带时，阿尔米尼乌斯借口募集军队，同其他人暂时留在后面。他答应随后与瓦鲁斯的队伍会合。瓦鲁斯刚一离开，阿尔米尼乌斯就率领军队扑向瓦鲁斯驻扎在各处的分遣队，肆意杀戮。随后，阿尔米尼乌斯召集了一支庞大的军队，跟在瓦鲁斯的军队后面，意欲在某个地方赶上瓦鲁斯的军队，执行他的计划。

瓦鲁斯率领的军队由三个罗马军团组成，配备了必要的骑兵和辅助部队，共计两万四千多名男性士兵，随军出行的还有妇女和儿童，马车、牲口、辎重等紧随其后。途经一个友好的国家时,罗马军团的行军纪律放松下来,不像平时那样井然有序。这时,它们前行至一个四周山丘环绕、遍地沼泽、丛林茂密的地方。为了保证顺利通行,罗马军团不得不伐木取道。适逢天气恶劣,风雨交加,军队在泥潭中踉跄前进,伐木后留下的直立树桩和倒下的树干阻挡了前行的道路。这时,罗马人突然发现深陷日耳曼军队的包围圈中。日耳曼人从四面八方突袭而来,罗马军团遭受了几轮攻击后损失惨重。终于,罗马人找到了一处干地扎营过夜。他们烧毁并丢弃了

●瓦鲁斯率领的罗马军团遭到日耳曼人袭击

大部分辎重。第二天依旧风雨大作,罗马军团试图穿过树林,但顽强的敌人没有给他们任何喘息的机会。最后,瓦鲁斯和主要将领意识到生还无望,与其被野蛮人俘虏或屠杀,不如亲手了结自己。军队士气全消,一部分士兵效仿他们的长官选择自裁,另一部分则放弃抵抗,被活活屠杀或沦为俘虏。要不是日耳曼人忙于抢夺财物,恐怕没有一个罗马人能逃脱被俘或被杀的命运。雷加图斯努米尼乌斯·瓦拉带领一大部分骑兵部队,杀出一条血路,向莱茵河方向仓皇逃窜。

战场上惨败的消息传来,这对罗马而言无疑是一场灾难,罗马城内人心惶惶。自克拉苏时代以来,罗马军团还从未遭遇如此不幸。人们担心日耳曼人会乘胜入侵高卢,甚至威胁意大利和罗马,但如今罗马城防空虚,已无御敌之兵。奥古斯都同样感到无比震惊。他悲愤地撕扯自己的衣服,向朱庇特发誓,如果国家能够重获安全,他将举办盛大竞技活动来纪念朱庇特[①]。奥古斯都在城中增加了

---

① 根据苏埃托尼乌斯和卡西乌斯·迪奥的记述:"奥古斯都一连几个月不修剪头发和胡须,以头撞门,哭喊道,'昆克提里乌斯·瓦鲁斯,把军队还给我'。"但熟悉奥古斯都性格的人认为此事不可信。我们可以注意到,奥古斯都此时已经七十多岁了。——原注

一倍的警卫,并延长了各行省总督的任期。他发布了征兵令,却发现适龄青年无一人应征入伍。于是,他采用抽签的方法来组建军队:三十五岁以下的人群,抽取五分之一;三十五岁以上的人群,抽取十分之一。有违此令者,没收其财产并使之身败名裂。然而,此时罗马人已经堕落得不可救药,严格的命令也未能奏效,军队人员缺口依然很大。因此,奥古斯都决定以死刑作为惩罚手段。最后,他在退伍军人中通过抽签的方式决定人选,同时千方百计征募更多的获释奴隶,组建了一支军队。奥古斯都命令提比略率领这支军队马不停蹄地奔赴日耳曼。同时,他命令所有在罗马城的高卢人和日耳曼人离开,并把日耳曼籍的士兵转移到沿海一些岛屿以防他们叛乱。罗历763年(公元10年),提比略率军渡过莱茵河,但没有遇到任何敌人。罗历764年(公元11年),提比略和日耳曼尼库斯再次来到日耳曼,但与上次一样,仍没有任何作战的机会,日耳曼军队一下子消失得无踪无影。罗历765年(公元12年),在奥古斯都的授权下,提比略采用惯常的作战方法,取得了潘诺尼亚战争的胜利。

奥古斯都晚年的变故虽然不算多,但注定要经历一系列家庭不幸。他将外孙女小尤利娅——阿格里帕与大尤利娅之女——许配给卢修斯·埃米利乌斯·保卢斯。小尤利娅像她母亲一样肆意放荡。奥古斯都只能如法炮制,将其流放。小尤利娅的弟弟小阿格里帕,性情古怪,脾气暴躁,奥古斯都宣布与他断绝关系,将他安置在苏伦图姆,不准他参与任何政务。但小阿格里帕变本加厉,最终奥古斯都将他流放到靠近科西嘉一个叫普拉尼亚的小岛上,加派守卫监视他。

针对奥古斯都的阴谋从来没有间断过。奥古斯都的生命安全仍旧受到很大的威胁。罗历757年(公元4年),一场阴谋浮出水面,主犯科尼利厄斯·秦纳是庞培的外孙和独裁者苏拉的孙子[①]。奥古斯都长期以来一直思忖应该如何采取行动来打击这些阴谋,从以往经验来看,杀掉一场阴谋的主犯并不能阻止另外一场

---

① 科尼利厄斯·秦纳的母亲庞培娅·马尼亚是庞培和穆西亚·特尔蒂亚之女,而庞培娅·马尼亚的第一任丈夫福斯图斯·科尼利厄斯·苏拉是独裁者苏拉唯一的儿子。——译者注

阴谋的出现。最后，利维娅说服奥古斯都对阴谋者宽大处理。奥古斯都把这些阴谋者叫到面前，进行了一番告诫，赦免并遣散了他们。他甚至在罗历758年（公元5年）任命科尼利厄斯·秦纳为执政官。奥古斯都如此宽宏大量产生了很好的效果。在奥古斯都余生中，再无人密谋造反。

在提比略取得潘诺尼亚战争胜利的第二年，奥古斯都获得了第五个十年期的最高统治权。接着，他又任命提比略为保民官，进行第三次人口普查。罗历767年（公元14年），奥古斯都派遣日耳曼尼库斯管理日耳曼行省，同时派遣提比略去处理伊利里亚行省的事务，然后打算在贝内文托解除提比略的职务。按照计划，日耳曼尼库斯和提比略会去协办那不勒斯的竞技活动。该活动是为纪念奥古斯都每五年举办的庆典活动。奥古斯都自己则沿陆路前行，远行至阿斯图拉。一天晚上，奥古斯都一改平时的做法，离开原地，弃轿纳凉。没曾想偶遇风寒，引起腹泻，但他并没在意。奥古斯都登上船，悠闲地沿着坎帕尼亚海岸航行。他在卡普里埃岛待了四天，然后回到那不勒斯，观看了竞技赛。接下来，奥古斯都来到贝内文托。在此解除了提比略的职务后，他回到了诺拉。后来，奥古斯都的病情更加严重，他又派信使召回提比略。据说，奥古斯都与提比略进行了一次长时间的私人会谈。之后，奥古斯都就不再处理任何国事了[①]。驾崩那天，他让人拿来一面镜子，捋了捋头发，鼓鼓两颊，问在场的人："如果人生如戏，众人皆为演员，那么我是否演好了自己角色？演出结束了，我能得到观众的掌声吗？"随后，他便让众人退下了。在场的人中有从罗马赶来的，奥古斯都向他们询问了大德鲁苏斯女儿的病情。奥古斯都在利维娅的怀里咽下了最后一口气，临死前嘴里还说着："永别了，利维娅[②]。希望你能把我们的婚姻铭记于心。"据说，奥古斯都

---

① 根据卡西乌斯·迪奥等历史学家的记载，更普遍更可信的说法是，奥古斯都在提比略到达前就去世了，但利维娅封锁了他驾崩的消息。——原注
② 有人指控利维娅毒死了奥古斯都，说奥古斯都亲手采摘了新鲜的无花果用于治疗腹泻（当时是一种普遍的做法），但利维娅在上面涂了毒药。奥古斯都数月前到普拉尼亚会见了小阿格里帕，这成了他死亡的原因，但这种说法似乎不太可信。——原注

去世时所在的房间正是七十二年前他父亲去世时的地方。

公元14年8月19日下午，离七十六岁生日还有一个月的时候，奥古斯都驾崩了。自从亚克兴战役以来，奥古斯都在罗马行使最高权力已经有四十四年了。奥古斯都本人的体型并不魁梧。他的面容总是非常安详和宁静，他的眼睛总闪着一种特别的光芒。奥古斯都不关心自己的外表。生活方式非常简单朴素，他只吃最普通的食物，只穿妻子、姐姐和女儿织成的衣服。在家庭中，他表现得十分善良和深情。奥古斯都既是温和宽容的领导者，也是忠实的朋友。他喜欢观看竞技场的公开表演，尽管他这么做可能只是为了让自己更受欢迎。他也会赌博取乐，但他赌博不是为了获取利益，因为他并不索取钱财。人们认为奥古斯都最大的缺点是他太过清心寡欲。但正如我们看到的那样，这种说辞明显夸大了事实。

作为罗马帝国的元首，在人们看来，没有哪一位元首能比奥古斯都更值得称赞。在奥古斯都执政的四十四年时间里，他没有实施过任何暴行或苛政。事实上，他始终把人民的福祉放在心中。因此，在罗马历史上，没有任何一位执政者像奥古斯都一样，能够得到社会各个阶层的爱戴。罗马人自然将其尊称为"国父"，这只是他们对奥古斯都真切爱戴的表现罢了。

然而，近代的一些作家普遍将奥古斯都视为专制君主[1]，认为他摧毁了自由制度，一心只为控制权力而去奴役整个国家。事实上，自由早在奥古斯都时代之前就已经从罗马消失了。我们可以确信，比起无政府的动乱社会，人们当然更喜欢社会安宁、天下太平，而安宁太平是由奥古斯都一手缔造和维持的。奥古斯都的继任者未能像他那样维持国泰民安的大好局面，只能归因于罗马的不幸而非奥古斯都本人的过错。奥古斯都推举提比略为继任者乃不得已而为之，非真心所愿。事实上，他最想让高尚的阿格里帕即位，以示他对国家的拳拳之心。总而言

---

[1] 孟德斯鸠用"ruse tyran"来称呼奥古斯都，按照希腊语或拉丁语解释，意思是"推翻民主制度的君主"。这样解释显然不客观。爱德华·吉本称奥古斯都为"crafty tyrant（善于操纵的专制者）"，对这个术语并没有特殊限制说明。——原注

之，我们可以看出奥古斯都处世谨慎，天性善良，温和谦逊，由于环境所迫，他进入最高权力的殿堂，但他的所作所为只不过是利用手中的权力为臣民谋取幸福罢了。

奥古斯都贵为罗马帝国的君主，但其生活方式与古往今来的君主都有所不同。他出行不讲铺张排场，没有卫兵前呼后拥。他生活简朴，没有成群的管家仆人。他喜欢与老朋友一起谈天说地。像其他人一样，他到法院听证，在元老院以普通元老的身份参加投票。他位高权重，担任了国家几乎所有最重要的职务。他担任"大祭司"，对宗教事务有着绝对的权威。作为监察官，他规范社会各阶层的道德品行。作为终身执政官，他享有最高的民事、司法和军事权力。他还被授予保民官的权力，其本质是从制度上制约执政官的权力，因而他的权力不受法律限制。他的头衔有：元首、奥古斯都、凯旋将军、主宰者、恺撒等。他最喜欢的称号是"元首"，最不喜欢的称号是"主宰者"，所以有人用此称呼他时，他总是生气地拒绝，而"恺撒"则是他家族的姓氏。

也许奥古斯都认识到在君主政体中保留适当贵族阶层的必要性，但更可能的是，每一个罗马人怀有保留古代制度根深蒂固的情结。奥古斯都不能不受此影响。无论如何，奥古斯都清楚，如果元老院要继续成为新政体的一部分，其成员既要品质高洁，又要腰缠万贯。因此，正如我们所见，他两次清除元老院中不合格的元老[①]。虽然元老院中人数没有减至奥古斯都预定的数目，但在他独揽大权时，元老院的人数已减至一半，元老资格在财产上的准入要求提升到一千二百赛斯特斯。奥古斯都规定元老院只需在每月的月初和月中举行会议，但在容易暴发疾病的9月和10月两个月不必召开会议，如果遇到紧急情况，可通过抽签选出一个委员会来颁布法令。为了使元老的行为举止更加端庄，奥古斯都命令每个元老

[①] 罗历757年（公元4年），奥古斯都进行了一次规模不大的元老院清除活动，也许这是针对当年科尼利厄斯·秦纳的阴谋采取的措施。据说，挑选元老时，奥古斯都腰挎宝剑，身着盔甲，并且有十个身强力壮的心腹守在宝座周围。根据克莱穆提乌斯·科尔都斯的记载，元老在被搜身后才可接近奥古斯都。据说，曾有多场针对奥古斯都和阿格里帕的阴谋。——原注

在就任之前，要面对神坛焚香献酒。他下令每场公开演出的第一排座位要专门留给元老。他允许元老的儿子身着元老院服装出席元老院的会议。元老的子嗣入伍后，不仅能很快晋升为军事保民官，还可以担任骑兵高级指挥。因此，当时的元老院其实是贵族团体机构，相当于现代意义上的国务委员会、高等法院或立法议会，在某些方面类似于英国上议院，在其他一些方面则类似于法国参议院。为了尽可能多地将国家的荣誉和薪酬分给贵族和元老，奥古斯都设立了许多新的职位，增加了执政官的人数，并采用了候补执政官的方法，即除了每年正常的执政官，额外选出相应的候补执政官。

　　由于长期内战，奴隶数量锐减。此时，罗马平民的素质与共和国繁荣时期相比已逊色不少。这一时期，罗马城帮派林立，动乱频仍。卑鄙下流之辈有之，奴颜婢膝者有之。因此，罗马总有一支训练有素的军队，时刻准备镇压人们的"过分行为"。同时，奥古斯都通过赠送礼物和举行娱乐活动来维持社会稳定。政府对罗马谷物的供应十分谨慎，保证定期从其他行省运送足够的谷物到罗马。在粮食稀缺时期，奥古斯都以极低价格或免费向人们提供谷物，也时不时给人们分发钱财。在广场、竞技场、斗兽场、剧场或其他公共场所，奥古斯都为人们举办各种娱乐活动。有时，罗马公民聚集在一起观看角斗士的血腥搏斗，或观看不太血腥的摔跤比赛。有时，他们以观看战车或跑步比赛为乐。有时，他们猎杀从帝国其他地方带回的野兽。即使是遥远的尼罗河的鳄鱼也会被带到罗马以满足人们的好奇心。人们乐见它们垂死的痛苦模样。人们甚至在战神广场挖了一个湖泊来表演海战。同时，奥古斯都努力净化罗马人的心灵，提升他们的品质。另外，他还设置奴隶解放障碍，谨慎授予非罗马人公民权。

　　装饰和美化罗马城是奥古斯都的宏伟目标。通过自己的努力及与朋友合作，他在很大程度上实现了自己的心愿。因此，驾崩前，奥古斯都自豪地说，以前罗马只是一个用砖砌成的城市，而现在的罗马在他的手中变成了一座用大理石装饰的城市。罗历726年（公元前28年），奥古斯都在帕拉丁山建造了阿波罗神殿，神殿内设有柱廊和图书馆;在卡比托利欧山建造了朱庇特神殿。此外,他还新建广场,广场设有战神马尔斯神殿。建筑多以奥古斯都的妻子和其他家庭成员的名字命名,如利维娅柱廊、屋大维娅柱廊、马塞勒斯剧院、盖乌斯柱廊和卢修斯巴西利卡①等。提比略建造了康考迪亚神殿、卡斯托和波吕克斯的双子神殿;马修斯·菲利普斯建造了大力神赫丘利神殿;穆纳提乌斯·普兰库斯建造了萨图尔农神殿;卢修斯·科尔尼菲西乌斯建造了月亮之神狄安娜神殿;阿西尼厄斯·波利奥建造了自由女神中庭会堂;斯塔提乌斯·托鲁斯建造了宏伟的圆形剧场。阿格里帕的建筑作品此前已列举过,此处不再赘述。

为了保证城市免受洪涝灾害,奥古斯都下令清理台伯河道并拓宽河床。他首先把罗马分成十四个区域,然后再以街道细分为街区,通过抽签从居民中选出官员对每一街区实施管辖。针对城市火灾频发的情况,奥古斯都组建了巡夜人队伍和消防队伍。为了交通畅通和出行有序,他整修了所有公共道路。由于内战造成的社会混乱,非法组织和强盗团伙恣意妄为,奥古斯都采取必要手段实施打击和镇压。因此,和尤利乌斯·恺撒一样,除了保留传统的行会,奥古斯都把其他行会一律解散。他在适当的地点布置哨卫,以防发生拦路抢劫事件。奥古斯都下令对全意大利的奴隶作坊进行检查,防止有人绑架和囚禁旅行者——有时也绑架获释奴隶或类似奴隶身份的人——来逼迫他们进行劳作,这种绑架事件在当时频频发生。为了便于开展司法工作,他将普通的官司延长了三十天,还扩充了原来的十人陪审员的法定人数,并且下令将陪审员的最低法定年龄从二十五岁降至二十岁。此外,他还亲自参加法庭听证会,主持公道。

每位英明的君主都希望自己的臣民拥有正统的宗教信仰,奥古斯都自然也对这一问题十分关注。他重建或修复了那些倒塌和被烧毁的神殿,重新确立并修订了各种各样被废止的古代风俗习惯,如疾病占卜、献祭朱庇特、百年祭典、

---

① 巴西利卡是古罗马的一种公共建筑形式,其特点是平面呈长方形,外侧有一圈柱廊,主入口位于长边,短边有耳室,采用条形拱券作屋顶。——译者注

牧神节等。奥古斯都还增加了祭司——特别是维斯塔贞女的数量，授予祭司更多的荣誉和特权。他收缴了当时流行的占卜书籍两千余本，除了西比莱神谕，奥古斯都将其他占卜书付之一炬。之后，他对西比莱神谕仔细修订，整理出两大箱子后小心翼翼地放置在帕拉丁的阿波罗神像之下。然而，奥古斯都的苦心经营并未得到相应的回报。出轨私通及随之产生的道德沦丧在社会上大行其道，无论是奥古斯都还是立法者都无法抑制这种现象。面临即将到来的更加纯粹的信仰和教义，希腊和罗马的多神教体制注定轰然倒塌。

前文提到罗马人普遍对婚姻抱有厌恶情绪，奥古斯都努力去改变这一现状。造成这种现象的主要原因是当时社会盛行堕落放荡的风气，其程度远远超过现代人的想象。由于贫困，即使一些出身高贵的男性也很难承担娶妻生子和养家糊口的重担。因此，当时，无论男女，不乏追逐遗产的贪婪之辈。他们对富人和无子女者大献殷勤。倡导结婚一直是罗马政府关注的重点问题。"你结婚了吗？"是人口普查人员必问的问题之一。针对那些长期单身汉，罗马甚至专门设立一种叫"乌奥利姆"的罚款。独裁者尤利乌斯·恺撒曾试图用奖励措施来提升结婚率。第一部与此相关的法律是罗历736年（公元前18年）实施的《尤利乌斯婚姻法》，但它在奥古斯都时期已经失去了效用。因此，罗历762年（公元9年），罗马通过了一项新的法案。该法案中包含了之前《尤利乌斯婚姻法》的所有规定，并且更加全面，这部法律以当时的执政官帕皮乌斯和波普埃尼乌斯的名字命名。

新婚姻法的主要内容为：一、除了元老院元老，所有人都可以同女性获释奴隶结婚。二、十岁以下的女童不得订婚。三、再婚前，寡妇可以单身两年，离婚妇女可以单身一年半。四、为人父母者可在公共场合享受更好的待遇。例如，有好的座位；优先获得荣誉候选人和从行省获得分配物；免除兵役和其他个人负担等。五、单身男女只能从关系最近的亲戚那里继承遗产，而没有子女的人只能继承所得遗产的一半。六、如果一个女人因自己的过错而导致离婚，那么她将失去全部嫁妆。

然而,婚姻中的邪恶行径在罗马已根深蒂固,也一直是人们吐槽的话题,想通过法律消除已不可能。此外,针对罗马奢靡之风,奥古斯都颁布的禁奢令也没发挥什么作用。他甚至没能实现在社会上再次穿托加袍①的愿望。

以上是奥古斯都统治时期在民事方面采取的措施。同时,他在军事制度方面也做了较大的调整。

和其他古代共和国一样,罗马的军队以前也是由公民组成的民兵组织。自由民达到入伍年龄后都必须响应国家号召,应征入伍。然而,由于罗马后来长期对外战争,原先的民兵队伍逐步演变为常备军。如同现代军队一样,军人成为一种专门的职业。自从盖乌斯·马略②改变征兵方式以来,军人的品质不断滑坡,再加上常年内战,军队士气低迷,道德素质滑坡,与20世纪欧洲那些唯利是图的雇佣兵相比可谓半斤八两。罗马帝国疆域辽阔,四周近邻勇武好战。因此,罗马需要一支训练有素的常备军以确保随时投入战斗。历史学家卡西乌斯·迪奥认为梅塞纳斯对军队的改革功不可没。梅塞纳斯在演说中建议奥古斯都:"军队的数量要视公民、平民和同盟者的情况通盘考虑,有的地方军队数量要多一些,有的地方要少一些,这要根据国家的需要来调整。士兵必须全副武装并经常参加军事训练。冬营地要建在最便利的地方,并规定军人服役年限,以便士兵在年老前能拥有一段自己的休闲生活。边境敌人如狼似虎,如果将士驻扎遥远,就不能随时应付突发的紧急情况。如果允许所有适龄青年持有武器并对他们进行军事训练,则有可能挑起派系斗争并引发内战;如果禁止适龄青年持有武器并停止对他们的军事训练,然后又随时要求他们服役,罗马将面临军纪涣散、不堪一战的风险。因此,我认为应该挑选那些身强力壮的人和穷困潦倒的人参军,并对他们进行严格训

---

① 古罗马市民穿的宽松大袍。——译者注
② 盖乌斯·马略(公元前157年—公元前86年),罗马将军和政治家,他七次担任执政官,对罗马军队进行了重要的改革。——译者注

练,这样才能提升士兵的战斗能力。而其余的人则远离武器和军营生活,没有兵役的羁绊,他们可以全身心地投入农业、船运业和其他一些平和的职业,而不是被强制要求服役,他们的安全由他人来保障。这样一来,最强壮、最活跃、最有可能沦为强盗的罗马人有了合适的谋生手段,而其余的人也能远离纷争。"

因此,军队的设置应该是"永久性的",也就是说,国家应该有常备军。我们发现,在奥古斯都驾崩后,帝国共有二十五个这样的常备军团:莱茵边境八个,西班牙三个,阿非利加一个,埃及两个,叙利亚四个,潘诺尼亚三个,摩西亚两个,另外两个驻扎于达尔马提亚保护意大利。每个军团都配有一个被称为"辅助军"的部队,其成员来自罗马的附属城邦或同盟城邦。在罗马帝国早期,辅助军的人数几乎与正规军的人数一致。当时的一个军团由六千一百名步兵和七百二十六名骑兵组成。二十五个军团共计十七万人,再加上相同规模辅助军的人数,罗马帝国共计三十四万士兵。然而,这并非罗马帝国的全部军事力量。除上述提到的军团以外,帝国内还拥有一万名卫兵,组成九支禁卫军。此外,还有三支"城市卫队"共计六千人。禁卫军和"城市卫队"的主要兵源地是埃特鲁里亚、翁布里亚、拉丁姆和罗马的一些殖民地。士兵的薪水是军团兵的两倍,服役时间也较短。奥古斯都只留三支禁卫军在罗马城,其余的禁卫军则分配到附近的城镇。禁卫军有两名指挥官,他们都是从骑士阶层选拔出来的。拉韦纳和米塞卢姆驻扎着罗马帝国的大桨船队,配备了充足的桨手,并配备了海军陆战队。高卢海岸的尤利乌斯广场附近的弗雷瑞斯同样驻扎有船队。船队的船主要是在亚克兴海战中缴获的。

军团兵的薪酬是每人每天十阿斯,而禁卫军的薪酬则是军团兵的两倍。军团兵的服役时间是二十年,禁卫军服役十六年可退伍。服役期满后,士兵会收到一笔类似于现代养老金的退役金。军团兵的退役金是三千第纳尔,禁卫军士兵的退役金是五千第纳尔。

庞大的军费开支、无数公职人员的薪水及政府其他必要花费,都需要有一笔可观的收入来支撑。然而，自从埃米利乌斯·保卢斯将马其顿国王珀尔修斯的宝藏带到罗马以来，罗马公民就不必每年缴纳贡品，也不必缴纳直接税。帝国早期，罗马向被征服的国家强征岁贡，这也是常常引发叛乱的原因。随着向东和向西急剧扩张，每年大量财富源源不断流入罗马。在奥古斯都时代，仅亚细亚、埃及、阿非利加、西班牙和高卢的年度贡献就在一千五百万英镑到两千万英镑之间。然而，即使是这笔巨额收入也不足以应付国家的紧急需要。奥古斯都认为，不仅要继续征收港口税和关税，而且有必要征收消费税和一些直接税。

无论哪个时代，世界上所有的商业国家都对外国进口商品征收关税。这些国家可能错误地认为，征税的对象应该是外国商人，而不是本国的消费者。罗马的情况也不例外，直到米特里达梯战争结束时，对进口货物征税这一政策才被废除，但尤利乌斯·恺撒重新恢复了这一政策。奥古斯都的政策是按照货物价值征收百分之二点五到百分之十二点五不等的关税。向来自东方的奢侈品，如宝石、丝绸和香料，征收最高的关税。为了满足军队的开支，奥古斯都对所有商品征收百分之一的消费税，无论商品大小，无论商品是在市场公开出售，还是在罗马或意大利其他地方进行拍卖。虽然如此，资金仍然不能满足军队的需求。罗历759年（公元6年），奥古斯都实行了遗产税。除了对穷人或至亲，所有遗产和遗赠都需缴纳百分之五的税收。然而，这种一视同仁的税收政策引起了那些竞相继承遗产的罗马贵族的强烈不满。罗历766年（公元13年），为了平息这样的不满，奥古斯都派人到元老院，要求元老院拿出能收到相同数额税款的具有可操作性的替代方案。元老院自然想不到好的办法，只是声称除了遗产税，贵族愿意支付其他税。奥古斯都提出，那就用财产税取代遗产税。然后，他派出诸路官员对整个意大利的土地、房屋等进行评估。这一招使贵族恢复了理智，便不再反对遗产税。

皇帝的金库被称为"财库"，负责发放军团薪酬，与"公共金库"不同。公共金库由不同的官员进行管理。但两者没有实质的区别，都是为罗马军团服务。

在奥古斯都英明和谨慎的治理下，罗马由内乱四起重归有序平和，罗马帝国逐渐形成。虽然文明世界从此形成了一个由一人意志统治的主体，但天地万物的统治者仍乐于将其儿子送入其中，因为他将成为一位集崇高、纯洁和仁慈于一身无比崇高的宗教之祖。这个宗教的教义将逐渐蔓延到地球的最远端。公元元年，耶稣基督在犹地亚的伯利恒诞生了[①]。

[①] 本章以后，我们采用基督公元纪年了。——原注

第3章

提比略
（公元14年至公元37年）

精彩看点

奥古斯都的葬礼——罗马军团哗变——日耳曼尼库斯取得战争胜利——日耳曼尼库斯之死——提比略的统治——赛扬努斯的成败——大阿格里皮娜之死——提比略之死

只有小阿格里帕死亡才能平息皇位之争①。利维娅和提比略封锁了奥古斯都驾崩的消息，假借奥古斯都之名，下令处死小阿格里帕，命令下达给直接看管他的百夫长。死刑立即执行。但执行死刑命令的百夫长向提比略做报告时，提比略说不曾下过此令，并命令百夫长负责将此事向元老院解释清楚。但关于此事的调查未曾开展，事情最终不了了之。

最终，奥古斯都驾崩的消息在罗马传开，元老、骑士、士兵和公民纷纷向提比略宣誓效忠——提比略早已以"凯旋将军"的身份统率全军。奥古斯都的尸体由各城镇的十夫长②及元老连夜接力护送。当运送至博维尔时，前来迎接的骑士将奥古斯都的尸体护送至罗马城中，将其安置在帕拉丁山奥古斯都宫殿的前厅。提比略以保民官的身份召开元老会议，商议奥古斯都的葬礼和荣誉谥号。元老们此时如果能有更大的发言权，无论是出于真情实意还是出于虚情假意，都会对奥古斯都不吝溢美之词。但提比略对元老们的奉承设了限，只同意他们把奥

---

① 奥古斯都曾一度把阿格里帕·波斯图穆斯（即小阿格里帕）视为潜在继承人，但在公元6年出于未知原因，阿格里帕·波斯图穆斯被驱逐出罗马。虽不合法，但实际上奥古斯都与他解除了收养关系，保证了提比略作为皇位唯一继承人的地位。公元14年，阿格里帕·波斯图穆斯在奥古斯都死后不久被自己的卫兵处死。——译者注

② 十夫长，古罗马骑兵队十人一组的队长。——译者注

古斯都的尸体抬至火葬场的柴堆上去。接下来公布和宣读奥古斯都的遗嘱——遗嘱以前一直由维斯塔贞女保管。提比略与儿子小德鲁苏斯亲自为葬礼致辞。奥古斯都的尸体由元老们抬至战神广场焚烧；骨灰由骑士团首领收集后安葬在奥古斯都陵。奥古斯都陵在奥古斯都第六次担任执政官期间（公元前28年）修建而成，位于弗莱明大道和台伯河之间。陵墓四周是郁郁葱葱的林场，公共人行道遍布其中。在奥古斯都的火葬仪式上，柴堆熊熊燃烧。一只特制的雄鹰安放在柴堆中，将载着逝者的灵魂升入天堂。一个叫努米尼乌斯·阿提库斯的禁卫军士兵当众发誓说，他看见奥古斯都之魂升天。为此，利维娅奖赏了他二万五千第纳尔。如同人们为大力神赫丘利或罗慕路斯建造神殿那样，人们为奥古斯都建了一座神龛①。显然，奥古斯都已不再是凡人，而已成神。

在奥古斯都的遗嘱最后，他把提比略和利维娅列为财产继承人。此前，奥古斯都已把利维娅列入尤利乌斯家族，并赐予她"奥古斯塔"称号。奥古斯都赠给罗马公民四千三百五十万赛斯特斯。给禁卫军每人一千赛斯特斯，每个市民五百赛斯特斯，罗马军团士兵每人三百赛斯特斯。剩余的财产提比略得三分之二，利维娅得三分之一。此外，他还赠给自己的朋友各种各样的财产。奥古斯都明确禁止大尤利娅和小尤利娅死后葬入家族陵墓。除遗嘱外，奥古斯都还留下了三份书面命令：第一份是关于自己葬礼的安排；第二份是关于他的事迹——一定要把他的事迹刻在铜柱上并将铜柱置于墓前；第三份是关于整个帝国的政治部署、军队的数量、国库的钱数及其他方面的情况，并附有可能会用到的获释奴隶和奴隶的名单。

提比略成为当下最高掌权人。他的性格和奥古斯都截然不同。他是通过收养才成为尤利乌斯家族一员。提比略年近五十四岁，担任过所有国家要职，取得过辉煌的战绩。他热爱文学，酷爱科学，喜欢结交博学之士，但他有克劳狄家族

---

① 是一种供奉古希腊或古罗马英雄的神龛，用于纪念或崇拜英雄，经常被竖立在英雄的坟墓或陵寝上。——原注

与生俱来的傲慢。人们甚至怀疑他有暴力倾向。然而，提比略十分擅长伪装，即便到了如此年纪，也无人摸透他的性格。他的行为遭人厌恶，令人生畏。他总是沉默寡言，不苟言笑，离群索居。

之前，元老院授予奥古斯都所有荣誉。现在，元老院也把各项荣誉授予提比略，并且殷切恳求提比略行使最高权力。但提比略假意推脱，称国之大事，千难万险，恐怕自己无法担此重任，而国内人才济济，不乏龙凤，大权不应被一人独揽。于是，元老院更加拥戴他掌权，并向诸神和奥古斯都的神像祷告求助。提比略记下元老们的一言一语，以便将来报复那些不敬之人。最后，他像是迫不得已接受了所谓的"痛苦而繁重的劳役"。但他声称当他年老体衰时，元老院一定要准他退隐，让他颐养天年。

提比略装腔作势，带着一万个不情愿登上最高权力的宝座。这无疑是其虚伪性格的体现，同时他探知元老院主要成员的真实想法。此外，驻扎在潘诺尼亚和日耳曼行省的军队得知奥古斯都的死讯后会做何反应，提比略对此有所顾虑。日耳曼尼库斯统率驻扎在日耳曼行省的军队，受到士兵的爱戴。提比略担心日耳曼尼库斯会选择直接夺权，而不是等待漫长的继任过程。他对日耳曼尼库斯的猜疑确实是以小人之心度君子之腹，但对驻扎在日耳曼行省的军队的怀疑并非毫无根据，因为在得知奥古斯都驾崩后，很快发生了哗变。

最先发生哗变的是驻扎在潘诺尼亚的军队。尤尼乌斯·布莱苏斯担任该军队的指挥官。士兵抱怨薪水太少而服役期太长，要求与禁卫军士兵享有平等的待遇。尤尼乌斯·布莱苏斯巧使计谋，成功地安抚了他们。之后，士兵又推举尤尼乌斯·布莱苏斯的儿子代表他们向提比略表达诉求。但尤尼乌斯·布莱苏斯的儿子刚一离开，哗变就发生了。士兵杀死一名军官，将其余的军官赶出营房，并抢夺他们的财物。提比略听闻叛乱，就派儿子小德鲁苏斯率领一支禁卫军前去潘诺尼亚，并捎信给驻潘诺尼亚的军队，承诺会把士兵的诉求传达给元老院。信中还说已授权小德鲁苏斯可以直接越过元老院，接受驻潘诺尼亚的军队提出的条件。

驻潘诺尼亚军队的士兵恭敬地接待了小德鲁苏斯,倾听了他的意见。后来,他们发现小德鲁苏斯实际上没有权力满足他们提出的条件,便愤然离开。小德鲁苏斯最担心的是叛乱会在夜间暴发,但一件出人意料的事改变了整个事件的发展轨迹。本来万里无云、圆月高悬的夜晚突然变暗。无知、迷信的士兵认为这是叛乱引起的不祥之兆。他们拿起武器,吹响号角,准备驱赶黑夜女神,重新迎回月亮女神。天空越来越暗,士兵绝望了,认为诸神与他们为敌,无穷无尽的苦难在等着他们。军中一批有影响力的军官充分抓住这一时机,对他们做了整夜的说服工作。次日清晨,小德鲁苏斯再次对驻潘诺尼亚的军队做了演讲,并派尤尼乌斯·布莱苏斯和另外两个代表向提比略复命。此时,小德鲁苏斯处决了叛军中的两个闹得最凶的军官。冬天到了,狂风暴雨从天而降,迷信的士兵更加恐惧,叛军甚至不等提比略回复就已投降。

此时,驻扎在日耳曼行省的军队发生了更加严重的军事哗变。日耳曼行省的军队共有四个军团,分别驻扎在上日耳曼和下日耳曼。上日耳曼的军队由盖乌斯·西柳斯指挥,下日耳曼的军队由奥卢斯·凯基纳指挥,日耳曼尼库斯则担任日耳曼行省所有军队的总指挥。发生叛乱时,日耳曼尼库斯并未在现场。这时,他正在高卢进行人口普查。叛乱始于下日耳曼奥卢斯·凯基纳的军营,士兵反叛的理由与驻潘诺尼亚军队如出一辙,但他们表现得更加志在必得,凶狠残暴。士兵抓住百夫长,将他们几乎殴打至死,最后将他们赶出营地或投入莱茵河。叛军拒绝服从上级军官命令,并且自行设置守卫,处理军务。

日耳曼尼库斯匆匆返回军营,士兵满怀敬意地出来迎接。他走进营帐,登上宣讲台,赞美奥古斯都和提比略的丰功伟绩。士兵围绕在他四周,静静听着,沉默不语。但当日耳曼尼库斯谈到士兵反叛的行为时,士兵脱下衣服,袒露身上的伤疤和瘀痕。他们抱怨军务繁重,一些老兵还细数在三十多年的军役生活中遭受的苦难。有些士兵要求得到奥古斯都赠给他们的钱财,并表示希望日耳曼尼库斯亲自掌握国家最高权力。听到这些话,日耳曼尼库斯惊讶得从台上跳下来。

士兵威胁他，不准他离开。日耳曼尼库斯拔出宝剑欲刺进自己的胸膛，身边的人一把抓住他的手并劝阻他。离他较远的一些士兵开始起哄，其中一个士兵叫嚷着自己的剑更锋利，用它来刺会更爽快，想把宝剑递给日耳曼尼库斯。其余的士兵则被这大胆的举动吓坏了，都停了下来。日耳曼尼库斯的几个朋友乘机把他带回军营大帐。日耳曼尼库斯思考接下来该如何应对士兵的反叛行为。很明显，叛乱者要派代表到上日耳曼去怂恿那里的士兵也发动叛乱，而日耳曼人则很可能乘机渡过莱茵河趁火打劫，所以日

●日耳曼尼库斯拔出宝剑欲刺进自己的胸膛，身边的人一把抓住他的手并劝阻他

耳曼尼库斯认为，当务之急是平息下日耳曼军中的叛乱。于是，日耳曼尼库斯以提比略的名义写了一封信，答应服役满二十年的士兵可以退役，满十六年的士兵可以部分退役，并且每人可以得到奥古斯都遗赠两倍的钱。由于士兵坚持要求立刻兑现，日耳曼尼库斯和他的朋友只能私掏腰包，满足士兵的要求。

　　接着，日耳曼尼库斯动身前往上日耳曼军营，发现这里的叛乱形势并不严峻。尽管上日耳曼的士兵没有提出什么诉求，他却一视同仁，允许老兵退役，并给他们发放钱物。然后，他来到一个叫"乌比亚祭坛"——现在的波恩——的地方，驻日耳曼军队的叛乱就是由驻扎在这里的两个军团挑起的。他会见了由穆纳提乌斯·普兰库斯率领的元老院代表团。那些参与叛乱的士兵意识到了哗变是有罪的，害怕通过哗变而取得的利益会被剥夺，于是又发起了暴乱。当晚，士兵袭击日耳曼尼库斯的营帐，逼日耳曼尼库斯按照他们的要求给出承诺。元老院

代表死里逃生——穆纳提乌斯·普兰库斯成为袭击的主要对象，因为士兵认为那些坏点子都是他出的。第二天早晨，日耳曼尼库斯谴责士兵的暴行。士兵一言不发，闷闷不乐。然后，日耳曼尼库斯派遣骑兵将元老院代表送回罗马。日耳曼尼库斯的朋友提醒他，把妻儿留在日耳曼这样危险的地方太不明智了。为安全起见，日耳曼尼库斯决定把妻儿送到特列维利亚。

日耳曼尼库斯的妻子大阿格里皮娜是阿格里帕和大尤利娅的女儿。大阿格里皮娜道德高尚，对丈夫忠贞不渝，品质冰清玉洁。此时，她已身怀六甲。大阿格里皮娜的儿子盖乌斯从小在军营里长大。因为他经常穿军靴，士兵便给他起外号叫"卡利古拉"①。看到大阿格里皮娜和孩子带着几个妇女将要离开营地去寻求外乡人的庇护时，士兵们开始伤心和羞愧，并特别忌妒特列维利亚人。一些士兵拦住大阿格里皮娜，坚持要她们留下，而另一些士兵则聚集到日耳曼尼库斯的身旁，严厉斥责那些反叛士兵的所作所为。未反叛士兵承认自己的错误，恳求日耳曼尼库斯惩罚犯罪的士兵并原谅那些误入歧途的士兵。他们主动要求接受日耳曼尼库斯的指挥，去与敌人作战，但希望日耳曼尼库斯把妻子和孩子带回来，不要把在自己军团养大的孩子作为人质交给高卢人。日耳曼尼库斯答应让儿子回来，但没有让妻子回来，原因是冬天到了，大阿格里皮娜又怀有身孕。未反叛士兵对日耳曼尼库斯的安排比较满意，立刻逮捕了叛乱的主要带头人，将反叛士兵五花大绑，拖到第一军团雷加图斯盖乌斯·塞托尼乌斯面前。叛乱者跪在用土筑起的高高的审判台上，旁边士兵持刀而立，如果未反叛士兵大喊"有罪"，犯人就被扔下台去结束性命。最后，日耳曼尼库斯对军队中的百夫长做了调查，解除了一批贪财或残暴的百夫长的职务。

驻扎在上日耳曼的两个罗马军团就这样恢复了秩序。日耳曼尼库斯开始准备整顿另外两个发生叛乱的罗马军团。他们驻扎在下日耳曼，是叛乱的始作俑

---

① 卡利古拉的意思是"小靴子"。本书统一用卡利古拉指代日耳曼尼库斯和大阿格里皮娜的儿子盖乌斯。——译者注

者。然而，日耳曼尼库斯之前写信给奥卢斯·凯基纳，说如果不能通过惩罚犯罪的士兵以平息叛乱，他会亲自前来大开杀戒。奥卢斯·凯基纳秘密地把这封信传达给军官和未参与叛乱的部分士兵，决定对叛乱士兵发动袭击，来一场大清洗。计划实施后，大量士兵遭到杀戮。日耳曼尼库斯到这里后，痛哭流涕，称这只是一场大屠杀，不是解决问题的良药。他下令把被屠杀士兵的尸体焚烧掩埋。其余士兵深受感动，极力要求上阵杀敌，血洒疆场，拿实际行动来告慰战友的亡灵。罗马军团迅速在莱茵河上架起一座桥，潜入日耳曼人腹地。那一夜，日耳曼人正在庆祝一个重要节日。罗马军队的突然出现让他们猝不及防。罗马军团对日耳曼人不分男女老少，一律屠杀。方圆五十英里的神殿、民宅全部被夷为平地。随后，日耳曼尼库斯率领罗马军团返回冬营地。

提比略听到成功平息反叛的消息后喜忧参半。喜的是反叛结束了，忧的是日耳曼尼库斯通过自身的才能和有力的行动赢得了人们的普遍爱戴。然而，提比略还是在元老院赞扬了日耳曼尼库斯，同时称赞了儿子小德鲁苏斯。不同的是，虽然他对小德鲁苏斯没有过多的赞扬，但这些赞扬都很真诚。日耳曼尼库斯为了平息叛乱而给驻日耳曼行省的罗马军团很多好处，同样的好处也被提比略授予驻扎在潘诺尼亚的罗马军团。

公元15年早春，日耳曼尼库斯率领大军跨过莱茵河，侵入查塔人的定居地，以惯常的手法把那里夷为平地，屠杀当地居民。查塔人的首领赛格斯特斯因为憎恶阿尔米尼乌斯转而支持罗马。他派人告知日耳曼尼库斯，说他被自己的同胞包围了。他的同胞受到阿尔米尼乌斯的影响，对他怀有深深的敌意。日耳曼尼库斯率领军队立刻前去解围，为赛格斯特斯和他的家人——其中有赛格斯特斯的女儿，即阿尔米尼乌斯的妻子——及众多赛格斯特斯的追随者提供庇护，并且把他们安置在莱茵河左岸。

日耳曼尼库斯随后撤回军队。阿尔米尼乌斯知道妻子被掳后心急如焚，四处奔走，鼓动切鲁斯坎人和邻近部落联合起来对抗罗马人。同阿尔米尼乌斯并肩作战的还有他的叔叔英格默。英格默天赋异禀，富有军事才能。罗马人也很尊重他。因此，日耳曼尼库斯认为同阿尔米尼乌斯的战争会十分棘手。他决定兵分几路作战，避免兵聚一处遭受重创。于是，日耳曼尼库斯派奥卢斯·凯基纳率领四十个步兵队[①]穿过布鲁克德里到埃姆斯河，派总督佩多率领骑兵穿过弗里斯兰，他本人带着四个军团的兵力，乘船渡过埃姆斯河。最后，所有部队在埃姆斯河附近集结，埃姆斯河和利珀河之间的区域被夷为平地。

条顿堡森林距离此处不远，当年瓦鲁斯和他的军队在此遭到屠戮。日耳曼尼库斯决定前去凭吊那些惨遭杀戮的战友。罗马士兵来到当年惨绝人寰的现场，再次见证罗马军团的劫难：四处散落着士兵与战马的白骨，满地破碎的兵器，挂在树干上的骷髅头，矗立在附近的树林中以罗马军官为牺牲的祭台……罗马士兵心情无比沉重。他们收集战友尸骨就地掩埋，堆土成坟。日耳曼尼库斯第一个在坟上放上草皮，以示纪念。日耳曼尼库斯的行为赢得人们的爱戴，却遭到了提比略的忌妒。提比略声称这种行为会挫伤军队的士气。

罗马军团返回埃姆斯河，穿越森林和沼泽时遭到阿尔米尼乌斯的袭击，但侥幸逃过一劫。日耳曼尼库斯让步兵乘船渡河，派骑兵绕岸前行。他命令奥卢斯·凯基纳率领部分军队全速穿过长桥，长桥距离埃姆斯河不远。几年前，罗马人在这片广袤的沼泽地筑起长堤，并将其命名为"长桥"。虽然奥卢斯·凯基纳行军神速，但还是比阿尔米尼乌斯慢了一步。到达长桥后，奥卢斯·凯基纳发现阿尔米尼乌的军队已经占领了附近整个森林。更糟糕的是，堤道年久失修，损坏严重，必须先修复才能通过。于是，奥卢斯·凯基纳决定就地安营扎寨。

就在罗马军团扎营时，日耳曼人发动了袭击。趁着夜色掩护，罗马军团才躲过一劫。罗马军团此时通过长桥的可能性微乎其微，奥卢斯·凯基纳认为唯一的出路就是在一片狭窄的平原上杀出一条血路，但这片平原位于沼泽地和山丘

---

① 步兵队，罗马军团最基本的编制。每个步兵队约三百人至六百人，十个步兵队为一个军团。——译者注

之间，又处于敌人的控制之下。罗马军团熬过一个悲惨的夜晚，黎明时分整装待发，但负责掩护侧翼的两支部队违抗命令，私自向一片干燥地带出发。阿尔米尼乌斯守株待兔，看到罗马军团全部进入沼泽地后，对未设防的线路发动攻击，进行分割包围。战马成为主要攻击目标，日耳曼人投掷长矛，刺透战马。有的战马应声倒地，有的甩掉骑兵狂奔，有的践踏到前面的士兵。奥卢斯·凯基纳的坐骑被刺死，连他本人也差点被俘。幸运的是，日耳曼人一贯喜欢抢夺战利品，这使罗马军团有机会在黄昏时分到达干燥地带。罗马军团不得不在此扎营，大部分辎重已经丢失，失去了帐篷，失去了包扎伤员的绷带，食物也都腐烂变质。但不管怎样，将士们可以暂时挨过这个夜晚。

晚上，一匹脱缰的战马逃了出来，罗马士兵以为是日耳曼人冲进了营地，纷纷准备逃命。发现这只是虚惊一场后，奥卢斯·凯基纳把士兵召集起来，告诉他们当敌人进攻时，军营是最安全的地方，现在唯一的出路就是突破包围，向莱茵河方向挺进。奥卢斯·凯基纳下令将所有战马都分配给最勇敢的士兵，自己的战马也不例外，这批勇士组成突围的先锋队。同时，日耳曼人也在考虑如何加强攻势。阿尔米尼乌斯的想法是等罗马军团撤离临时营地，先不加干扰，然后再故伎重演，突袭罗马的行军队伍；英格默则坚持袭击罗马军团的营地，理由是这样可以捉到更多的俘虏，掠夺更多的战利品。最后，日耳曼人采取英格默的策略，决定在黎明时分发起总攻。日耳曼人刚一攻入罗马军营，营中马上放出信号，一时间军号齐鸣，杀声震天。日耳曼人突然发现腹背受敌，难以抵抗。战斗持续了一整天，日耳曼人惨遭屠戮，尸体堆积如山。第二天早上，罗马军团向莱茵河挺进，中途没有再受到任何骚扰。

公元16年，日耳曼尼库斯决定采取不同以往的策略展开下一场战役。他注意到日耳曼境内林丰泽密，盲目入侵会消耗战马、损兵折将。然而，如果步兵乘船到达战场，骑兵绕岸而至，那么提前开战，军队就会少受一些苦难，少遭一分危险。因此，日耳曼尼库斯在不同地点建造大量不同类型的船，把巴塔维人居住的岛屿指定为集结、登船的地点。一切准备就绪后,他让八个罗马军团和下属的辅助军登船。千余战船,大小不一,形状各异,沿莱茵河逆流而上,穿湖越泊;战船进入北海,沿海岸线驶入埃姆斯河口。军队在埃姆斯河口附近登陆后向威悉河方向进发。日耳曼尼库斯到达威悉河后,发现河对岸已经被阿尔米尼乌斯和切鲁斯坎人占领。但日耳曼尼库斯发动强攻,杀出一条通道。日耳曼人把日耳曼尼库斯引入被山丘与河流包围的平原地带。罗马人背水一战,奋勇杀敌。战场上到处散落着日耳曼士兵的残肢和尸体。然而,惨败并没有让日耳曼人气馁。当罗马军团通过狭窄的沼泽地时,日耳曼人利用森林和河流的有利地形,再次向罗马军团发动攻击。罗马军团纪律严明,装备精良,胜利的天平再次向罗马军团倾斜。取得战争胜利后,日耳曼尼库斯在溃败的日耳曼人铠甲上刻下了铭文,自豪地称自己征服了莱茵河和易北河之间的所有民族。夏季已过大半,日耳曼尼库斯命一部分士兵通过陆路返回冬营地,他本人和剩下的士兵在埃姆斯河登船启航。驶入远海后,他们遇上了风暴。一些船被吹到了日耳曼人的海岸,一些船被吹到了附近的岛屿,还有一些船甚至被吹到了不列颠,马匹辎重损失不计其数。风暴过后,军队立刻抢修剩余的船,并派人搜索附近岛屿,营救那些被困在岛上的战友。

日耳曼尼库斯和其他将领一致认为只需最后一战,就能彻底征服日耳曼人。但嫉贤妒能的提比略认为,如果日耳曼尼库斯长期统率大军,必定功高震主。于是,他以庆贺胜利并任命日耳曼尼库斯为第二任执政官为诱饵,将其召回罗马。日耳曼尼库斯虽已看穿提比略的阴谋,但还是选择返回罗马,从而停止了远征北日耳曼的宏图大业。

公元17年,日耳曼尼库斯回到罗马,举办活动,庆祝对查塔人、切鲁斯坎人和安格里瓦里人取得的胜利。提比略以日耳曼尼库斯的名义发放给每个罗马公民三百赛斯特斯赏钱,并任命日耳曼尼库斯与自己共同担任下一任的执政官。这一时期,卡帕多西亚、科马基尼、奇里乞亚的国王都相继去世,亚美尼亚一如既往地混乱，叙利亚和犹地亚不断谋求轻徭薄赋。提比略不愿日耳曼尼库斯继续留在罗马，于是借机将他调到这些是非之地。有人猜测，提比略已经制订了谋害日耳曼尼库斯的计划，而在远离罗马的地方实施更易掩人耳目。接下来，名义上由元老院颁布命令，派遣日耳曼尼库斯到海外行省，并赋予其高于行省总督的权力。同时，提比略罢免了叙利亚总督锡拉努斯，因为锡拉努斯的女儿已与日耳曼尼库斯的儿子订婚。之后，提比略任命卡尔普尼乌斯·皮索为叙利亚总督。卡尔普尼乌斯·皮索残忍暴戾，其妻普兰西娜是利维娅的密友。普兰西娜傲慢自大，不可一世。有人怀疑提比略选中卡尔普尼乌斯·皮索和普兰西娜是为了实施针对日耳曼尼库斯的阴谋。

日耳曼尼库斯同小德鲁苏斯关系亲密无间。当时，小德鲁苏斯在伊利里亚担任军队指挥官，日耳曼尼库斯前往伊利里亚看望了小德鲁苏斯。公元18年，日耳曼尼库斯穿过希腊，来到亚细亚。在亚细亚，日耳曼尼库斯为本都国王的儿子泽诺加冕，并把卡帕多西亚和科马基尼降格为行省。公元19年，受好奇心的驱使，日耳曼尼库斯来到埃及，领略了东方神秘之地的奇观。返回叙利亚后，他病倒了。人们怀疑是卡尔普尼乌斯·皮索和普兰西娜秘密投毒所致。日耳曼尼库斯与卡尔普尼乌斯·皮索夫妇反目成仇。他也认为是他们下的毒。日耳曼尼库斯命令卡尔普尼乌斯·皮索离开叙利亚。然而，此时日耳曼尼库斯已病入膏肓，奄奄一息，不久撒手人寰。日耳曼尼库斯临终前恳求朋友将此事告诉自己的家人和元老院，希望将凶手卡尔普尼乌斯·皮索和普兰西娜缉拿归案，对他们施以严厉惩罚。

日耳曼尼库斯就这样结束了自己的一生，享年三十四岁。不同于克劳狄家族的其他成员，他性情温和，平易近人，宽厚仁慈。他并不只在军事上取得荣耀，还在文学上有崇高的追求。作为丈夫，他对妻子忠诚如一；作为父亲，他对子女关爱有加；对待朋友，他能坦诚相待。总之，于公于私，日耳曼尼库斯都是一位品高德洁之人。纵观历史，优于日耳曼尼库斯者可谓凤毛麟角。

日耳曼尼库斯去世后，叙利亚行省总督暂时出现空缺，元老院召开会议，就此事进行了磋商，最后决定由格奈乌斯·森提乌斯出任此职。与此同时，卡尔普尼乌斯·皮索在科斯岛获知了日耳曼尼库斯的死讯后，他与周围的人商量下一步该怎么办。卡尔普尼乌斯·皮索的儿子认为应该马上回到罗马，片刻也不能耽搁。但卡尔普尼乌斯·皮索的朋友多米提乌斯·塞勒认为应该返回叙利亚，从格奈乌斯·森提乌斯手中夺取领导权。最终，卡尔普尼乌斯·皮索接受了朋友的建议回到叙利亚，但他引诱军队拥护自己的企图没有成功。卡尔普尼乌斯·皮索被围困在奇里乞亚沿海的一座城堡里。最后，他答应缴械投降，但条件是允许自己回到罗马。

公元20年，大阿格里皮娜带着丈夫日耳曼尼库斯的骨灰坛回到了罗马。举国上下，哀思如潮。但由于提比略的忌妒，日耳曼尼库斯的丰功伟绩并未得到宣扬。小德鲁苏斯出席了日耳曼尼库斯的葬礼。之后，他启程返回达尔马提亚。卡尔普尼乌斯·皮索希望能够得到小德鲁苏斯的庇护，于是前去登门求救。小德鲁苏斯拒绝了他的请求。卡尔普尼乌斯·皮索寻求庇护的计划落空，不得不前往罗马另谋出路。日耳曼尼库斯的朋友对卡尔普尼乌斯·皮索进行了指控，列出他的种种罪行。提比略将案件交给元老院。经过审查，除了投毒，其他所有指控都得到证实。卡尔普尼乌斯·皮索看到提比略、元老院都视自己为敌，为了避免羞辱，就选择了自裁。但普兰西娜得到了赦免——在利维娅的干预下，提比略为她进行了无罪辩护。

讲述提比略治国理政前，我们先简要地谈谈帝国边境的几次规模不大的军事行动。

在阿非利加，一个叫塔克法利纳斯的努米底亚人曾服役于罗马军队，后来做起了强盗。塔克法利纳斯在阿非利加渐渐纠集了一大帮人，其中包括摩尔人领袖马齐帕。之后，他们便在阿非利加行省烧杀抢掠。阿非利加行省总督富里乌斯·卡米卢斯率军前去镇压。塔克法利纳斯则无所畏惧，出兵迎战，但他的努米底亚军队不堪一击，很快便败下阵来。富里乌斯·卡米卢斯轻松取得了胜利，获得了凯旋勋章。历史学家认为，这是自出类拔萃的马库斯·富里乌斯·卡米卢斯①和他的儿子获得军事荣耀以来，富里乌斯家族第一次获此殊荣。接下来的几年里，塔克法利纳斯在阿非利加行省仍不断侵扰，最后，他被罗马总督普布里乌斯·多拉贝拉打败并处死。

色雷斯行省也爆发了骚乱，但规模较小，很快平息，此处不用多费笔墨。然而，公元21年高卢发生的叛乱产生了严重后果。高卢岁贡过重，高卢人不得不向罗马富人借钱，并支付高额利息，因此欠下大量债务。罗马官员态度傲慢，待高卢人严苛，最终引发了叛乱。叛军的两个首领，一个是来自特列维利亚的尤利乌斯·弗洛鲁斯，另一个是来自埃杜维的尤利乌斯·萨克罗维尔。他们在当地都是很有影响力的人物，其家族中都曾有人被授予过罗马公民权。叛乱战火最先从安茹和图赖讷燃起，但很快就被平息。尤利乌斯·萨克罗维尔当时还在罗马军中作战，既没有表明立场，也没有公开宣布同罗马决裂。尤利乌斯·弗洛鲁斯率领自己的特列维利亚部队占领了阿登森林，但他治军无方，军纪散漫，轻而易举地被同族的尤利乌斯·因度斯率领的军队打败——尤利乌斯·因度斯与尤利乌斯·弗洛鲁斯素来不和。为了避免被俘受辱，尤利乌斯·弗洛鲁斯自杀身亡。此时，尤利乌斯·萨克罗维尔攻陷了埃杜维人的首都欧坦。尤利乌斯·萨克罗维尔把高卢多数年轻贵族都安置在欧坦接受教育，以此吸引他们的父母和亲戚参战。尤利乌斯·萨克罗维尔很快聚集了四万人，但全副武装作战的只占五分之一。靠着这些人，尤利乌斯·萨克罗维尔展开了与罗马军团的战斗。不久，尤利乌斯·萨克罗维尔溃败。他带着几名随从逃到了欧坦附近的庄园里，然后自尽。高卢战争就这样结束了。在提比略统治的剩余时间里，罗马帝国平安无事。

现在，我们回顾一下诡计多端的皇帝提比略在战争期间的所作所为。

---

① 马库斯·富里乌斯·卡米卢斯（前446年—前365年），罗马贵族。根据史学家李维和普卢塔克的记载，马库斯·富里乌斯·卡米卢斯打过四次胜仗，担任过五次独裁官，被誉为"罗马第二创始人"。——原注

所有历史学家都认为提比略对日耳曼尼库斯又恨又怕，因为日耳曼尼库斯受到了公民和士兵的爱戴。出于敬畏，提比略在掌权初期，对待日耳曼尼库斯还算温和、有节制，这当然无可厚非。

提比略的真正目的在于攫取实权。他认为一味地炫耀虚衔只会引起仇恨和忌妒。因此，他拒绝接受元老院授予的各种头衔，其中包括"凯旋将军""国父"等。他虽然继承了"奥古斯都"这个世袭头衔，但只在写给诸王的信中使用。最重要的是，他拒绝了"主人"的称号，只愿被称为"恺撒"或"元首"。"元首"是提比略最喜欢的头衔。他常常说："我是奴隶的'主人'，士兵的'凯旋将军'，公民的'君主'。"提比略不允许人们逾矩庆祝他的生日，也不允许任何人以他的名义起誓。他不允许元老在庆祝节日或在神殿祭祀时以他的名义宣誓，不允许元老院把其他神圣的荣誉颁给他。提比略显出一副和蔼可亲、平易近人的样子。他不在意别人的毁谤，反对别人对他阿谀奉承。

提比略维持元老和地方法官原有的尊严和权力，至少表面如此。无论大事小事还是公事私事，提比略都会交由元老院处理。元老院的辩论非常自由，提比略常常是辩论中占下风的少数派。像其他普通的元老一样，提比略进元老院时不带任何扈从。如果军中将领越过元老院而直接写信给他，就会受到他的责怪。提比略非常尊重元老，甚至会起身为他们让路。像共和国时期那样，派往国外的大使和代表只能直接向元老院提出申请。提比略只以保民官的身份在元老院行使权力。地方法官判案的时候，提比略也会经常出席，凭借自身的权威使那些作奸犯科之徒无法逃避制裁。他的这种行为虽然保证了审判的公正，却也限制了审判的自由。

提比略还重视公共道德和城市治安建设。他下令降低演出的门票价格，限制演员的最高薪水，禁止元老和骑士对演员献殷勤，不可拜访演员，不可在公共场合陪伴演员。长期以来，肆意挥霍之风在罗马盛行，不少人胆大妄为，寡廉鲜耻。一些女人自甘堕落，成为专职妓女以逃脱法律的制裁，而一些年轻男人则为了苟全性命，不惜声名狼藉，出现在舞台和竞技场上。对这些臭名昭著的男女，提比略将他们流放到外地。他把占星家和算命师驱逐出城，打压埃及和犹地亚的宗教仪式。为了减少拦路抢劫案件的发生，提比略在意大利各地部署警卫；同时对希腊和亚细亚多地进行规范管理，以防它们成为各类罪犯的庇护场所。

然而，这些表面上的自由和正义无法蒙骗人们，因为人们一开始就发现了暴政的萌芽，尤其是在提比略修订《叛国罪法》后。《叛国罪法》在罗马共和国时期就出现了。当时，它主要惩戒损害罗马伟大形象的行为：背叛军队、煽动叛乱、指挥不当等。叛国罪最初只适用不法行为。后来，苏拉将不当言论也纳入叛国罪。奥古斯都时期，卡修斯·塞维鲁[①]在作品中抨击了社会上的一些男女名流，所以奥古斯都又将诽谤国家或个人的行为列入叛国罪。提比略看到对自己不敬的匿名诗后非常恼怒，勒令执政官做出处理。执政官征询他的意见，主张用叛国罪加以惩罚。叛国罪适用范围从行为延伸到文字，不仅为恶行打开了方便之门，也滋生了一批心怀不轨的告密者。这些告密者同雅典民主专制时期的害群之马——谄媚者是一丘之貉。我们可以说告密的罪恶始于提比略的统治时期。提比略执政的第二年，有人告发两位骑士——法伦尼乌斯和卢布里乌斯。法伦尼乌斯受到指控的原因是他将一个声名狼藉的演员同奥古斯都的崇拜者相提并论，并且他在出售花园时将提比略雕像一起卖掉了。卢布里乌斯受指控的原因是以提比略的名义发伪誓。然而，由于这样的指控过于荒诞，提比略未做理会。不久，比提尼亚的财物官卡埃皮奥·克里斯皮努斯指控执政官格兰尼乌斯·马塞勒斯犯叛国罪，因为他不仅说了提比略的坏话，还把自己的雕像置于比诸位恺撒的雕像更高的地方，而且把奥古斯都雕像的头砍下来，换上了提比略的头部雕像。最后一项指控激怒了提比略，他宣称会亲自审理此案。但卡尔普尼乌斯·皮索大胆进谏劝

[①] 卡修斯·塞维鲁，古罗马的演讲家。他经历了奥古斯都、提比略和卡利古拉统治时期。卡修斯·塞维鲁是言论自由的斗士，对新任政府的抨击言辞激烈，最终被流放。在他死后，他的作品被禁止传阅。——译者注

解,提比略才消了怒气,恢复了理性。格兰尼乌斯·马塞勒斯最终被无罪释放。

日耳曼尼库斯死后,提比略便不再受约束。他的儿子小德鲁苏斯不能一呼百应,构不成对提比略的威胁。事实上,除了对继兄日耳曼尼库斯的真挚情感,小德鲁苏斯的性格中没有什么值得尊敬的。他酗酒放纵,热衷于竞技运动,脾气暴躁。人们把一种特别锋利的宝剑命名为"德鲁苏斯"。公元22年,提比略任命小德鲁苏斯与他同时担任执政官[①],并赋予其保民官的权力。但小德鲁苏斯命运不济,无福消受这样的尊贵和权力。对提比略而言,他本人的行为和统治方式也发生了重大变化,我们有必要对其追本溯源,以探究竟。

奥古斯都在位时期,赛伊乌斯·斯特拉博曾担任禁卫军长官。他的儿子被埃利安家族收养,按照惯例改名为卢修斯·埃利乌斯·赛扬努斯。卢修斯·埃利乌斯·赛扬努斯生于托斯卡纳的沃尔西尼。起初,他在盖乌斯·恺撒[②]手下当差,盖乌斯·恺撒死后,他效忠提比略。在外人看来,提比略是一位老谋深算、不苟言笑、神秘莫测的君主,但卢修斯·埃利乌斯·赛扬努斯的高明之处就在于能让提比略对他推心置腹、毫无保留。他们在矫情饰行、深谋远虑方面不相上下。卢修斯·埃利乌斯·赛扬努斯胆大包天,野心勃勃,具备政治家的必要素质。他表面上谦卑恭顺,实则机警干练,有着官场上必要的能屈能伸和忍辱负重的韧性。

早年提比略与卢修斯·埃利乌斯·赛扬努斯的父亲赛伊乌斯·斯特拉博共掌禁卫军。驻扎在潘诺尼亚的罗马军团发生叛乱时,提比略派小德鲁苏斯前往镇压,并命令卢修斯·埃利乌斯·赛扬努斯一同前往。卢修斯·埃利乌斯·赛扬努斯主要协助小德鲁苏斯管理并做好参谋。后来,赛伊乌斯·斯特拉博被派往埃及,卢修斯·埃利乌斯·赛扬努斯则成为唯一的禁卫军长官。他代表提比略行使

---

① 根据卡西乌斯·迪奥的记载,人们很快就预见到小德鲁苏斯的毁灭。因为人们注意到,凡是与提比略同时担任执政官的人的下场都惨淡,比如瓦鲁斯、卡尔普尔尼乌斯·皮索、日耳曼尼库斯及后来的小德鲁苏斯和赛扬努斯。——原注
② 盖乌斯·恺撒是奥古斯都的外孙,是维普撒尼乌斯·阿格里帕和奥古斯都独生女茹丽娅的儿子,他与弟弟卢修斯·恺撒被奥古斯都收养。——译者注

权力,把分散在城镇各处的禁卫军聚集在一起,以便杜绝腐败,统一指挥,及时镇压叛乱。卢修斯·埃利乌斯·赛扬努斯打造出一支更加强大的禁卫军,并把军营设在维米那勒门附近。他开始拉拢士兵,并且将自己的亲信任命为保民官或百夫长。在拉拢卫兵的同时,卢修斯·埃利乌斯·赛扬努斯不辞辛劳地争取元老院的支持。他把荣誉和行省赐给那些谄媚的追随者。提比略总是在不知不觉中为虎作伥。他曾公开称赞卢修斯·埃利乌斯·赛扬努斯是自己的"左膀右臂",甚至允许把卢修斯·埃利乌斯·赛扬努斯的雕像供奉在神殿和剧院里,允许将卢修斯·埃利乌斯·赛扬努斯置于罗马军团的旗帜下受人崇拜。

事实上,为了攫取至高无上的权力,卢修斯·埃利乌斯·赛扬努斯制订了摧毁提比略及其家族的计划。提比略家族成员包括提比略、小德鲁苏斯、小德鲁苏斯的两个儿子、日耳曼尼库斯在世的三个儿子和日耳曼尼库斯的一位兄长。保险起见,卢修斯·埃利乌斯·赛扬努斯决定使用阴谋诡计将他们逐一灭掉。他决定先从小德鲁苏斯下手,因为他对小德鲁苏斯怀恨在心。年轻暴躁的小德鲁苏斯曾当众打过他一记耳光。为达此目的,卢修斯·埃利乌斯·赛扬努斯勾引了小德鲁苏斯的妻子利维拉——日耳曼尼库斯的妹妹。他向利维拉描述了日后共享大权的美好愿景,教唆她谋害自己的丈夫。利维拉的私人医生欧德摩斯也参与了谋杀小德鲁苏斯的阴谋。但要通过什么方式来杀害小德鲁苏斯,他们煞费苦心。最后,他们借宦官利格德斯之手给小德鲁苏斯下了慢性毒药,让小德鲁苏斯看起来像是死于疾病(公元23年)。提比略在儿子小德鲁苏斯一命呜呼时仍然前往元老院,像往常一样镇定地发表了演讲,他还在儿子的葬礼上亲致悼词。葬礼过后,提比略埋头于国事,以求慰藉。

至此,一切都按卢修斯·埃利乌斯·赛扬努斯的设想顺利进行。小德鲁苏斯死后不久,他的小儿子也一命归西。但日耳曼尼库斯的两个儿子尼禄·恺撒和德鲁苏斯·恺撒已长大成人。由于他们的母亲大阿格里皮娜品德高尚,周围的人对他们忠心耿耿。卢修斯·埃利乌斯·赛扬努斯没有机会对他们实施投毒计划。于是，他决定另辟蹊径。他打算从大阿格里皮娜的"高风亮节"入手。卢修斯·埃利乌斯·赛扬努斯知道利维娅忌妒大阿格里皮娜，于是设法促使利维娅与利维拉二人大谈特谈"大阿格里皮娜是多么以儿子为荣，她怀有怎样的野心图谋"等。经过煽风点火，提比略加深了对大阿格里皮娜的偏见。同时，卢修斯·埃利乌斯·赛扬努斯诱使大阿格里皮娜身边的人对她曲意逢迎，以激发她的傲气。为了使大阿格里皮娜孤立无援，卢修斯·埃利乌斯·赛扬努斯设法灭掉她家族里有影响力的人物，并断绝人们对她丈夫日耳曼尼库斯的追忆。为达此目的，他先对日耳曼尼库斯的朋友盖乌斯·西柳斯夫妇和蒂蒂乌斯·萨宾努斯下手。盖乌斯·西柳斯的妻子是索西亚·加拉。由于她与大阿格里皮娜交往甚密，提比略对她心生恨意。这里我们暂时撇下蒂蒂乌斯·萨宾努斯不表，先来谈谈盖乌斯·西柳斯的情况。卢修斯·埃利乌斯·赛扬努斯怂恿执政官维塞利乌斯·瓦罗指控盖乌斯·西柳斯，理由有三：一是盖乌斯·西柳斯隐瞒了尤利乌斯·萨克罗维尔叛乱的阴谋；二是盖乌斯·西柳斯贪赃枉法；三是盖乌斯·西柳斯包庇妻子的不法行为。面对这样的指控，盖乌斯·西柳斯请求延期审判，因为原告维塞利乌斯·瓦罗任期即满，但他的请求没有成功。他又发现提比略对自己深怀敌意，没等定罪就自杀身亡了。后来，他的妻子索西亚·加拉被流放，而他的财产一部分被没收，剩余部分留给了孩子。

公元25年，卢修斯·埃利乌斯·赛扬努斯在自己野心的驱使和利维拉的逼迫下，向提比略提出厚颜无耻的请求——他想娶利维拉为妻。提比略没有表现出丝毫的怒意。提比略的回答友善仁慈，只说这样的婚姻不利于他的发展，同时向他倾诉了他们之间诚挚的友谊和自己对他的无比信任。然而，卢修斯·埃利乌斯·赛扬努斯心存疑虑。他思忖：一旦提比略留在罗马，人们就会在这位善妒的皇帝面前搬弄是非，这将对自己大大不利，或许会出现什么差错。如果能诱使提比略离开罗马，所有想接触提比略的人都要经过自己，所有寄给提比略的信都将由他手下的士兵去送，那等提比略年事渐高时，国事就会转到他的手中。因此，卢修斯·埃利乌斯·赛扬努斯向提比略描述了罗马是何等喧嚣嘈杂，而乡下是何等宁静幽远，逐步将提比略引入自己设计的圈套。公元26年，提比略去了乡下。

在此期间，许多人都受到了叛国罪的指控，其中最著名的人就是历史学家克莱穆提乌斯·科尔都斯。克莱穆提乌斯·科尔都斯在评价卢修斯·埃利乌斯·赛扬努斯的行为时不加掩饰。于是，卢修斯·埃利乌斯·赛扬努斯派两个爪牙指控克莱穆提乌斯·科尔都斯忤逆叛国，理由是克莱穆提乌斯·科尔都斯在其所著历史作品中将卡修斯①称为"最后一位真正的罗马人"。被传唤到元老院后，看到提比略板着面孔，一脸严肃，克莱穆提乌斯·科尔都斯随即决定放弃自己的血肉之躯。下面是他在临死前的慷慨陈词：

> 我的言论受到了指控，但我的行为是合理的。我的言行不曾触犯君主（提比略）和君主之父母（奥古斯都夫妻）规定的《叛国罪法》。有人说我在作品里赞扬了布鲁图和卡修斯，但其他人在写到他们的事迹时，无不对他们褒奖有加。以文笔流畅、忠于史实闻名的提图斯·李维曾因称赞格奈乌斯·庞培而被奥古斯都称为"庞培派"，但这并没有影响他们之间的友谊。提图斯·李维也从未把西皮奥②和阿夫拉涅乌斯③比作布鲁图和卡修斯——人们现在提到布鲁图和卡修斯时，却给他们冠以"强盗"和"杀父者"的称号。相反，在提到西皮奥和阿夫拉涅乌斯时，提图斯·李维总是充满敬意，阿西尼厄斯·波利奥记载了他们辉煌的生平，梅萨拉·科维努斯过去常称呼卡修斯为"将军"。不管是阿

---

① 卡修斯，尤利乌斯·恺撒的刺杀者，他和布鲁图一样，在尤利乌斯·恺撒和格奈乌斯·庞培的内战中，站在格奈乌斯·庞培一方。尤利乌斯·恺撒胜利后宽容了他们，并委以重任。——译者注
② 西皮奥，罗马共和国后期的执政官和军事指挥官。在尤利乌斯·恺撒和格奈乌斯·庞培的内战中，他率领军队对抗尤利乌斯·恺撒的军队。罗纳德·赛姆称他为"罗马历史上最后一个西皮奥"。——译者注
③ 阿夫拉涅乌斯，平民出身，他在伊比利亚战役和东部战役中担任格奈乌斯·庞培的副帅。公元前46年在阿非利加去世。——译者注

西尼厄斯·波利奥还是梅萨拉·科维努斯,这样直言不讳的人不仅富甲一方,还享有盛名。西塞罗在书中把小加图^①捧上了天,尤利乌斯·恺撒只是在一篇演讲稿中做了回应,如同在法庭上对着法官做了自我辩护。马克·安东尼在书信中捏造事实攻击奥古斯都,布鲁图在演讲中恶意中伤奥古斯都。比巴库卢斯和卡特卢斯在诗中多次谩骂尤利乌斯·恺撒,但这些诗至今仍为人诵读。无论是崇高的尤利乌斯·恺撒还是神圣的奥古斯都选择了容忍。我说不清楚尤利乌斯·恺撒和奥古斯都的行为是出于容忍还是智慧。因为越不在意的事情越容易被遗忘。你对某些事情越生气越在乎,其实你就是在承认它有理。这里我不谈希腊,因为在希腊,自由甚至放纵并不会受到处罚。如果希腊人确实在乎,需要反击,那么他们的"复仇"也只限于唇枪舌剑。王侯将相,逝者已逝,人世间对其功过是非的评判已不觉喜恶。因此,在世者便有极大自由畅所欲言,不必担心受罚。我在作品中描述布鲁图和卡修斯全副武装占领了菲利皮平原的作战场景。这些描述是为了唆使人们发动内战吗?布鲁图和卡修斯已死去七十年了。征服者没有毁掉两位的形象,他们的形象依旧为世人所知。难道他们的形象不应在文学作品中保留一席之地吗?千秋功过,留与后人评说。今朝获罪,自为不当。世人铭记布鲁图和卡修斯者甚众,其中就包括我。

讲完这些话,克莱穆提乌斯·科尔都斯就离开了元老院,回家后绝食而亡。元老院责令市政官收集他的作品并将其焚毁。但克莱穆提乌斯·科尔都斯的女儿马尔恰保留了一部分作品,并在卡利古拉统治期间重新发布了这些作品。

---

① 小加图,罗马共和国末期的政治家和演说家,斯多葛学派重要代表。他因为传奇般的坚忍和固执而闻名(特别是他与尤利乌斯·恺撒长期不和)。他不受贿,诚实,厌恶当时普遍的政治腐败。——译者注

公元26年，提比略终于离开罗马，前往坎帕尼亚。表面上此行是为了在卡普阿为朱庇特建造神殿，在诺拉为奥古斯都建造神殿。实际上，他已暗自决定不再回罗马。提比略从罗马隐退的动机有多种传闻。这些传闻听上去有其合理性，读者可以信以为真：一种说法是卢修斯·埃利乌斯·赛扬努斯的阴谋使然；另一种说法是提比略为了顾及自身的形象，从而打算淡出公众视野——他变得瘦弱不堪，弯腰驼背，头发稀疏，满脸脓疮，因此不得不经常涂抹膏药；还有一种说法称，他是为了摆脱母亲利维娅的控制，因为利维娅似乎认为在提比略获得最高统治权这件事上，自己功不可没，所以有权从中分一杯羹。然而，大多数人认为，提比略隐退是为了在一个隐秘之地释放残忍天性，沉溺声色犬马。

陪同提比略前往坎帕尼亚的只有元老科齐乌斯·涅尔瓦、卢修斯·埃利乌斯·赛扬努斯、一个骑士和几个文人。科齐乌斯·涅尔瓦精通法律，几个文人大多是希腊人。提比略出发几天后，一场事故发生了，这对提比略来说几乎是灭顶之灾，对卢修斯·埃利乌斯·赛扬努斯来说却是一桩幸事。当时提比略下榻于丰迪附近的一处"岩洞别墅"——因依洞窟建成而得名。一日，提比略在此纳凉用膳时，屋顶的巨石纷纷坠落，一些随从当场被砸死。卢修斯·埃利乌斯·赛扬努斯奋不顾身用身体护住了提比略。救援士兵赶到时，发现卢修斯·埃利乌斯·赛扬努斯正全身跪伏在提比略身上，这无疑是奋不顾身、慷慨奉献的表现，卢修斯·埃利乌斯·赛扬努斯在提比略心中的分量更重了。

当提比略在坎帕尼亚各地漫游时，费德内发生了一场骇人的灾难。一个叫阿提留斯的获释奴隶修建了一座临时圆形剧场，供角斗士表演。然而，这座剧场轰然倒塌，死伤五万人。面临如此大的灾难，罗马贵族的所作所为表明传统美德并没有远去。他们为灾民敞开大门，提供医疗护理和救治。因此，正如历史学家观察到的那样，这座城市呈现出古罗马的风尚：以前，战争结束后，人们会毫不吝啬地为伤员提供人道的治疗和救助。这场灾难过后，一场大火席卷了西里欧山。提比略根据居民的损失发放补偿金，缓解灾情。

提比略建造好神殿后，在坎帕尼亚城漫游了一段时间，最后决定定居在那不勒斯湾的卡普里岛上。这座小岛距离苏伦图姆岬角只有三英里，仅有一个入口。这里气候温和，在岛上可以俯瞰那不勒斯湾及其周边的壮观景色[①]。这是一个理想的颐养天年之地。但不久，这位年迈君主很快把它变成罪恶的巢穴，发生在这里的事情臭名昭著，史无前例。然而，提比略的恶行只是秘密进行，因为他仍有所顾忌。

提比略离开罗马后，卢修斯·埃利乌斯·赛扬努斯开始酝酿新的阴谋诡计来对付大阿格里皮娜及其子女和朋友。他首先将矛头指向大阿格里皮娜的长子尼禄·恺撒，开始在尼禄·恺撒身边安插线人。尼禄·恺撒与利维拉的女儿结婚后，在利维拉的指示下，尼禄·恺撒的妻子记下了他的一言一行并报告给卢修斯·埃利乌斯·赛扬努斯。卢修斯·埃利乌斯·赛扬努斯通过多种途径掌握情报，忠实地记录下来，并定期传达给提比略。他还拉拢尼禄·恺撒的弟弟德鲁苏斯·恺撒。德鲁苏斯·恺撒年轻气盛，脾气暴躁。他恨自己的哥哥尼禄·恺撒，因为母亲偏爱哥哥。然而，卢修斯·埃利乌斯·赛扬努斯也打算铲除德鲁苏斯·恺撒，因为德鲁苏斯·恺撒只是他用来对付尼禄·恺撒的工具。

此时，卢修斯·埃利乌斯·赛扬努斯也向蒂蒂乌斯·萨宾努斯发起最后致命的一击。蒂蒂乌斯·萨宾努斯获罪是因为他与日耳曼尼库斯家族走得太近。卢修斯·埃利乌斯·赛扬努斯以执政官的地位为诱饵，诱使四位禁卫军长官共同致蒂蒂乌斯·萨宾努斯于死地。他们的计划是让四人中与蒂蒂乌斯·萨宾努斯有交情的拉丁尼乌斯·拉提亚利斯找他谈话，设下圈套，引诱他说出可定为叛国罪的言论。拉丁尼乌斯·拉提亚利斯佯装有重大机密要透露给蒂蒂乌斯·萨宾努斯，把他带到一个房间交谈，而其他三位同谋就藏在房顶窃听。交谈中拉丁尼乌斯·拉提亚利斯让蒂蒂乌斯·萨宾努斯逐渐放松了警惕，诱使蒂蒂乌斯·萨宾努斯说出

[①] 根据狄奥的记载，提比略被卡普里岛的美丽迷住了，他愿意用领土向那不勒斯人换取这座岛屿。——原注

了对卢修斯·埃利乌斯·赛扬努斯甚至对提比略的看法。最后，阴谋成功了。叛国的罪名很快被捏造出来，并转达给提比略。公元28年的第一天，元老院收到提比略的信，信上明确表示了他要处死蒂蒂乌斯·萨宾努斯的想法，这正是卢修斯·埃利乌斯·赛扬努斯的杰作！蒂蒂乌斯·萨宾努斯被立即处决。

  提比略在致元老院的感谢信中谈到了自己陷入危险，敌人包藏祸心，阴谋篡位，这显然暗指大阿格里皮娜和尼禄·恺撒。公元29年，提比略的母亲利维娅去世了[①]，这使这些不幸的人失去了他们唯一的保护人，因为利维娅对儿子的影响力和对子孙的爱护使卢修斯·埃利乌斯·赛扬努斯有所收敛。不久，一封落款是提比略的信传到了元老院，信中指责尼禄·恺撒行为变态，批评大阿格里皮娜妄自尊大。正在元老为此辩论时，一群公民举着大阿格里皮娜和尼禄·恺撒的画像包围了元老院。他们大喊这封信是伪造的，提比略受了蒙蔽。元老院的辩论会不了了之，卢修斯·埃利乌斯·赛扬努斯乘机煽风点火，试图激怒提比略。受到蛊惑的提比略再次写信给元老院，但他同时在信中要求元老院做事不可太极端。最后，元老院通过了一项法令，宣称如果提比略同意，元老院会随时准备好为他报仇雪恨。

  十分遗憾的是，塔西佗的精彩记叙就此遗失。遗失内容涉及接下来两年多的历史，也是提比略统治最重要的时期。因此，我们不得不从卡西乌斯·迪奥和苏埃托尼乌斯的记载中寻找事情的来龙去脉。但他们的记述过于粗糙，无法生动再现卢修斯·埃利乌斯·赛扬努斯置大阿格里皮娜与其子女于死地的"精妙"伎俩，我们只知道大阿格里皮娜被流放到潘达达里亚岛。一天，她在岛上表达不满时，一名百夫长打瞎了她的一只眼睛。她的长子尼禄·恺撒被流放到潘提亚岛，并最终死于岛上。大阿格里皮娜和德鲁苏斯·恺撒后来的命运如何，我们先

[①] 不同作家给出她不同的去世年龄。塔西佗只提到她活到了"耄耋之年"，普林尼认为她活到八十二岁，卡西乌斯·迪奥认为她活到八十六岁。卡西乌斯·迪奥的看法似乎更正确，因为她的儿子提比略现在七十岁了。——原注

暂时按下不表。

此时此刻，卢修斯·埃利乌斯·赛扬努斯陶醉于独揽大权的兴奋之中。每个人都害怕他，每个人都向他献殷勤，每个人都对他溜须拍马。卡西乌斯·迪奥说："简言之，卢修斯·埃利乌斯·赛扬努斯似乎才是这个国家的皇帝，而提比略仅仅是一岛之主。"提比略独居于岛上时，绝不会想到卢修斯·埃利乌斯·赛扬努斯家每天早晨都门庭若市。所有人都向卢修斯·埃利乌斯·赛扬努斯敬礼致意，那些起得最早的罗马人一路伴他去元老院。正如所有那些通过不正当途径爬到高位的掌权者一样，随着权力的提升，卢修斯·埃利乌斯·赛扬努斯变得越来越骄傲蛮横、不可一世。人们害怕他、奉承他，但又憎恨他。

卢修斯·埃利乌斯·赛扬努斯大权独揽，统治罗马逾三年。公元31年，提比略任命他共同担任执政官——一项谁都无福消受的死亡殊荣。事实上，这位多疑的暴君早已对卢修斯·埃利乌斯·赛扬努斯的所有行动和图谋了如指掌[①]，并暗中为他掘好了坟墓。然而，惮于卢修斯·埃利乌斯·赛扬努斯在禁卫军中的影响力和公民立场的不确定性，提比略暂时避免与他公开为敌。提比略最擅长的就是耍阴谋诡计，所以现在又使了出来，并乐此不疲。一次，提比略写信给元老院说自己病入膏肓，几无康复希望；另一次，他又称自己身体十分康健，即将返回罗马。一会儿他对卢修斯·埃利乌斯·赛扬努斯赞不绝口，一会儿突然对他极力贬损。对卢修斯·埃利乌斯·赛扬努斯的朋友，他用同样的方法，吹捧一批人，再羞辱一批人。提比略的做法令卢修斯·埃利乌斯·赛扬努斯和其他人完全摸不着头脑。提比略又将祭祀权力授予卢修斯·埃利乌斯·赛扬努斯和他的儿子，并提议将卢修斯·埃利乌斯·赛扬努斯的女儿嫁给克劳狄·德鲁苏斯——日耳曼尼库斯的哥哥克劳狄的儿子。然而，在卢修斯·埃利乌斯·赛扬努斯请求前往坎帕尼亚时，提比略以他的女儿身体不适为由，要他原地待命，因为自己即将回罗马。

---

① 据约瑟夫斯记载，小安东尼娅是提比略弟弟大德鲁苏斯的遗孀，她记录了卢修斯·埃利乌斯·赛扬努斯的全部劣迹，通过一个叫帕拉斯的可靠奴隶，把书信带给提比略。——原注

所有这些都令卢修斯·埃利乌斯·赛扬努斯感到不安、无所适从。提比略接下来的做法更是花样百出、变本加厉。他任命年轻的卡利古拉为祭司，这不仅仅是对卡利古拉的赞扬，还意味着他是王位继承者。对于提比略的这一举动，人们弹冠相庆。卢修斯·埃利乌斯·赛扬努斯意识到目前他能依赖的只有军队，但仅仅依靠军队的支持，未必能一击成功，所以他迟迟不敢采取行动篡位。另外，提比略大肆收买人心。他对以前的政敌也表现出友好的态度。尼禄·恺撒去世时，提比略给元老院写信，信中提比略直呼卢修斯·埃利乌斯·赛扬努斯本名，并嘱咐元老院不要向任何人献祭，不要授予自己任何荣誉，因此也就不能给其他任何人荣誉。元老院马上心领神会，公开地表现出对卢修斯·埃利乌斯·赛扬努斯的怠慢。

提比略已试探出元老院和公民的立场，元老院和公民都是值得信赖的可靠力量。于是，他将蓄谋已久的计划付诸行动。为了避免打草惊蛇，提比略故意任命卢修斯·埃利乌斯·赛扬努斯为保民官。同时，他秘密传令给马克罗，命他掌管禁卫军，让他传信给元老院，并指导他如何行动。马克罗连夜进入罗马，向执政官盖乌斯·梅米乌斯·雷古拉斯——卢修斯·埃利乌斯·赛扬努斯的傀儡——和巡夜长官格拉西努斯·拉佐传达任务，并与他们商定行动计划。次日一早，马克罗便前往帕拉丁山的阿波罗神殿。这天，元老院将在阿波罗神殿召开会议。马克罗见到了卢修斯·埃利乌斯·赛扬努斯，他正因为提比略未对他做出安排而不安。马克罗低声对他说，提比略决意授予他保民官之职。于是，卢修斯·埃利乌斯·赛扬努斯便兴高采烈地走进了大殿。马克罗向当值的禁卫军士兵出示了委任状，告诉他们提比略承诺会赏赐他们一大笔钱。马克罗随即派他们回营地待命，让巡夜士兵取而代之。然后，马克罗走进大殿，把提比略的信交给执政官，然后立刻离开阿波罗神殿，赶往禁卫军营地以防军队哗变，格拉西努斯·拉佐则留下观察事态发展。

这是一封长篇大论的信，内容模棱两可。提比略在信的开头并未将矛头直指卢修斯·埃利乌斯·赛扬努斯，而是谈论了其他事情，然后对卢修斯·埃利乌斯·赛扬努斯提出一些不满，接着又谈及其他事情，再把话题拉回卢修斯·埃利乌斯·赛扬努斯，如此反反复复。信的最后写道，两名最忠于卢修斯·埃利乌斯·赛扬努斯的元老应受到惩罚，卢修斯·埃利乌斯·赛扬努斯本人则应被关入监狱。虽然提比略迫切希望处死卢修斯·埃利乌斯·赛扬努斯，但由于害怕军队发生哗变，不敢贸然下令处死他。提比略甚至在信中恳请元老院派一名执政官和一名侍卫护送自己前往罗马出席大会。他现在已经是一个风烛残年的孤独老人了。我们还得知，提比略顾虑重重。他已下达命令，一旦发生骚乱，就释放罗马狱中的侄孙德鲁苏斯·恺撒，声明他是对家族最忠诚的人。他在一块高耸的岩石上站定，观察将要发出的信号，并备好送他去军营的船，以防发生不测。

然而，这些防范都是不必要的。在宣读这封信前，元老们大声欢呼，以证明他们对卢修斯·埃利乌斯·赛扬努斯的热情支持，这是因为他们开始还以为将听到提比略对卢修斯·埃利乌斯·赛扬努斯的溢美之词，以及授予其保民官的敕令。但在这封信被宣读的过程中，元老们的反应有了明显的改变，每个人脸上的表情也已经不一样了。有些坐在卢修斯·埃利乌斯·赛扬努斯身边的人甚至起身离开了座位。大法官和保民官把卢修斯·埃利乌斯·赛扬努斯围了起来，以防他冲出去召集卫兵。如果这封信没有如此完美的编排技巧，难保他不会这样做。事实上，卢修斯·埃利乌斯·赛扬努斯错愕不已，执政官叫了他三次，他才回过神来。大殿里的人都开始谩骂、侮辱他。随后，卢修斯·埃利乌斯·赛扬努斯被执政官和其他政务官带往监狱。他们从大街上走过时，人们对卢修斯·埃利乌斯·赛扬努斯的咒骂声如排山倒海一般。他们掀翻了卢修斯·埃利乌斯·赛扬努斯的雕像，砍下他雕像的脑袋，在街上拖来拖去。元老院看到人们如此反应，而军队也保持沉默，便决定下午在监狱附近的康考迪亚神殿召开会议，判处卢修斯·埃利乌斯·赛扬努斯死刑。

卢修斯·埃利乌斯·赛扬努斯被立即处决，死尸被扔下杰摩尼亚台阶[①]，任凭人们踩躏羞辱三天后被抛入台伯河。卢修斯·埃利乌斯·赛扬努斯的子女也被判处死刑：他的小女儿被投入大牢，她原本要做克劳狄·德鲁苏斯的新娘。由于年幼天真，她不停地问自己做错了什么，人们要把她拖到哪里去，说她不会再做错事了，如果再淘气，愿意接受皮鞭抽打。按照当时修订的关于野蛮行为的罗马法，有一条虽然恪守法律，但践踏着正义和人性。处女被处以极刑是闻所未闻的，所以刽子手行刑之前夺去了她的童贞。卢修斯·埃利乌斯·赛扬努斯的妻子阿皮卡塔得知自己的几个孩子死亡的消息，看到抛在台阶上孩子的尸体后，她回到家写信给提比略，详细叙述了小德鲁苏斯之死的前因后果，并揭露了利维拉的罪行。之后，她选择了自尽。提比略得知儿子死亡的原委后，把利维拉和所有参与谋杀的人全部处死。

人们把怒火同样发泄到卢修斯·埃利乌斯·赛扬努斯的朋友身上，他们中的许多人遭到屠杀。禁卫军也因卢修斯·埃利乌斯·赛扬努斯而遭到怀疑，民众转而更加信任巡夜军。禁卫军因此恼羞成怒，纵火焚烧房屋，劫掠民宅。元老们也惴惴不安，一些人因为曾向卢修斯·埃利乌斯·赛扬努斯献殷勤而战战兢兢，另一些人则因自己曾做了指控者或证人，不知会受到怎样的处置。然而，所有人似乎都串通一气，不遗余力对提比略昔日的宠儿进行侮辱。

提比略此时已无所顾虑，展开了疯狂的报复行动。敕令一个接一个从隐秘的小岛传来，监狱里挤满了卢修斯·埃利乌斯·赛扬努斯的朋友和追随者。成群结队的恶意告密者被逐出家门，而被告发的受害者无论男女都被捕杀。一些人在狱中被处决，一些人则在卡比托利欧山顶被抛下摔死。死者的遗骸受尽侮辱，然后被抛入河中。然而，大多数人选择了自裁，这样不仅能逃脱屈辱和痛苦，还能为子孙留存遗产。

[①] 位于罗马古城的一段台阶，其绰号为"悲哀台阶"，是罗马历史上臭名昭著的处决之地。——译者注

公元32年，提比略冒险离开了卡普里岛，沿着台伯河航行至恺撒花园。但没有人知道为什么他突然又过回隐居的生活。他的信能反映出他在罗马实施暴行的心路历程。信的开头十分引人注目，结果历史学家们认为它应该在历史著作中占有一席之地。信的内容如下："诸位元老，此时此刻，我该写什么？怎样写？或者说我不该写什么？如果我明明知道却假装不知道，就让诸神灭掉我吧。虽生犹死，苦不堪言。"当时，一个叫马库斯·泰伦修斯的骑士因曾是卢修斯·埃利乌斯·赛扬努斯的朋友而受到指控，但他一反常态，大胆使用新招为自己辩护。他承认对自己的指控，但声称自己只是效仿皇帝提比略待人处世，而效仿皇帝是臣子应尽的责任和义务。于是，元老院判他无罪，并将指控者流放或判处死刑。提比略对此判决非常满意。公元33年，提比略在原来残暴的基础上，又习得一恶习——贪婪。他的暴行变得肆无忌惮、无以复加。提比略厌倦了针对个人的谋杀，开始实行大规模的批量屠杀。所有在押犯人都被冠以卢修斯·埃利乌斯·赛扬努斯同谋的罪名，无论男女老少，不分贫富贵贱，成批杀戮。死者的朋友不敢走近他们的尸首，甚至不敢被看到为死者而哭泣。腐烂的残骸沿着台伯河漂浮，无人敢触碰或焚烧掩埋。

德鲁苏斯·恺撒和大阿格里皮娜的死亡也归之于这一年提比略的暴行。被囚禁的德鲁苏斯·恺撒靠吃被褥里的填充物坚持到第九天，最终饿死。暴君却无耻地让元老院宣读德鲁苏斯·恺撒的日记。日记记录了这个不幸的年轻人几年来的言行，以及他忍受的奴隶和禁卫军对他的侮辱。大阿格里皮娜曾满怀希望，期盼卢修斯·埃利乌斯·赛扬努斯倒台后能与正义相见。然而，她意识到希望破灭时，便决心绝食自尽。提比略知道她的打算后，命令将食物强行塞进她的喉咙。她终于还是达到了绝食而死的目的。于是，提比略试图污蔑她不贞洁，极力破坏她的名誉。由于大阿格里皮娜的死亡与两年前卢修斯·埃利乌斯·赛扬努斯的死亡发生在同一天，提比略提醒人们特别注意这一点。他自豪地表示，他没有下令勒死她，也没有把她的尸首摔下杰摩尼亚台阶，这都是他的善心使然。谄媚的元老院决定报答他的宽容仁慈，宣布在10月18日，也就是阿格里皮娜和卢修斯·埃利乌斯·赛扬努斯死亡的那天，向朱庇特献祭黄金。

现在，盘点一下恺撒家族目前剩余的成员吧。日耳曼尼库斯的兄长克劳狄、日耳曼尼库斯的儿子卡利古拉，以及日耳曼尼库斯的三个女儿——小阿格里皮娜、德鲁茜拉和利维拉①。此外，还有小提比略和尤利娅，他们是小德鲁苏斯的两个孩子。尤利娅之前嫁给尼禄·恺撒，后来改嫁给鲁贝里乌斯·布兰都斯。

提比略从一出生开始，就不得不或多或少地隐藏自己的天性。奥古斯都、日耳曼尼库斯、大德鲁苏斯和母亲利维娅等都使提比略倍感压抑。即使残暴的卢修斯·埃利乌斯·赛扬努斯，也曾压制他的欲望。但现在所有障碍都被清除了。卡利古拉对提比略来说只是个卑微的奴仆，他在性情上、言语上百般迎合提比略，千方百计掩饰自己的恶习。因此，提比略现在终于能够释放自己的本性为所欲为了。史籍中记载他在卡普里岛自我放纵的可怕细节，令读者不寒而栗。而提比略的残忍暴行丝毫没有收敛。马克罗和卢修斯·埃利乌斯·赛扬努斯一样邪恶，只是做坏事更加隐蔽。告密者从不缺乏，每天都有身居高位的人死去。

然而，花开花落、生老病死终是自然规律。提比略离开卡普里岛打算回罗马，但据说，在离罗马不到七英里的地方，他看到一个异兆，受到惊吓，不敢进城。返回坎帕尼亚的中途，他在阿斯图拉病倒。身体稍有起色后，提比略前往奇尔塞伊。在奇尔塞伊停留期间，为了掩饰自己的病情，提比略公开出现在各种比赛中，一次甚至还向突然闯入赛场的一头野猪投掷飞镖。然而，伪装使他筋疲力尽，他的身体每况愈下。提比略离开阿斯图拉，继续前行，来到位于米塞卢姆的卢库鲁斯②故居。他每天都躺在餐桌旁，一如既往地放纵自己。一天晚上，一个叫卡里克勒斯的医生借口告别，靠近提比略试图把把他的脉搏，预测一下他还剩

---

① 提比略分别把小阿格里皮娜、德鲁茜拉和利维拉嫁给了格奈乌斯·多米提乌斯、卢修斯·卡修斯和马库斯·维尼修斯。——原注
② 卢库鲁斯，古罗马将军兼执政官，因巨富和举办盛宴而出名。——译者注

多少时日。提比略觉察到卡里克勒斯的目的,就说要给卡里克勒斯饯行,所以要点更多菜肴。他躺在餐桌旁,这次比平时躺得更久。但卡里克勒斯并未上当,他告诉马克罗说提比略活不过两天。于是,马克罗立即着手安排一切事务,以确保卡利古拉继承皇位。公元37年3月16日,提比略昏了过去,似乎已经死了。在场的多数人纷纷向卡利古拉祝贺,并预备即位大典。这时传来消息说提比略醒了,正在传唤食物。所有人四散而去,假装悲伤或做无辜状。卡利古拉一言不发,不知命运该朝何处发展。这时,大胆的马克罗命令用衣物压住提比略。提比略窒息而亡,终年七十八岁。

第4章

卡利古拉
（公元37年至公元41年）

精彩看点

卡利古拉即位——卡利古拉的恶行与残暴——巴亚大桥 ——远征日耳曼——卡利古拉恣意妄为——卡利古拉之死

提比略死亡的消息传来，普天同乐。对日耳曼尼库斯的怀念、对其家族不幸命运的同情，让人们很看好日耳曼尼库斯的儿子卡利古拉，满怀希望能在他的统治下过上幸福生活。卡利古拉身着孝服，护送提比略的遗体从米塞卢姆运往罗马。一路上，人们欢呼雀跃，夹道欢迎，同时架起祭台，宰杀牲畜，用亲切的绰号"小靴子"来称呼他。

卡利古拉到达罗马后，来到元老院，打开并宣读了提比略留下的遗嘱。遗嘱将卡利古拉和小德鲁苏斯的儿子小提比略共同立为继承人，但元老院以立遗嘱之人精神恍惚为由将遗嘱弃之不用，授予卡利古拉皇位的唯一继承权。这一做法完全得到人们的认可。据统计，为了庆祝卡利古拉即位，在不到三个月的时间里，人们宰杀了十万牲畜用于献祭。作为回报，卡利古拉慷慨地向元老院保证，自己将与元老们共享权力，做所有能让他们高兴的事，并称他们就是自己的再生父母。之后，他赦免了所有因叛国罪而入狱的人，销毁了——或者更确切地说，假装销毁了——提比略留下的所有罪证，并告诉人们他这样做的原因，即使因母亲和哥哥①之死而心怀怨恨，他也不会利用权力报仇雪恨。

卡利古拉参加了提比略的葬礼。致完悼词后，他便立刻登船启航。尽管天气

---

① 尼禄·恺撒和德鲁苏斯·恺撒。——译者注

恶劣，但卡利古拉还是去了潘达达里亚和潘提亚岛，亲手将母亲大阿格里皮娜和哥哥尼禄·恺撒、德鲁苏斯·恺撒的骨灰带回罗马，存放于奥古斯都陵。卡利古拉每年都会举办法事纪念他们，并以父亲日耳曼尼库斯的名字命名九月。他通过一项法令，把利维娅曾拥有的一切荣誉授予他的祖母小安东尼娅。他任命当时还属于骑士阶层的叔叔克劳狄与他一同担任执政官。在小提比略穿上象征成人的托加袍这天，卡利古拉收养了他，并授予他"青年王子"的称号。卡利古拉还规定在人们起誓或其他任何庄重的场合，不仅要提到他的名字，也要提到他妹妹①的名字。

　　卡利古拉把为提比略纵欲服务的一群佞臣驱逐出罗马，不知发了多大的慈悲才忍住没有将他们投入台伯河溺死。他同意公开克莱穆提乌斯·科尔都斯和其他人的作品。他还给人们安排了大量表演，并将提比略和利维娅留下的财产分发给了公民和士兵。

　　卡利古拉执政的头几个月就这样过去了。接着，他得了重病。这场病似乎让他有些精神错乱，使他之后的举止更像是疯子。卡利古拉逐渐成为一个毫无理智却拥有无限权力的恶魔。然而，人们似乎没有理由指望卡利古拉有可能是一个好皇帝，因为他早已染上了各种恶习。据说，卡利古拉还是一个男孩时，就与妹妹德鲁茜拉乱伦。他的妻子——锡拉努斯之女——尤尼亚·克劳狄拉去世后，他与马克罗的妻子恩尼娅通奸，并承诺即位后就与恩尼娅结婚。卡利古拉对自己的行为有近乎完美的掩饰，对提比略表现得毕恭毕敬，所以就有了帕西努斯那句名言："没有比卡利古拉更好的奴仆，也没有比卡利古拉更糟糕的主人。"然而，精明的提比略看穿了卡利古拉的本性。一天，卡利古拉当着提比略的面嘲笑苏拉。提比略说，他宁愿有苏拉身上的一切缺点，也不愿有卡利古拉身上的任何优点。提比略还说，卡利古拉活着是为了毁灭自己和他人。卡利古拉是提比略替罗马人民

---

① 小阿格里皮娜·德鲁茜拉和茹利亚·利维拉。——译者注

养的一条毒蛇，是毁灭大地的"法厄同"①。

卡利古拉恢复健康后，做的第一件事就是处死小提比略，借口是小提比略诅咒自己不要康复。他逼迫岳父锡拉努斯自杀，理由是锡拉努斯没有随他出海，锡拉努斯希望自己在海上发生不幸从而乘机篡位，而事实上锡拉努斯只是不喜欢大海而已。一名骑士发誓称只要卡利古拉能够康复，他就愿意作为角斗士参与决斗，另有一位骑士发誓愿意为卡利古拉的健康而牺牲生命。然而，在卡利古拉恢复健康后，他并没有像大家期待的那样奖励这两名骑士，而是迫使他们履行誓言。

卡利古拉统治的前九个月就这样过去了。公元38年伊始，他决定下令公开国家的收支账目，这是奥古斯都之前一贯的做法，但这种做法在提比略统治时期已经中断了。卡利古拉还修改了骑士阶层的准入要求，罢免不合格的骑士，按照出身和财产引入一批新的骑士。卡利古拉恢复了公民的选举权，并取消了百分之一的消费税。然而，据说，这两种措施都受到"有识之士"的谴责。他们认为，不管是把权力交给不知道如何行使权力的人，还是无故减少国家的正常收入，都是无益的。

卡利古拉生性残忍，喜欢在露天竞技场观看屠杀。有一次，因缺少与野兽对决的死囚，他便下令抓来一些观众掷给野兽。为了防止他们大喊和辱骂，卡利古拉提前割掉了他们的舌头。卡利古拉逼迫马克罗和他的妻子恩尼娅自杀。卡利古拉拿出之前假装烧掉的指控他父母和兄弟的文件，处死了那些指控者。事实上，卡利古拉的目的是想占有这些指控者的财产，因为提比略积攒的大量财产已被他挥霍殆尽了。

卡利古拉从卢修斯·卡修斯手中夺走了妹妹德鲁茜拉，重新开始了乱伦的

---

① 法厄同，希腊神话中太阳神赫利俄斯和仙女的儿子。人们说他是私生子，他觉得自己受到嘲弄。于是，向父亲请求允许自己驾驭天车遨游天空一日，以证明赫利俄斯是他的父亲。结果法厄同无法控制马匹，在天空中画下一道裂缝。裂缝成为银河后，他又把车驶近大地，几乎把大地烧毁。宙斯为了防止他酿成更大的灾祸，掷出一道雷电将其击毙。——译者注

勾当。然后,他又将德鲁茜拉嫁给了马库斯·莱皮杜斯——一个实施恶行的帮凶。然而,就在这一年,德鲁茜拉死了,卡利古拉无比痛苦,为她举行了盛大的葬礼,并颁布了《紧急状态法》——凡是与家人或亲戚大笑、洗澡或共进晚餐的都将被判处死罪。卡利古拉还将授予利维娅的所有荣誉都授予了德鲁茜拉,并把德鲁茜拉的雕像放置在元老院和广场上。他下令为德鲁茜拉建造一座神殿,委派专门的祭司。妇女作证时,必须以德鲁茜拉神起誓;庆祝"诸神之母"的盛大节日必须在德鲁茜拉生日那天进行。德鲁茜拉还以"诸神之神"的名义,在帝国所有城市获得了神圣的荣誉。一个叫利维乌斯·格米尼乌斯的元老称自己看到德鲁茜拉和诸神的灵魂飞升上天,并发誓说如果说谎,就让自己和孩子不得好死。他因此获得了丰厚奖赏。对于德鲁茜拉的离去,卡利古拉悲痛欲绝。他在夜里逃离罗马,一直到达西西里岛东部的锡拉库萨。再次回到罗马时,卡利古拉的头发和胡子都变得很长了。此后,他再向公民和士兵讲话时,总是以德鲁茜拉神的名义起誓。卡利古拉和他的姐妹依旧过着乱伦的生活。就餐时,他的姐妹常常轮流躺在餐厅两侧,而他的妻子则躺在餐厅主位。他常常把她们有偿提供给自己好色的大臣,以供他们淫乐。

  卡利古拉即位后的第一任妻子是利维娅·奥瑞斯提拉。之前,她被许配给了卡尔普尼乌斯·皮索。受邀参加两人的婚宴时,卡利古拉对利维娅·奥瑞斯提拉一见钟情。于是,他对卡尔普尼乌斯·皮索说:"不要动我的妻子。"然后,卡利古拉就把她带走了。第二天,卡利古拉下令称"他早已按照罗慕路斯和奥古斯都的方式赏赐过卡尔普尼乌斯·皮索一个妻子了"。然而,没过几天,他就休掉了利维娅·奥瑞斯提拉,但仍将她囚于宫中。两年后,卡利古拉得知利维娅·奥瑞斯提拉和卡尔普尼乌斯·皮索联系密切,就将她流放了。后来,他又听到人们赞扬罗利娅·保莉娜——按辈分他应叫这位女士祖母——美若天仙,卡利古拉便把她从外省召回,强迫她与自己的丈夫莫密乌斯·雷古勒斯离婚,然后娶她为妻。要知道,莫密乌斯·雷古勒斯当时正是该行省的军事指挥官。

公元39年，在即位的第三年，卡利古拉一如既往地残酷暴虐和恣意妄为。一天，卡利古拉突发奇想：打算从巴亚到波佐利三英里半的海上架起一座桥。他调集了大量船舶，从而导致无船从外面运进粮食。意大利粮食严重短缺。这些还远远不够，建桥投入了大量的人力物力：先固定两条索道，中间铺设木板，形成一条类似于亚壁古道的桥面，每隔一定距离设置休息喝茶的地方，并铺设输送淡水的管道。据说，在桥修好后，卡利古拉身穿亚历山大大帝护胸甲，身披紫色丝绸军用斗篷，一手持饰有黄金珠宝的利剑，一手拿盾牌，头戴橡树王冠，向海神尼普顿和其他神灵献祭——尤其是向忌妒之神献祭，以免受其影响。卡利古拉骑着高头大马从巴亚进入大桥，紧随其后的是步兵方阵和骑兵方阵。队列很快就穿过大桥，进入波佐利，如同这里是被征服之地。卡利古拉假想波佐利就是战场，战争结束后在此休整军队。第二天，他带着凯旋之师穿桥而过。卡利古拉乘坐一辆双马战车，马是从竞技场里挑选出来的最出色的马。一队队人马在假扮的征服者面前穿行而过。战利品和俘虏在队伍的最前面。俘虏中有一个叫大流士的安息人，是当时在罗马的帕提亚人质之一。卡利古拉的朋友坐着战车走在中间，军队在最后压阵。光荣的胜利者卡利古拉登上了设在桥中央的高台，发表了热情洋溢的演讲，高度赞扬了勇敢的士兵。之后，他在桥上大摆宴席，好像这座桥是一座小岛。参加宴席的人乘坐各种各样的船围于四周。盛宴和狂欢通宵达旦。桥上和船上灯火通明，环绕海湾的山丘也被照亮。这里整个看起来像一座巨大的剧院，黑夜似乎成了白昼，大海似乎成了陆地。所有这一切效果都是为了满足卡利古拉这个怪物的欲望，但他仍然禁不住放纵自己与生俱来的凶残：当卡利古拉沉迷于酒池肉林而变得情绪高涨时，他把在桥上服侍的几个人扔进了海里，然后跳上了一艘乌鸦船[①]，来回巡行，击沉大桥四周满载狂欢者的船，致使一

[①] 在第一次布匿战争期间，罗马人发明了乌鸦船。该船设置了"甲板桥"。罗马士兵在船头拉起"甲板桥"，船在海面上行驶时，犹如乌鸦张着嘴在海里觅食。战斗期间，乌鸦船冲到迦太基战船，即将相撞时，"甲板桥"被放下。罗马士兵冲上迦太基战船，化海战为陆战。——译者注

些人落入水中。由于当时风平浪静，大部分人虽然酩酊大醉，但侥幸死里逃生。

卡利古拉为什么要在海上建造一座大桥？人们为这一疯狂举动找出各种各样的原因。一些人认为可能是卡利古拉想要超越波斯王薛西斯。另外一些人说，卡利古拉想震慑日耳曼人和不列颠人，因为他一直想入侵日耳曼和不列颠。苏埃托尼乌斯认为，卡利古拉小时候曾听提比略说过，他在与大臣磋商继承人时，占星家特拉塞尔乌斯对提比略说："卡利古拉能够当上皇帝的可能性比他骑马渡过巴亚海湾的可能性还小。"所以卡利古拉建桥的真正原因是想证明特拉塞尔乌斯的预言是错误的。

不管卡利古拉建桥的原因是什么，罗马贵族的利益遭到损害是不争的事实。为了弥补建桥花费的巨额费用，贵族的财产被没收。在将罗马和意大利的财富基本耗尽后，暴君卡利古拉决定以同样的方式掠夺富裕的高卢行省，接下来再掠夺西班牙行省。卡利古拉以征服日耳曼人为借口，很快集结了一支军队，向高卢进军。有时，行军速度很快，禁卫军不得不把军旗放在马车上，极大削减了皇家威风；有时卡利古拉乘坐銮舆，命令人们洒水清扫他要途经的道路。车辚辚，马萧萧，卡利古拉的出行总是伴着一大批女人、角斗士、舞者、赛马和各种各样的奢侈用品。到达军营后，卡利古拉装腔作势，摆出一副威严的统帅模样，公开羞辱并撤除了一些督军的职务，理由是他们率领的辅助部队行军速度太慢。接着，卡利古拉开始霸占军官和士兵的财物。一些士兵在退伍前被卡利古拉遣散，而其余士兵的退伍金则被削减至六千赛斯特斯。

一位不列颠王子被父亲奇诺贝里努斯放逐后，臣服卡利古拉。卡利古拉向罗马元老院写信，言辞极尽夸张，仿佛整个不列颠岛都被征服一样。一次，卡利古拉跨过莱茵河似乎是去对抗日耳曼人，没想到他吓得从战车上一跃而起，跳上战马急速返回。返回到桥上时，他发现桥上挤满了人和驮行李的牲畜。他便从他们的头顶爬了过去。还有一次，卡利古拉下令让一些卫兵躲在莱茵河对岸，而他自己装模作样正在用餐。这时，有人来报，敌人来了。他一跃而起，跳上战马，他的朋友和部分卫兵紧随其后。他们进入附近的树林，砍了树木作为战利品，高举火把，带上战利品返回营地。卡利古拉在军营大帐端坐。为了做到奖罚分明，他严厉责罚那些没有参与这次军事行动的将士，说他们胆小如鼠、贪生怕死，体会不到战争的艰辛与危险。他奖赏了那些一直陪同他的人，授予他们"探索花冠"。还有一次，卡利古拉从一群日耳曼人中带走了几名年轻人，将其作为人质，秘密地送到一个地方。然后，他假装赴宴。此时有消息传来。他一跃而起，带着骑兵一番追赶，营造一种人质在逃的假象，最后人质被五花大绑带了回来。在一项法令中，他严厉谴责了元老院和罗马人动辄大摆筵宴、光顾剧院和安逸享乐的做法，而作为皇帝的自己却在不辞辛苦地带兵打仗、九死一生。

没有最荒唐，只有更荒唐。卡利古拉对不列颠的入侵表现出的荒唐可谓登峰造极。他移军至海岸，集各类武器于岸边，然后自己登上船，向大海行驶一段距离后再折回来。他爬上一处高台，发出作战信号。一时间，号声连天，他命令士兵向大海冲锋。最后，他让士兵把收集来的贝壳作为战利品献给朱庇特神殿和帕拉丁宫殿。他奖励了此战的"胜利之师"一大笔钱，并建造了一座灯塔来纪念出海征服这一壮举。

同时，卡利古拉并没有忘记此行的目的。他肆意掠夺，受害者唯一的罪过就是他们拥有财富。一天，他在赌博时发现钱用完了，便派人对高卢人进行人口清查，下令处死那些最富有的人。之后，他对身边朋友吹嘘道："你还在玩那几个第纳尔，我已经赚了一亿五千万啦。"后来，他将皇室最珍贵的珠宝和其他宝贝据为己有，并进行拍卖，他说："这是我父亲的，这是我母亲的，这颗埃及珠宝是马克·安东尼的，那颗埃及珠宝是奥古斯都的。"在拍卖这些宝贝时，他表现得非常于心不忍，逼迫买家不得不付高出价格数倍的钱购买这些物品。

卡利古拉在高卢时，处死的人中有马库斯·莱皮杜斯。马库斯·莱皮杜斯是卡利古拉深爱的德鲁茜拉的丈夫，也是卡利古拉所有罪恶和放荡行为的帮凶。他处死马库斯·莱皮杜斯的理由是马库斯·莱皮杜斯与利维拉和小阿格里皮娜合谋要杀害自己。然后他写信给元老院，以最恶毒的语言咒骂利维拉和小阿格里皮娜，并把她们放逐到潘提亚岛。为达此目的，他遣送两个妹妹回意大利，还强迫小阿格里皮娜一路抱着马库斯·莱皮杜斯的骨灰坛不能松手。为了纪念自己幸免于难，他将三把带有神性的短剑献给复仇之神马尔斯。

这时，卡利古拉以罗利娅·保莉娜不孕为借口，将其休掉，然后娶米洛妮娅·凯索妮娅为妻。这个女人既不漂亮也不年轻，生性放荡，已是三个女儿的母亲。她还没有跟卡利古拉结婚时就已经怀上他的孩子，婚后不久生了一个女儿。卡利古拉对她爱得"热烈"，常常把她的裸体展示给朋友们看，还常常让她穿上斗篷，戴着头盔，拿持盾牌，骑上大马，带她一起穿过士兵队伍。然而，有时，出于喜好，他还会把她绑上肢刑架，让她说出为什么能让他那么爱她。

公元40年，卡利古拉在离开高卢前计划歼灭当年那些背叛他父亲日耳曼尼库斯的军团。好不容易有人劝阻卡利古拉不要这么做，但卡利古拉坚持实行"十一抽杀律"①。因此，卡利古拉将这些被抽杀的士兵召集到一起，不准他们携带武器，并派骑兵包围他们。但这些士兵猜到卡利古拉的意图，一个个偷偷溜走，重新拿起了武器。卡利古拉看到这个情况后勇气顿失，飞奔着逃离营地，急急忙忙赶回罗马，口中喃喃自语要寻元老院报仇。元老院派出代表请他抓紧返回罗马，以免夜长梦多。他击打着剑柄，对元老院代表说："我一定会回来的！我一定会回来的！谁也奈何不了我！"他还威胁元老院代表，说要摆脱元老院的束缚。不管怎样，公元40年8月31日，在卡利古拉生日这天，他回到了罗马，接收了一次"小凯旋式"而非"大凯旋式"的荣誉。这也是人们最后一次为他欢呼，因为他已恶贯满盈，人们的耐心几乎耗尽了。

也许，一个拥有绝对权力的疯子才能做出这样的行为。

卡利古拉宣称自己是神，并为自己建了一座神殿。神殿里立着一尊他的金像。

---

① 罗马的军法很严厉，如果士兵谋叛哗变、不听节制、违抗命令等，就会执行"十一抽杀律"。即擎签抽出十分之一的人员，而其余未中签人员排成夹道，被棍棒击打至死。——译者注

他要求每天都要照着他的样子给金像穿衣装扮。每天都有孔雀、雉鸡和其他稀有鸟类用于献祭。他的妻子米洛妮娅·凯索妮娅、叔叔克劳狄和一些非常富有的人担任祭司（他们不得不花高价购买此职位）。当然，他自己和他的坐骑"因吉塔斯"也是祭祀团队的成员。卡利古拉会穿上特别的服饰出现在神殿。服饰有时配以这个神的徽章，有时则换成另一个神的徽章。圆月当空、月色皎洁之夜，他常常邀请月亮之神下凡投入他的怀抱。他还常常进入朱庇特神殿，与朱庇特神秘密对话。然而，人们似乎听到神在斥责或威胁他。他自称受到神的邀请共享神宅。为此，他要从帕拉丁宫到朱庇特神殿之间的大广场上架起一座桥梁。关于这个怪物诸如此类的荒诞故事如果都讲出来，恐怕三天三夜也难以穷尽。

卡利古拉新设特别税种。他对各种食品征税，对各种诉讼案件征收百分之二点五的税，严厉惩罚那些打官司"私了"的行为。搬运工必须上缴每日收入的八分之一，妓女也要缴纳几乎同样多的税。卡利古拉甚至在宫殿里开设妓院，里面充斥着在社会上有名望的女人。他派人到广场上邀请人们来此娱乐。当他的女儿出生时，他痛苦地抱怨自己是多么贫穷，于是很快就收到了抚养女儿和陪送嫁妆的各种礼物。新年的第一天，他常常站在门廊前接受别人送给他的礼物。他还常常光脚走在成堆的金币上，或者躺在金币上面打滚。

卡利古拉生性残忍。观看角斗士格斗令他心旷神怡。他同样醉心于马车比赛。观看比赛期间，他支持"蓝队"，所以就毒死了对手绿队中最好的车手和赛马。他对自己的战马"因吉塔斯"情有独钟，经常请它到家"用膳"，用金杯盛上大麦和葡萄酒款待它。他要求人们在起誓时赌上"因吉塔斯"的安全和性命。只要"因吉塔斯"不死，卡利古拉甚至可以把它升到执政官的位置。

在一次角斗士表演时，烈日当头，卡利古拉却命令把遮阳篷撤下，任何人不得离开。还有一次，大家鼓掌的节点不合他的心意，他大喊道："啊，但愿罗马人死光算了！"

一场阴谋终于把这个世界从压迫它的怪物手中拯救了出来。阴谋的主要参与者是获释奴隶和禁卫军士兵,他们是为了自我保护,而不是出于爱国主义和为罗马人民的自由、幸福而战的崇高理想。事实上,是在绝对专制和暴虐统治下,这种阴谋经常发生。最活跃的人物是卡修斯·卡瑞亚和科尼利厄斯·萨宾努斯。他们都是保民官,与卡利古拉有私仇,尤其是卡修斯·卡瑞亚。卡修斯·卡瑞亚虽然年事已高,但仍充满力量,英勇无畏。卡利古拉过去常常称他为"娘娘腔"。当卡修斯·卡瑞亚向卡利古拉征询值班暗号时,卡利古拉就送他"维纳斯"[①]"普里阿普斯"[②]或其他一些带有挑逗性不雅的词语。

公元41年的1月24日,刚过中午,卡利古拉前一天因饮食过量而身体不适。然而,他在剧院待了一个上午之后,还是听了朋友的建议,打算继续去用餐。沿着拱形通道走向餐厅时,他中途停下查看那些从爱奥尼亚来的贵族少年。他们是专门被请到罗马来为卡利古拉吟唱颂歌的。就在此时,卡修斯·卡瑞亚、科尼利厄斯·萨宾努斯和其他禁卫军士兵一拥而上,将卡利古拉打倒在地,就地处死。另外,一名百夫长按照卡修斯·卡瑞亚的指示,在夜间杀死了卡利古拉的妻子米洛妮娅·凯索妮娅,并把他们年幼的女儿撞死在墙上。这位可恨的暴君的统治就这样结束了。他统治罗马不到四年,死时二十九岁。他死后,人们在他的柜子里发现了两本书,一本名曰《剑》,另一本名曰《匕首》,书中有他想处死人的名单。人们还发现了一个大箱子,里面装满各种各样的毒药。

---

① 维纳斯,罗马神话中代表性爱和形体美的女神。——译者注
② 普里阿普斯,希腊神话和罗马神话中的生殖之神,是勃起的阴茎的象征。——译者注

第5章

克劳狄
(公元41年至公元55年)

精彩看点

克劳狄即位——克劳狄的性格——克劳狄为政善举——梅萨利纳与获释奴隶——梅萨利纳的欲望与残忍——克劳狄在不列颠——梅萨利纳的恶行——梅萨利纳之死——克劳狄与小阿格里皮娜结婚——小阿格里皮娜毒死克劳狄

卡利古拉毙命的消息一传出,执政官下令全城戒严,召集元老到朱庇特神殿商议。从昼入夜,讨论持续了整晚。有的元老希望重建共和国,有的元老希望继续实施帝制。就在元老们还在为实施哪种政体喋喋不休时,禁卫军对此早已有了决断。

卡利古拉被杀时,克劳狄惊恐万分,躲在一个房子的门帘后面。当时一个士兵正在宫殿里四处搜寻战利品,碰巧看到帘子下克劳狄露出的脚,便把他拖了出来。克劳狄马上跪地求饶。然而,士兵在认出他后,向他致敬行礼,口称皇帝万岁。士兵招来同伴,把浑身哆嗦的克劳狄架到肩舆上,将他抬至禁卫军营地。此时,罗马的执政官派遣保民官传召克劳狄,让他以元老的身份出席会议。但克劳狄说自己被强行扣留,身不由己。然而,到了第二天早上,克劳狄发现士兵们一致同意授予他最高权力。于是,他顺水推舟,接受了大家的提议。克劳狄答应给每个士兵一万五千赛斯特斯的赏金——这种为寻求支持而贿赂士兵的恶习由此产生。要共和制还是帝制,元老院内部无法达成共识。同时,元老们发现普通公民对重建共和漠不关心。重建共和的提议又被军队弃之一边,元老们随即放弃了恢复共和这种徒劳无益的设想,默默地服从了军人的"选择"。

克劳狄就这样出乎意料地被推上了皇帝的宝座。他是日耳曼尼库斯的弟弟，从小体弱多病，可能他的智力发育受到了影响。他的母亲小安东尼娅常称他是"由自然开始而未被自然完成的怪人"。说某个人特别愚蠢时，小安东尼娅总会说："那个孩子比克劳狄还蠢。"克劳狄的祖母利维娅最瞧不起他，奥古斯都也对他不屑一顾。奥古斯都还声称"不会授予克劳狄任何荣耀"。提比略统治期间，克劳狄同样得不到重用。卡利古拉刚即位时，让克劳狄担任执政官。他这样做只不过是蔑视这位愚蠢的叔叔罢了。而正是得益于他的轻蔑，克劳狄在"智力发育不全""愚钝"的外衣下，巧妙地躲过了许多聪明人遭受的悲惨命运。

　　心智不成熟不等于没有判断力和智慧。所以当我们谈到克劳狄时，大家不必对他的才能过于惊讶——虽然克劳狄的名字在自己家人看来就是"愚蠢"的代名词，但他博学多识，并且能轻松地用希腊语和拉丁语写出好的文章①。克劳狄还时不时表现出精明睿智、观察缜密、神机妙算的一面。事实上，在研究这段历史和克劳狄性格时，我们会联想到英格兰国王詹姆斯一世②。当然，比起克劳狄，詹姆斯一世更懂得为君之道。

　　克劳狄上任后的第一件事就是履行此前承诺的大赦——虽然大赦并非他本心所愿。但克劳狄处决了卡修斯·卡瑞亚和其他刺杀卡利古拉的刺客，此举并非出于对卡利古拉的尊敬，而是为了威慑其他弑君者。科尼利厄斯·萨宾努斯得知情况后只好自杀谢罪。对在前两任皇帝统治期间曾伤害或侮辱过自己的人，克劳狄表现得宽容大度，毫无敌意。事实上，伤害或侮辱过克劳狄的人不在少数。克劳狄彻底废除了《叛国罪法》。他带着《剑》和《匕首》及卡利古拉曾经假装烧掉的文件，向元老院一一展示，让他们看到那些告密者和被告密者的名字，随后将所有文件付之一炬。同时，克劳狄一步步废除卡利古拉创设的各种野蛮措施。克

---

① 苏埃托尼乌斯特别欣赏克劳狄的历史著作，苏埃托尼乌斯一贯秉求实和不偏不倚的态度。——原注
② 詹姆斯一世（1566—1625），斯图亚特王朝。传统史学观点认为詹姆斯一世昏庸、自大、迫害清教徒与英格兰宪政体制，是一位愚蠢的君主，但20世纪中期的西方历史学者认为，詹姆斯一世在维持国内稳定与发展国际关系上有成就。——译者注

劳狄渴望挽回家族声誉，于是召回了流放中的侄女小阿格里皮娜和利维拉，归还了她们的财产。

　　克劳狄时年五十岁。此前，他花了大量精力去研究古籍。即位后，他希望自己能尽量靠近古代先贤的宪政之路，但同时拒绝照搬古代皇帝的做法。克劳狄不讲究排场，他为两个女儿举办的婚礼与普通公民的婚礼并无两样。他尊重元老院的意见，没有元老院批准不擅自做重大决策。他对执政官和地方官员都表现出了应有的尊敬。通过此举，克劳狄赢得了人们的喜爱。一次，克劳狄来到奥斯蒂亚。听闻克劳狄在当地遭到暗杀，人们自发集合，咒骂元老院和禁卫军，将其视为谋杀者和叛徒，直至地方官员称克劳狄安全后，人们的暴怒才平息。

　　克劳狄执政第二年，即公元42年，他投入大量的人力物力兴修大型工程。过去数年，意大利土地荒芜，罗马几乎所有的粮食都来自阿非利加和西西里岛。但由于台伯河口没有安全港口和装卸码头，粮食只能在夏季才能运进。如果粮食储备不够冬天食用，就必然会发生饥荒。亡羊补牢，犹未迟也。克劳狄派人进行勘察，做出预算。虽然工程浩大，预算爆表，但克劳狄力排众议，坚持在奥斯蒂亚建一个港口。奥斯蒂亚港是这样设计的：在陆地上凿挖一个大的内港，在内港右岸，开凿一个渠道，将海水引入内港。入海口处修建两道防波堤，再修建一座人工岛。人工岛上建造一座用来导航的灯塔。有了这个港口，粮食一年四季都可以运进罗马城，大大降低了城中闹饥荒的风险。克劳狄又修建了一项公共工程，将一条叫"新阿尼奥"的台伯河支流引流罗马，并在沿线修建了许多水库。还有一项更重要的工程——位于马尔西的福奇尼湖排水工程，后面我们还会提到它。另外，克劳狄重建了被大火摧毁的庞培剧院。

　　到目前为止，克劳狄的所作所为都还是值得称道的。但对一个性格软弱的人来说，我们不能指望他做到始终如一。人们发现，他特别喜欢在露天竞技场观看残暴的娱乐表演，由此可以推断他并不反感嗜血杀戮，而令人更加担忧的是他对妻子和获释奴隶的绝对服从，克劳狄完全受他们操纵，被他们玩弄于股掌之间。克劳狄娶了巴巴图斯·梅萨拉的女儿梅萨利纳——一个因放浪滥交而臭名昭著的女人。克劳狄手下有三个大名鼎鼎的获释奴隶：第一个是宦官波西德斯；第二个是犹地亚总督费利克斯，费利克斯艳福不浅，先后成为三个同盟国女王的丈夫；第三个是卡利斯图斯，他在卡利古拉时期就权倾朝野。克劳狄还有三个重要的秘书，其影响力远在我们刚才提到的几位获释奴隶之上。第一个秘书是波利比乌斯，是克劳狄的抄写员。人们可以经常看到他行走在两位执政官之间，其地位之高，由此可见一斑。第二个秘书是纳齐苏斯，是克劳狄的私人秘书。第三个秘书是帕拉斯——费利克斯的哥哥，担任财务官。纳齐苏斯和帕拉斯同梅萨利纳狼狈为奸、各取所需。梅萨利纳寻求情欲满足，而纳齐苏斯和帕拉斯则渴望荣誉、权力和财富。通过搜刮钱财，纳齐苏斯和帕拉斯最终富可敌国。一次，克劳狄抱怨国库空虚，有人建议他：如果能拉拢纳齐苏斯和帕拉斯，那么国库很快就会充盈起来。

上文中，我们提到克劳狄的几位获释奴隶和秘书掌握着生杀予夺大权。他们如果想让谁死，就会恐吓克劳狄某人要谋害他，这样便可借克劳狄之手轻松达到目的。懦弱之人一般都是十足的胆小鬼，克劳狄就是这样的人。克劳狄执政期间，第一个被谋害的人是盖乌斯·安内乌斯·锡拉努斯。公元42年，盖乌斯·安内乌斯·锡拉努斯时任西班牙行省总督。克劳狄将他从西班牙召回，把梅萨利纳的母亲嫁给他，并且待他亲如密友。但生性放荡的梅萨利纳很快便对这位继父燃起了欲望，而面对梅萨利纳的引诱，盖乌斯·安内乌斯·锡拉努斯不为所动，一口回绝了她的无理要求。梅萨利纳恼羞成怒，决定伙同帕拉斯密谋杀掉盖乌斯·安内乌斯·锡拉努斯。于是，某一天早上，帕拉斯早早来到了克劳狄的房间，告诉克劳狄自己梦见他被盖乌斯·安内乌斯·锡拉努斯杀死了。另外，梅萨利纳对克劳狄大吹枕边风，让克劳狄更加惶恐不安。最终，无辜的盖乌斯·安内乌斯·锡拉努斯惨遭杀害。

盖乌斯·安内乌斯·锡拉努斯死得荒诞无稽，引发了人们普遍的恐慌。一些人开始密谋推翻克劳狄的统治，主谋是位高权重的安纳苏斯·维尼西亚努斯。安纳苏斯·维尼西亚努斯无力对抗禁卫军，于是邀请达尔马提亚行省总督卡米卢斯一起反抗克劳狄，还与他一同畅想君临天下的美好未来。卡米卢斯同意与之共谋，许多元老和骑士随波逐流，加入反叛队伍。卡米卢斯很快"紫袍加身"，自立为帝。卡米卢斯写信给克劳狄，希望克劳狄可以退位养老，而懦弱的克劳狄当时已打算服从。虽然卡米卢斯的军队在一开始支持他，但士兵们听到卡米卢斯谈及百姓和古代自由时，改变了主意，认为反抗克劳狄对他们没有好处。于是，士兵们不再听从卡米卢斯的指挥。卡米卢斯见大势已去，他逃到一个近海孤岛，随后自杀身亡。现在梅萨利纳和几个获释奴隶更加恣意妄为，大开杀戒和掠夺。奴隶和获释奴隶也都开始反抗他们的主人或前主人。虽然克劳狄在即位时发誓所有获释奴隶都不会受到酷刑，但这次他甚至对骑士、元老、公民和很多外地人都施以酷刑。安纳苏斯·维尼西亚努斯和许多人惶惶不可终日，不知哪一天就会身首异处。无论男人还是女人，死后的尸体都被随意抛下杰摩尼亚台阶。一些所谓的"罪大恶极者"能死里逃生，部分原因是他们受到了庇护，部分原因是他们贿赂了那几个获释奴隶。有的虽遭屠杀，但他们的孩子未受株连，有的甚至得到了家族财产。

遭受迫害的人里，有两个人颇值一提。第一个是盖拉苏斯。他是卡米卢斯属下的获释奴隶。被带到克劳狄和元老面前时，他表现出一副镇定自若和大义凛然的气概。帕拉斯蛮横地走到盖拉苏斯跟前，说："如果卡米卢斯做了皇帝，你会怎么办？"盖拉苏斯无所畏惧，回答道："我会站在他的后面，三缄其口！"[①]第二个是凯基纳·帕埃图斯。凯基纳·帕埃图斯曾协同卡米卢斯谋反。在他奉克劳狄之召前往罗马时，他的妻子阿里亚哀求士兵们，准许她同凯基纳·帕埃图斯一起乘船前往。阿里亚说一个执政官级别的男人应当有一个奴仆来帮他穿衣梳洗、服

---

① 暗指帕拉斯在克劳狄面前飞扬跋扈。——原注

侍他用餐,而自己就是那个履行此义务的人。但士兵们拒绝了阿里亚的请求。于是,阿里亚雇了一艘小渔船,紧随丈夫船后。凯基纳·帕埃图斯被判死刑时,梅萨利纳对品格高洁的阿里亚心生敬佩,所以阿里亚想得到荣华富贵并非难事,但阿里亚不屑独活于世。不仅如此,当阿里亚看到凯基纳·帕埃图斯面对死亡犹豫不决时,她拿起利剑,刺向自己,又递给凯基纳·帕埃图斯说:"看,帕埃图斯,我一点也不痛。"正如历史学家卡西乌斯·迪奥所说,"他们的壮举值得赞扬"。长久以来,邪恶持续泛滥,国家无荣耀之事可宣扬,唯有视死如归可列为美德。

最后,当受害者被屠杀殆尽时,迫害与杀戮也就停止了。公元43年,克劳狄恢复正常,做了一些有益的立法调整,比如:减少假期数量;要求各省总督尽快返回各自行省,不要滞留于罗马城中。此外,他还剥夺了很多人的公民权,将它重新授予应得之人。正是由于这项措施,梅萨利纳和那几个获释奴隶大搞权钱交易,为了搜刮更多的钱财,他们无所不用其极,不惜在出售公民权时压低价格(过去的价格一直很高)。所以当时流行一种说法:一包碎玻璃就可以换取公民权。

现在,梅萨利纳更加为所欲为。她因为自己声名狼藉,所以也要让别人臭名昭著。实际上,她常常强迫妇女在宫中当着她们丈夫的面卖淫。对那些听话的丈夫,她赏以荣誉和权力;对那些拒绝妻子卖淫的男士,她则想方设法除掉他们。梅萨利纳不仅对普通男性施暴,而且对女性和丈夫克劳狄的家族成员也是如此。公元41年,梅萨利纳以通奸罪处死利维拉。哲学家塞内卡受到牵连,被流放到科西嘉岛。但事实上,梅萨利纳忌妒利维拉的美貌,看不惯利维拉和克劳狄的亲密关系。后来,梅萨利纳把忌妒的矛头对准了提比略的孙女尤利娅——小德鲁苏斯的女儿。很快,梅萨利纳就设计害死了她。同时,克劳狄对妻子梅萨利纳的荒淫行为一无所知,因为梅萨利纳通常让一个女佣代替自己躺在丈夫的床上,而她通过威逼利诱让克劳狄身边的人给自己通风报信①。

---

① 尤维纳利斯在其作品中对放纵、堕落的梅萨利纳的描写也不夸张。——原注

克劳狄统治期间罗马帝国的边境战事包括：在欧洲，与日耳曼人作战；在阿非利加，与摩尔人作战。加尔巴——未来的罗马帝国皇帝——已经征服了查塔人，而保利努斯已经率罗马军队深入到阿特拉斯山麓。罗马帝国征服不列颠的宏图大业重新提上日程，并且初见成效。一位遭到放逐的不列颠王子向克劳狄通风报信后，在高卢带兵作战的奥卢斯·普劳提乌斯奉命率军进入不列颠，征服了泰晤士河以南的部分地区。克劳狄想亲自踏上不列颠。于是，他渡过泰晤士河，打败了不列颠的土著军队。公元44年，克劳狄在不列颠岛停留了十六天后返回罗马，获得了小凯旋式荣耀。元老院把"不列塔尼库斯"①的荣誉称号颁发给克劳狄和他的小儿子②。同时，梅萨利纳也获得了利维娅曾享有的一切荣誉。

在接下来的两三年，几乎没有什么重要的事情发生。公元47元，在克劳狄统治时期，罗马迎来了它八百岁的生日，克劳狄举办"百年节"竞技会以示庆祝，声称"奥古斯都计算出了举办百年节竞技会正确的时间"（但克劳狄自己的历史作品中的说法与此说法相反）。传令官按照惯例邀请公民参加这个重大的节日，声称这是"一场对任何人来说都是过去没有见过，将来也不会再见到的"竞技会。这时，不少观众发出了嘻嘻的笑声，因为观众席里有些老人曾看过公元前17年奥古斯都举办的百年节竞技会，并且一些以前登台演出的演员也参加了这次演出。

克劳狄一边庆祝着百年节，一边打理着罗马帝国的政务，还常做一些对帝国有利的事情。同时，梅萨利纳依旧干着荒淫的勾当，并且常常把愚蠢的丈夫当作"捐客"来方便自己同他人的淫乐。一次，梅萨利纳疯狂地"爱上"了当时的著名舞者麦尼斯特。麦尼斯特投入梅萨利纳的怀抱既非为了高官厚禄，也非因为他人的威逼利诱，而是得到了克劳狄的命令——梅萨利纳可以对麦尼斯特提出任何要求。因此，麦尼斯特认为梅萨利纳的随心所欲已经得到了克劳狄的"完

---

① 不列塔尼库斯的意思是指"不列颠征服者"。——译者注
② 克劳狄的小儿子是提比略·克劳狄·恺撒·不列塔尼库斯（公元41年—公元55年），一般称他为不列塔尼库斯，为克劳狄与梅萨利纳所生。——译者注

全许可"。梅萨利纳对待其他情人的手法亦是如此。他们都认为与梅萨利纳的私通是遵照克劳狄的意愿。

梅萨利纳又移情别恋,喜欢上了当时罗马英俊潇洒的执政官盖乌斯·西柳斯[①]。为了独霸盖乌斯·西柳斯,梅萨利纳赶走了他的妻子尤尼亚·西拉娜。而盖乌斯·西柳斯也知道,如果拒绝梅萨利纳,自己会面临灾难;如果自己从了梅萨利纳,或许可以逃过一劫,所以他决定顺从梅萨利纳。一开始,梅萨利纳与盖乌斯·西柳斯的荒淫勾当掩盖得密不透风,但梅萨利纳终于不屑于隐藏这段奸情。她公然住到盖乌斯·西柳斯的家,许之以荣华富贵。梅萨利纳还把奴仆、获释奴隶、所有家当都搬到了盖乌斯·西柳斯的家,就如同在丈夫克劳狄的家一样。梅萨利纳并不认为自己会有任何危险,但盖乌斯·西柳斯自知罪孽深重,认为将来自己和克劳狄必将有一人倒下,因此盖乌斯·西柳斯决定铤而走险,提议梅萨利纳谋杀克劳狄,以便夺取最高权力,这样他们不仅可以名正言顺地结为夫妻,还可以收养她和克劳狄的孩子。但梅萨利纳犹豫了——不是出于对克劳狄的爱,而是出于恐惧,她担心盖乌斯·西柳斯一旦大权在握,便会抛弃自己。最后,"既已声名狼藉,何不随心所欲"的信念占了上风,梅萨利纳下定决心,立刻嫁给盖乌斯·西柳斯。

塔西佗认为接下来发生的事情最让人难以置信,但他认为有必要向读者保证自己记录的真实性。后世的许多作家转述这段历史时仍然津津乐道。公元48年,趁着克劳狄去奥斯蒂亚献祭,梅萨利纳和盖乌斯·西柳斯在罗马举办了公开婚礼,婚礼热闹而隆重,该有的仪式和步骤一样也没落下。当时正处在酿造葡萄酒的季节。这对新婚夫妇和朋友身着酒神节狂欢盛装。在盖乌斯·西柳斯的花园里,他们的奢靡与放荡花样百出。同时,前文中我们提到那几个获释奴隶和秘

---

① 盖乌斯·西柳斯,罗马元老院元老,公元49年被提名为执政官,但因与梅萨利纳有染而被皇帝克劳狄处决。与前文提到被卢修斯·埃利乌斯·赛扬努斯迫害致死的盖乌斯·西柳斯并非同一人。——译者注

书也在商量他们该如何行动。他们与梅萨利纳培养的彼此信任早已消失殆尽。梅萨利纳处死了波利比乌斯后,他们就不再信赖这个女人了。其中一些人还犹豫不决,但纳齐苏斯决心冒险一试,把梅萨利纳的所作所为通报给克劳狄。纳齐苏斯让其他人做出承诺,严守秘密,不要向梅萨利纳透露任何风声,他自己则匆忙赶往奥斯蒂亚。他首先见到了克劳狄的两个嫔妾卡尔普尔妮娅和克利奥帕特拉,成功说服她们向克劳狄传递这一信息。于是,当这两位嫔妾与克劳狄单独在一起时,卡尔普尔妮娅跪在克劳狄面前,大声诉说梅萨利纳和盖乌斯·西柳斯都已结婚,克利奥帕特拉在一旁也附和,纳齐苏斯被传唤到场进一步对证。纳齐苏斯称自己罪该万死,因为此前他隐瞒了梅萨利纳的罪过,乞求克劳狄开恩,但他又说这次事态严重,梅萨利纳罪不可赦,整个罗马帝国危在旦夕。克劳狄征询大臣的意见。大家一致认为,克劳狄应该马上赶回禁卫军营地,确保禁卫军的忠诚。由于禁卫军长官盖塔不可信,纳齐苏斯在身处同等危险境地的"倒梅派"①支持下,要求禁卫军指挥权必须交给获释奴隶。纳齐苏斯甚至还毛遂自荐,提议由自己来指挥禁卫军。随同克劳狄返回罗马的有卢修斯·维特利乌斯和普布里乌斯·拉古斯·凯基纳,他们都是听命于梅萨利纳的奴仆。纳齐苏斯因担心克劳狄在途中受到二人的蛊惑而突然心软,他请求克劳狄让自己随行。之后,他们乘坐同一辆马车返回罗马。

  奥斯蒂亚发生的一切很快便传到了罗马。这对罪孽深重的新婚夫妇惊慌失措。梅萨利纳搬到了卢库鲁斯花园,这里的原主人是瓦列里乌斯·阿西阿提库斯。梅萨利纳为了满足自己——一个罗马荡妇——的欲望,指派自己的奴仆卢修斯·维特利乌斯将花园的主人陷害致死。盖乌斯·西柳斯为了掩饰自己的恐惧,装作若无其事的样子履职尽责,但他很快就被几位百夫长和其他不少人绑走。梅萨利纳试图通过与克劳狄见面来影响他的选择。她命令把儿子不列塔尼库斯和

---

① 反对梅萨利纳的人们。——译者注

女儿屋大维娅送到自己身边。她恳求年长的维斯塔贞女维比迪娅来为自己说情。然后，梅萨利纳带上这三位同伴，徒步穿过城市，上了一辆马车，踏上了通往奥斯蒂亚的路。

刚一出城，梅萨利纳就遇到了自己的丈夫。她从很远的地方就开始大声哭喊，想让克劳狄听到不列塔尼库斯和屋大维娅的母亲多么伤心难过。但纳齐苏斯对克劳狄一再强调梅萨利纳和盖乌斯·西柳斯已经结婚的事实，并向克劳狄呈上了梅萨利纳荒淫的生活记录。在克劳狄入城时，两个孩子便被转交给克劳狄，但纳齐苏斯不想让孩子们待在克劳狄身边，以免影响克劳狄的判断。接着出场的是维斯塔贞女维比迪娅，她求克劳狄不要处死梅萨利纳，而克劳狄充耳不闻。纳齐苏斯回答说梅萨利纳会有自我辩护的机会，同时请求维斯塔贞女维比迪娅还是最好离开，履行好自己的神职即可。

纳齐苏斯带克劳狄来到盖乌斯·西柳斯的住所，以便直观见证盖乌斯·西柳斯的罪恶。纳齐苏斯接着又带克劳狄去了军营，克劳狄对士兵发表了几句演讲。士兵高声呐喊，要求审判罪人。盖乌斯·西柳斯被带到法庭。他不为自己辩解，只求速死。几个有名的骑士也效仿盖乌斯·西柳斯的做法，只求死个痛快，一了百了。唯有舞者麦尼斯特的案子耽搁了一些时间。他恳求克劳狄告诉自己到底做错了什么。克劳狄不知如何是好，但纳齐苏斯称那么多贵族都被判了死刑，无论麦尼斯特当初是主动犯罪还是被逼无奈，处死一个小小的演员都无关紧要，为此过多考虑是愚蠢的。麦尼斯特随即被处死。

梅萨利纳回到卢库鲁斯花园。她还没有绝望，企图接近克劳狄。克劳狄晚餐时喝了一些酒，身体和头脑都有些发热。他想为那个"可怜的女人"——他这样称呼梅萨利纳——找一个辩护人，以便在第二天受审时替她辩护。纳齐苏斯觉察出这样的苗头，感觉危险要再次降临。他跑了出去，告诉保民官和百夫长，说克劳狄已下旨处死梅萨利纳。于是，各路人马齐聚卢库鲁斯花园。大家发现梅萨利纳躺在地上，她的母亲列比达坐在梅萨利纳旁边。当初，梅萨利纳的权势如日中天时,列比达千方百计躲着梅萨利纳。列比达劝告梅萨利纳自杀是一种更好的避难方式,但这个不幸的女人只会奢靡放荡,根本没有自我了断的勇气。纳齐苏斯在几位官员的陪同下来到现场。他们羞辱和谩骂梅萨利纳,逼得梅萨利纳拿起一把剑,朝自己刺了几下,但似乎没有什么效果。一位保民官走上前去,手起刀落,结束了她的性命。克劳狄得知她最后的命运,既没有表现出悲伤,也没有表现出喜悦。元老院颁布法令,所有关于梅萨利纳的纪念物全部废除,纳齐苏斯则被授予财务官之职。

那三个获释奴隶现在有了一项任务——为懦弱的皇帝新选一位皇后,因为克劳狄不能过着单身的生活,他需要一位有能力的女人驾驭自己。罗马有几个女人对荣耀有着无限渴望,她们都想与克劳狄同床共枕,但最终脱颖而出的是卡利古拉的前妻罗利娅·保莉娜、日耳曼尼库斯的女儿小阿格里皮娜和克劳狄的前妻佩蒂纳。她们都有各自的支持者:卡利斯图斯支持罗利娅·保莉娜,帕拉斯支持小阿格里皮娜,纳齐苏斯支持佩蒂纳。但小阿格里皮娜能经常见到叔叔克劳狄,可以轻而易举地战胜其他对手;但横亘于他们之间唯一的困难是:叔侄之间的婚姻不符合罗马习俗,甚至被视为乱伦。不过,见风使舵的监察官卢修斯·维特利乌斯很快就消除了这一障碍。卢修斯·维特利乌斯在元老院发表演讲,称皇帝克劳狄每天要应对繁重的国事,日理万机,必须为他找一个合适的家庭伴侣。接下来,卢修斯·维特利乌斯对小阿格里皮娜赞不绝口。关于近亲结婚,他说,其他国家也有这种情况。另外,以前堂兄堂妹很少结婚,而现在人们对这种做法司空见惯了,所以凡事要与时俱进。奴性十足的元老热情高涨,支持者的欢呼声盖过了演讲者的声音。元老院外聚集了一大群乌合之众,高喊克劳狄再婚是所有罗马人民的愿望。克劳狄来到元老院,颁发敕令,将叔父和侄女之间的婚姻合法化。随后他与小阿格里皮娜正式结为夫妻。但此举仍被视为乱伦,败坏了罗马人的道德,后世也仅有两位皇帝效仿克劳狄的做法。

小阿格里皮娜同时提议让自己的儿子尼禄与克劳狄的女儿屋大维娅联姻。

这也是个难题,因为屋大维娅已经许配给卢修斯·锡拉努斯。但小阿格里皮娜很快就在卢修斯·维特利乌斯那里找到了解决办法。卢修斯·锡拉努斯的妹妹尤尼亚·卡尔维娜嫁给了卢修斯·维特利乌斯的儿子。由于卢修斯·锡拉努斯与妹妹关系非同寻常(但并无逾越行为),监察官卢修斯·维特利乌斯乘机指控卢修斯·锡拉努斯乱伦,并将卢修斯·锡拉努斯从元老院中除名。接着,克劳狄解除了女儿屋大维娅与卢修斯·锡拉努斯的婚约。就在小阿格里皮娜与克劳狄成婚的那天,卢修斯·锡拉努斯自杀身亡。卢修斯·锡拉努斯的妹妹遭到流放。克劳狄还下令举办惩罚乱伦的古代仪式,只是当时他还没有意识到自己也将自食乱伦的恶果。

小阿格里皮娜控制了克劳狄,也控制了整个罗马帝国。她的性格与放荡的梅萨利纳截然不同,小阿格里皮娜出身高贵,梅萨利纳无法与之比肩。梅萨利纳是欲望的奴隶,残忍贪婪只为满足欲望,而小阿格里皮娜虽然做事不讲原则,却能运筹帷幄,高瞻远瞩。在小阿格里皮娜心中,欲望是屈从于野心的。她与残暴荒淫的哥哥卡利古拉乱伦,甚至沦妓卖淫,都不是因为她恣意妄为,而是对权力的渴望或对死亡的恐惧使她能忍辱负重。正是野心和对"长辈的爱"使她和叔叔克劳狄形成了乱伦的婚姻关系。对于前两任丈夫盖乌斯·多米提乌斯和克里斯珀斯·帕西恩努斯,小阿格里皮娜似乎没有主动表现出不忠的行为。但克劳狄的床注定不会那么干净,因为小阿格里皮娜为了飞黄腾达,她同帕拉斯有了不正当的关系。

小阿格里皮娜的一个宏伟目标是排挤不列塔尼库斯,为自己儿子尼禄即位铺平道路。公元50年,尼禄十二岁,小阿格里皮娜设计让屋大维娅嫁给他,同时她把被梅萨利纳流放的哲学家塞内卡从科西嘉岛召回。小阿格里皮娜拜托塞内卡教育儿子尼禄,以便将来尼禄能有治国理政之才。公元51年,在小阿格里皮娜枕边风的吹拂下,克劳狄收养了尼禄。

公元52年,为了儿子的远大前程,小阿格里皮娜让尼禄提前穿上成人托加袍。奴性十足的元老们还想说服克劳狄，让尼禄二十岁时担当执政官，同时当选地方总督而不必亲自赴任。尼禄还以自己的名义奖赏士兵，赐予公民美酒佳肴。为了赢得公民的支持，尼禄在圆形剧场举办竞技会。他身着胜利者的盛装，而不列塔尼库斯只穿着普通的镶紫红边的白袍。可怜的不列塔尼库斯周围布满了小阿格里皮娜的眼线，只要有人表现出依附不列塔尼库斯的行为，就会因各种各样的借口被一一除掉。最后还有两名禁卫军长官站在梅萨利纳孩子们（不列塔尼库斯和屋大维娅）的一边，小阿格里皮娜便劝说克劳狄，如果想严肃禁卫军的纪律，一定只能选拔一位禁卫军长官。因此，这两位禁卫军长官被撤了职，伯勒斯取而代之。伯勒斯品德高尚，正直守信，在军中享有很高的声望。同时，他深知自己受谁提拔，知道自己应感激谁。

小阿格里皮娜骄傲自大，目空一切，迄今为止没有一个罗马女人能比她更目中无人。公元51年，克劳狄端坐于禁卫军军营的一个高台上，普布里乌斯·奥斯托利乌斯押送不列颠王子卡拉克塔克斯和他的家人等一大队俘虏献给克劳狄，军队列队而出。小阿格里皮娜出现了，坐在另一个高台上，与克劳狄平分秋色。公元53年，为庆祝福奇尼湖排水工程告成，克劳狄在湖上举办海战演习。小阿格里皮娜身披金色的军用斗篷，与克劳狄共同主持演习。

公元55年，小阿格里皮娜终于按捺不住，不愿再拖延下去了，或者她害怕阴谋暴露。纳齐苏斯早就看透了小阿格里皮娜的野心。他想利用自己的影响力来帮助不列塔尼库斯。而克劳狄本人的立场呢？一天，克劳狄喝醉的时候，有人听到克劳狄自言自语，说他命中注定要忍受妻子们的恶名，他决定惩罚她们。克劳狄开始表露偏爱不列塔尼库斯的迹象，小阿格里皮娜决定立刻采取行动。克劳狄身体日渐衰弱，退居到锡纽萨——一个有着绿水青山、非常适合养老的地方。小阿格里皮娜怎肯错过这样的"良机"。她从一个叫洛库斯塔的女人——一位远近闻名的用毒高手——那里获得一种剧毒。专门负责克劳狄食物安全的试吃员哈洛图斯，将毒药注入克劳狄最喜欢吃的蘑菇中。毒性发作，克劳狄肚子里翻江倒海，而小阿格里皮娜十分惊慌，担心药力不足，让克劳狄缓过来。她请来身边的医生，把一根有毒的羽毛插进克劳狄喉咙，通过这种方式让毒性从胃里释放出来，从而完成这种穷凶极恶的弑君行为。克劳狄死后，小阿格里皮娜秘不发丧，直到尼禄的继任准备就绪，并且等到占星师选择的良辰吉时到来，才对外宣布克劳狄的死讯。随后，伯勒斯陪着尼禄从皇宫出发。在值班禁卫军的欢呼声下，尼禄登上肩舆，前往军营。他向士兵承诺会厚待他们，士兵向他山呼万岁。元老院和各行省看到这是禁卫军的"意愿"，也就默许了此举。

克劳狄在六十四岁毒发身亡，还差几天他的统治就满十三年零九个月。

第6章

尼 禄
(公元55年至公元68年)

精彩看点

小阿格里皮娜失势——不列塔尼库斯遭毒杀　小阿格里皮娜遭谋杀——尼禄上台——屋大维娅遭谋杀——尼禄荒淫无道——罗马大火——密谋推翻尼禄——塞内卡之死——彼得罗纽斯、赛拉西斯与索拉努斯之死——尼禄访问希腊——加尔巴称帝——尼禄之死新皇帝尼禄即位时年仅十七岁。由于他年龄尚小,而小阿格里皮娜又认为在尼禄即位这件事上自己功不可没,所以她希望同尼禄共享国家大权。但尼禄并不是克劳狄那样的意志薄弱之人。另外,他的老师塞内卡和伯勒斯也想抑制这个嚣张跋扈、做事毫无原则的女人。不过,小阿格里皮娜拥有很多荣誉和头衔,想消除她对朝政的影响并非一朝一夕之事。当保民官按照惯例向尼禄征求意见赐小阿格里皮娜荣誉称号时,尼禄只赐了她"最好的母亲"这个称号。元老院授予小阿格里皮娜各种特权,但伯勒斯和塞内卡还是在一定程度上抑制了她嗜血的欲望。然而,小阿格里皮娜设计毒死了亚细亚总督尤尼乌斯·锡拉努斯,并逼迫纳齐苏斯自杀。无论何时,只要元老来皇宫商议国事,小阿格里皮娜总是垂帘听政——躲在帘后参与讨论又不被看到。当亚美尼亚使者觐见罗马皇帝时,她试图登上宝座与尼禄一同接见使者。多亏塞内卡提醒,尼禄赶紧迎接母亲小阿格里皮娜并安排她在一旁落座。这样既显示了尼禄的孝顺,又避免了大国尊严受辱。

对年轻的皇帝尼禄来说,一切都充满了希望,前途一片光明。他发表演讲称奥古斯都是自己执政的楷模,演讲稿由塞内卡起草撰写,内容充斥着仁慈与正义。他削减了税收,并将告密者的奖励减少到原来的四分之一。签署处决罪犯的命令时,他说:"我多么希望我对这些内容一无所知啊!"他很擅长表演流行艺术,对角色的把握驾轻就熟,如果不是天赋异禀,很难做到这些。

公元56年，小阿格里皮娜的权力第一次受到冲击，这源于尼禄喜欢上了一个叫阿可德的女获释奴隶。阿可德是亚细亚人，并且如尼禄所愿，阿克德是帕加马国王的后裔。尼禄现在的妻子是克劳狄之女屋大维娅。她纯洁忠贞，不矜不伐，但尼禄非常讨厌她。得知尼禄的新恋情后，那些有心机的朋友都睁一只眼闭一只眼。他们认为，这倒是一种避免尼禄糟蹋良家妇女的方法。但在一开始，脾气暴躁的小阿格里皮娜就大发雷霆。随后，她又走了另一个极端，对尼禄赠钱赠房，一副慷慨大方模样，满足尼禄的各种需求。然而，尼禄和他的朋友看穿了小阿格里皮娜的把戏。他们开始稳步推行削弱她权力的计划。尼禄决定先从小阿格里皮娜的左膀右臂帕拉斯开刀，帕拉斯被剥夺了财务官一职。尼禄的这一举动又一次让小阿格里皮娜勃然大怒。于是，小阿格里皮娜拿不列塔尼库斯来威胁尼禄，说要将不列塔尼库斯带去军营，并且以日耳曼库斯女儿的身份，呼吁士兵讨伐逆子尼禄。

尼禄变得警觉起来。他知道小阿格里皮娜的能耐，并且近来发生的一件事[①]让他明白不列塔尼库斯并非没有头脑，不列塔尼库斯还有不少拥趸。因此，尼禄便决定除掉不列塔尼库斯。他叫人从洛库斯塔那里弄来一剂毒药，让属下来实施投毒计划。然而，药力甚微，不足以害命。尼禄又派人唤来洛库斯塔，给了她几记耳光，命她配置药性更强的毒药。配完毒药后，尼禄先在山羊和猪身上试验药性，直到对药效满意为止。然后，尼禄把毒药带进餐厅，掺进一杯冷饮中。不列塔尼库斯正在用餐，尼禄把冷饮递给他。这个不幸的年轻人就突然倒地身亡了。而尼禄漫不经心地说，不列塔尼库斯从小就患有癫痫，发作一会儿后就会康复。小阿格里皮娜惊恐异常，但不敢言语。屋大维娅虽然年轻，却早已学会了隐藏自己的情感。所以经过短暂的沉默后，宴会继续进行。就在当天晚上，按照事先的

---

① 在农神节，男孩照例以抽签的方式把王国献给尼禄。所有人都要听从尼禄的命令。尼禄命令不列塔尼库斯站在人群中间唱支歌，不列塔尼库斯照做了。但不列塔尼库斯在歌中表达了自己会被逐出罗马帝国和父权旁落的命运。——原注

安排，不列塔尼库斯的尸体被焚烧了。

为了抹掉人们对这一暴行的记忆，尼禄给他身边最有影响力的人送了许多礼物。一些人指责塞内卡和伯勒斯接受尼禄的礼品，而另一些人则以服从命令为由为他们开脱。然而，小阿格里皮娜不为所动，决心与尼禄死磕到底：她结交了屋大维娅；与朋友举行秘密会议；四处筹集金钱；向士兵大献殷勤；对大臣们尊敬有加。尼禄自然不会束手待毙，进行了反击：他剥夺了曾授予小阿格里皮娜的仪仗队；单独为她指定了一所宫殿；拒绝专程去看望她，偶尔探望也都有百夫长陪同。

现在，小阿格里皮娜的对手磨刀霍霍，准备向她发起攻击。第一个跳出来的是尤尼亚·西拉娜，她曾是小阿格里皮娜的密友，但小阿格里皮娜使尽手段剥夺了她觅得佳偶的机会，这令她愤怒不已。尤尼亚·西拉娜让小阿格里皮娜的两个门客伊图里乌斯和卡尔维提乌斯控告她，理由是小阿格里皮娜企图嫁给鲁贝里乌斯·普拉图斯——他也是奥古斯都的后裔，小阿格里皮娜试图利用这层关系助鲁贝里乌斯·普拉图斯夺取帝国大权。这个消息很快传到了亚提米都耳中，她是尼禄姑姑图密提娅的获释奴隶，消息自然传给了这位姑姑。姑姑图密提娅与小阿格里皮娜一向不和。她命令另一个被释奴隶帕里斯立刻告知尼禄此事。帕里斯急忙去见尼禄。他到达尼禄寝宫时已是深夜了，尼禄仍在开怀畅饮。听到这个消息后，尼禄大吃一惊。尼禄害怕得一时六神无主。他本想把小阿格里皮娜和鲁贝里乌斯·普拉图斯立即处死，但还是听从了伯勒斯的建议，暂时冷静下来，决定从长计议。第二天一早，伯勒斯、塞内卡及一些获释奴隶都在恭候小阿格里皮娜，看她如何解释。小阿格里皮娜对这一指控表示蔑视，当场揭露了其荒谬之处，并阐明事端挑起者的不良动机。她坚持要见到自己的儿子尼禄。看到尼禄后，小阿格里皮娜要求尼禄奖赏自己的朋友，惩罚指控者。尼禄同意了她的要求。结果，尤尼亚·西拉娜被流放，卡尔维提乌斯和伊图里乌斯被贬职，亚提米都被处死。但作为演员的帕里斯，对尼禄有着不可或缺的娱乐用途，最终未受惩罚。

现在，又有人指控帕拉斯和伯勒斯密谋陷害克劳狄的女婿科尼利厄斯·苏拉。但这一指控显然十分荒谬，告密者受到惩罚被流放了。这次事件也充分展示了帕拉斯的傲慢。帕拉斯有几位获释奴隶心腹。当有人问他如何与这些获释奴隶沟通时，帕拉斯的回答是，在自己的家中他总是用点头或手势来表达自己的意愿；如果要同时表达许多事情时，他就把它们写下来，以免自己的声音混同于奴仆的声音。

在随后的三年，罗马几乎没有发生什么大事。值得一提的是公元59年尼禄与一个叫波培娅的女人发生的事。当时，波培娅的丈夫是奥托。为了能嫁给奥托，波培娅曾不惜与自己的前夫鲁菲努斯·克里斯皮努斯离婚。正如塔西佗所说，这个女人就缺少美德，其他什么都不缺。奥托是尼禄的密友，经常在尼禄面前吹嘘自己的妻子是多么美丽和优雅。尼禄的欲望被点燃，想方设法结识了波培娅。这位颇有心计的女人一方面假装被尼禄英俊帅气的外表迷住了，另一方面却表示自己是有夫之妇，她很舍不得自己的丈夫，因为丈夫过的是一夫一妻高贵而体面的生活。而尼禄因为与被释女奴隶阿可德私通姘和，所以过着下流与奴性的生活。这一招果然奏效，尼禄很快就成了波培娅一个人的尼禄。为了不让奥托妨碍自己与波培娅的恋情，尼禄派奥托出任卢西塔尼亚总督。

随着波培娅权力的不断扩大，小阿格里皮娜的危机意识也越来越强。波培娅心里清楚，只要小阿格里皮娜在一天，尼禄就无法与屋大维娅离婚而娶自己。因此，波培娅只好故伎重演。她称尼禄只知唯命是从、接受别人的监视，说他根本没有自由，更不用说拥有君权了。波培娅还嘲弄着问尼禄：为什么迟迟不肯娶自己，是因为自己出身高贵吗？是自己貌美如花吗？是怀疑她的生育能力吗？还是因为她不够有气质？

在几位权威作家的相关资料和流行传闻的基础上，塔西佗叙述道，小阿格里皮娜有非常强烈的权力欲。为此她竟真的去引诱尼禄，与自己的儿子乱伦。但塞内卡打断了她的计划——塞内卡让阿克德告诉尼禄，母子乱伦的丑事已经传遍天下，士兵不会服从一个亵渎神明的君主的统治。当然也有传闻说，母子乱伦的过错方是尼禄，而阿克德及时制止了尼禄。在所有的历史传闻中，恐怕没比母子乱伦更让人难以接受得了。

无论真相如何，在任何场合下，尼禄都避免单独与母亲小阿格里皮娜相处，并且暗下决心要除掉小阿格里皮娜。但困难在于如何实施，面对这样一个谨慎的女人，下毒是不可能的；而如果暴力刺杀，则迟早会露馅。同时，他担心没有合适的人能够取她的性命。最后，担任米塞卢姆船队指挥官的获释奴隶安尼斯图斯提出了一个权宜之计：让小阿格里皮娜乘船葬身大海。尼禄接受了这一建议。公元60年，尼禄在巴亚庆祝五日节，他邀请了在安提乌姆的母亲小阿格里皮娜，声称做儿女的应该忍受父母的坏脾气。尼禄在途中遇见了母亲，把她安顿在海边一所叫包利的别墅。停泊在海上的船中，有一艘船显得特别华贵和引人注目，似乎是向小阿格里皮娜表示特殊的敬意。小阿格里皮娜被邀请乘坐这艘船前往巴亚。但据说小阿格里皮娜已经得到了提示，因此拒绝乘船，要求乘坐自己的船前往巴亚。然而，儿子尼禄的爱抚消除了她心中的疑虑。盛宴一直持续到深夜。当她起身告辞时，尼禄陪她来到登船的海岸。小阿格里皮娜离开时，他还不停地亲吻母亲的眼睛和胸部，此举要么是他在掩盖谋杀意图，要么是人性中残留的一丝温情。

这一夜天上繁星点点，海上风平浪静，陪同小阿格里皮娜登船的只有克列佩里乌斯和女仆阿塞洛尼娅。船开动了，克列佩里乌斯站在船头舵手的位置。阿塞洛尼娅躺在女主人小阿格里皮娜的脚边，祝贺小阿格里皮娜与尼禄和解。行进了一小段距离后，船上的内应看到了尼禄发出的信号，便立即触发装置。小阿格里皮娜发现甲板上的铅板劈头盖脸地砸来，克列佩里乌斯被当场砸死。因为船的基座造得比较牢固，所以船并没有像事先设定的那样一下子支离破碎。小阿格里皮娜和阿塞洛尼娅一时幸免于难。于是，桨手们试图将船沉入海底，却一时未得成功。但小阿格里皮娜和阿塞洛尼娅还是都落入了水中。阿塞洛尼娅愚蠢地喊着自己就是小阿格里皮娜，呼叫快来救皇帝之母，却被人用钩篙和船桨击入海底。小阿格里皮娜保持沉默。她只是肩膀受了些皮外伤。小阿格里皮娜一直在海上漂着，直到遇到几艘小船把她救上岸。随后，小阿格里皮娜被送到芦克林湖岸别墅。现在，她终于看穿了不孝子尼禄的阴谋。但她认为自己目前最明智的做法是掩饰自己的怒意。于是，她派了一个叫阿格里努斯的获释奴隶去告诉尼禄，仁慈的诸神赐予了她这次逃生的机会。她恳求尼禄不要来看望，因为她需要休息。

尼禄听到母亲逃脱的消息后，惊恐万分。他认为小阿格里皮娜现在一定会不遗余力地报复自己。她会武装她的奴隶，并呼吁士兵、元老院和公民，反对这个弑母的儿子。尼禄叫来伯勒斯和塞内卡给他出主意，但他们都保持沉默。最后，塞内卡认为尼禄和小阿格里皮娜中必有一人会倒下。他望着伯勒斯，问是否应该派一个士兵去杀死小阿格里皮娜？伯勒斯回答说，士兵不愿涉足皇帝家事，同时补充道，既然是安尼斯图斯出的主意，残局就让他来收拾好了。安尼斯图斯表示自己愿意去解决小阿格里皮娜，尼禄听闻后欣喜若狂。这时，阿格里努斯刚好来到尼禄身边，传达了小阿格里皮娜安然无恙的消息。尼禄将一把剑扔到了阿格里努斯的脚下，并且把他捆绑起来。这样一来，尼禄就可以对外宣称：是母亲小阿格里皮娜派人来暗杀自己，但由于刺杀未遂，小阿格里皮娜因羞愧而选择自杀身亡。

安尼斯图斯来到小阿格里皮娜的别墅，驱散了那些前来庆祝她逃生的众人。他让一个士兵在别墅周围放哨。然后，他带着一名船长和一名海军百夫长进入小阿格里皮娜的房间。小阿格里皮娜正在房间焦急地等待阿格里努斯的消息。此时，唯一的女仆也要离开她。小阿格里皮娜对女仆说道："连你也要抛弃我吗？"她环顾四周，突然看到了阿格里努斯。小阿格里皮娜告诉阿格里努斯，如果他是来看望自己，那么请回去告诉尼禄自己已经痊愈。如果他是过来杀人，她绝不会相信自己的儿子会派人来杀害自己。船长拿出棍棒击中了小阿格里皮娜的头部。百夫长正要拔剑时,小阿格里皮娜袒露出自己的腹部说:"刺这里。"最后,小阿格里皮娜多处受伤,命丧黄泉。就这样,日耳曼尼库斯这个天赋异禀的女儿的罪恶野心终结了。据说,小阿格里皮娜早已预知自己的命运;她曾向几位占星家咨询过尼禄的命运。占星家说尼禄会成为一国之君,也会杀死自己的母亲。"就让他杀了我吧,"她叫道,"只要他能做皇帝就行。"

根据一些作家的记述,尼禄是来看过小阿格里皮娜的尸体的,还对她身体的各个部分做出评论。总的来说,尼禄认为小阿格里皮娜并没有那么漂亮。然而,良心却在发声:噩梦将尼禄从睡椅上惊醒;阳光明媚的巴亚海湾,在尼禄看来却是一番阴云密布的景象;他似乎听到埋葬小阿格里皮娜骨灰的地方传来阵阵哀号。尽管一些军官在伯勒斯的鼓动下前来祝贺尼禄逃脱了母亲的暗杀,尽管尼禄的朋友和邻近坎帕尼亚的人们到神殿表达欢乐、感激,尽管谄媚奉承的元老授予了他各种各样的荣誉,但他的内心始终无法安宁。多年来,弑母的记忆一直困扰着他。

小阿格里皮娜死后,尼禄先去了那不勒斯,在坎帕尼亚待了一段时间。他不知道自己回到罗马后会受到怎样的待遇。奉承者鼓动尼禄大胆进城。尼禄进入了罗马城后发现完全不必惊慌,无论元老还是公民,所有的男女老少都恭敬地欢迎他的回归,像是他打了胜仗凯旋一样。他登上朱庇特神殿,感谢诸神。

尼禄摆脱了母亲小阿格里皮娜的束缚后,重新释放了放荡的恶习。他喜欢驱车奔驰,喜欢在饭后抚琴吟唱,效仿古代国王和英雄,比如荷马时代的阿喀琉斯。塞内卡和伯勒斯一致认为,最好是迎合尼禄以前的嗜好。他们在梵蒂冈的谷地开辟了场地,方便尼禄操练战车。但尼禄对此并不满足,他要有观众看他比赛,并让观众为他的高超技艺鼓掌。尼禄为了减轻自己因沉迷演出而留下的恶名,常常强迫一些出身高贵的男女也出现在剧场、竞技场和广场中。尼禄还发起了"青年竞赛会"。他在自己花园搭好戏台,在上面又唱又跳。尼禄强迫贵族,无论男女老少或名声大小,都要跟着他表演。贵妇埃利娅·卡泰拉已经八十岁,仍被强迫在公众面前跳舞!尼禄压轴出场。这位罗马皇帝向众人展示自己。他手持竖琴,身披拖地长袍,以专业演员的方式向观众说道:"先生们,感谢捧场。"他边弹边唱,唱的是《阿提斯》或《巴克伊》中的神话故事。此时,禁卫军在四周守护,而一旁的伯勒斯一边悲痛叹息,一边鼓掌喝彩。为了增加气氛,尼禄还挑选了五千名年轻人,称他们为"奥古斯都接班人"。他把这五千人分成若干方队,以便在他唱歌时为他鼓掌。

公元63年,伯勒斯逝世(有人认为他中毒而死)。自此,尼禄罪恶的道路上又少了一个障碍。禁卫军的领导权又一次出现了分化:禁卫军长官费尼乌斯·鲁弗斯为人诚实、低调。同为禁卫军长官的提格利努斯则沾染了各种恶习,他与尼禄臭味相投,颇受尼禄青睐。伯勒斯死后,塞内卡发现自己的影响力极速下降,常常沦为小人攻击的目标。于是,他请求尼禄收回授予自己的所有奖赏,并允许自己告老还乡。但尼禄虚情假意推脱一番,深情款款地表示反对和挽留,并对塞内卡百般表达关爱与呵护。塞内卡只好收回自己的辞官请求并谢恩退下,但从此以后,他改变了自己的生活方式,尽量避免抛头露面。

科尼利厄斯·苏拉和鲁贝里乌斯·普拉图斯都是奥古斯都母系宗亲的后裔,他们也上了尼禄的谋权篡位"黑名单"。尼禄将他们赶出了罗马。前者去了高卢,后者去了亚细亚。但提格利努斯假装非常关心尼禄的安危,夸大科尼利厄斯·苏拉和鲁贝里乌斯·普拉图斯带来的危险。于是,他从尼禄那里获得了杀死他们的敕令。一天,科尼利厄斯·苏拉在马萨利亚吃晚饭时遭到谋杀;鲁贝里乌斯·普拉图斯在做体操练习时被杀。他们的首级被提到尼禄面前。尼禄看了科尼利厄斯·苏拉一眼,嘲笑他的头发怎么是灰白色的。他又看了一眼,感叹死者的鼻子太大。看到鲁贝里乌斯·普拉图斯的首级后,尼禄大喊道,现在就可以放心除掉屋大维娅了。虽然屋大维娅是那么无可挑剔,深受人们爱戴,但尼禄还是要娶波培娅为妻。尼禄把科尼利厄斯·苏拉和鲁贝里乌斯·普拉图斯的死讯告知元老院，然后他发现元老院竟毫不犹豫批复了他的离婚和再婚申请。尼禄由此断定，元老院里的那帮死气沉沉的家伙没有什么值得担心的。因此，他立刻以屋大维娅不育为借口，将其休掉，娶波培娅为妻。波培娅当时还在处心积虑地给屋大维娅罗织罪名，指控她与一个叫欧塞鲁斯的长笛手有染。但屋大维娅的仆人对屋大维娅忠心耿耿。他们宁愿遭受种种折磨，也不会做伪证来诬告自己的主人。波培娅邪恶的图谋暂时搁浅。罗马城民怨鼎沸，人们的抗议声一浪高过一浪。尼禄不得不重新接受屋大维娅。人们毫不吝惜地宣泄他们斗争胜利后的快乐。他们推倒波培娅的雕像，把屋大维娅的雕像放入神殿，并且在屋大维娅的雕像上布满鲜花。因此，波培娅非常担心自己的安全，不断给尼禄施压。尼禄强迫臭名昭著的安尼斯图斯承认与屋大维娅通奸，并煞有介事地说屋大维娅的目的是控制海军船队。尼禄把屋大维娅监禁在潘达达里亚岛，几天后，他又下令处死她。这个可怜的年轻女人死时只有二十二岁，生命不曾给她带来任何欢乐，但她仍害怕死亡。她被捆绑起来，切开血管后被放入一个温暖的浴缸。在她生命之火熄灭后，她的脑袋被割下来送给了波培娅。感谢诸神，这个命令也是由元老院授权颁布的！

谋杀了屋大维娅后，尼禄又杀害了帕拉斯和其他获释奴隶。据说，他们都是被毒死的。帕拉斯的罪责在于他活得太久，并且从贪婪的尼禄那里获得了巨额财富。公元64年，波培娅在安提乌姆生了一个女儿。安提乌姆也是尼禄的出生地。尼禄终于当了父亲，欣喜若狂。元老院早已神化波培娅的子宫，现在又授予波培娅和新生的婴儿"奥古斯塔"荣誉称号。为了这对母女，元老院还下令祈愿祷告、修建神殿、举行比赛及其他荣誉活动以示庆祝。但这个女婴在四个月大的时候夭折了。谄媚的元老院不顾对神的不敬，将这个死去的婴儿神化，为她修建了一座神殿，并配了一名祭司。

迄今为止，尼禄都只在自己的宫殿和花园中表演，但他渴望有更大的展示舞台。不过，他目前还不敢在罗马的舞台上公开露面，担心侮辱罗马公民的见地，有损罗马公民的情感。因此,他把首场公开秀的地点选在了具有希腊风情的那不勒斯。然后,他打算取道那不勒斯去希腊,参加希腊的各种盛大竞技赛表演,以便一扫罗马公民对他的成见。公元65年,他出现在了那不勒斯剧院。演出过程中发生了地震,剧院大楼摇摇欲坠。即使如此,也无法阻止尼禄将表演进行到底。然而,他离开那不勒斯后,并没有直接前往希腊,而是先返回罗马。他宣布自己不会离开罗马太久。他还登上朱庇特神殿,向诸神祈祷此番希腊之行能够成功。但当他进入维斯塔神殿时,他的四肢突然一阵剧烈颤抖(可能是受到良心的刺痛),所以他暂时放弃了出行计划。人们对此非常高兴,不必担心因尼禄不在罗马而粮食短缺,而元老和贵族则不能确定尼禄在与不在罗马,哪种情况更让他们害怕。

尼禄为了向人们证明自己爱罗马胜过爱其他地方,就在罗马城内四处安家,在公共场所大摆宴席。历史学家认为,提格利努斯举办的宴会让人印象最深刻,但个中细节不堪入目,此处不做描述。总之,尼禄将自己的臭名与恶行发挥得淋漓尽致。

此时,罗马遭受了自建成以来最严重的一次灾难。公元65年7月19日[①],圆形大剧场发生了火灾。剧场的商店里堆满了易燃物品,风助火势,迅速蔓延。大火烧了六天六夜。大火所到之处,房舍尽毁。大火一直烧到厄斯奎林山山麓才熄灭。火灾造成严重的生命和财产损失:城中十四个区只有四个幸免于难,其中三个区全毁,另外七个区毁坏严重。

火灾发生时,尼禄在安提乌姆。听到大火蔓延到了自己的宫殿后,他才赶回罗马。他赶到时,已于事无补。尼禄向灾民开放自己的花园、战神广场和阿格里帕纪念馆,从安提乌姆和其他地方募集各种救灾物资,大幅降低谷物价格。尽管他采取了这些措施,人们还是怀疑大火是他放的。据说,尼禄早就渴望重建罗马,

---

① 另有资料显示,罗马的这场大火发生于公元64年7月17日。——译者注

为使罗马更加规整，更加美丽。有人说当火势肆虐的时候，尼禄穿着戏服登上了梅塞纳斯花园的一座塔顶，沉醉在所谓的"火焰之美"中，他弹起里拉琴，唱着《占领伊利昂》。尼禄让人们查阅西比莱预言书，并遵照书中神谕向各个神灵祈祷；他不惜代价重建罗马城；当一切都不能帮他洗脱罪名时，他便把罪责推到无辜的人们身上。几年前从犹地亚兴起一个团体，这个团体的成员被称作基督教徒。现在，基督教徒如雨后春笋般地遍布罗马各个角落。我们可以推断，基督教徒在罗马遭到人们的厌恶，因为当时对他们的任何指控都有可能获得支持。他们中的一些人被捕，被迫供认。根据这些被逮捕人的供词，更多人被捕，然后被处死。基督教徒中有些遭受酷刑和侮辱；有些被缝上兽皮，被狗撕成碎片；有些被钉在十字架上；有些被用沥青和其他易燃材料包裹，点燃后被当作夜灯，照亮整个夜空。尼禄的花园成了基督教徒的炼狱。同时，为了取悦大众，尼禄还组织举办竞技比赛。他一副车夫的打扮，驾车穿行在罗马大道上。虽然基督教徒被认为有罪，但他们的遭遇还是得到了人们的同情。

重建后的罗马（意大利和其他行省为重建罗马付出了沉重的代价）比以前更规整、更美观。然而，许多人抱怨新建的街道太宽了。以前街道较窄时，路人可以有更多的荫凉。尼禄野心勃勃，想要建一座史无前例、气势恢宏的宫殿。新皇宫从帕拉丁山一直延伸到了厄斯奎林山。尼禄称以前的宫殿为"过渡屋"，新落成的宫殿称为"金宫"——饰以无数的金子和宝石。"金宫"园林占了帕拉丁山到厄斯奎林山的大片土地，内有树林、平地、葡萄园、池塘、野生和驯养的动物及各式建筑。许多餐厅的天花板饰以可移动的象牙圆盘，方便向下面投撒鲜花和香水。主餐厅的天花板是圆形设计，日月星辰，昼夜旋转。宫内的浴池用水引自大海和阿尔布拉河。当这一切完成后，尼禄的评价是：自己终于能过上人过的日子了！

然而，人们已经厌倦了这个反复无常、放纵的暴君。公元66年，一场针对尼禄的阴谋在各地风起云涌，人们要把最高权力移交给皮索——一位拥有许多优秀品质的贵族。参与此次阴谋的有来自军队和地方各个阶层的人员——元老、骑士、保民官和百夫长等——有些人是公开参加的，有些人是秘密参加的。但这些密谋者鼠首两端、左右摇摆，确定不了推翻尼禄的具体方案。这时，一个叫埃比卡里斯的艺妓不知从何处得知了这个阴谋。她厌烦了密谋者的优柔寡断，试图拉拢米塞卢姆船队的军官举事。她先引诱一个叫普罗库卢斯的军官——曾参与杀害小阿格里皮娜。普罗库卢斯抱怨尼禄没有给他应有的回报，要威胁报复尼禄。埃比卡里斯把推翻尼禄的计划告诉了普罗库卢斯，并建议他参与举事。但普罗库卢斯得知此事后有了新的考虑——希望通过告密获得新的回报。于是，他就向尼禄通风报信。结果，埃比卡里斯被捕，但她没有提到任何人的名字，普罗库卢斯也没有证人，这件事只好不了了之，但埃比卡里斯还是被关进了监狱。

参与谋反的人听到这一消息后开始惊慌失措。为了避免再有人背叛、告密，他们决定不再拖延，计划在圆形竞技场对尼禄下手。他们的方案是：执政官普劳提乌斯·拉德拉努斯向尼禄请求减轻自己的家庭负担，普劳提乌斯·拉德拉努斯既有勇气又有力气，可以抓住尼禄的膝盖，将尼禄绊倒在地，然后军官们拔剑将其砍死。此时，皮索会提前在附近的刻瑞斯神殿等候。尼禄一死，禁卫军长官费尼乌斯·鲁弗斯和其他人就立即把皮索送往军营。

尽管参与这次密谋的人员众多，但大家一直严守秘密，不曾泄露半点风声。然而，就在行动前夕，发生了一场意外，暴露了行动计划。密谋者中有一个叫西维努斯的元老，他虽然过着锦衣玉食的生活，却表现最积极。他坚持要参与暗杀尼禄的行动。为此，他从神殿里取出早已备好的匕首。在准备暗杀的前一天晚上，西维努斯让一个叫米利奇乌斯的获释奴隶去把这把匕首打磨锋利。西维努斯还写好遗嘱，给部分奴隶自由，给其他奴隶礼物。当晚的晚餐比平时丰盛得多。尽管西维努斯努力抑制内心的波动，但从其神情中明显可以看出他心事重重。他安排米利奇乌斯给他备好包扎伤口的绷带。米利奇乌斯要么已经知道了秘密，要么对西维努斯产生了怀疑。米利奇乌斯难以抑制兴奋之情，便与妻子商量怎么办。在妻子的鼓动下，米利奇乌斯决定告发。天一亮，米利奇乌斯就出发了，他把行动计划透露给尼禄的一个叫埃帕弗洛迪图斯的获释奴隶。埃帕弗洛迪图斯把米利奇乌斯带到尼禄面前。根据米利奇乌斯提供的情报,西维努斯很快被捕,但西维努斯坚决否认参与密谋,并对除绷带之外的一切都给出了合理的解释。要不是西维努斯的妻子说漏了嘴,也许他真的可以逃过此劫。米利奇乌斯的妻子说米利奇乌斯最近和纳塔利斯私下有不少接触,他们两个都和皮索关系亲密。随后,纳塔利斯被尼禄召见。由于纳塔利斯和西维努斯对谈话内容供述不一致,他们受到了严刑逼供。纳塔利斯被折磨得勇气尽失,供出了皮索和塞内卡。西维努斯不知道是因为身体虚弱,还是因为秘密已经暴露,总之,他供出了另外几个人,其中包括诗人卢坎、图利乌斯·塞尼西奥及阿夫拉涅乌斯·昆克提亚努斯。这些人一开始矢口否认。最后,在答应获得赦免的条件下,他们供出了自己最亲密的朋友。卢坎甚至供出了自己的母亲阿蒂拉。

这时,尼禄想起了此前普罗库卢斯的告密,就下令对埃比卡里斯施以酷刑。但这位英勇的女性大义凛然,视死如归。第二天,人们将埃比卡里斯虚弱的身体抬到一把椅子上,准备施以新的酷刑,但她设法把腰带系在椅子的拱形靠背上,勒紧自己直至窒息而亡。

此次密谋刚被发现时,一些胆大的人就敦促皮索赶快去军营,发动士兵和公民反抗尼禄。但皮索鼓不起勇气,他待在家里摇摆不定,直到士兵包围了他的房子。事已至此,皮索割开自己的血管。他留下了一份遗嘱——只为保全放荡的妻子。他在遗嘱中对尼禄大献阿谀奉承之词。普劳提乌斯·拉德拉努斯也死了,但他死得像个英雄,临刑前一言不发。尽管主持处决的保民官是普劳提乌斯·拉德拉努斯的同谋,但普劳提乌斯·拉德拉努斯从未责备过他。

但尼禄最憎恨的人是塞内卡。所有罪证都指向这个杰出的人物。纳塔利斯招认说,塞内卡生病时,皮索曾派自己去看望塞内卡,但塞内卡不接见自己。塞内卡只转告说,他和皮索经常见面对双方都没有好处,只要皮索性命无忧,他便身体无恙。尼禄派保民官西尔瓦努斯(也是密谋者之一)去塞内卡身边调查他同纳塔利斯的谈话详情。当时，塞内卡正住在距罗马四英里的别墅里。西尔瓦努斯看到塞内卡同妻子庞培娅·保利娜及两个朋友在桌前用餐。塞内卡的叙述和纳塔利斯的叙述一致，塞内卡绝对清白。西尔瓦努斯向尼禄及波培娅和索福尼乌斯·提格利努斯汇报了情况后，尼禄却问他"塞内卡是否考虑过自愿赴死"。西尔瓦努斯答道，塞内卡没有表露出害怕或不安。尼禄遂又命西尔瓦努斯监督执行塞内卡的死刑。据说，去执行任务的途中，西尔瓦努斯拜访了禁卫军长官费尼乌斯·鲁弗斯，询问他是否该服从命令。但费尼乌斯·鲁弗斯缺乏战斗精神——这也是此次行动失败的一个原因，费尼乌斯·鲁弗斯建议西尔瓦努斯服从命令。西尔瓦努斯到达目的地后，便派了一位百夫长去执行死刑。

塞内卡请求立下遗嘱，百夫长没有让他如愿以偿。然后，塞内卡告诉朋友，他原想在遗嘱中表达朋友的丰功伟绩，但现在知道不可为。此时，他只能留下自己生命的清誉。如果朋友悉心维护这份清誉，就会获得忠于朋友和德行的名声。塞内卡劝慰朋友不要哭泣。在他看来，一切都在预料之中。他拥抱着妻子庞培娅·保利娜，开始安慰、鼓励她，但庞培娅·保利娜决心和他一起赴死。

塞内卡非但没有因妻子庞培娅·保利娜的慷慨赴死而难过，反倒挺高兴——这样就不会担心心爱之人继续受到伤害或遭遇不幸。他答应了庞培娅·保利娜的请求，两人都割开了手臂上的血管。由于塞内卡年事已高，他的血流得很慢，所以他也割开了大腿上的血管。塞内卡疼痛不已，就劝庞培娅·保利娜到另一个房间去。接着，他叫来自己的书记，口述了一篇文章（这篇文章后来发表了）。塞内卡发现自己死去的过程太缓慢，就请医生朋友斯塔提乌斯·安内乌斯端来已备好的毒芹汁，一饮而尽，但毒芹汁没有立竿见影的效果。最后，他走进了一间温暖的浴室。他进去时，一边向周围的仆人洒酒，一边说："我用这杯酒敬解放者朱庇特。"浴室里温度高，塞内卡的血液流速加快，痛苦终于结束了。根据塞内卡的遗愿，他的遗体被火化了，没有举行任何仪式。

塞内卡的妻子庞培娅·保利娜当时并没有死。尼禄因为不恨她，并且希望能避免落下暴君的污名，便下令救了她。庞培娅·保利娜在塞内卡死后又活了数年，但由于失血过多，她的面色和肤色极其苍白。

参与谋杀事件的军队也暴露了。费尼乌斯·鲁弗斯如懦夫一般死去，而保民官、百夫长都慷慨就义。尼禄问其中一个叫苏布里乌斯·弗列文斯的士兵，为何忘记了军人的誓言，苏布里乌斯·弗列文斯回答说："我恨你。当你深受人们爱戴时，所有士兵都忠于你。后来，你变成了弑母杀妻的凶手，醉心于赛车，沉迷于表演，还成了纵火犯，我就开始恨你了。"在整件事情中，没有什么比这位勇敢士兵的回答更能触动尼禄的心灵了。

执政官维斯提努斯并没有参与任何谋杀计划，但尼禄恨他。当维斯提努斯和几个朋友吃晚饭时，几个士兵走进来，说保民官要见他。维斯提努斯知道接下来会发生什么。他站了起来，走进了一个房间，割开自己的血管，走进一间温暖的浴室，然后就死掉了。卢坎赴死时，也割破了血管。当感到四肢发冷的时候，卢坎想起了自己的长诗《法萨利亚》中的一些诗句。这些句子十分应景。卢坎口中重复着这些诗句，离开了人世。图利乌斯·塞尼西奥、阿夫拉涅乌斯·昆克提亚努斯、西维努斯和许多其他人都死了。还有几个人虽未被杀，却被流放了。纳塔利斯、米利奇乌斯和其他一些奸佞都得到了嘉奖。他们得到的大量礼品都由元老院授权发放。

然而，在五年一度的竞技会即将到来之际，谄媚的元老们为了避免皇帝尼禄在舞台上出丑，向他献上了胜利歌者的荣誉和雄辩者的王冠。但尼禄声称不需要利用元老院的权力和影响力为自己争得荣誉。他说，他不惧怕对手，要凭自己的真本事公平竞争。因此，尼禄登上舞台放声高歌。当人们起哄要求尼禄展示更多才艺时，他来到舞台中央又开始表演。他严格遵循艺术表演的规则，纵使疲惫不堪，也不坐下来休息。他用衣袖擦拭脸庞汗水，忍着不吐痰也不擤鼻涕。最后，尼禄弯下双膝，双手颤抖，假装很紧张的样子，等待着裁判的判决。

在竞技会的最后，尼禄盛怒之下，向怀孕的妻子波培娅的腹部踢了一脚。波培娅当场死亡。尼禄没有依照当时的习俗火化她的尸体,而是用最昂贵的香料做了防腐处理,将她葬在尤利乌斯家族的陵园。尼禄亲自在葬礼上发表演说,赞扬了波培娅的美丽[①],称赞她是圣婴之母。

在这一年接下来的日子里,数个杰出人物或被杀害或被流放。随后,一场瘟疫暴发,夺去了无数人的性命,死者不分阶层,也不分年龄。塔西佗说:"对于因瘟疫而死亡的骑士和元老,人们很少悲痛哀悼,即使不遭此横祸,他们早晚也会落入尼禄的魔掌——那是许多人共同的命运。"

公元67年,第一批被处死的人:一个是普布里乌斯·昂提乌斯,他获罪的原因是拥有巨额财富及结交小阿格里皮娜;一个是奥斯托利乌斯·斯卡普拉,他在不列颠战争中崭露头角;一位是安内乌斯·梅拉,他是卢坎的父亲,因为卢坎的事而受到牵连。此外,还有安尼西乌斯·塞瑞利斯和鲁菲努斯·克里斯皮努斯等人。大家死亡的方式是一样的——割开血管,血尽而亡。死亡的名流中最引人注目的是彼得罗纽斯。他有着高雅和奢华的品位,受到尼禄的特别青睐。尼禄视他为"高雅仲裁者",只认可他看上的东西。彼得罗纽斯的受宠激起了提格利努斯的忌妒。于是,提格利努斯收买了彼得罗纽斯的一个奴隶,让他指控自己的主人与西维努斯为伍。不出所料,彼得罗纽斯随后被判了死刑。但彼得罗纽斯死的方式非常奇特。他割开了自己的血管,又包扎好,然后割开,包扎,如此往复。同时,彼得罗纽斯一直和朋友谈话。他谈论的不是苏格拉底或塞内卡的那种不朽的灵魂或智者的观点,而是一些轻快活泼的诗句。彼得罗纽斯还奖赏了表现好的奴隶,鞭打了表现不好的奴隶。他正常吃饭,睡觉。简而言之,尽可能使这种被迫死亡表现得同寿终正寝一样。彼得罗纽斯不像其他人那样在遗嘱中谄媚奉承尼禄、提格利努斯及其他当权者,但他以一些穷凶极恶者的名义写了一封信,信中描述了尼禄的罪恶。他将信密封起来,叫人呈递给尼禄。随后,他毁掉了自己的

---

① 根据卡西乌斯·迪奥的记载,波培娅非常在意自己的美貌,她每天都要用五百头母驴的奶洗澡,这些奶是她特意准备的。——原注

指环印章，以免它被用于伤害无辜之人。

"尼禄杀了许多杰出人士之后，"塔西佗说道，"最终，他试图摧毁美德本身——他杀害了特拉塞亚·帕埃图斯和巴雷亚·索拉努斯。"特拉塞亚·帕埃图斯具有罗马传统美德，尼禄恨他，不仅因为他的美德，还因为他曾多次在公开场合反对自己的做法。例如，当年元老院颁布法令，指控小阿格里皮娜犯谋杀罪时，特拉塞亚·帕埃图斯愤然走出了元老院。他缺席了波培娅的葬礼和神化仪式。至于尼禄对巴雷亚·索拉努斯的恨，除了美德，我们想不出其他原因。

指控特拉塞亚·帕埃图斯的人是科苏迪亚努斯·卡皮托和伊庇琉斯·马塞勒斯。科苏迪亚努斯·卡皮托与奇里乞亚的一些元老狼狈为奸，指控特拉塞亚·帕埃图斯犯有敲诈勒索罪。伊庇琉斯·马塞勒斯则是一个行为放荡、信口雌黄的奸佞。还有一个叫奥斯托利乌斯·萨宾努斯的罗马骑士控告了巴雷亚·索拉努斯。当时，帕提亚王子梯里达底来罗马接受亚美尼亚国王王冠①。尼禄选择此时处决这些名流，可能是希望借助外交荣耀来掩盖自己在国内的罪行，或者更可能是想向东方世界炫耀罗马皇权的威严。接到不能面见皇帝的命令后，特拉塞亚·帕埃图斯写信给尼禄，想要了解自己被指控的罪名，并且声称如果有机会，他有能力为自己洗脱罪名。尼禄回复说，他会召集元老院会议来裁决。然后，特拉塞亚·帕埃图斯和朋友商议，是去元老院进行辩护，还是在家中坐以待毙。朋友的观点一如既往地存在分歧。最终，他没有去元老院。

第二天，元老院大厅四周布满了士兵。科苏迪亚努斯·卡皮托和伊庇琉斯·马塞勒斯指控了特拉塞亚·帕埃图斯和他的女婿赫尔维狄乌斯·普里斯库斯及帕哥尼乌斯·阿格利皮努斯、库尔提乌斯·孟他努斯。科苏迪亚努斯·卡皮托和伊庇琉斯·马塞勒斯的借口是，这些人被蒙蔽，要忤逆造反，其中特拉塞

---

① 公元55年，罗马的东方属国亚美尼亚发生政变，最后由帕提亚王子梯里达底进入亚美尼亚成为新的国王。公元63年，帕提亚与罗马达成协议：承认梯里达底为亚美尼亚国王，但亚美尼亚国王的王冠必须由罗马皇帝授予。——译者注

亚·帕埃图斯是主要煽动者。接下来，奥斯托利乌斯·萨宾努斯上前指控巴雷亚·索拉努斯，称巴雷亚·索拉努斯与鲁贝里乌斯·普拉图斯交好，并指控他在亚细亚担任总督时行为不端。奥斯托利乌斯·萨宾努斯还控告巴雷亚·索拉努斯的女儿塞维丽娅曾付钱给占卜师。塞维丽娅随即被传唤入庭。她承认自己变卖首饰，付钱给占卜师，但并非亵渎神灵，只是想知道自己的父亲是否能逃过一劫。于是，其他各种证人被传唤到场，令每个正直之人都愤慨的是，其中有一个叫埃格纳提乌斯的人，他是巴雷亚·索拉努斯的委托人和朋友，是斯多葛学派学者。此时，他却出卖自己的灵魂，做伪证毁掉了自己的恩人巴雷亚·索拉努斯，这让每个善良的人怒不可遏。

毫无意外，特拉塞亚·帕埃图斯、巴雷亚·索拉努斯和塞维丽娅都被判了死刑，其他与此事有关联的人则被流放。关于巴雷亚·索拉努斯和塞维丽娅最后的情况，我们并不清楚。特拉塞亚·帕埃图斯恳求妻子阿里亚（与她的母亲凯基纳·帕埃图斯之妻阿里亚同名）不要效仿她的母亲自绝身亡——她毕竟是母亲留下的希望。按照通常的做法，特拉塞亚·帕埃图斯切开自己的血管，鲜血顿时喷涌而出。他对在场的官员说："让我们向解放者朱庇特倾诉。听着，年轻人啊，愿诸神不再降临凶兆，但你们出生在这样一个时代，你们需要一些宁死不屈的榜样来强化你们的勇气。"经受一番痛苦后，他死了。

这些血腥事件结束后，罗马举行了隆重的仪式，授予梯里达底亚美尼亚国王的王冠。仪式安排在罗马的大广场上，天未亮就开始排练。人们身着白色托加袍，头顶桂冠，排列整齐。士兵全副武装。屋顶上挤满了观众。天大亮时，尼禄身着凯旋长袍，在元老和卫兵的簇拥下进入广场，在主席台就座。梯里达底及其随从穿过士兵队伍，走上前来。当梯里达底出现时，人群中发出了呼喊声，梯里达底当时内心充满了恐惧。人群恢复平静时，梯里达底走上前去，问候了尼禄。尼禄做了适当的回应，然后请梯里达底坐在自己的脚边，将王冠戴在他的头上。此时，人群喊声响彻云霄。

梯里达底是帕提亚国王沃洛吉斯的弟弟。尼禄即位的第一年，梯里达底进入罗马的属国亚美尼亚，成为亚美尼亚国王。罗马决心发动一场对抗梯里达底的战争，指挥这场战争的是具有军事才能和丰富经验的科尔布罗。这是一场欧罗巴人同亚细亚人之间的典型战争。欧罗巴人的优势是善于排兵布阵、军纪严明，亚细亚人的优势是兵力占优，熟悉地理环境。双方进行了数次交锋，互有胜负。最后，科尔布罗与对方达成协议，同意梯里达底为亚美尼亚的国王，但前提是必须承认罗马的霸主地位，并且亚美尼亚国王应由罗马皇帝加冕。

在尼禄统治时期，莱茵河和多瑙河的边界无大事发生。在不列颠，保利努斯征服了德鲁伊教的圣地——莫纳岛。但不列颠的爱西尼女王博阿迪西亚率领爱西尼人抵抗罗马军队。一开始，她率领军队消灭了罗马的两支军队。最后，罗马军队施以血腥报复，大规模地屠杀不列颠人。

尼禄终于实现了参观希腊的夙愿。这次希腊之行，他期待已久。尼禄将获释奴隶赫利乌斯留在罗马，并授予他无上的权力。尼禄带着一大群人渡过亚得里亚海。据说，随行人数之多足可征服帕提亚。但此行大部分人都带着竖琴、面具和厚底靴。尼禄参加了希腊所有比赛，因为他要求这些比赛在一年内举行完毕。比赛时，他严格遵守所有演奏的规则和条例。在跟裁判讲话时，他表现得诚惶诚恐。对于对手，他有时公开辱骂，有时暗中诽谤。那些善于奉承的希腊人给尼禄颁发了各种奖项。在奥运会上，他甚至试图驾驭十马战车，结果从车上摔了下来，但他仍被授予胜利者的荣誉。作为回报，尼禄赋予希腊全省自由，赐予比赛裁判公民权，还奖给他们一大笔赏钱。他效仿弗拉米尼努斯[①]，亲自站在伊斯米亚竞技会的体育场中央，大声宣布获奖者的名单。然而，举办这些娱乐活动并不能抑制尼禄和提格利努斯的残忍和贪婪。他们不忘对希腊大肆掠夺，造成希腊如同外敌入侵和蝗虫过境一般。不少人因财富而死于非命。此外，许多人甚至从意大

---

① 弗拉米尼努斯（公元前229年—公元前174年），罗马政治家，在罗马征服希腊的过程中发挥了重要作用。——译者注

利和其他地方被传唤到希腊。尼禄唯一的目的就是处决他们,名将科尔布罗就是其中一位。尼禄虚情假意地邀请科尔布罗来希腊,并且对他施以恩惠。科尔布罗刚一到希腊,尼禄就下令处死他。科尔布罗举起宝剑刺向自己,喊道:"我真活该啊。"

尼禄在希腊又举行了一次婚礼。这次的结婚对象是一个叫斯波鲁斯的男青年。据说,他长得与波培娅颇有几分相似。尼禄将他阉割后,尝试各种手法将他扮成女人,并举行庄严的婚礼仪式。提格利努斯在婚礼上扮作斯波鲁斯的父亲。从此以后,斯波鲁斯就被扮作皇后的样子,配以鸾轿。有人说:"如果尼禄的父亲盖乌斯·多米提乌斯有这样一位妻子,对整个世界来说都是一件好事。"① 在希腊时,尼禄还试图挖一条穿过地峡的运河。为此,他从全国各地召集无数劳力。由于迷信,工人担心触动海神的圣地,迟疑不决,不敢开工。尼禄拿起铁铲,亲自为他们做示范。然而,由于后来发生一些事情,这项工程最终没有成功。

赫利乌斯一直写信催促尼禄返回罗马,处理国内事务,但他发现尼禄对自己置之不理,便亲自来到希腊。尼禄听了赫利乌斯的叙述,意识到必须离开希腊了。尼禄刚一踏上意大利,就去了那不勒斯,这是他第一次在音乐表演上获得荣耀的地方。他乘坐一辆白马战车,从一处城墙的缺口穿行入城,这是比赛获胜者展示荣耀的惯例。无论是在安提乌姆、阿尔巴努姆,还是在罗马,尼禄都采用相同的仪式来展示荣耀。他的最后一站是罗马城。他乘着奥古斯都凯旋战车,穿着缀满银星的紫色长袍,头戴奥林匹克橄榄花环,手持德尔斐桂冠。战车的前面悬挂着自己在比赛中"赢来"的花冠,还有一块告示牌,表明他赢得奖项的名称和地点。元老、骑士和士兵紧随其后,大家齐声高喊:"奥林匹克胜利!德尔斐胜利!奥古斯都万岁!尼禄大力神!尼禄太阳神!"就这样,他继续向朱庇特神殿行进,又从朱庇特神殿回到自己的宫殿。他赢得的花冠共计一千八百顶,全部悬挂

---

① 意指如果盖乌斯·多米提乌斯有了这样的同性恋婚姻,就不会生下尼禄这样的暴君。——译者注

于埃及方尖碑的四周以供展览。庆典结束后，尼禄继续沉湎于表演与驾车。

长久以来，罗马一直受控于这样一个披着人皮的怪物。但报应很快就来到了。我们并不清楚公元68年的这场叛乱的具体情况和性质，但是我们知道叛乱的发起者是尤利乌斯·文德克斯，他是阿基坦高卢的贵族，父亲曾是罗马元老院的元老，而他则是高卢的总督。在尼禄的统治下，人们被苛捐杂税折磨，民不聊生。于是，尤利乌斯·文德克斯号召人们用武力推翻尼禄政权。只有这样，罗马人才能摆脱暴君的欺压，才能摆脱水深火热的悲惨命运。但尤利乌斯·文德克斯做事谨小慎微，不愿意直接对抗尼禄。他建议推翻尼禄的大业应该由塔拉科西班牙总督加尔巴①来承担。加尔巴品行端正，作战经验丰富，并且手握重兵。于是，尤利乌斯·文德克斯派代表带上自己的亲笔信去见加尔巴。在信中，尤利乌斯·文德克斯强烈建议加尔巴承担起人类的救星和首领的角色。加尔巴早就发现尼禄下定决心要除掉自己，而现在又有许多对自己有利的预兆，他颇受鼓舞。于是，加尔巴召集士兵，将许多被尼禄处死的人的肖像摆放在大堂，表示因身处这样的时代而深感痛惜。士兵马上称呼加尔巴为皇帝。然而，加尔巴谨慎地宣称自己只是罗马元老院和公民的督军。然后，他立即开始招兵买马。加尔巴成立了一个元老院，元老都是当地有头脸的人物。此外，他还组建了一支青年骑兵队来保护自己。

控制日耳曼行省的维吉尼乌斯·鲁弗斯听说高卢造反后，就出兵围攻贝桑松。尤利乌斯·文德克斯率军前去援助，在距离贝桑松不远的地方安营扎寨。他与维吉尼乌斯·鲁弗斯进行了秘密会谈。人们猜测双方商定要联合起来反抗尼禄。但不久，当尤利乌斯·文德克斯率领军队向贝桑松进发时，罗马军团不宣而战，袭击了这支军队。据说尤利乌斯·文德克斯伤亡二万人。尤利乌斯·文德克斯本人也倒在罗马军团的剑下。有人认为尤利乌斯·文德克斯是被迫自杀的。士

---

① 加尔巴（公元前3年—公元69年），罗马帝国第六位皇帝，四帝内乱时期的第一位皇帝，公元68年6月9日到公元69年1月15日在位。——译者注

兵很乐意称维吉尼乌斯·鲁弗斯为皇帝，但高尚的维吉尼乌斯·鲁弗斯坚决拒绝接受这一荣誉，并申明只有元老院和公民有权授予此荣誉。

高卢叛乱的消息传来时，尼禄正在那不勒斯演出。但他并没有将此事放在心上，甚至挺高兴发生这样的事情，因为这为他提供了一个掠夺那些富裕行省的机会。在接下来的八天时间里，尼禄依旧沉浸于表演和娱乐，就当什么事都不曾发生。最终，他被尤利乌斯·文德克斯傲慢无礼的檄文深深刺痛了。于是，他写信给元老院，说自己的喉咙疼痛，无法参加元老院讨伐叛军的会议，好像他本来要为元老院歌唱似的。尼禄回到罗马后，便召集了大臣，但并非与他们商议高卢的战事，而是向他们介绍他对水力风琴的改进情况。他还说，如果尤利乌斯·文德克斯允许，他会把这一新式乐器带到高卢剧院演出。

然而，尼禄听说加尔巴在西班牙也造反了，变得惊恐万分。据说，尼禄策划了最疯狂、最穷凶极恶的报复计划，比如：派人杀掉各行省总督；屠杀流亡者和所有在罗马的高卢人；毒害元老；纵火烧毁城市；放出野兽咬死公民。尼禄着手招兵买马，但他最关心的是运送演出装备的马车是否完备。他还要将嫔妃装扮成阿马纵人来当自己的保镖。由于都会大队拒绝为尼禄效劳，尼禄就要求所有奴隶主献出一定数量的奴隶来充军。然后，他精心挑选出一些最有价值的奴隶，甚至连管家或抄写员也不例外。另外，他还要求所有人献出一部分财产。

吃晚饭时，尼禄得到了叛乱进展的情报。他十分惊恐，然后愤怒地掀翻了桌子，打碎了两个珍贵的荷马杯——杯子得名于上面刻有《荷马史诗》的相关场景。然后，尼禄带上一只金盒子，里面装着洛库斯塔为他准备的毒药，来到塞维利亚花园，又派几个最忠诚的获释奴隶到奥斯蒂亚备好船。尼禄试图说服禁卫军长官同他一起乘船逃跑，但禁卫军长官要么为自己找托词，要么直接拒绝他的请求，甚至还有一位重复着维吉尔的诗句："生而何欢，死而何惧。"[①]尼禄一会儿在

---

① 诗句原文为 *Usque adeone muri miscrum est*。——译者注

想要不要逃到帕提亚，一会儿在想不如向加尔巴缴械投降算了，一会儿在想登上演讲台请求公民原谅他的罪行，哪怕只让他做埃及总督他也愿意。尼禄疲惫不堪，就睡着了。半夜醒来时，他发现士兵都离自己而去。他从床上一跃而起，派人去找朋友，但没有一人前来，他就起身到他们的房间里去。然而，每扇门都紧闭着。尼禄只好回来，发现卧室已被洗劫一空，装毒药的盒子也不见了。他想随便找个人把自己杀了，可什么人都没有。"我没有朋友，难道连敌人也没有吗？"尼禄叫喊道，然后冲向台伯河，想要投河自尽，但他没有勇气。获释奴隶法翁建议尼禄到罗马城外四英里自己的一处乡间别墅去。于是，尼禄骑上马，带着斯波鲁斯和三个随从出发了。他披着一件黑斗篷，罩住头部，用手帕遮住脸。出城逃亡时，脚下的大地似乎震动了一下，天空划过一道闪电，尼禄心惊肉跳，吓得魂不附体。经过禁卫军营地时，他听到了士兵对他的咒骂声和希望加尔巴取得胜利的呐喊声。途中，尼禄一行遇到一群人。其中一个人说道："去追赶尼禄。"还有一个人向他们打听城里是否有尼禄的消息。尼禄的马受到惊吓，手帕掉了下来。一个士兵认出了尼禄，并向他行礼。尼禄只好弃马逃窜，穿过一片灌木丛，来到法翁乡间别墅的后墙外面。法翁安排尼禄在沙洞里躲避一下，等自己在墙上凿好洞口再让他们进去。尼禄回答说他不会让沙活埋了自己。他口渴难忍，就从附近的水沟里捧水来喝，说："这是尼禄的专用冷饮。"① 墙上的洞凿好后，他摘下斗篷上的芒刺，爬过洞去，躺到奴隶房间里一张简陋的床上。尼禄虽然饥肠辘辘，但不愿吃别人给的粗劣面包，只喝了一些温水。

　　随行的人都力劝尼禄赶紧想办法避免即将到来的灾难。尼禄让他们就地挖了一座陵寝，还让人为他准备葬礼所需的水和木柴。同时，他痛哭流涕地说道："多么优秀的艺术家就这样逝去了！"一位信使带了封信给法翁。尼禄接过信来读，得知元老院宣判他为罗马公敌，并且要用惯用的刑罚来惩罚他。尼禄询问这

---

① 据说，尼禄常常把水煮沸，再放入雪中冷却，让水冰冷后才饮用。——原注

是何意。他被告知这种刑罚是要扒光衣服，将头夹在一个木枷中，然后鞭打至死。尼禄拔出随身携带的两把短剑，试了试刀刃，又收入刀鞘，说："最后的时刻还没有到来。"过了一会儿，尼禄让斯波鲁斯开始哭丧，接着叫人做死亡示范给他看。后来，他又斥责自己太懦弱。最后，尼禄听到马蹄声，那是前来捉拿他的人骑的快马的声音。慌乱之中，尼禄念了一句荷马的诗句。然后，在获释奴隶埃帕弗洛迪图斯的帮助下，尼禄将短剑刺进了自己喉咙。一位百夫长走进来，见他还没死，将斗篷堵住他的伤口，假装前来帮他的样子。躺在血泊中的尼禄说："太晚了！这就是你的忠诚吗？"很快，他就咽了气。

　　落得这样的下场，尼禄罪有应得。尼禄在位近十四年，死亡时三十一岁。对于历史学家记载的关于尼禄纵欲和邪恶的细节，我们不在此呈现，以免玷污书页。露骨的描述只会妨碍道德的推崇和美德的弘扬。虽然尼禄是个怪物，但公民和士兵因想念过去尼禄的表演和赠予他们的礼物，很快开始为他感到惋惜。多年以来，总有人去他的陵寝旁祭奠、缅怀。这足以证明罗马人已经彻底堕落。

　　纵观奥古斯都之后的四位皇帝的统治，人们不得不接受这样的事实：奥古斯都苦心经营的、让罗马繁荣的大业最终以失败告终。卡利古拉和尼禄这样的怪物能获得无上权力并非出于偶然。如果有人认为暴君的毁灭验证了道德法则，即父母造的孽终将报应到孩子身上，那么他们不能被认为是迷信之人。在罗马共和国最后一个世纪，贵族残酷地掠夺和压迫各省人民，国内思想混乱，公民意志消沉，公共自由丧失殆尽。在反复无常和残酷无情的暴政下，罗马后世子孙深受其害，美德和纯真再无容身之地。因为我们可以看到，皇帝的暴行已经影响到绝大多数贵族和富人。

　　罗马所有人，包括贵族和平民，都日渐堕落。虽然我们可能不会完全相信那个时代的演讲家和讽刺作家的夸张言论，但我们必须认识到，他们的夸张是有事实依据的。贵族沉溺于奢靡和肉欲，其程度之深，空前绝后。如今，当权者行邪恶之事至少有冠冕堂皇的借口，舆论也会起到监督和制约作用，而在当时，邪恶丑行甚至会在富丽堂皇的大殿里上演,肆无忌惮地亵渎着公众的视听。当然,并非所有人都自甘堕落。这一时期,我们也看到了许多关于美德的典范。我们如果有幸记录下他们的私人生活,也许就会发现许多能让我们看到人性崇高一面的素材。他们在总体上推动了罗马文学的发展。具有崇高理想的人选择遵守斯多葛学派的严格戒律,而沉迷于感官享受的人则奉行伊壁鸠鲁[①]的享乐主义。

普通公民现在已堕落成纯粹的懒汉,依靠皇帝的馈赠或施舍生活,甚至连表面上的政治权力也被剥夺了。他们一心沉迷于公共竞技赛中。在竞技场里,蓝派与绿派[②]观众的热情之高是他们的先辈无法比拟的——他们的先辈曾满腔热情把西庇阿[③]和盖乌斯·马略两位民族英雄抬至最高的地位。罗马公民经常在角斗场看到角斗士被屠戮,看到人与野兽搏斗的画面,看到许多动物从最遥远的地方带到角斗场被屠杀,他们也彻底变得残忍起来。皇帝的娱乐活动也是如此。历任皇帝只不过是不断地利用公共财富,试图满足罗马公民的口味罢了。

意大利乡村并不缺乏优秀人士。他们身体健壮,吃苦耐劳,凭借坚韧和勇敢为罗马帝国赢得一场又一场的胜利,但这样的自耕农数量现在已经大大减少了。意大利大部分地区的耕作已经停止了,土地被贵族分割成庄园,变成了一个个的葡萄园、橄榄园、牧场和林地,其中所有劳动都由奴隶完成。罗马需要的粮食全部由阿非利加和埃及供应。罗马人的存活完全听天由命,如果有人完全控制了埃及并拒绝为罗马供粮,罗马就有可能面临断炊的危险。无论从哪一方面来看,罗马帝国的粮食安全策略都非常糟糕。保持稳定的农业人口应该是每一个谨慎行事的政府必须要做到的。

---

① 伊壁鸠鲁(公元前341年—公元前270年),希腊哲学家,推崇快乐主义。——译者注
② 在竞技场里,穿着绿衣的驭者和穿着蓝衣的驭者争夺黄金。他们的支持者分别被称为"蓝派"和"绿派"。——译者注
③ 西庇阿(公元前235年—公元前183年),罗马共和国时期的政治家和军事家。第二次布匿战争期间,在扎马战役中,他率领罗马军队打败迦太基军队统帅汉尼拔,从而被誉为"阿非利加征服者"。——译者注

奥古斯都时代结束后，文学大大衰落。这一时期唯一值得一提的历史学家是维莱伊乌斯·帕特尔库鲁斯。他为人谦和，作品富有创造性，但对暴君提比略奉承有加。塞内卡也是哲学家。他的作品体现出对纯粹道德的关注，文风矫饰，笔触讽刺。这种风格由于其本身的缺陷而颇具吸引力，但对当时的文学产生了非常不利的影响。关于塞内卡的行为，我们前面已经谈到。很明显，他并不像他宣称的那样严格按照斯多葛学派的要求来约束自己。卡西乌斯·迪奥就指责他在尼禄统治时期，因贪得无厌而引发了不列颠人的起义。卡西乌斯·迪奥还透露，别人指控他通奸并非毫无根据。但塔西佗在提到塞内卡时总是敬重有加。实际上，正如塞内卡自己承认的那样，他也有一般人的缺点。他富甲一方，同其他有钱的罗马人一样，通过放贷获取利息。塞内卡过着光鲜亮丽的生活，但他比较有节制，私下待人和蔼可亲。我们应该毫不犹豫地视他为好人。但不幸的是，塞内卡摊上尼禄这样一位残暴的帝王学生，所以他在公共道德方面做出一些令人倒胃口的举动也许可以理解。

这一时期只有两位诗人，一位是塞内卡的侄子卢坎，另一位是佩尔西乌斯。这两位诗人都追随斯多葛学派，并且都英年早逝。卢坎效仿恩尼乌斯的做法，探寻罗马历史上叙事诗的来源。但他的写作主题是尤利乌斯·恺撒和庞培之间的战争，由于是当时才发生不久的事，所以在诗歌内容方面，他会受到事实的限制，无法尽情发挥想象的魅力。卢坎的作品《法萨利亚》充满了激情和活力，但同样缺乏诗意。在《法萨利亚》中，我们能读到严酷的历史事实和严格的哲学戒律，而缺少一些小说中迷人的幻想和诗歌的旋律。

佩尔西乌斯留下了六部讽刺文学作品，风格豪迈粗犷，内容触及纯洁高尚的道德主题。他很崇拜诗人贺拉斯，但佩尔西乌斯和贺拉斯作品的风格及表达方式差异巨大。

第7章

基督教

精彩看点

犹太人的弥赛亚——耶稣基督——基督教——基督教的传播　基督教传播成功的原因——教会管理体制

奥古斯都及其后继皇帝统治下的罗马帝国的情况大体如此。在这期间，一种新兴的宗教正悄无声息地发展壮大，将取代欧洲和亚洲部分地区体系繁杂的多神教，并最终改变罗马帝国的宗教信仰。

犹太人的启蒙书里经常会提到一位伟大的王子，人们称他为"弥赛亚"，意思是"受膏者"。他将公平与正义送给全人类，并且将其子民提升到非凡地位，赋予其子民卓越的力量。有的预言称弥赛亚将出生在大卫王[①]家族，有的预言称弥赛亚将生于奥古斯都统治时期。启蒙书中预言，救世主弥赛亚是一位伟大的现世王子。他将从罗马手中夺取世界的统治权，然后让犹地亚成为世界中心。犹太人兴高采烈，满怀希望，期待着前世注定的胜利——不仅是战场上的胜利，而且是教义上的胜利。

救世主弥赛亚如约而至，但他与律法书和先知书的作者预示的身份有很大不同：弥赛亚的母亲是加加利一个城邑木匠的妻子，是大卫王家族中的一个卑微女仆，她在大卫王的故乡伯利恒生下了弥赛亚。弥赛亚在隐秘的环境里长大

---

① 大卫（约公元前1045年—约公元前970年），生于伯利恒，犹大支派耶西的第八个儿子，早期为牧羊人。大卫建立了统一而强盛的以色列王国，史称"大卫王"。他对后世的犹太民族和世界都产生了巨大影响。——译者注

成人，默默无闻。三十岁时，弥赛亚走向了命中注定的岗位，成了一名教师。通过许多不可思议的成就，他证明了自己至高无上的使命，证明自己就是弥赛亚，他的胜利凌驾于罪恶和黑暗之上，而不是罗马的军队之上。许多人被弥赛亚的神迹震撼，被其优美而庄严的教义征服，就像以色列预言书写的那样，以色列人成为弥赛亚的追随者。对这样一个温和、仁慈的宗教体系，罗马帝国却非常反感，而犹太教的首领也担心自己的权力受到影响。因此，他们决定谋害弥赛亚，迫使罗马总督以煽动叛乱的罪名判处弥赛亚死刑。"神的儿子"弥赛亚被钉死在十字架上（这是当时普遍的惩罚方式），但正如弥赛亚向门徒预言的那样，在死后的第三天他又复活了，在人间度过十四天后升入了天堂，并留给门徒一项任务，那就是将他的教义传遍全世界。

  我们认为没有必要要求每个人都了解耶稣基督的全部教义，但我们必须知道，基督教的本质是上帝之爱和人类之爱。它倡导一切美德，教导人们远离一切邪恶，许诺美好的永恒和幸福，警告恶人不再作恶，否则他们会陷入万劫不复的深渊。基督教如此受人喜爱，其品质如此温良、和平与仁慈，其戒律虽不完美，但如果人们都遵守它，现世就会变成天堂[①]。我们提及的教义体现在《圣经·新约》里，体现在耶稣基督与使徒的言论中，而不是体现在后来发展并取代它的那个腐朽的体系——后面我们会谈到这个体系。纯洁、朴素的福音衍生出多种教派、演变成偶像崇拜，后来又被冠以基督教之名和用于基督教祈祷。历史上恐怕没有一种道德现象的转变能与之相提并论。但如后来发展所示，这一现象并不难解释。

  基督教建立在摩西的犹太教之上，但摩西犹太教仅限于一个民族或一个国家，其仪式复杂，对诸如吃肉饮酒有特殊的讲究。然而，基督教不受任何限制，适用于世界各地。只要能够理解并遵循其教义，人人皆可遵而信之。因此，基督

[①] 以上观点是译者在忠于原书基础上的表达，仅代表原书作者的观点，读者在阅读时可理性看待。——译者注

教"神性作者"①让基督教徒去各个国家传教。基督教徒在履行使命时义无反顾，勇往直前，应许的"圣灵"就是他们强大的后盾。基督教在短短几年内就迅速传遍了罗马帝国的大部分地区。

基督教徒的第一批组织，即基督教徒所称的教会②，必然诞生于犹地亚，而最主要的组织在耶路撒冷，使徒和最初的传教士就住在那里。渐渐地，通过传教士的传播，基督教传播不再限于犹地亚，在大马士革、安条克及其他城镇都出现了教会。在众多传教士中，最有影响力的是扫罗，后被称为保罗。最初，保罗强烈反对基督教，但在去大马士革的途中他奇迹般地皈依了基督教，成为基督教狂热的追随者，开始宣扬他曾反对的教义。保罗博学多识，能言善辩。他结合自己这方面的优势，激情澎湃地传播基督教。作为外邦人，保罗同时精通犹太文学和希腊文学，能够出色地完成分派给自己的任务。由于保罗的不世之功，在基督死后不到二十五年，基督教在主要城镇均成立了基督教会，包括叙利亚、小亚细亚、马其顿、希腊，甚至罗马城。

保罗和其他传教士传教的方式如下：在罗马帝国的许多大城市中设立教会（大城市有交通便利的优势），无论身在何处，他们都有属于自己的会堂或者礼拜场所。因此，作为一名犹太人，以保罗为例，他每到一个城市，通常会在安息日进入犹太教堂。保罗会利用犹太会堂中流行的惯例，邀请那些愿意对圣会发表意见的人进行演讲③，而他则乘机向与会人员证明耶稣就是弥赛亚。这些犹太人如果听信了保罗的说教，就会成为教会的核心人物。如果他们还没有相信（这是比较常见的情况），那么保罗就会将目标"转向非犹太教徒"，也就是将福音传给

---

① 《圣经》指出：大卫在说话，大卫不是靠自己说话。他说"在圣灵里"。人们认为，《圣经》有一个人类作者和一个神性作者。人类作者被圣灵感动，所以记录下了上帝让他记录的。浸信会教理问："谁写《圣经》？"答案："被圣灵感动的圣人。"——译者注
② 《圣经·新约》中使用的术语是"集会"（assembly），"教会"的本意是"上帝之家"，有时也指代基督教徒。——原注
③ 犹太教中，在读完律法书和先知书后，会堂主席或拉比会差人问："你们如果有什么要劝勉众人的话，就请说吧！"——原注

"异教徒",或者传给其他神的追随者。每个城市的基督教会通常由犹太教皈依者和"异教"皈依者组成,但主要是"异教"皈依者。整体而言,犹太人仍然是基督教徒的死敌,因为基督教取代了他们原先的信仰,让犹太教中那些所有崇高的期望都落空了。

道德的发展规律如同自然界的发展规律一样:没有前因就没有后果,没有前期量的积累,就没有后期质的变化。在不做假设的情况下,我们可能会问,当时促进基督教快速发展的因素究竟是什么?

著名历史学家爱德华·吉本在《罗马帝国衰亡史》中列举了五个基督教成长壮大的原因,分别是:基督教徒的狂热;来世生活的信条;教会的神奇力量;基督教徒纯洁、朴素的品德;基督教徒的团结与严守纪律。爱德华·吉本在对这些因素逐一考察中,运用了嘲弄和讽刺的手法,不遗余力地诋毁早期的基督教徒,把他们描绘成毫无主见的受骗者或者狡猾的江湖骗子,并且说这一宗教跟希腊和意大利早期的宗教一样低俗。在这里,我们将努力以一种不同的观点来审视一下基督教。

爱德华·吉本列出的第一个原因无疑是合理的。没有激情,任何哲学体系都不可能在世界上取得迅速的进步,更别提宗教了。第二个原因也是正确的。正如使徒宣扬的那样,来世生活的信条中体现着基督教义的纯洁、决心和坚定,这是"异教徒"信仰的多神教无法企及的,而这些品质并没有形成摩西律法的一部分。但我们决不能像爱德华·吉本认为的那样,当时的希腊人和罗马人普遍不信来世信条。毫无疑问,哲学家和受教育之人对来世的荒谬细节感到厌恶——这些细节是由诗人描绘并被大众接受的——他们没有发现任何证据能证明来世的存在。因此,他们有理由对此持怀疑态度。这一教义对他们的生活和行为甚至根本没有产生影响。但平民百姓仍然固守着祖先传下来的信仰,依然相信那个诗情画意的来世的信条，哪怕对来世的描述有诸多龃龉的地方①。实际上，当时罗马帝国面临的宗教情况与19世纪欧洲天主教的情况十分相似。流行的信仰荒诞无稽，让人无法理解。知识分子将其拒之门外，成为怀疑论者和"异教徒"。但平民百姓则匍匐在神的脚下，极尽崇拜和迷信。

爱德华·吉本指出的第三个原因——教会的神奇力量——是最具争议性的。"异教徒"完全否认这些事实，而基督教徒则对此坚信不疑。在这一点上，我们不应该被任何先验的东西迷惑，例如，询问者无须在意自然规律为何如此稳定如一、周而复始，因为我们并不知道这一规律到底是什么，也不知道那些不同凡响的"奇迹"是不是规律的一部分，仿佛一切结果都是事先安排好的，以便能与某些道德原则在某个时间相吻合。整个问题实际上是一个证据问题，如果那些人认为《圣经·新约》中的证据真实可信，必定会承认耶稣对信徒已经履行"神助"承诺，圣灵则帮助信徒完成许多奇迹。同时，没有确切的证据表明这种"神助"会一直持续到使徒时代之外的其他时期。上帝所做的一切都不会是徒劳的。基督教在世界上扎根后，这种超自然的神助将会被收回。事实上，对后来发生的奇迹的描述无不漏洞百出或生拉硬扯。

第四个原因无疑是最有效的。早期基督教徒的品德及道德体系的纯洁性在那个遮蔽整个世界的道德暗夜熠熠生辉，发出夺目的光芒。当然，这并不是说美德完全消失了，因为上帝从来不允许这种情况在人类中发生。但人们通过使徒保罗的语言描述、那个时代的历史记录及那些流传下来的著作，可以推断罗马帝国初期的道德沦丧到何种程度。当时没有任何教派或者组织能像早期基督教那样无私、仁慈和博爱。"异教徒"总是羡慕地说："看，那些基督教徒是多么相爱啊！"

爱德华·吉本指出的最后一个原因——教会管理体制——可能对我们现在

---

① 在琉善的著作中，读者会发现普通百姓始终固守传统信仰。而爱德华·吉本犯错的原因主要是他忽视了基督教与希腊和意大利宗教体系之间的差异。——原注

讨论的那段历史时期并无影响。教会最初的管理体制是什么？该问题曾经引发一定程度的暴力和仇恨。它对于认识福音的本质和精神没有任何作用。现在，大家普遍认为（理性温和的神学家基本上都同意这样的观点）：基督和他的使徒都没有打算创立任何特定形式的管理体制，而是要根据当时所处的政治环境，让教会成员自行确立最佳管理体制。事实上，如果以效果来判断，我们可能会说教会管理体制不好不坏，"最好的管理就是管理得最好"，无论在何种管理形式下，基督教徒都表现出同样的虔诚和同样的圣洁。真正的信仰扎根于内心，不取决于任何外在的形式，而导致基督教冲突和分裂的则是人们的骄傲、野心和虚荣。

众所周知，第一批教会是传教士在各地传教时建立的。传教士在光临任何一个教会时，必然会对其行使权力，但每个组织都需要一个固定的管理机构。因此，传教士立刻任命了一些人主持宗教集会，对教会进行监督管理。主持传教士被称为监督或者长老，他们由教会成员选出，然后经创始人批准和任命就可以走马上任了，或者经创始人授权即可。教会中的第二类人被称为先知。他们能言善辩，能够阐述基督教经典，对宗教集会进行劝勉和告诫。第三类人被任命为执事，类似于基督教新教中的牧师。他们照顾穷人，并履行其他一些职责。

这似乎就是使徒时代教会的外在形式。每一个教会都独立于其他教会。它的管理人员由自己教会成员选出，并与其他教会和谐共处，友好往来。一些较富有的教会，像犹太教中的耶路撒冷圣殿那样，对其他教会施以援手，同时更易遭受苦难和贫困。

也许直到使徒们仙逝后，伴随着教会数量的激增，教会管理体制形式才开始发生了变化，主教或监督与长老的权责分离，每个组织中的主教只限一人。主教实行终身制，被视为教会首脑，掌管教会基金和祭司的任命。同时，他还主持洗礼仪式，在圣餐上用面饼和葡萄酒表达祝福。长老充当主教的理事或助手，因为主教被认为是最重要的角色。

这就是早期的基督教会。教会成员主要是犹太人皈依者和"异教徒"皈依者。这些人主要来自社会的中下层,因为基督教甚至不排斥奴隶信教①。总的来说,早期基督教会为学者和伟人所轻视。他们常常把基督教与犹太教混为一谈。犹太教由于其反社会的性质,受到了普遍的诟病,被视为一种有害的迷信。早期的基督教并不完美,这一点在保罗的《使徒书信》中也有所体现。这本书同时证明了他们的戒律是多么纯洁和神圣。如果塔西佗和苏埃托尼乌斯把基督教徒说成是人中渣滓,那么作为他们的朋友——担任行省总督的小普林尼——就不会有机会了解这个被迫害的教派。然而,小普林尼见证了基督教徒道德的纯洁高尚和生命的洁白无瑕。

---

① 然而,我们决不能像那些反对基督教的人一样,认为早期的皈依者里没有中上阶层。《使徒行传》中提到了主人和奴仆,妇女信教者不得穿戴金银珠宝和华丽的衣服,以及募集钱财救济穷人等,这些都是佐证。圣徒保罗说过,在科林斯教堂中,贵族或有权势的人并不多,这也能证明有一些中上阶层的信教人士。如果基督教徒都无知愚昧、目不识丁,政府就没有必要颁布禁令去防范希腊和东方的灵知哲学了。小普林尼说:"基督教徒认为,人类的全部过错都在于此——基督教徒习惯在光明到来之前的某一天聚在一起,轮唱对上帝和基督的赞美诗,用誓言约束自己,不犯任何罪行,不盗窃、不抢劫、不通奸、不说谎、不违背誓言"。——原注

第 2 部分
军人当政的皇帝

第1章

加尔巴、奥托、维特利乌斯

(公元68年至公元70年)

精彩看点

加尔巴——皮索——谋杀加尔巴——奥托——罗马内战——贝德里亚库姆战役——奥托之死——维特利乌斯——韦斯巴芗称帝——克雷莫纳激战——焚烧朱庇特神殿——维特利乌斯之死

加尔巴

公元1世纪以来,通过"收养继子","尤利乌斯"家族,或称"恺撒"家族一直掌控着罗马帝国的最高权力。在此过程中,即位顺序大多遵循"子承父业"。也有例外,克劳狄的即位是"逆顺序"——叔叔取代侄子。正是从克劳狄开始,军队取得了任免罗马皇帝的话语权,士兵向元老院和公民宣告:谁能成为罗马世界的主人,由他们决定。如今罗马军团大权在握,到底谁能登上皇帝的宝座,就看谁有能力得到军队的支持。[①]

现年七十三岁的加尔巴出生于罗马的一个古老的名门望族。他位高权重,担任过阿非利加行省总督和西班牙行省总督。无论在罗马行省的治理中,还是在对日耳曼的战争中,他都表现出了杰出的军事才能,获得过凯旋勋章。另外,加尔巴身兼将军与总督之职,对人对己要求非常严格,近乎严苛,但他深受周围人的影响,染上了贪婪恶习。

罗马禁卫军受到其长官尼姆菲迪乌斯·萨宾努斯(提格利努斯的同僚)的蛊

---

① 因此,我们把这个时期称为由军人废立皇帝的时期。不过,严格来说,这个时期并非一直如此,比如,涅尔瓦到康茂德时期。——原注

惑，抛弃了尼禄，宣誓忠于加尔巴。而尼姆菲迪乌斯·萨宾努斯本人则以加尔巴的名义答应给禁卫军每人七千五百第纳尔的巨额奖励，罗马军团中的雇佣兵每人可获得一千二百五十第纳尔的奖励。这样一来，尼禄在意大利的军队就被拉拢到加尔巴这一边。同样，元老院也得到了好处，授予加尔巴各种常规头衔和权力。

尼禄死后，加尔巴接受了"恺撒"头衔，动身前往罗马。此时，受权力欲望的驱使，尼姆菲迪乌斯·萨宾努斯正在拉拢禁卫军步兵团。因此，罗马一片混乱。很快，尼姆菲迪乌斯·萨宾努斯就一败涂地，身首异处。前往罗马的途中，加尔巴仅凭一点点怀疑，未经审判就处死了一名执政官和一名候补执政官。快到罗马时，加尔巴遇到一些水兵——他们原本只是普通的水手，但被尼禄征召入伍。这些水兵不愿再做水手，于是向加尔巴索要鹰旗和军旗，加尔巴怒不可遏，命令骑兵驱散他们，甚至用"十一抽杀律"来惩戒被俘水兵。进入罗马后，禁卫军向加尔巴索要奖赏。加尔巴回答说，有关奖赏的承诺只是征兵之道，他不习惯拿钱买通士兵。加尔巴背惠食言，遣散了尼禄日耳曼籍禁卫军，同时没有给他们赏钱。对于效忠尼禄为虎作伥的提格利努斯和其他暴戾大臣，加尔巴拒绝惩罚他们。这种违背民意的做法着实得罪了罗马公民。但加尔巴处决了赫利乌斯、洛库斯塔等人，这些都是尼禄的爪牙。

加尔巴的所作所为不得人心。此时，他还成了另外三个人的傀儡，即提图斯·维尼乌斯（加尔巴在西班牙担任总督时的副将）、科尼利厄斯·拉佐（加尔巴曾任命的禁卫军长官）及获释奴隶埃瑟勒斯（加尔巴授予过他骑士指环）。这三个人心怀鬼胎，各有打算。他们一心只为自己的利益着想，同时都知道，年迈的新皇帝加尔巴活不了多久。

虽然元老院任命的皇帝普遍得到各行省和军队的承认，但日耳曼行省的军队不甘听命。于是，加尔巴召回了驻日耳曼行省的维吉尼乌斯·鲁弗斯将军。加尔巴这样做，表面是为了关照维吉尼乌斯·鲁弗斯，实际上是因为忌惮他。但后来的事情证明，加尔巴的这一做法不够明智。此外，加尔巴还派维特利乌斯去指挥驻扎在下日耳曼的军队。因为下日耳曼军队的指挥官芬迪乌斯·卡皮托已被他的副将科尼利厄斯·阿奎尼乌斯和法比尤斯·瓦林斯杀死。而上日耳曼军队的指挥官霍尔狄奥乌斯·弗拉库斯一直患有痛风病，再加上年老体衰，已经失去了统率军队的能力。

动乱是从上日耳曼军队开始的。公元69年的第一天，加尔巴和提图斯·维尼乌斯一起进入元老院，宣布就任执政官。几天后，传来消息说，上日耳曼军队要求重选一位皇帝，至于选谁，可以由元老院和公民决定。由于加尔巴没有自己的孩子，这条消息促使他加快了收养继承人的步伐。加尔巴和他的三个朋友商议了这个问题，但他们产生了分歧，提图斯·维尼乌斯力挺奥托。尼禄当年从奥托手中夺走了波培娅，这让奥托很早就加入了加尔巴的阵营，并希望加尔巴能成就大业。另外，奥托和提图斯·维尼乌斯关系密切（据说提图斯·维尼乌斯的女儿与奥托订婚了），因此现在提图斯·利维乌斯强烈建议加尔巴能够收养奥托。科尼利厄斯·拉佐和埃瑟勒斯没有特别中意的人选，但他们坚决反对提图斯·维尼乌斯推荐的人选。加尔巴本人也犹豫不决，一方面，他要为国家大业考虑，如果收养了奥托，就好像没有彻底摆脱尼禄；另一方面，受科尼利厄斯·拉佐的影响，他注意到了贵族出身的皮索·李锡尼亚努斯。皮索·李锡尼亚努斯恪守道义，是加尔巴比较中意的年轻人。最终，加尔巴决定收养皮索·李锡尼亚努斯。事不宜迟，加尔巴很快就按照传统的习俗举行了收养仪式。之后，加尔巴把皮索·李锡尼亚努斯带到军营，告诉士兵他的决定。但由于加尔巴生性吝啬、迂腐，对如何犒赏士兵避而不谈。士兵听了他的话后一言不发，心中充满怨恨。

加尔巴收养了皮索·李锡尼亚努斯后，奥托眼见自己即位无望，便决定孤注一掷，要么君临天下，要么身败名裂。这段时间以来，奥托一直在背地里笼络士兵。通过获释奴隶奥诺玛司图斯，奥托拉拢了两个士兵，再通过他们来考察军中其他士兵是否忠于自己。公元69年1月15日，也就是在举办收养仪式后的第五天，加尔巴来到帕拉丁山阿波罗神殿献祭。这时，奥诺玛司图斯故意来寻找奥托，奥托正站在加尔巴身边。奥诺玛司图斯对奥托说,建筑师和施工人员正在等他察看房子,这是一个提前约定的暗语。然后,奥托便趁此离开了。在大罗马广场中的镀金里程碑那里,奥托与前来迎接他的二十三名士兵见了面,他们向奥托致以皇帝礼节。奥托上了轿,士兵抬着他向军营快步走去,一路上又有不少士兵加入他们的队伍。

加尔巴仍在忙于献祭。这时,情报接连传来:第一条消息是某元老被送进了军营,第二条消息是奥托被士兵用轿子抬入军营。加尔巴决定考验一下守卫皇宫的步兵大队是否忠于自己,就让他的养子皮索·李锡尼亚努斯登上台阶发表讲话。然而,尽管皮索·李锡尼亚努斯承诺有赏赐,但仍然没有士兵表达支持他的坚定立场。除了当时尼禄从日耳曼军团中挑选到埃及服役的士兵(加尔巴近来对这些士兵非常好),其他军队都加入了奥托的阵营。

罗马公民纷纷涌向皇宫,一路吵吵闹闹,大声呼喊着效忠加尔巴的口号。就在加尔巴和他的朋友商量当前局势的时候,有消息传来说奥托在军营被杀了。然后,元老和骑士也鼓起勇气,与罗马公民一道纷纷向加尔巴表示效忠。加尔巴坐上肩舆打算前往军营。就在他准备出发的时候,出现了一名卫兵,亮出了沾满鲜血的宝剑,大喊是他杀死了奥托。加尔巴一向军纪严明,就对这位士兵说:"我的战友,谁命令你去杀的?"在前往军营的途中,加尔巴遇到了皮索·李锡尼亚努斯——他被加尔巴派往军营打探情况。皮索·李锡尼亚努斯确切地告诉加尔巴现在大势已去,士兵已经拥护奥托为皇帝了。加尔巴和皮索·李锡尼亚努斯商量现在应该采取何种措施。这时,骑兵和步兵突然冲进了罗马大广场,驱散了元老院元老和公民。见此情景,支持加尔巴的步兵旗手放下了手中的军旗。年迈的加尔巴皇帝被拖出肩舆,扔到库尔提乌斯湖。加尔巴希望士兵杀死自己,如果这么做对国家有益,也算"完成自己的使命"。士兵很快砍下加尔巴的脑袋。加尔巴被杀后,提图斯·维尼乌斯成了第二个被害者。皮索·李锡尼亚努斯逃亡到维斯塔神殿。在那里,一个奴隶将他藏了起来,但士兵很快发现了他,把他拖出来杀掉了，并且将他的首级带给了奥托。接下来，科尼利厄斯·拉佐、埃瑟勒斯等其他人也都被处死。加尔巴的管家阿基乌斯曾受惠于加尔巴。因此，在加尔巴的尸体受到士兵和暴民的侮辱后，阿基乌斯不忍主人抛尸荒野，于是将加尔巴的尸体葬于自己的私人花园。

奥 托
公元69年

士兵现在为所欲为，对奥托来说，虽有心制止，却无能为力。而根深蒂固的奴性思想，让元老和公民一如既往地表示服从。元老院将保民官的权力、奥古斯都的称号和其他所有荣誉全部授予奥托。奥托终于拥有罗马至高无上的权力了。但还未等他坐稳宝座，就有消息传来，日耳曼行省的军队联合了高卢行省的几支军队，已经宣布维特利乌斯为皇帝。这两个行省的军队分别在法比尤斯·瓦林斯和凯基纳·阿列安努斯的带领下，全力向意大利挺进。

此外，不列颠和拉提亚的军队也宣布支持维特利乌斯。西班牙行省一开始还表示拥护奥托，但很快就倒向了维特利乌斯。当时支持奥托的军队有：东方各行省的军队和阿非利加行省的军队，宣誓效忠奥托（在得知元老院承认奥托的帝位时）；伊利里亚行省的军队，表示遵守之前的约定，绝不兴兵来犯。但奥托主要依靠的力量还是禁卫军和反对加尔巴的军队。在罗马城期间，奥托一直在为战争做准备。他展现出一副小心谨慎和充满活力的样子，这和他平时的性情大不一样。奥托把臭名昭著的提格利努斯交给公民，任大家羞辱报复，但赦免了执政官马略·塞尔苏斯，并且给予他充分的信任（马略·塞尔苏斯曾对加尔巴无比忠诚，后来，他对奥托本人同样忠诚）。通过这一系列行动，奥托赢得了民心。

公元69年3月14日晚，奥托委托元老院处理国家政务，自己则亲自率军作战。这时，法比尤斯·瓦林斯率领四万军队接近意大利科蒂安山（阿尔卑斯山脉西段),凯基纳·阿列安努斯则率领三万名士兵抵达本宁阿尔卑斯山。山南高卢的一部分军队已经宣布拥护维特利乌斯,并成功占领了麦狄奥拉努姆[①]、诺瓦拉及其他一些城镇。这样一来,维特利乌斯部队实际上掌控了整个意大利到波河这片区域。奥托则拥有整个海上军队的指挥权。他整合了米塞卢姆船队,在高卢南部海岸声东击西,牵制敌军,几次打败法比尤斯·瓦林斯的军队。支持奥托的潘诺尼亚军队也正在前往意大利。之前,该军队已经派出了骑兵部队和轻装部队进行支援。奥托的军队在安尼乌斯·加卢斯和维斯提休斯·斯波里纳的指挥下,整合了一支由五个禁卫军军团、第一军团、部分骑兵和一支两千名角斗士组成的军队,然后率领这支军队从罗马出发,占领了波河两岸。奥托本人则亲率其余的步兵部队、经验丰富的禁卫军和大量的水兵投入战斗。

凯基纳·阿列安努斯的军队抢在安尼乌斯·加卢斯之前渡过了波河,一路畅行无阻。该军队沿着波河继续前行,在距离普拉森舍不远的地方安营扎寨——普拉森舍是维斯提休斯·斯波里纳的大本营。普拉森舍有意大利最大的无围墙竞技场。围城前夕,不知是有人纵火还是事故,这座宏伟的竞技场竟被大火焚为灰烬。凯基纳·阿列安努斯对普拉森舍发起强攻,但最终无功而返。于是,他挥师渡过波河,向克雷莫纳进军。安尼乌斯·加卢斯率领第一军团前去普拉森舍解围,这时,他收到维斯提休斯·斯波里纳的来信,得知凯基纳·阿列安努斯已断了去普拉森舍的路,他便在一处村庄驻扎下来。这个村庄叫贝德里亚库姆,位于维罗纳和克雷莫纳之间。此时,马略·马克罗率领角斗士军队越过了波河,一举击溃了维特利乌斯的辅助军队。马略·马克罗对刚取得的这场胜利得意扬扬,信心高涨,渴望与维特利乌斯的军队决一死战。马略·马克罗还写信给奥托,指责西班牙行省那些将军的背叛行为影响了士气。

一方面,奥托的将军们不想让自己的"假日部队"(因为这些士兵从未服过

[①] 今米兰。——原注

兵役）与维特利乌斯的富有经验的老兵交战，他们在等待潘诺尼亚援军的到来。另一方面，凯基纳·阿列安努斯因在普拉森舍战斗中失利而恼羞成怒，希望尽快发起一场战斗，以便在法比尤斯·瓦林斯到来之前把事情了结。他早已经厌倦等待，急不可耐。于是，他把最好的辅助军队埋伏在卡斯托神殿周围的树林里。卡斯托神殿距离克雷莫纳大约十二英里。凯基纳·阿列安努斯又派遣一队骑兵沿大路行进，向敌军发动攻击，然后伪装失败撤退，试图将维特利乌斯的士兵引入埋伏圈。

然而，凯基纳·阿列安努斯的计划不幸走漏了风声，奥托的步兵将军保利努斯和骑兵将军马略·塞尔苏斯提前得知了这一消息。保利努斯和马略·塞尔苏斯决定将计就计，彻底打乱凯基纳·阿列安努斯的部署。所以当凯基纳·阿列安努斯的诱敌骑兵转身逃跑时，马略·塞尔苏斯停止继续追赶，而凯基纳·阿列安努斯的伏兵已经冲了出来。马略·塞尔苏斯边战边退，把凯基纳·阿列安努斯的军队引到保利努斯的步兵提前设伏的地方。紧接着，马略·塞尔苏斯的骑兵从后面一路掩杀过来。如果保利努斯此时能够马上下令攻击，凯基纳·阿列安努斯便会被歼灭。不过，他错失良机，迟发了号令，凯基纳·阿列安努斯的军队乘机逃到附近的葡萄园和小树林里，然后从这里开始突围，突围中还消灭了马略·塞尔苏斯骑兵的先头部队。保利努斯的步兵继续向前推进，由于凯基纳·阿列安努斯派出的作战人数并不多，此时只有招架之功，无还手之力。事后，双方都认为，要不是保利努斯鸣金收兵，凯基纳·阿列安努斯可能会全军覆没。后来，保利努斯辩解说他之所以在下令攻击时犹豫不决，是因为担心自己的疲惫之师会遭到维特利乌斯生力军的重创，否则他会不遗余力地配合马略·塞尔苏斯。然而，对于他的辩解，大家并不满意。

战场上的失利大大挫伤了凯基纳·阿列安努斯和士兵的信心，同样影响了法比尤斯·瓦林斯军队的士气。此时，法比尤斯·瓦林斯的军队已经到达提西努姆，士兵信心动摇，动辄造反，法比尤斯·瓦林斯本人也差点遭到暗算。听闻友军遇到的灾难后，法比尤斯·瓦林斯的士兵决定暴动。法比尤斯·瓦林斯的士兵怂恿军旗手抗起造反大旗，然后迅速加入了凯基纳·阿列安努斯的军队。

现在，奥托与将军们商讨对维特利乌斯是实施拖延战术，还是速战速决。保利努斯坚持拖延战术，因为他对比分析了敌我双方的劣势与优势。维特利乌斯的劣势是：他已出动了全部兵力，无法抽调援军；后勤保障不足，很快会出现粮食短缺；夏天快到了，众所周知，日耳曼人受不了意大利酷热的天气。而奥托一方的优势很明显：已经占据了潘诺尼亚、摩西亚等东方行省，拥有庞大的军队；奥托有意大利和罗马支持，能以元老院的名义发号施令，这在任何时候都很重要；奥托钱财充盈，同时士兵已适应了意大利的气候。同普拉森舍一样，波河防线易守难攻。此外，来自伊利里亚的援军也能很快加入。经过分析以后，包括马略·塞尔苏斯和安尼乌斯·加卢斯在内的所有人都建议奥托采取拖延战术。但奥托认为应速战速决，他的哥哥提蒂亚努斯（奥托授予他总指挥权）和禁卫军长官李锡尼·普罗库卢斯虽无作战经验，却善于曲意奉迎之能事，赞成奥托的想法。将军们便不再反对了。接着，有人问奥托要不要亲征。保利努斯和马略·塞尔苏斯没有发表意见，其他人则认为奥托应该回到布雷西亚，因为皇帝的安全最重要，国不可一日无君。其实这个方案非常糟糕，因为奥托带走了最精良的军队。此外，士兵只相信奥托，根本不信任提蒂亚努斯和李锡尼·普罗库卢斯等人。于是，军队的士气一落千丈。

在维特利乌斯这边，法比尤斯·瓦林斯和凯基纳·阿列安努斯设法了解到奥托军营里发生的一切后，便在波河上集船为桥，仿佛是要赶走奥托的角斗士军队。就在他们筑桥时，奥托的军队从贝德里亚库姆出发，行军四英里后安营扎寨。由于指挥官在扎营时缺乏选址经验，当时已经是春天了，虽然周围溪流众多，但士兵饱受无饮用水之苦。马略·塞尔苏斯和保利努斯只是名义上的将军，他们的意见从未被采纳。提蒂亚努斯和李锡尼·普罗库卢斯不顾两位将军的一再劝谏，在得到奥托的许可下，决定拔寨启程，向十六英里外的波河和阿达河交汇处进军。

当凯基纳·阿列安努斯正观察集船为桥的进展时,线报说奥托的军队正在逼近。凯基纳·阿列安努斯急忙返回军营,发现法比尤斯·瓦林斯的军队已经整装待发了。很快,法比尤斯·瓦林斯的骑兵开路,向奥托的军队冲去,却被击退。由于丛林茂密,法比尤斯·瓦林斯的军队隐蔽在丛林中冷静观察,沉着应对。奥托的军队一时乱了阵形,军队行进在两侧都有壕沟的道路上,辎重、随从与士兵等混在一起,乱作一团。这时,军中谣言四起,说奥托的军队已经向维特利乌斯的军队投降。因此,再看到维特利乌斯的士兵时,奥托的士兵像看到朋友一样表现得很友善,但他们很快意识到自己犯了大错。随后双方发生了激烈的战斗,奥托的军队最终溃不成军,被赶进自己的军营。当晚,维特利乌斯的军队占据了有利的位置,距离奥托军队的营地不到一英里。此时,奥托的禁卫军还没有丧失信心,宣称奥托的军队之前并没有战败,只是受到了蛊惑。禁卫军仍然热情高涨,坚持继续战斗。然而,第二天早上醒来后,奥托的禁卫军派代表前去向维特利乌斯求和,维特利乌斯爽快地同意了。最终,奥托的军队归入了维特利乌斯的军队。

在贝德里亚库姆战败的消息传到布雷西亚,驻扎在这里的军队并没有气馁,士兵们鼓励奥托继续作战。在阿奎莱亚的摩西亚军队特使也向奥托保证,摩西亚军队决心拥护他,但奥托决定通过自我了断来结束皇位争夺战。奥托慷慨激昂地说,不能因为自己而不顾这些英勇士兵的性命。他坚持要保障大家的安全,并且给大家分发了钱财。奥托还烧掉了那些说维特利乌斯坏话的信,以免它们落到维特利乌斯手里给大家带来危险或伤害。晚上,奥托回到自己的卧室,拿出两把匕首,试了试刀刃,把其中一把放在枕头下面,平静地度过了当天夜晚。当他醒来时,天已大亮,他拿起匕首向自己的胸膛刺去。奥托的获释奴隶和朋友听到他发出的呻吟声后,马上闯了进去,但为时已晚,奥托已停止了呼吸。大家草草办了奥托的葬礼,这是他生前一再要求的,以免他的头被砍掉后受到凌辱。一些士兵在火葬奥托的地方自刎。在贝德里亚库姆、普拉森舍及其他地方，许多人纷纷效仿，通过自杀的方式来表示对奥托的忠心。

维特利乌斯
公元69年至公元70年

谷神节庆典期间，奥托身亡的消息传到了罗马。当时的罗马市政官是弗拉维乌斯·萨宾努斯。他要求罗马士兵宣誓效忠维特利乌斯，并在举行庆典的剧院宣布了这一命令。观众欢呼呐喊，一致表示支持维特利乌斯。然后，士兵和罗马公民带着饰有月桂和鲜花的维特利乌斯画像，涌向神殿周围。元老院立刻将各种荣誉和头衔授予了维特利乌斯，并投票表达了对日耳曼行省军队的感激之情。

维特利乌斯就这样一举成为罗马帝国的皇帝。维特利乌斯的父亲是卢修斯·维特利乌斯——一位卡利古拉和克劳狄时期最卑鄙的谄媚者。维特利乌斯早年陪同提比略居住在淫乐之地卡普里岛。他因为擅长赛车而深得卡利古拉的欢心，又因骰子掷得好而受到克劳狄皇帝的喜爱。他还能时时对尼禄疯狂的舞台表演做到恰如其分的溜须拍马，受到皇帝的青睐。但维特利乌斯最"出类拔萃"的本领是暴饮暴食。当初派人去下日耳曼管理军队时，加尔巴一眼就选中了他，理由是：一个一心只惦记吃的人又有什么可担心的呢[①]？

维特利乌斯在高卢征集援军时听到了贝德里亚库姆胜利的消息。他在卢格杜努姆会见了自己的将军和奥托的降将。在奥托的降将中，保利努斯和李锡尼·普罗库卢斯由于自己的"叛国行为"实际上帮了维特利乌斯，所以这两位将军没有被处罚；提蒂亚努斯因与奥托的兄弟情谊而被宽恕；马略·塞尔苏斯甚至官复原职，继续担任执政官。但那些坚定支持奥托的百夫长被处死——这一奖

---

① 言外之意是维特利乌斯不会谋权篡位。——原注

惩举措很容易离间伊利里亚的军队。总体来说，维特利乌斯没有表现出过分的残忍和贪婪。维特利乌斯最严重的问题是，他是一个贪食者，罗马帝国的财富似乎满足不了他的饮食需求。这时，整个意大利北部遭到了奥托余部的蹂躏，这些士兵根本不把长官放在眼里，烧杀劫掠，恣意妄为。这些士兵仍抱着忠于奥托的念头，其言语行为，处处透着桀骜不驯。这部分军队属于罗马帝国的第十四军团，最不服管教，动辄制造动乱，尼禄当年就下令将其召回，并遣返了军中的指挥官。目前，维特利乌斯的做法是下令将这支残余军队调遣到不列颠岛。罗马帝国的其他城市同样不太平，在提西努姆，几乎是当着维特利乌斯的面，罗马军团和辅助军队发生了内讧。维特利乌斯费了九牛二虎之力才将骚乱平息。最后，驻扎在提西努姆的巴达维亚军队被遣送回日耳曼——这一做法给维特利乌斯后来的统治带来了灾难。

维特利乌斯从提西努姆前往克雷莫纳。在这里，他观看了凯基纳·阿列安努斯举办的一场角斗士表演。之后，他参观了贝德里亚库姆战场，看到了遍地尚未被掩埋的尸体。他又来到了博洛尼亚，观看了法比尤斯·瓦林斯举办的另一场角斗士表演。然后，维特利乌斯动身前往罗马。他这一路轻松愉悦，却苦了罗马公民。途中他要求众多扈从伴其左右，耗费了大量人力和财力。前方开路的有六万人，还有更多的将士紧随其后。维特利乌斯一行浩浩荡荡地抵达了罗马。元老、骑士、罗马公民等倾城而出，前去迎接。维特利乌斯打算身着戎装，以征服者的姿态进入罗马。但在朋友的建议下，他改穿一身镶紫红边的白袍官服。进城仪式开始了，四个军团的鹰旗被安排在队伍前面，各色军旗置于四周，步兵、骑兵和辅助军队士兵紧随其后。一切井然有序，蔚为壮观。维特利乌斯登上朱庇特神殿，在这里，他拥抱了自己的母亲——一位能培养出皇帝的母亲，并授予她"奥古斯塔"称号。

据说，维特利乌斯在公元69年7月18日就职大祭司是不祥的征兆。在罗马历史上，7月18日这一天，克雷莫拉和阿利亚发生的大灾难[①]在罗马人的心中挥之不去。维特利乌斯装出一副谦谦君子的样子，拒绝奥古斯都头衔。他以普通元老的身份参加元老院会议，还陪同朋友争取选票，帮他们竞选执政官。然而，这些迎合罗马公民装腔作势的姿态掩饰不了他的罪恶。维特利乌斯暴饮暴食的恶习越来越无法控制。他每天吃三四顿豪华大餐——最便宜的一餐也要四十万赛斯特斯。为此，他还准备了催吐剂。最有名的一次宴会是维特利乌斯的弟弟卢修斯·维特利乌斯为他准备的，据说，这次宴会精挑细选了两千条鲜鱼和七千只珍禽。除了贪吃，维特利乌斯还沉迷于各种竞技游乐。娱乐广场、剧院和圆形竞技场都是他常去之所。此外，维特利乌斯还公开向尼禄的灵位献祭，好像他要效仿尼禄，让人们惧怕他。像前面的几任皇帝一样，维特利乌斯也受到一个获释奴隶的操控。他叫阿西阿提库斯。阿西阿提库斯残忍、贪婪、邪恶，比起克劳狄、尼禄时期的获释奴隶，有过之而无不及。凯基纳·阿列安努斯和法比尤斯·瓦林斯这两位将军同样为所欲为。他们各自心怀鬼胎，前者觊觎权力，后者渴望金钱。总而言之，历史学家塔西佗评述道："这个时候的罗马官员，没有人是通过个人价值或做事的能力来加官晋爵的，获取晋升的唯一方式是通过奢华的宴会、高额的消费及花天酒地的放纵生活，来满足维特利乌斯贪得无厌的欲望。"塔西佗还补充道，在维特利乌斯统治的短短几个月内，用于大吃大喝的费用竟高达九亿赛斯特斯。

　　此时，罗马的士兵几乎不受任何约束。他们在欺压罗马公民方面越来越张狂，而保家卫国的战斗力却越来越羸弱——无论是士兵放荡的生活，还是罗马散发恶臭的空气，抑或培植腐败的土壤，都显示出军队战斗力每况愈下的迹象。罗马帝国新建了十六个禁卫军军团和四个城市步兵军团（原来的军团士兵可以自愿加入这些新军团），但这样的军团的战斗力已今非昔比。

---

① 罗历276年（公元前477年）的克雷莫拉战役摧毁了法比家族，而罗历364年（公元前389年）的阿利亚战役中，罗马军团被布伦努斯人和高卢人打败。——原注

●韦斯巴芗

维特利乌斯并没有快活太久。很快有消息传来,东方各行省的军队不会屈从于日耳曼的军队强加给罗马帝国的皇帝。叙利亚行省有四个罗马军团,其中一个罗马军团的指挥官是李锡尼·穆奇阿努斯。他同时担任叙利亚行省的总督。其他三个军团由韦斯巴芗指挥。在过去的三年,韦斯巴芗率领一个军团一直在同反叛的犹太人作战,现在,战争已接近尾声。此外,埃及总督提比略·亚历山大麾下两个军团的士兵也听从韦斯巴芗的指挥。加尔巴称帝时,韦斯巴芗把儿子提图斯送回罗马,以示拥护他。但听到加尔巴遭到谋杀的消息后,提图斯就中途停了下来,以免自己会被奥托或维特利乌斯挟持为人质。之后,奥托称帝,东方各省的军队宣誓效忠,韦斯巴芗的军队也无异议。维特利乌斯登上皇帝宝座时,韦斯巴芗带头号召军队向维特利乌斯表示效忠,但这次将士们陷入了长久的沉默。韦斯巴芗心里一动——他开始考虑自己是否可以借机登上皇位。韦斯巴芗充分相信李锡尼·穆奇阿努斯和提比略·亚历山大必定会助他实现帝王梦。此时，第三军团已从叙利亚撤出，现在驻扎在摩西亚。他确信第三军团是忠诚的，而驻扎在伊利里亚的军队他也有信心争取过来。与此同时，韦斯巴芗考虑了日耳曼军队的实力。日耳曼军队的情况他还是比较熟悉的。他知道日耳曼军队的实力远在东方各省军队实力之上。另外，韦斯巴芗还在考虑自己会不会遭到暗杀，克劳狄时期的卡米卢斯就出现过这种情况。

韦斯巴芗的副将和下属将领不停地鼓动他要有所为。李锡尼·穆奇阿努斯无论是在私下还是在公开场合，都撺掇他"大展宏图"。韦斯巴芗的意志也受到许多预兆和预言的影响。最终，他决定冒险一试，成王败寇在此一举。为了做好充分的准备，韦斯巴芗去了犹地亚行省的恺撒利亚，而李锡尼·穆奇阿努斯则回到叙利亚首府安条克。然而，公元69年7月1日，在亚历山德里亚，韦斯巴芗第一次被宣布成为皇帝，提比略·亚历山大总督让埃及军团宣誓效忠韦斯巴芗。两天后，在恺撒利亚的韦斯巴芗刚走出自己的房间，附近的一部分士兵便向他行皇帝大礼，其余的人则高呼"恺撒""奥古斯都"和其他皇帝的称号。至此，韦斯巴芗不再推辞，心安理得地接受了这一荣誉。此时，李锡尼·穆奇阿努斯把叙利亚军队带到了安条克，主要是向叙利亚士兵证明，如果他不这样做，维特利乌斯会用日耳曼军团取代他们，并会把他们调到北方的冰天雪地。附近几个同盟城邦的首领，诸如苏赫穆斯、安条奥库斯和希律亚基帕二世等，纷纷表示愿意与韦斯巴芗结盟，并且在贝里图斯召开会议，讨论最佳作战方案。

贝里图斯会议的商讨结果是：尽一切努力筹集钱财和各种物资；派大使到帕提亚和亚美尼亚，确保当地局势稳定；提图斯留在犹地亚作战；韦斯巴芗本人留在埃及，确保埃及万无一失；李锡尼·穆奇阿努斯率领部分军队去攻打维特利乌斯；写信给帝国所有军队的督军，采取一切必要手段，发动那些被解散的禁卫军一起为韦斯巴芗的事业而战斗。

于是，李锡尼·穆奇阿努斯立刻率领一支轻骑部队作为开路先锋，另一支大部队由于人数较多，行军速度较慢，暂时落在后面。李锡尼·穆奇阿努斯命令本都的船队到拜占庭与他会合，因为他不确定是穿过摩西亚前往目的地，还是直接从底拉西乌姆行军到布伦迪西乌姆或他林敦。然而，伊利里亚军队发生的事情最终改变了李锡尼·穆奇阿努斯的行军路线。摩西亚共有三个军团，其中第三军团抵达了阿奎莱亚，本打算加入奥托的军队，但在途中得知了奥托身亡的消息，便暂时停了下来，这时来了一些军官，要求第三军团投降维特利乌斯。但第三军团的士兵把军官发给他们的旗撕得粉碎（旗上绣有维特利乌斯的名字），还索性收缴并分发了公共钱财。第三军团率先做出了榜样，表示支持韦斯巴芗。第三军团的将领还写信给驻扎在潘诺尼亚的罗马军队，邀请其加入韦斯巴芗的队伍，否则就将成为不共戴天的敌人。潘诺尼亚共有两个军团的兵力。士兵们曾跟随奥托在贝德里亚库姆打过仗。现在，潘诺尼亚的士兵急于洗去战败的耻辱，很容易受到引诱而站到韦斯巴芗这一边。他们在军团指挥官安东尼·普里穆斯的带领下接受了第三军团的邀请。这样一来，摩西亚的第三军团就与驻扎在潘诺尼亚的罗马军队合二为一。在这样的背景下，诱使达尔马提亚的军队加入韦斯巴芗的阵营已变得轻而易举。

摩西亚总督阿波尼乌斯·萨图尼努斯将叛乱的消息报告给了维特利乌斯。维特利乌斯表面假装不以为意，背后却向日耳曼行省、西班牙行省和不列颠行省寻求援助。最后，当叛乱闹得满城风雨、人尽皆知的时候，维特利乌斯命令凯基纳·阿列安努斯和法比尤斯·瓦林斯准备开战。由于法比尤斯·瓦林斯身体不适，凯基纳·阿列安努斯成了这次出征的唯一指挥官。凯基纳·阿列安努斯率军从罗马出发，但现在，维特利乌斯的日耳曼军团的情况已今非昔比。在罗马几个星期养尊处优的生活使日耳曼军团军纪松弛、军心涣散。维特利乌斯的军队奉命前往克雷莫纳和奥斯蒂利亚，凯基纳·阿列安努斯亲自前往拉韦纳，与那里的船队指挥官卢基里乌斯·巴苏斯商议，然后前往伯杜瓦，观察事态的发展。

此时，拥护韦斯巴芗的将军就最佳作战方案进行了协商。有些人只主张夺取潘诺尼亚的阿尔卑斯山，然后等待援军到来。但安东尼·普里穆斯极力主张立即进军意大利，以免维特利乌斯获得重整旗鼓的时间，拉拢高卢、西班牙和不列颠的军队。最终，安东尼·普里穆斯的意见得到多数人的支持。安东尼·普里穆斯得知摩西亚总督阿波尼乌斯·萨图尼努斯已表示拥护韦斯巴芗，就写信劝他赶快率军前来。由于罗马军团撤离，摩西亚一带防务空虚，为了使罗马各行省免遭蛮族袭击，罗马帝国的同盟城邦萨尔马提亚的首领贾齐格斯与苏维汇的首领西多和伊塔利库斯结盟。随后，支持韦斯巴芗的各路军队在波河平原集中，将军们开始为作战阵地的选择而争论不休。韦斯巴芗下令军队驻扎在阿奎莱亚，等待李锡尼·穆奇阿努斯的到来。韦斯巴芗因为已经占领了埃及，控制了意大利粮食的供应，所以希望通过断钱断粮的方法迫使维特利乌斯就范，从而达到不战而屈人之兵的效果。另外，李锡尼·穆奇阿努斯担心被别人抢功，接连写了好几封信给韦斯巴芗，请求由他来统率征伐大军。但集中在波河平原的军队已经决定向维罗纳进攻，并且决定在行军途中占领维琴察。

　　凯基纳·阿列安努斯在奥斯蒂利亚附近占据了有利的位置，这里是一个叫维罗纳的村庄，后面有河流，两侧是沼泽。韦斯巴芗拥有两个军团，几天前阿波尼乌斯·萨图尼努斯又带来一个军团，即使如此，凯基纳·阿列安努斯的军队在人数上也占有很大的优势。但凯基纳·阿列安努斯军队的战斗力较弱。于是，他选择谈判而不是战斗。不久，韦斯巴芗的军队又加入了两个军团，现在准备进攻维罗纳。就在这时，韦斯巴芗的军队内部发生了暴动。阿波尼乌斯·萨图尼努斯和驻扎在潘诺尼亚的罗马军队中的安佩乌斯·弗拉维阿努斯被指控叛变，不得不逃命求生。于是，安东尼·普里穆斯成了韦斯巴芗军队唯一的指挥官。有人怀疑是安东尼·普里穆斯为了夺取军中大权而故意煽动叛乱。

　　卢基里乌斯·巴苏斯企图诱使拉韦纳船队支持韦斯巴芗，但他被自己的属下逮捕并送到了阿德里亚监狱。凯基纳·阿列安努斯与韦斯巴芗的军队签订了一项秘密协议,成功诱使部下投降、支持韦斯巴芗。但不久,这些部下又反悔了。他们抓住凯基纳·阿列安努斯,将他五花大绑,然后前往克雷莫纳。

法比尤斯·瓦林斯是一位出色的军事统帅,对维特利乌斯忠心耿耿。安东尼·普里穆斯猜测法比尤斯·瓦林斯不久就会代替凯基纳·阿列安努斯来掌管维特利乌斯的全军。于是,安东尼·普里穆斯迅速做出了决定:暂时放弃维罗纳,进军克雷莫纳,大军在贝德里亚库姆安营扎寨。安东尼·普里穆斯一方面命令军团构筑防御工事,另一方面派辅助军队去克雷莫纳掠夺财物。安东尼·普里穆斯自己率领四千骑兵,朝克雷莫纳的方向前行了八英里。接近中午时,克雷莫纳城内接到探报,说安东尼·普里穆斯兵临城下。这时,一支人马从克雷莫纳城中冲出,为首的将领是阿里乌斯·瓦鲁斯。阿里乌斯·瓦鲁斯一马当先,左冲右撞,厮杀一番,但还是不敌安东尼·普里穆斯的军队,只得且战且退。不久,克雷莫纳城又派出新的援兵,勇不可当,安东尼·普里穆斯败退。但在败退的过程中,安东尼·普里穆斯重新排兵布阵,进行了有效的反击,歼灭了追击的先头部队。不仅如此,安东尼·普里穆斯还将敌军引入两个包围圈,此地距离克雷莫纳四英里。维普斯塔努斯·梅萨拉率领摩西亚的辅助军队前来接应安东尼·普里穆斯。最后,维特利乌斯的军队逃回克雷莫纳。

夜幕降临,韦斯巴芗的增援部队全部赶到克雷莫纳附近的交战地点。士兵们看到尸横遍野,以为韦斯巴芗的军队已无力回天,便提议趁此机会洗劫克雷莫纳。他们相信不会有人反对,即使安东尼·普里穆斯也不会有意见。正在众人摩拳擦掌之时,派出的骑兵探子回来禀报说,奥斯蒂利亚的军队已经与克雷莫纳守城部队会合,维特利乌斯的军队现在全部集中在克雷莫纳。获得这一情报后,韦斯巴芗的士兵打消了洗劫克雷莫纳城的念头,乖乖服从将军的安排。虽然天色越来越暗,安东尼·普里穆斯还是积极备战,有序排兵布阵,并且在交通要道和大路两侧做了重点布控。

维特利乌斯的军队现在缺少指挥官,但士兵信心十足,认为己方实力足够强大,因此不愿在城中束手待毙。他们认为韦斯巴芗的军队劳师远征,饥寒交迫,疲惫不堪,如果此时发动袭击,正好可以一举歼灭。大约在21时,维特利乌斯的军队突然发动袭击。然而,韦斯巴芗的军队严阵以待,早已做好了迎战的准备。双方的冲突时断时续了一整夜。维特利乌斯的军队把全部弩弓推到大路上,对准韦斯巴芗的军队进行了一番大规模的射击,其中第十五军团的巨型"弩弓"威力最大。韦斯巴芗的军队一时处于下风。这时,韦斯巴芗的军中窜出两个勇敢的士兵,捡起地上敌人的盾牌,奋不顾身地冲上前去。这两个士兵成功地斩断了弩弓的弦,弩弓顿时失去了作用,但他们也丢掉了自己的性命。月亮终于在韦斯巴芗士兵身后升起,拉长了他们的影子。借着月光他们清楚地看到了敌人。维特利乌斯的军队现在处于明显的劣势。当太阳升起时,有人看到有第三支军队在向太阳神致敬(叙利亚士兵的传统)。交战双方很快就得到消息,原来是李锡尼·穆奇阿努斯率领大军赶到。李锡尼·穆奇阿努斯的士兵同安东尼·普里穆斯的士兵正在相互致敬和打招呼。安东尼·普里穆斯利用这个好消息,振奋士气,对维特利乌斯组织松散的军队进行了一次猛烈的攻击。维特利乌斯的军队很快溃不成军,向克雷莫纳逃去。韦斯巴芗的军队紧随其后,乘胜追击。韦斯巴芗的士兵逼近城下时,发现有一条难以逾越的障碍。他们始料未及。维特利乌斯的日耳曼军队进入意大利后,就在克雷莫纳构筑了坚固的防御工事,使防御能力得到大大提升。现在,韦斯巴芗的军队有三个选择:第一,一举攻占克雷莫纳;第二,率军返回贝德里亚库姆;第三,面对劲敌,冒险在城外安营扎寨。最终,韦斯巴芗的将士决定冒险拿下克雷莫纳。他们向克雷莫纳的城门、堡垒发起猛烈的进攻。战斗受挫、士气低落时,军中一名指挥(有人认为是安东尼·普里穆斯)指着克雷莫纳,说谁先攻下克雷莫纳,谁就是克雷莫纳的主人。重赏之下必有勇夫,激励措施终于有了回报。经过十次冲锋,他们终于攻陷了一个城门。士兵蜂拥而入,很快就占领了维特利乌斯的军队营地。在向城内逃跑过程中,维特利乌斯的军队被屠杀者不计其数。据说,在这次和前几次战斗中,维特利乌斯的军队的损失已经超过三万人，而韦斯巴芗军队的损失仅四千五百人。

克雷莫纳城墙高大，城门坚固，塔楼林立，这是一座易守难攻的城池。城中人口众多，当时正值集市，各地商贾云集于此。韦斯巴芗的军队正是看中了这点，认为此时抢劫有利可图。抢劫一开始，被抢者进行了激烈的抵抗，但到后来逐渐失去了斗志，维特利乌斯的将军开始考虑，如果克雷莫纳在强攻下沦陷，将再无立足之地。于是，他们决定释放凯基纳·阿列安努斯，请他做中间调解人。此外，他们降下维特利乌斯的军旗，在四周墙壁写上"乞降""服从"的口号。见此情形，安东尼·普里穆斯命令士兵停止屠杀，维特利乌斯的军队按着投降的仪式列队而出。起初，韦斯巴芗的军队对降兵冷嘲热讽，极尽侮辱，而降兵表现得无比卑微。真的难以想象，就在数月前他们还是贝德里亚库姆的胜利之师，韦斯巴芗的士兵不由心生同情。但当凯基纳·阿列安努斯带着执政官的旗子出现时，韦斯巴芗的士兵怒不可遏。安东尼·普里穆斯本想救凯基纳·阿列安努斯一命，但心有余而力不足。

安东尼·普里穆斯要么不能要么不想拯救克雷莫纳。四万名士兵和更多随军流动的平民纷纷涌入克雷莫纳。城中正在经历沦陷后一系列司空见惯的暴行：谋杀、强奸、抢劫、酷刑。此时又燃起大火。火势绵延不绝，连烧四天。最后，这个繁荣的城市只剩下一座没有大门的神殿，孤零零地矗立在那里，来证明克雷莫纳曾经的存在。

此时，在罗马的维特利乌斯一心只想着放纵快活。维特利乌斯派出的法比尤斯·瓦林斯带着一群侍女和宦官，一路上悠闲地奔赴战场。半路上，法比尤斯·瓦林斯听说了凯基纳·阿列安努斯和卢基里乌斯·巴苏斯的背叛，但他并没有快马加鞭赶到克雷莫纳去增援，也没有做其他方面的努力，而是仍然悠闲自得，一心只想着勾引维特利乌斯的妻女。法比尤斯·瓦林斯率领人马先退回到翁布里亚，然后又去了埃特鲁里亚。此时，他听到了克雷莫纳沦陷的消息，便找来一些船，乘船到纳博讷高卢，去煽动那里的高卢人和日耳曼人反抗。但法比尤斯·瓦林斯的计划泡汤了,船被风暴吹到马萨利亚附近的小岛上。他被韦斯巴芗派来追捕的船逮个正着。

到目前为止,亚平宁山脉以北和以东的整个意大利都在韦斯巴芗的控制下。随着冬天的临近,波河开始泛滥,安东尼·普里穆斯决定不再拖延战事。他把伤员和部分部队留在维罗纳,自己率领其余部队向法诺挺进。维特利乌斯派了十四个禁卫军军团和所有骑兵去守卫亚平宁山脉各个要塞,将保卫罗马的任务交给自己的弟弟卢修斯·维特利乌斯和其余的禁卫军。几年来,维特利乌斯只忙着一些无用之事,诸如减免岁贡、授予豁免权、任命执政官等。这时,军队坚持要维特利乌斯亲征。他只好中断了饕餮之宴。维特利乌斯带着一大帮元老来到麦瓦尼亚,但他对军事一无所知,每日只知酗酒寻欢,这充分证明了他的不称职。亚平宁山脉另一侧的韦斯巴芗军队,由于受到恶劣天气和物资短缺的影响而深陷窘境,但维特利乌斯没有率军乘机越过亚平宁山脉发动袭击。这样一来,他不仅错失了良机,还暴露了自己的军队。这时,米塞卢姆船队叛乱的消息传来,维特利乌斯借机返回罗马。回到罗马后,维特利乌斯得知,波佐利和其他城镇也加入了叛乱的队伍。维特利乌斯派军官前去平叛,但派出的军官很快也宣布支持韦斯巴芗,还占领了泰拉奇纳。

维特利乌斯离开麦瓦尼亚的行为实在可耻。当地的萨贝利人转而大胆支持韦斯巴芗。虽然天气恶劣,积雪很深,安东尼·普里穆斯还是翻越了亚平宁山脉——要不是因为维特利乌斯贪生怕死,安东尼·普里穆斯也许永远也不会翻越亚平宁山脉。安东尼·普里穆斯率领大军继续前进。路上,他遇到了佩提利乌斯·塞利亚雷斯。佩提利乌斯·塞利亚雷斯是韦斯巴芗的亲戚,也是一名军官,之前被抓去做了俘虏,后来扮成农民逃了出来。佩提利乌斯·塞利亚雷斯加入安东尼·普里穆斯的军队并参与指挥。安东尼·普里穆斯率军驻扎在卡苏莱。该地距离维特利乌斯的军营不到十英里。在卡苏莱,安东尼·普里穆斯的军队与维罗纳的军队会合。维特利乌斯的军队中出现了逃兵。这时,法比尤斯·瓦林斯的首级也被献上——他在乌尔比诺被杀死。维特利乌斯的军队放弃了最后的希望，转而效忠韦斯巴芗。这时，韦斯巴芗的将军们不断给维特利乌斯传达消息，说只要他放弃反抗，就能获得高官厚禄和坎帕尼亚的地盘。李锡尼·穆奇阿努斯亲自向他传达了同样的消息。因此，维特利乌斯开始考虑到底到哪个地方比较合适自己居住及应该得到多少奴隶。正如塔西佗所说："维特利乌斯是一个如此麻木不仁的人，如果别人不记得他是皇帝，他也会忘记自己是皇帝。"

当时罗马的市政官是韦斯巴芗的哥哥弗拉维乌斯·萨宾努斯。一段时间以来，轮番登上帝位的皇帝都在执行比较开明和审慎的政策——饶恕竞争者的家眷，其中，奥托就是典型的例子。韦斯巴芗的小儿子图密善当时也在罗马，并没有受到伤害。弗拉维乌斯·萨宾努斯的几个主要亲信极力建议他担任罗马的步兵大队队长和巡夜营的队长，培养自己的奴隶，帮助韦斯巴芗夺取罗马。但弗拉维乌斯·萨宾努斯性情温和，不愿看到流血冲突发生，更喜欢用谈判的方式解决问题。他和维特利乌斯私下见了几次面，最终在阿波罗神殿达成了协议，当时似乎还有两名证人在场。维特利乌斯的朋友听说此事后，想方设法让他撕毁协议，但没有成功。公元69年12月18日，纳尼亚军队起义的消息传来了。维特利乌斯走出宫殿，穿着一身黑色衣服，带着年幼的儿子坐上肩舆，来到罗马大广场。他向罗马公民和士兵宣称自己要退位，自己的家人也托付给他们，他表示这样做是为了罗马和平与国家大业。然后，为了表达退位的决心，他从腰间解下一把匕首，递给执政官，但执政官拒绝接受匕首。接着，他朝康考迪亚神殿走去，把军旗置于神殿。然后，维特利乌斯想回到隔壁卢修斯·维特利乌斯的房子，但罗马公民和日耳曼士兵挡住了他的去路，并强烈要求他返回自己的宫殿。

弗拉维乌斯·萨宾努斯的主要将士在得知维特利乌斯退位后，就前往弗拉维乌斯·萨宾努斯的家，步兵大队和巡夜营将士也都来到他家。后来，弗拉维乌斯·萨宾努斯的主要将士又听说了罗马公民和日耳曼军队的所作所为，对这些人深感失望，于是决定诉诸武力。很快，弗拉维乌斯·萨宾努斯等人就和维特利乌斯的军队进行了一次小规模的战斗,但弗拉维乌斯·萨宾努斯等人不堪一击,落荒而逃。弗拉维乌斯·萨宾努斯带领士兵、骑士和元老败退到朱庇特神殿。夜间,趁着维特利乌斯的守卫放松警惕,弗拉维乌斯·萨宾努斯把自己的孩子和侄儿图密善一同带到朱庇特神殿。同时,他还派人向韦斯巴芗汇报了这里发生的情况。

天一亮,弗拉维乌斯·萨宾努斯就派了一个百夫长指责维特利乌斯背信弃义,没有履行约定。维特利乌斯试图为自己开脱,声称他无权约束士兵。维特利乌斯的士兵对百夫长群起而攻之,百夫长只好退到大殿后面躲避攻击。百夫长边战边退,刚退到朱庇特神殿时,就发现维特利乌斯的士兵攻上来了。他们用火把攻击神殿的门廊。为了阻挡维特利乌斯士兵的进攻,弗拉维乌斯·萨宾努斯命令士兵将殿内雕像全部推倒,堆在门后作为门障。维特利乌斯的士兵则从各个方向发动进攻,特别是对神殿的庇护所发动了猛攻。朱庇特神殿被笼罩在一片火海中,但点燃大火之人究竟是围攻者还是被围者,这一点无法确定。罗马保护神的神殿就这样在内战的骚乱中再次被毁。维特利乌斯的士兵不惧怕大火,冲进神殿。弗拉维乌斯·萨宾努斯的士兵中反抗者不多,但大部分成功地逃了出来。图密善被神殿的看护者藏了起来。第二天,图密善伪装成伊希斯①的执事逃走了。弗拉维乌斯·萨宾努斯和执政官阿提库斯沦为俘虏,被带到维特利乌斯面前。维特利乌斯想救下弗拉维乌斯·萨宾努斯,但心有余而力不足,只能眼睁睁地看着弗拉维乌斯·萨宾努斯被杀掉。阿提库斯声称自己烧了朱庇特神殿,从而得以幸免。

韦斯巴芗的军队正在奥特里库卢姆行"农神节"庆典,这时听说了罗马发生的一连串事件。佩提利乌斯·塞利亚雷斯立刻率领一千名骑兵,沿着萨拉里亚大道直奔罗马,而安东尼·普里穆斯则率领其余部队沿着弗莱明大道包抄罗马。夜幕降临时,韦斯巴芗的军队来到萨沙鲁布拉。安东尼·普里穆斯此时得知了朱

---

① 伊希斯,古埃及神话中的生育女神。她被敬奉为理想的母亲和妻子,同时是自然和魔法的守护神。——译者注

庇特神殿被烧毁和弗拉维乌斯·萨宾努斯被杀的消息。佩提利乌斯·塞利亚雷斯率领的军队一接近罗马城，就遭到反击。佩提利乌斯·塞利亚雷斯兵败退到费德内。罗马城中的公民兴高采烈，为城中军队取得的胜利而欢欣鼓舞，拿起武器准备为维特利乌斯而战。维特利乌斯对罗马公民的热情表示感谢，但他更愿意通过和谈而不是武力解决问题。他派代表去见佩提利乌斯·塞利亚雷斯和安东尼·普里穆斯，还让维斯塔贞女把自己的亲笔信带给安东尼·普里穆斯。安东尼·普里穆斯给予维斯塔贞女应有的尊重，但弗拉维乌斯·萨宾努斯的死亡和朱庇特神殿被毁使和谈化为泡影。

安东尼·普里穆斯想让军队在米尔维奥桥停留一天，稍做休整，但将士们更愿一鼓作气占领罗马城。他们兵分三路，沿着台伯河、萨拉里亚大道和弗莱明大道进攻罗马城。维特利乌斯的军队全面出击，奋起反抗。虽然维特利乌斯的将士英勇作战，也取得了一些局部胜利，但幸运之神最终眷顾了韦斯巴芗这一方。双方打得不可开交之时，罗马的大部分公民都袖手旁观，好像在观赏竞技场上的比赛，并为获胜者欢呼。对于那些逃跑藏匿的士兵，公民一点儿也不手软，要求将他们拖出来杀掉。另外，城中的公民还不失时机地抢劫死亡士兵身上的钱财。战斗打响时，罗马城的不同地方呈现出迥异的场景：在一些地方，只见刀光剑影、杀声震天；而另外一些地方，歌舞升平、灯红酒绿的日常生活仍在继续，浴场和酒馆里挤满了访客。罗马的禁卫军营地是战斗最激烈的地方。维特利乌斯的禁卫军为了挽回尊严，奋力收复营地。而韦斯巴芗的士兵则坚守阵地，宁死不屈。双方动用了各种各样的攻防器械。最终，维特利乌斯的守军被撕开一个缺口，全部被屠杀。

城陷后，维特利乌斯乘坐一顶肩舆去了阿文提诺山自己妻子的家，他打算在夜里偷偷溜到卢修斯·维特利乌斯控制的泰拉奇纳。但维特利乌斯忽然改变了主意，回到了自己的宫殿。然而，这里已空无一人。维特利乌斯失魂落魄、漫无目的地在宫中游荡。后来，他躲进一间屋子里，藏到床下，用被褥盖好自己。韦斯巴芍的一名军官发现了维特利乌斯，把他从床下拖了出来。维特利乌斯的双手被反绑在身后，脖子被套上绳索，他的长袍也被撕破了，下巴下的一把短剑使他不得不抬起头来。维特利乌斯就这样被牵着沿"圣道"游街。一路上，有人辱骂他，有人向他身上投掷石块。最后，到了杰摩尼亚台阶，维特利乌斯被砍了脑袋，尸体被扔进了台伯河。

第2章

弗拉维王朝
（公元70年至公元96年）

精彩看点

罗马帝国大事——日耳曼战争——占领和摧毁耶路撒冷——提图斯回到罗马——韦斯巴芗——韦斯巴芗执政的特点——韦斯巴芗之死——提图斯的性格及其统治——提图斯之死——图密善的性格——征服不列颠——达契亚战争——图密善之死——文学概况

韦斯巴芗
公元70年至公元96年

维特利乌斯之死宣告了罗马内战的终结,但罗马帝国仍未恢复安宁,罗马城内一片狼藉,满目疮痍。这时,韦斯巴芗的军队乘胜追击,四处追杀维特利乌斯的残余势力。韦斯巴芗的军队所到之处被洗劫一空,如果遇到反抗则格杀勿论。一时间,哭声震天,怨声载道。士兵恣意妄为,恶行泛滥,将领们也无力约束他们。然而,不久后,维特利乌斯的弟弟小卢修斯·维特利乌斯率军进逼罗马。驻扎在博维利和阿里西亚两地的军队奉命迎敌。卢修斯·维特利乌斯的军队不堪一击,一触即败,随即缴械投降,卢修斯·维特利乌斯被带回罗马处死。他的朋友也难逃厄运,包括前文提及的获释奴隶阿西阿提库斯。被清算的人中,还有尼禄时代的一批官员,他们因为当初的所作所为或被惩罚或被砍了头。其中,最值得一提的是斯多葛学派哲学家埃格纳提乌斯,他是巴雷亚·索拉努斯的朋友,却违心告密,把自己的朋友送上断头台。所以对于埃格纳提乌斯之死,很多人都抱着幸灾乐祸的态度。

按照惯例,元老院颁布法令,授予韦斯巴芗各种帝王荣誉,并且任命他为下一任执政官;任命他的长子提图斯担任大法官;任命他的小儿子图密善共同担任执政官;任命安东尼·普里穆斯为掌旗官;任命科尼利厄斯·福斯库斯和阿里乌斯·瓦鲁斯为禁卫军长官;授予李锡尼·穆奇阿努斯凯旋勋章,以表彰他战胜萨尔马提亚人。图密善名义上掌握着最高军事权力,但实际上最高军事权力由安东尼·普里穆斯掌握。不过,李锡尼·穆奇阿努斯从战场上返回罗马后,军事实权又落入他手中。之后,他便常常表现出一副帝国主人的姿态,认为国事大小都离不开他。图密善也四处行使皇权。据说,韦斯巴芗曾在信中写道:"儿子,谢谢你,竟还没有废黜我的统治权!"

公元69年底,韦斯巴芗抵达罗马。当时,罗马军队正忙于同日耳曼人和犹太人交战。这两场战争都在这一年结束,下面做简单介绍。

●韦斯巴芗抵达罗马

日耳曼战争起源是这样的:巴达维人原是查塔人的一个分支,后被驱逐出故土,定居在高卢东北部的一个小岛上。这个小岛由莱茵河的若干支流冲积而成。后来,巴达维人与罗马人结盟,并且为罗马提供兵员。巴达维骑兵行动敏捷,技能精湛，胆识过人。他们可以穿过水位最深、流速最急的河流，所以他们在罗马军队服役期间受到极大嘉奖。而巴达维步兵同样英勇善战，他们在不列颠战役和贝德里亚库姆战役中的出色表现令人刮目相看。巴达维军队的首领是尤利乌斯·保卢斯和克劳狄·西维利斯。尼禄在位时，由于不满罗马当局，尤利乌斯·保卢斯被芬迪乌斯·卡皮托处死，而克劳狄·西维利斯也被带上镣铐押送到罗马。加尔巴在位时，克劳狄·西维利斯被无罪释放，但卢修斯·维特利乌斯上台时，他又面临新的威胁，军队强烈要求处决他。克劳狄·西维利斯瞅准时机逃了出来，回到自己的家乡。此时，克劳狄·西维利斯表面上效忠韦斯巴芗，暗中则决定摆脱罗马的桎梏。他先是给巴达维人出谋划策，拒绝给卢修斯·维特利乌斯缴纳赋税，然后号召邻近的坎尼尼费人与巴达维人组成攻守同盟。克劳狄·西维利斯还派人召回巴达维人的军队。这些军队刚从贝德里亚库姆返回，目前正驻扎在美因茨。坎尼尼费人选择了一个叫布林诺的贵族作为他们的首领，联合了莱茵河一带的弗里斯人，袭击并占领了罗马军团设在河岸上的两个冬季营地。起初，克劳狄·西维利斯还装模作样地效忠罗马，但他发现自己的计谋被识破时，便明目张胆地加入布林诺的军队。这些日耳曼部落组成联军，巴达维人充当联军的船桨手。后来，佟古累人也背叛罗马，加入日耳曼联军。日耳曼联军如虎添翼，势如破竹，一举击败了罗马的军队，缴获了二十四艘战船。随后，罗马将军霍尔狄奥乌斯命令自己的副将卢帕库斯率领乌比安和特列维利亚两支军队及部分巴达维骑兵进攻叛军。卢帕库斯率军渡过莱茵河与克劳狄·西维利斯的军队交战。其间，罗马军团中的巴达维骑兵逃向克劳狄·西维利斯一方，辅助军队也在混乱中狼狈逃窜，罗马军团不得不退守"老营"避难。

　　同时，克劳狄·西维利斯派信使快马加鞭，赶上了前往意大利的巴达维步兵（属于罗马军团）。在信使的挑唆下，巴达维步兵要求罗马将领分发钱财、支付双倍报酬，还要求兑现卢修斯·维特利乌斯当初承诺的种种好处。如果罗马人不能满足巴达维步兵团的要求，他们就要倒戈。霍尔狄奥乌斯试图和巴达维步兵谈判，即使他已答应满足巴达维步兵的要求，谈判仍旧没有成功。巴达维步兵决定加入克劳狄·西维利斯的军队。无奈之下，霍尔狄奥乌斯决定诉诸武力。他命令驻扎在波恩的赫伦尼乌斯·卡卢斯在前方拦截，自己在后方猛追，前后夹击。不过，霍尔狄奥乌斯很快改变了主意，发信命令赫伦尼乌斯·卡卢斯放弃拦截行动，让巴达维步兵通过。但为时已晚，赫伦尼乌斯·卡卢斯已率领三千名罗马士兵、部分比利时士兵及一队随军流动的平民与巴达维步兵开战。巴达维步兵虽然在数量上不占优势，但纪律严明，骁勇善战。最终，巴达维亚步兵击败了赫伦尼乌斯·卡卢斯的军队，屠杀了无数罗马士兵，将罗马军队逼回老营。然后，巴达维步兵继续前行，与克劳狄·西维利斯的军队胜利会合。

　　作战经验丰富的巴达维军队的到来，极大地鼓舞了克劳狄·西维利斯军队的士气。但克劳狄·西维利斯对罗马军团的实力仍有清醒的认识，不敢掉以轻心。他让士兵宣誓效忠韦斯巴芗（考虑到韦斯巴芗在同卢修斯·维特利乌斯的斗争中占了上风）。同时，他派人到老营去说服两个罗马军团效忠韦斯巴芗，但两个罗马军团态度轻蔑，断然拒绝了他的提议。于是，克劳狄·西维利斯决定立刻攻打老营。此时，日耳曼人源源不断地加入克劳狄·西维利斯的军队，军队人数激增；而罗马老营的兵力不足五千人，只有两个罗马军团守卫营地。克劳狄·西维利斯对老营展开第一次全面攻击，并未取得成功。意识到罗马老营物资供给十分短缺后，克劳狄·西维利斯下令封锁围困老营。此时，又有大量的日耳曼人加入克劳狄·西维利斯的军队。为了不辜负士兵的热情，克劳狄·西维利斯发起对老营的第二次进攻。然而，此次进攻仍无法攻占老营。无奈之下，克劳狄·西维利斯只能继续执行封锁围困的策略。同时，他连续写信给高卢人，煽动高卢人发动叛乱。一时间，叛乱四起。

　　霍尔狄奥乌斯无法平息士兵的反叛情绪，于是委派副将狄琉斯·沃库拉接管军队的指挥权，负责解救老营。狄琉斯·沃库拉率领大军直抵捷尔杜巴，并且在捷尔杜巴安营扎寨。这时，霍尔狄奥乌斯得到了关于克雷莫纳战役的消息，收到了安东尼·普里穆斯写给自己的信及任命凯基纳·阿列安努斯为执政官的敕令（目的是迫使霍尔狄奥乌斯效忠韦斯巴芗）。于是，霍尔狄奥乌斯命令部下宣誓效忠韦斯巴芗。霍尔狄奥乌斯向克劳狄·西维利斯派出信使，说他现在不愿开战，并且劝说克劳狄·西维利斯放下武器。然而，克劳狄·西维利斯一口回绝了霍尔狄奥乌斯的劝降。一方面，克劳狄·西维利斯派巴达维精兵强将偷袭捷尔杜巴；另一方面，他率军继续围困老营。巴达维偷袭部队突然降临捷尔杜巴，导致狄琉斯·沃库拉来不及派军迎战。罗马军队中的内尔维军团胆小怯懦，很快倒戈投降，这在客观上助长了克劳狄·西维利斯的嚣张气焰。眼看克劳狄·西维利斯就要取得全面胜利，在这关键时刻，罗马帝国的加斯科涅军团突然降临，如神兵天降，从巴达维军队背后掩杀过来。巴达维人以为罗马军队的主力已全部到达，所以在被前后夹击的情况下，勇气顿失，仓皇败逃，损失惨重。狄琉斯·沃库拉乘机率军解救老营。但克劳狄·西维利斯赶在狄琉斯·沃库拉到达老营前，带领军队进行拦截。双方再次展开激战。此时，老营的罗马军团拼死突围。狄琉斯·沃库拉在战斗中跌下马，后来又传来他被杀或受伤的消息，这大大挫伤了罗马军队的士气。狄琉斯·沃库拉经过一番苦战终于进入老营，与罗马军团会合。会合后，罗马军团重新加固了老营的堡垒。狄琉斯·沃库拉派出一支部队去诺瓦西乌姆运粮，以便维持老营生计。结果，这支部队在返回途中不幸遭到克劳狄·西维利斯的袭击，逃到捷尔杜巴的营地避难。得知此事后，狄琉斯·沃库拉从老营中抽出部分精兵，亲自率军前往捷尔杜巴营救被困士兵。克劳狄·西维利斯乘虚而入，重新包围了老营。狄琉斯·沃库拉前往诺瓦西乌姆的途中，巴达维人乘机占领了捷尔杜巴，并且在诺瓦西乌姆附近凭借骑兵的优势取得了战斗的胜利。墙倒众人推，此时，多地的罗马军队都发生了哗变。霍尔狄奥乌斯被其部下谋杀，狄琉斯·沃库拉情急之下，伪装成奴隶逃之夭夭。

　　克劳狄·西维利斯在战场上的胜利、罗马政权的更迭及维特利乌斯之死，大大激发了高卢人独立的念头。高卢的骑兵指挥官是特列维利亚人格拉西库斯，他开始与克劳狄·西维利斯保持联络，伺机举兵造反。莱茵河岸的罗马总督尤利乌斯·图拓和林贡斯人的首领尤利乌斯·萨宾努斯也同格拉西库斯结盟。他们还采取了各种措施促进高卢各部落之间的合作。狄琉斯·沃库拉虽然知晓格拉西库斯这帮人的图谋，但他明白仅凭自己目前的实力，实在无法与他们对抗。于是，狄琉斯·沃库拉一方面假装相信高卢人仍忠于罗马，一方面决定亲自率军解救老营。后来，格拉西库斯和尤利乌斯·图拓同克劳狄·西维利斯达成协议，搭建新的营地。狄琉斯·沃库拉试图让这些高卢人臣服，但最终徒劳无功，只好带领军队回到诺瓦西乌姆。高卢人尾随而至，在两英里外安营扎寨。令人难以置信的是，就在此时，格拉西库斯和尤利乌斯·图拓竟成功诱导罗马士兵倒戈，罗马士兵背叛了狄琉斯·沃库拉。狄琉斯·沃库拉被自己军队中的叛徒杀害，他的几个副将也被囚禁。格拉西库斯带着高卢帝国的军旗进入营地，士兵向高卢帝国宣誓效忠。老营的士兵饥寒交迫，被迫投降；莱茵河以北所有营地，除了美因茨和温迪施的营地，皆被烧毁；科洛涅和其他城镇相继被攻陷。尽管如此，整个高卢内，除了特列维利亚人和林贡斯人及少数几个部落，其他高卢部落仍坚持效忠罗马帝国。尤利乌斯·萨宾努斯宣布自己为"恺撒"，入侵塞夸尼人的领地，但他的军队是乌合之众，毫无战斗力可言。最终，入侵以失败而告终。尤利乌斯·萨宾努斯慌不择路，逃到乡下。有人说他很快就死了，但事实上，他在乡下度过了一段恬静的时光[①]。

当时日耳曼边境的战事情况就是如此。韦斯巴芗派佩提利乌斯·塞利亚雷斯率军从罗马出发，前来处理日耳曼战事。佩提利乌斯·塞利亚雷斯率领大军驻扎在美因茨。他首战告捷，成功遏制了叛军的发展、蔓延的势头。之后，佩提利乌斯·塞利亚雷向特里尔进军。克劳狄·西维利斯和格拉西库斯请求佩提利乌

---

① 尤利乌斯·萨宾努斯的避难所是一处隐蔽洞穴。他在那里隐藏了九年。当时，只有他的妻子（在山洞里给他生了两个孩子）和他的两个获释奴隶知道他的藏身之所。但尤利乌斯·萨宾努斯终被发现，并且被带到罗马。韦斯巴芗一反常态，对他非常残酷。最终，他和妻子被处死。——原注

斯·塞利亚雷统治高卢帝国，但遭到他断然拒绝。克劳狄·西维利斯和格拉西库斯决心拼死一战。一天清晨，由高卢人、日耳曼人和巴达维人组成的联军向罗马军营发动了突然袭击。当时，佩提利乌斯·塞利亚雷斯正外出。得知军营遇袭，他匆匆赶回营地，发现自己的军队已被攻打得七零八落。当时，佩提利乌斯·塞利亚雷斯虽然没有佩带盔甲利剑，但凭借个人的出色组织能力，他稳住军心，重新夺回了战斗的主动权，敌人最终被迫撤退。克劳狄·西维利斯接纳了日耳曼人，补充了新的兵力，加强了老营的防御工事。佩提利乌斯·塞利亚雷斯也有两个军团的兵力加入。双方再次开战。拉锯战进行了一段时间，双方互有胜负。最终，由于巴达维人的叛变，战斗形势发生了巨变，巴达维人背弃了克劳狄·西维利斯，引导一支罗马骑兵，偷袭了克劳狄·西维利斯军队的后方。克劳狄·西维利斯只好同格拉西库斯、尤利乌斯·图拓和特列维利亚人的一些主要将士一起撤退，躲入巴达维岛。佩提利乌斯·塞利亚雷斯苦于没有船，无法上岛追敌。不久，克劳狄·西维利斯以巴达维岛为根据地，四面出击，突袭罗马军队。佩提利乌斯·塞利亚雷斯以牙还牙，洗劫了整个巴达维岛。冬季来临，在沼泽地区行军打仗变得十分艰辛。佩提利乌斯·塞利亚雷斯开始考虑与克劳狄·西维利斯和解，而克劳狄·西维利斯也恰有此意，他的士兵早厌倦了战争。于是，双方见面和谈，并且达成了和谈条件：克劳狄·西维利斯得到了原谅，其叛乱之责不被追究；参与此次叛乱的各部落以后不必向罗马缴纳岁贡，只需像以前一样提供兵员。

　　罗马帝国西方的战事就是这样。在东方战场上，提图斯结束了同犹太人的战争。

　　正如我们所见，犹太人在罗马的统治下生活多年。那些被罗马选中担任犹地亚总督的，如费利克斯和费斯特斯，都是暴虐、贪婪之徒。他们对犹太人实施残酷的压迫政策。犹太人笃信先知的预言，期盼救世主弥赛亚出现。他们认为弥赛亚不仅会把他们从奴役中解救出来，还会让他们成为万民的主人和统治者。此外，犹太人深信自己的律法，不允许外来人统治自己。由于上述种种原因，犹地亚行省叛乱频发,罗马政府以惯有的方式对犹太人进行无情的惩罚。为了对抗罗马人,一时间,犹地亚行省涌现了众多强盗团伙,最有名的一个团伙被称作"西卡里"。"西卡里"人将匕首藏在衣服里,趁重大节日人群聚集时,对罗马人痛下杀手,哪怕是在光天化日之下。在某种程度上,他们有些像后来的职业杀手。此外,这段时期的犹地亚地区,各种冒牌先知不断出现,致使族危人亡。

尼禄统治的第十一年(公元63年),格西乌斯·弗洛鲁斯被任命为犹地亚行省财务官。他实施暴政,压榨人民,犹太人苦不堪言。公元64年,整个犹太民族拿起武器反抗罗马的统治,屠杀了驻扎在耶路撒冷的罗马将士。与此同时,在恺撒利亚和亚历山德里亚的大量犹太人遭到屠杀。犹太人不甘示弱,奋力反抗,反过来摧毁了撒马利亚、亚实基伦及其他几个城镇。叙利亚总督塞斯提乌斯·加卢斯见事态严重,遂率大军进攻犹地亚行省,直逼耶路撒冷。他对耶路撒冷的第一次进攻失败了。他没有选择坚持攻打,而是率领军队灰溜溜地撤走了。权威资料显示,塞斯提乌斯·加卢斯如果坚持攻打,是有机会攻下耶路撒冷的,从而以绝后患。此时,犹太人意识到同罗马军队的一场恶战不可避免,便乘机扩军备战。犹太人在犹地亚行省各地任命自己的军事指挥官,其中就有军事史学家约瑟夫斯。他担任加利利的军事指挥官。

尼禄得知塞斯提乌斯·加卢斯在耶路撒冷兵败受挫后,意识到在犹太需要一位既有出色的军事才能又具备实际作战经验的将领。在日耳曼战争和不列颠战争中,韦斯巴芗崭露头角。于是,他就成了尼禄的不二人选。担此重任后,韦斯巴芗即刻出发,前往叙利亚,同时派儿子提图斯前往埃及抽调两个军团加入他的大军。在安条克,韦斯巴芗从当时的叙利亚总督穆西亚努斯那里又得到一个军团的兵力。与提图斯的军队会合后,韦斯巴芗共有六万人,其中包括几支亚细亚盟邦的辅助军队。

公元65年,罗马军队在托勒密会师,然后向加利利挺进。韦斯巴芗一举攻克了加达拉,并且包围了约图帕塔。但约图帕塔固若金汤,守城的将领是约瑟夫

●罗马军队围攻约图帕塔

斯。犹太人凭借得天独厚的地理优势,英勇战斗,拼死守城。罗马军队一时难以取得进展。但就在围城的第四十七天,一名犹太叛徒向韦斯巴芗透露了犹太人防守的秘密,指出了约图帕塔的薄弱环节。韦斯巴芗对约图帕塔发起突袭。约图帕塔很快沦陷,城内所有男性惨遭杀戮。约瑟夫斯被俘,但韦斯巴芗并没有为难他。约瑟夫斯活了下来,因此,他才有机会向我们讲述犹太战争史。

除了约图帕塔,加利利的其他城镇少有抵抗,沿海城镇几乎全部落入罗马帝国囊中。公元68年,韦斯巴芗向南进军,占领杰里科和周围其他城镇,形成对耶路撒冷合围之势。这时,尼禄毙命的消息突然传来了,韦斯巴芗决定暂缓进攻耶路撒冷,静观意大利半岛的动态。公元68年冬,韦斯巴芗率军退守恺撒利亚。公元69年春,传来了贝德里亚库姆战役的消息,之后维特利乌斯成了罗马帝国的新皇帝,韦斯巴芗随即决定继续对犹太人开战。

在亚历山德里亚时,韦斯巴芗听到维特利乌斯死亡的消息。紧接着,他被元老院宣布成为新皇帝。即位之后,韦斯巴芗决定再次对犹太人发动战争。公元

70年初春,提图斯奉命离开埃及,前往恺撒利亚,与围困耶路撒冷的罗马军队会合。提图斯共有四个军团的兵力,还包括一定数量的步兵大队和辅助军队。军队集结完毕后,罗马军队开始进攻耶路撒冷。此时正值逾越节[①],耶路撒冷城中挤满了来自犹太各地的民众。可以说,罗马大军如同张开大网,整个犹太民族面临灭顶之灾。

在古代史上,没有任何围城事件能像耶路撒冷那样被细致入微地记录并流传下来。约瑟夫斯是犹太历史学家,贵族出身,与提图斯是好朋友,常出现在罗马军营之中。约瑟夫斯精通希腊语和希伯来语,对交战双方的主要人物都比较熟悉,有机会确切了解当时每个事件的真相。人们对这些事件的真实性从未质疑。因为基督教的"神性作者"准确预言过耶路撒冷的毁灭,所以在基督教徒看来,关于耶路撒冷围攻之战的详细叙述尤其重要。因此,凭借着对犹太战争的详尽叙述,《犹太古史》占据了不可动摇的历史地位。由于种种限制,本书不可能穷尽犹太战争的细节以满足读者的好奇心,我们只简单介绍犹太民族在此次战争中的遭遇。

面临提图斯的大军压境,耶路撒冷大多数人急于向罗马臣服。对于这些臣服的人,提图斯非常乐意给他们好处。但强盗和"西卡里"人涌入耶路撒冷,他们以"奋锐党人"的名义夺取了犹太政权。"奋锐党人"有三个不同的派别。它们在诸多事情上都针锋相对,但在一件事情上有着相同的立场,即坚决对抗罗马军队,镇压并杀害那些不顺眼的罗马人。"奋锐党人"的行为极其疯狂,他们毁掉了大部分粮仓,导致城中饥荒蔓延,人们遭受的苦难无以言表。人们如果留在城里,便会活活饿死;如果潜逃被抓,则会被"奋锐党人"野蛮处死。他们即便成功逃出城,也极有可能被罗马军队中的叙利亚人和阿拉伯人杀害剖尸——因为

---

① 逾越节在犹太历尼散月(公历3月到4月)14日黄昏举行。《出埃及记》记载,摩西带领以色列人出埃及时,上帝命令犹太人宰杀羔羊,涂血于门,以便天使击杀埃及人长子时,见涂血之门即越门而过,这就是"逾越"。——译者注

犹太人过去经常通过吞食黄金的方法来隐匿财产。

围城之战持续了近七个月。最终，耶路撒冷三面城墙失陷，各处军营尽毁。提图斯本想留下宏伟壮观的犹太圣殿，但一个罗马士兵将它付之一炬。熊熊大火过后，这座庄严辉煌的建筑只剩下断壁残垣。内城里，仍有少数犹太人死守和抵抗，但罗马人最终还是攻下了它。整个耶路撒冷沦为一片废墟，只剩下三座塔楼见证这座城市昔日的辉煌。根据约瑟夫斯的估算，这场战争中，一百一十万犹太人死亡，九万七千名犹太人成为俘虏。其中，十七岁以下的年轻人被贩卖为奴，其他人则被发配到罗马其他行省，或到战场上打仗，或在剧院与野兽厮杀供人娱乐。大部分俘虏则被派到埃及的采石场做苦力。

占领耶路撒冷后，士兵们向提图斯行皇帝之礼。提图斯要离开犹太时，士兵们坚持要他留下或带大家一起走。另外，提图斯还头戴王冠参加了埃及孟菲斯祭祀阿匹斯①的仪式，尽管这样的装束是一种惯例。所有这些足以引起人们的猜疑，到处盛传提图斯要背叛韦斯巴芗，建立自己的东方王国。因此，提图斯急忙赶回意大利，而韦斯巴芗回到罗马已有些时日。他没料到儿子这么快就回到了罗马。提图斯一见到父亲便说道："我回来了，父亲，我回来了。"关于提图斯篡夺皇位的谣言不攻自破。当然，韦斯巴芗内心非常清楚儿子不会背叛自己，所以没有怀疑提图斯，还为提图斯和自己举行了征服犹太的凯旋仪式。韦斯巴芗提拔提图斯为监察官、保民官和七个任期的执政官，并让他指挥禁卫军，同时将大部分国事交给他处理，授予他签署文件、发布敕令的权力。实际上，提图斯与父亲韦斯巴芗共执帝国大权。韦斯巴芗从来不曾后悔对提图斯的信任。

现在，韦斯巴芗成为罗马帝国的皇帝。登上宝座时，他已年逾六十。韦斯巴芗出生在靠近列阿特的萨宾，他的家境一般，但生活还算体面。他早年在驻色雷斯的罗马军队服役，一开始只是普通的军事保民官，逐渐升为色雷斯的大法官，

---

① 阿匹斯，埃及神话中象征生育能力和作战能力的神牛。——译者注

在日耳曼战争和不列颠战争中担任军团副将。他在不列颠战争中担任军队总指挥时表现出出类拔萃的军事才能。为此，他被授予凯旋勋章。接下来，韦斯巴芗出任阿非利加行省总督。后来，正如我们所知，他被尼禄选中，主导了犹太战争的进程。韦斯巴芗无论担任什么职务，都展现出公正、诚信和仁慈的品质，这也许是他成功当选罗马皇帝的重要原因之一。

韦斯巴芗即位后的第一件事就是整顿军纪和恢复财政秩序。他遣散了许多维特利乌斯的士兵，对自己的士兵要求严格，甚至迟迟不发士兵应得的赏银，让他们觉得君威不可藐视。由于尼禄在位时挥霍无度，加上后来的内战，罗马帝国的财政入不敷出。韦斯巴芗把国家财政收支状况登记造册，声称每年至少有四百亿赛斯特斯才能维持政府运转。因此，他恢复了加尔巴时期废除的赋税政策，并且新加了一些税种，增加甚至加倍征收帝国各行省的岁贡。此外，韦斯巴芗还控制交通，囤积商品，投机倒把。对于囚犯，只要他们肯出钱，便一律开释。韦斯巴芗毫不犹豫地向竞选者卖官鬻爵，故意聘用贪婪之人担任各行省的财务官，先让他们发财致富，然后再找机会处罚他们。正如民间所传，"韦斯巴芗把他们当海绵一样利用，干燥时吸足水，吸饱之后再把水挤出来"。

韦斯巴芗虽然贪财，但并没有把搜刮的钱财藏起来或者用于个人的挥霍享乐。他对社会各个阶层都很开明。韦斯巴芗重建了朱庇特神殿，收集、整理了共计三千份铜表法[①]的副本。这些铜表法是元老咨询和公民投票的依据，但不幸在大火中熔化。此外，韦斯巴芗还着手新建或重修了一些工程，比如和平神殿、克劳狄神殿及由奥古斯都设计的圆形剧场。韦斯巴芗划拨大量资金来援助遭受地震或火灾的城市，每年都给处境艰难的官员发放津贴，善待诗人、辩论师和各领域的艺术家。

---

① 即十二铜表法。古罗马立法的纪念碑，也是最早的罗马法文献。公元前5世纪，罗马法律属于习惯法。其解释权被贵族法官控制。平民要求制订成文法。经过长期斗争，公元前449年，贵族被迫成立十人委员会，制订和公布了成文法。该成文法刻于十二块牌子（铜表）上而得名。——译者注

执政初期，韦斯巴芗严格筛查了元老和骑士，清除其中的无能之辈，对意大利和其他行省的贤才委以重任。长期的戎马生活似乎使韦斯巴芗形成一种理念：一切都要做到令行禁止、整齐划一。他认为帝国的行政管理也应如此。这样一来，罗马公民的优越感便荡然无存，各行省获得荣誉的机会是平等的。基于同样的原则，韦斯巴芗剥夺了吕西亚、奇里乞亚、色雷斯、罗得岛、萨摩斯及其他地方的自治权，将它们降格为普通行省，实行统一管理。

韦斯巴芗从不掩饰自己卑微的出身。当有人企图把弗拉维家族的起源追溯到大力神赫丘利时，韦斯巴芗对他们的良苦用心只是付之一笑。韦斯巴芗为人谦和，从不记仇。虽然维特利乌斯是他的对手，但他还是为维特利乌斯的女儿促成了一桩圆满的婚事，甚至给她置办了全套嫁妆。有人劝韦斯巴芗要小心提防梅修斯·庞波西亚努斯——据说，梅修斯·庞波西亚努斯有一张皇帝星象图。韦斯巴芗非但不听信谣言，反倒提拔梅修斯·庞波西亚努斯为执政官。在内战期间，他还废除了对谒见者的搜身令。他的宫殿大门一直敞开，两边也没有守卫。韦斯巴芗经常受邀参加元老和贵族的宴会。作为回报，他也会设宴回请他们。韦斯巴芗的生活方式简单而有节制。

韦斯巴芗把哲学家和占星家都赶出了罗马。占星家的存在，十分不利于罗马帝国的统治。他们会干涉国家方方面面的事务。从奥古斯都时代开始，人们就已经开始怀疑占星家的说辞。韦斯巴芗反对哲学家。在这点上，他深受李锡尼·穆奇阿努斯的影响。李锡尼·穆奇阿努斯认为斯多葛学派和共和派一样危险，而犬儒学派①则有悖礼仪和道德。赫尔维狄乌斯·普里斯库斯之死，被认为是韦斯巴芗的一大痛处②——赫尔维狄乌斯·普里斯库斯就信奉斯多葛主义和共和主义。韦斯巴芗从叙利亚返回罗马时，赫尔维狄乌斯·普里斯库斯仍旧称他为"韦斯巴

---

① 犬儒学派，古希腊一个哲学学派。该学派否定社会与文明，提倡回归自然，清心寡欲，鄙弃俗世的荣华富贵，要求人克己寡求，独善其身。——译者注
② 第一部分第六章提到，特拉塞亚·帕埃图斯和他的女婿赫尔维狄乌斯·普里斯库斯被科苏迪亚努斯·卡皮托和伊庇琉斯·马塞勒斯指控造反。——译者注

芗",与平时的称呼别无二致。赫尔维狄乌斯·普里斯库斯在自己的作品中表现出对皇帝的不屑一顾。在元老院议事时,他对韦斯巴芗也是一副傲慢无礼的态度,导致韦斯巴芗在离开元老院时难过得掉下了眼泪。之后,赫尔维狄乌斯·普里斯库斯的命运可想而知。他先是被贬职,后来被处死,具体原因我们无从得知。据说,韦斯巴芗曾派出信使取消执行死刑的命令,但为时已晚。

韦斯巴芗统治末期,凯基纳·阿列安努斯和伊庇琉斯·马塞勒斯密谋造反。他们曾经都是韦斯巴芗的挚友,并且获得了许多国家荣誉称号。阴谋暴露后,凯基纳·阿列安努斯在同韦斯巴芗共进晚餐时被抓。提图斯下令将凯基纳·阿列安努斯就地正法,以免夜间引起骚乱,因为凯基纳·阿列安努斯有一批对他死心塌地的将士。而伊庇琉斯·马塞勒斯在元老院被定罪后,用剃刀割破了自己的喉咙,结束了生命。

韦斯巴芗只结过一次婚,妻子在他当上皇帝之前就去世了。此后,韦斯巴芗和小安东尼娅的一位获释奴隶凯妮斯生活在一起。不管是在当皇帝前还是当皇帝后,韦斯巴芗一直把凯妮斯当作妻子而非情人来对待。他允许凯妮斯卖官鬻爵。因此,她聚敛了大量的钱财,而韦斯巴芗被怀疑从中渔利。韦斯巴芗统治的第十年,这位雄才大略的皇帝在坎帕尼亚得了热病。之后,他立即返回罗马,后来又回到他的故乡萨宾——靠近库提莱和列阿特,每年夏天他都会在这里避暑。在萨宾,韦斯巴芗尝试用清凉的泉水疗法治病,但没有起到任何效果。直到驾崩前,韦斯巴芗一直都忙于处理国家大事。感到大限将至,他说道:"皇帝应该站着死。"韦斯巴芗坚持并挣扎着站直身体,最终死在搀扶者怀里。这一年,他七十岁。

提图斯是在卡利古拉皇帝驾崩那年出生的。他在克劳狄的宫廷里长大,从小就跟不列塔尼库斯一起玩耍。长大成人后,提图斯出任日耳曼行省和不列颠行省的保民官,后来在镇压犹太叛乱的军队中担任高级指挥官。就外表来看,提图斯身材矮小,大腹便便。但他精于排兵布阵,记忆力超群,能用希腊语和拉丁语即兴作诗，精通音律。此外，他还是笔迹模仿高手。提图斯曾说，只要他愿意，就可以成为笔迹伪造方面的顶级专家。

许多人担心提图斯会成为第二个尼禄。人们指控他在统治后期处死了许多人，并且他和韦斯巴芗一样，为了一己私利霸占他人钱财。起初，提图斯夜夜笙歌，通宵达旦地狂欢作乐。人们不能不怀疑他过着纸醉金迷的生活。每天都有三五成群的宦官围绕在提图斯周围。也许，这是提图斯带有"一抹黑暗色彩"的特殊癖好。人们心领神会，津津乐道。人们还担心提图斯会迎娶犹太女酋长贝雷妮丝——在罗马，这是大逆不道的行为，因为贝雷妮丝一路跟随提图斯来到罗马，并且总是与提图斯出双入对，俨然一副皇后模样。

然而，担心之余，人们欣喜地看到了一个不一样的提图斯。提图斯登上皇位后，人们称其行为足以得到"人类的爱和喜悦"，这一点儿也不过分。提图斯送走了美丽的贝雷妮丝，尽管他内心也有过痛苦和挣扎。提图斯减少了宦官的数量，削减了餐桌上的美酒佳肴，广结社会贤达。他表现出的慷慨大度无人可及。对历任皇帝来说，未经自皇帝本人赏赐的任何馈赠，都被视为无效。但提图斯主动颁布法令，承认所有馈赠有效。对于任何人的请求，他都不忍心拒绝，当然，有些请求也会让他力不从心。这时，他会说："在见过皇帝后，任何人都不应该带着遗憾黯然离去。"一次晚餐时，提图斯回忆起当天没有帮到别人，大喊道："啊，我浪费了一天。"

为使自己的双手不再沾染鲜血，在担任大祭司期间，提图斯没有处死过一个人。虽然弟弟图密善不断密谋造反，但他一忍再忍，没有对图密善睚眦必报。当两名贵族青年被判谋反罪时，提图斯没有惩罚他们，只是劝他们停手，并且告诉他们君权神授。提图斯甚至还派信使向其中一人的母亲保证她儿子的安全，让她不必担心。提图斯邀请两位贵族青年的母亲共进晚餐，并且以极大的诚心对待她们。提图斯一直强调，他宁愿自己死，也不愿伤害任何人。

提图斯绝不允许以叛国罪起诉任何人。他说："我不会受到伤害，也不会遭到侮辱，我没有做让人责备的事，所以不会计较别人的不实之词。对于那些已经驾崩的皇帝，如果他们真的是半人半神，法力无边，那么他们自然会向加害者报仇。"对于所有告密者，提图斯都严惩不贷，让他们深受棍棒之苦，在圆形剧场上游行，然后变卖为奴，或者将其关押在最荒凉的岛上。

提图斯统治期间可谓政通人和，但不幸的是，一系列公共灾难的发生令他焦头烂额。提图斯刚刚即位两个月时，就发生了维苏威火山喷发事件，引起了整个意大利的恐慌——这是维苏威火山喷发的首次记录。维苏威火山位于坎帕尼亚，景色宜人。山上布满了藤蔓和其他各类植物。几年来，这一地区地震频发。公元79年8月24日，维苏威山顶的岩浆突然喷出。一时间，火光冲天，大量岩石与火山灰喷发而出，方圆数英里都覆盖在火山灰之下。天空被黑暗笼罩。据说，烟尘甚至都飘到了埃及和叙利亚。一连多天，罗马都暗无天日。被火山袭击的地方，人、兽、鸟、鱼等各类物种，全部毁灭。地震和火山摧毁了毗邻的庞贝和赫库兰尼姆，城里的居民惨遭不幸。博物学家老普林尼也在这次灾难中丧生。火山喷发时，老普林尼在米塞卢姆指挥海军船队，受好奇心的驱使，他前往斯塔比伊近距离观察火山喷发，却不幸吸入有害气体中毒身亡。

提图斯尽其所能，努力减轻维苏威火山爆发带来的灾难。但祸不单行，公元80年，他离开罗马到坎帕尼亚时，罗马城发生了一场大火，连烧了三天三夜，赛普塔剧院、阿格里帕浴场、万神殿、朱庇特神殿和其他一些公共建筑都被大火烧毁。这是继火山喷发和瘟疫后的又一场灾难（有人认为是火山喷发带来了瘟疫），夺去了无数人的生命。提图斯自掏腰包，拒绝人们的捐赠，承担了修复罗马城的所有费用。提图斯在罗马城的中心建造了富丽堂皇的竞技场和以自己名字命名的浴场。在新建的竞技场里，他为人们举办了精彩的比赛活动。

公元81年9月，贤明的提图斯走到了生命的终点，从而结束了自己的统治。某场公演结束后，有人看到提图斯在人前痛哭流涕。种种不祥的预兆总是萦绕在提图斯心头，他惶恐不安。于是，他动身前往萨宾。后来，提图斯开始发烧，接着说胡话。他常坐在肩舆上，抬头望天，悲叹命运不济，感慨生命易逝。他不懊悔自己一生的所作所为，但有一件事除外①。最终，提图斯死在不久之前父亲韦斯巴芗病故的别墅里。虽然毫无根据，但人们还是怀疑图密善害死了提图斯。提图斯驾崩时只有四十一岁，在位不到两年。反过来想想，这也许是一件好事，正如卡西乌斯·迪奥所言，如果提图斯活得久一点，他的名声或许就不会这么高洁了。

图密善生于公元51年，是韦斯巴芗的幼子。青年时期，图密善就已声名狼藉。维特利乌斯死后，图密善在罗马行使最高权力。其间，他开始暴露本性，为所欲为。图密善生性好色，经常觊觎别人的妻子，甚至强娶了埃利乌斯·拉米亚的妻子图密提娅·卡尔维娜——赫赫有名的将军科尔布罗的女儿。韦斯巴芗回到罗马后，图密善才稍有收敛，他在阿尔邦山度过了大部分时间。在阿尔邦山期间，他深居简出，投身于诗歌创作中。不过，他最终没有拿出什么像样的作品。韦斯巴芗驾崩后，为了掌握兵权，攫取帝位，图密善甚至考虑给士兵发放双倍的赏银。提图斯在世时，图密善曾或明或暗地谋反。提图斯病入膏肓，在他咽气前，图密善就下令周围的人不许同他来往。图密善骑上马来到禁卫军营地，命令士兵向他行皇帝之礼。

和大多数昏庸的暴君一样，在统治初期，图密善试图笼络民心，并且保持了一段时间的良好素养，比如他的慷慨大方（人总是摆脱不了贪婪）和对司法的严格管理。图密善对公共建设有着极大的热情。他不满足于修复朱庇特神殿、万神殿和那些在大火中毁坏的建筑，还建造或修复了许多其他建筑。各类建筑，无论新旧，图密善都要刻上自己的大名，而对原建造者的名字则只字不提。

图密善脾气古怪，性情忧郁，喜欢独处。据说，独处时，他的最大爱好就是捉苍蝇，然后用锐利的笔尖直接刺破它们的身体。因此，有一天，有人问执政官维比乌斯·克里斯珀斯谁同图密善在一起，维比乌斯·克里斯珀斯的回答是：

---

① 尚未找到关于此事的详细记录，我们无法猜测。——原注

"没有人,连一只苍蝇都没有。"在图密善统治初期,我们可以看到他为人称道的一面。比如,图密善严禁阉割行为,因为这种行为受到人们的普遍厌恶,所以他受到人们的赞扬。当然也有人说他动机不纯。他之所以严禁阉割,与其说是出于对正义的热爱,不如说是想贬低提图斯的名声,因为提图斯对宦官有特殊偏爱。此外,图密善还处罚了三位维斯塔贞女,因为她们行为不检,违背了贞洁誓言。但他并没有活埋她们,而是让她们自主选择死亡方式。

为了获得荣誉,抢得军功,公元83年,图密善以攻打查塔人为名,开始远征日耳曼。然而,图密善只渡过了莱茵河,抢劫了一些友善的部落,没遇到真正的敌人就折回罗马。为了庆祝所谓的"胜利",图密善买来奴隶,让他们伪装成日耳曼人,然后将他们带回罗马。然而,这些所谓的"征服"都只是图密善的臆想,真正的胜利是由阿格里科拉在不列颠取得的。韦斯巴芗生前曾把不列颠交给阿格里科拉管理。阿格里科拉率军横扫不列颠,征服的步伐远至克莱德河及福斯河附近。公元85年,阿格里科拉在格兰扁山山脚进行的一场鏖战,击败了喀里多尼亚人。对于阿格里科拉在战场上取得的成功,图密善因忌妒而暗自伤神,但他还是惺惺作态,装出一副兴高采烈的样子来庆祝阿格里科拉取得的胜利。图密善下发旨意,让元老院将凯旋勋章、胜利雕像等授予阿格里科拉。此外,图密善还表示要任命阿格里科拉为叙利亚总督。但阿格里科拉回到罗马后,图密善对他十分冷漠。阿格里科拉此后再也没有受到重用。

这一时期,萨尔马提亚人和斯拉夫人等居住在多瑙河下游左岸的几个部落,被统称为"达契亚人",即现在的特兰西瓦尼亚人、瓦拉几亚人和摩尔达维亚人。达契亚人一向以英勇善战著称。在奥古斯都时期,罗马的边界一直延伸到多瑙河。罗马人同达契亚人偶有摩擦,但直到现在,双方并没有发生过大规模的战争。当时,达契亚人的首领是戴凯巴路斯。他精力充沛,是野蛮部落中的活跃人物。虽然大自然赋予了达契亚人勇猛的精神和强魄的体力,但命运使他们屈居一隅，他们深感英雄无用武之地。公元86年[1]，出于对军事荣耀和财富掠夺的渴望，而不是对贪婪的图密善的恐惧，戴凯巴路斯撕毁之前与罗马达成的协议，率领军队渡过多瑙河，向罗马进军。戴凯巴路斯的军队所向披靡，罗马军队一触即败，被打得七零八落。戴凯巴路斯一路攻城略地，摧营拔寨，势不可当。驻扎在冬营地的罗马军团忧心忡忡。危险迫在眉睫，将士们都希望由阿格里科拉来指挥作战。罗马帝国的获释奴隶，有的出于好意，有的出于恶意，也劝图密善启用阿格里科拉。但嫉贤妒能的图密善决定亲自督战。

图密善率领军队前往伊利里亚。在这里，他遇到达契亚人派来的停战协商代表。达契亚人提出的停战条件是：罗马要向戴凯巴路斯缴纳每人两奥卜尔[2]的人头税。听闻此话，图密善大发雷霆，即刻命令伊利里亚总督科尼利厄斯·福斯库斯率领军队渡过多瑙河，严惩野蛮的达契亚人。科尼利厄斯·福斯库斯集船成桥，率领军队渡过多瑙河。科尼利厄斯·福斯库斯虽然在兵力上稍占优势，但最终还是战败了，他自己也战死沙场。得知消息后，已经回到罗马的图密善又匆忙返回战场。但图密善并没有率领军队冲锋陷阵，而是在摩西亚纵情享乐。他把军事指挥权留给了自己的将军。尽管在战争中遇到了一些挫折，但罗马军队取得了最后的胜利。这一次，戴凯巴路斯被迫求和，但图密善拒绝了。不久，在与马科曼尼人的战争中，罗马军队被打败了——图密善本想惩罚马科曼尼人，因为马科曼尼人没有帮助他攻打达契亚人。图密善决定与戴凯巴路斯和谈。达契亚人没有拒绝和谈，但他们要求：从此以后，罗马皇帝每年都要向达契亚人进贡。不管怎样，图密善取得了对达契亚人和马科曼尼人的"胜利"——只是还需向他们缴纳岁贡。

在同达契亚人作战期间（公元88年），由于受到图密善的严重侮辱，上日耳

---

[1] 关于达契亚战争的持续时间，各位历史学家的观点并不相同。优西比乌认为，这场战争结束于公元90年。公元91年，图密善举行了凯旋仪式。——原注
[2] 奥卜尔和德拉马克都是古希腊银币。一个德拉马克值六个奥卜尔。——译者注

曼总督卢修斯·安东尼心怀怨恨，决定与阿勒曼尼人结盟，并且自封为皇帝。罗马将军卢修斯·马克西姆斯出兵讨伐卢修斯·安东尼。当时正值莱茵河水上涨，阻止了阿勒曼尼人援助卢修斯·安东尼的大军。卢修斯·安东尼战败被杀。获胜后，出于仁慈，卢修斯·马克西姆斯烧毁了卢修斯·安东尼的所有文件，但这并没有阻止暴君图密善杀害众多参与谋反的人。

根据编年史学家记载，公元94年，罗马曾与萨尔马提亚交战，以罗马军团惨败收场。跟以往一样，图密善御驾亲征，虽然没有取得战争的胜利，但他还是心满意足，并且在朱庇特神殿挂上了一顶桂冠。此战是他在位期间处理的最后一件对外事务。

在位不到四年，图密善的邪恶日益暴露。图密善天生胆小，对占星术的迷信加剧了他内心的恐惧，而恐惧心理又使他变得更加残忍。图密善的挥霍无度导致国库空虚，国库空虚促使他变得贪得无厌。像尼禄时代那样，告密者重新活跃起来，盲人卡特卢斯、梅萨里努斯、梅修斯·卡鲁斯、贝比乌斯·马萨等告密者到处搜刮敛财，强取豪夺。图密善实行暴政初期，许多人都被他杀害。其中，第一个被杀害的是梅修斯·庞波西亚努斯，因为他热爱占星术。据说，他的房间里挂有一张世界地图。他随身携带着从提图斯·李维著作中摘抄的国王和将军的演讲。此外，他竟敢用马戈和汉尼拔这两个名字给奴隶命名。第二个被杀害的是萨尔维乌斯·科切亚努斯，因为他给叔叔奥托皇帝庆祝生日。第三个被杀害的是萨卢斯提乌斯·卢库鲁斯，因为他给自己的新长矛起名为图密善。第四个被杀害的是诡辩家马特努斯，因为他参与了反对暴君演说。第五个被杀害的是埃利乌斯·拉米亚（图密善霸占了他的妻子），因为他在提图斯在位时开过一些玩笑。

图密善变得越来越肆无忌惮，变本加厉地实施暴政。根据塔西佗的记述，士兵可以花钱购买元老职位；执政官遭到屠杀；贵妇被放逐；荒岛遍地是被流放者；刑架上沾满了鲜血；无论是奴隶还是获释奴隶都变得堕落，伪造证据陷害自己的主人；出身高贵、富甲一方或名声在外，甚至拥有美德，都成了招灾引祸的根源。图密善对告密者给予丰厚的奖励。一切恶和善在现实中都有了用武之地。

图密善处死了赫尔维狄乌斯·普里斯库斯的儿子小赫尔维狄乌斯，因为他怀疑小赫尔维狄乌斯在舞台演出时借助帕里斯和奥埃诺妮两个角色来嘲讽自己和妻子离婚。后来，图密善又处死了赫伦尼乌斯·塞尼西奥，因为他写了关于赫尔维狄乌斯·普里斯库斯的传记。尤尼乌斯·卢斯提库斯是斯多葛派学者，因写了赞扬特拉赛亚和小赫尔维狄乌斯的诗歌而受到迫害。塔尔苏斯的学者赫莫杰尼斯也被处死，因为他的历史作品中有一些内容含沙射影，刺痛了图密善。此外，图密善还把卖这本书的商家钉死在十字架上。他将哲学家尤尼乌斯·鲁斯提库斯打入大牢，之后又将所有哲学家都赶出了意大利。

在某些方面，图密善和尼禄极像。两人都乖戾残暴，反复无常。在一次演出过程中，突然天降暴雨，但图密善不让大家离席避雨，而是要求大家继续观看演出。虽然他自己也没有离开，但他有数件斗篷可以挡雨，湿了就换掉。后来，许多观众死于风寒和发热。为了抚慰观众，图密善请他们吃了一夜的晚餐。图密善还为元老和骑士准备了一顿奇特的晚宴。他在一间漆黑的房子里招待他们，所有一切都是黑的，就连座位都是黑的。每个座位旁立了一块碑状的柱子，柱子上写着客人的名字，上面还挂着一盏墓灯。这时，突然进来一些奴隶，赤身裸体，黑若幽灵，围着客人跳起奇怪的舞蹈。然后，这些奴隶坐在客人的脚旁。接下来，有人端上来黑乎乎的盘子，盘子里装满了丧礼上的大肉块。所有客人都战战兢兢，浑身发抖，不敢出声，房间里只有图密善一个人在讲话，讲话内容与死亡相关。最后，图密善让大家离去。客人来到门廊后，他们看到的不是自己的侍从，而是一些陌生人。这些陌生人用轿子将他们送回家。客人回到家后，终于可以自由呼吸了。这时，又传来了消息，图密善派人来了。元老和骑士又惊惧起来。但很快他们的恐惧就消失了，原来图密善给他们送来了礼物，都是用餐时的所见所用之物：那根碑状的柱子是用银子做成的，晚餐用具都是名贵的材料打造的，晚宴上跳舞的奴隶也都被当作礼物送给了他们。

也就是在这个时候，图密善表现出了政治经济学家的潜能。其实，他的提议并非毫无价值，但已无法挽救处于崩溃边缘的帝国经济。在意大利，葡萄种植广泛，而粮食作物十分稀少。为了平衡种植，公元92年，图密善下令禁止在意大利开辟新的葡萄园，并要求砍掉一半的葡萄园。对于这一敕令，响应者甚众，实施者甚少。

公元92年，图密善取得的另一个"胜利"是最年长的维斯塔贞女科尔内利娅被判处死刑，理由是科尔内利娅违背贞操与美德。这一事件轰动一时。依据旧俗，科尔内利娅被判活埋之刑。面对悲惨的命运，科尔内利娅表现得坚贞不屈，以无畏的精神维护了自己的尊严。她似乎没有得到公正的审判，因为许多人都相信她没有罪。

如果其他人失去贞操，图密善都严惩不贷，而他自己却纵情声色。当初，提图斯为了向图密善示好，提议把自己的女儿尤利娅·弗拉维娅许配给他。图密善回绝了此提议。但尤利娅·弗拉维娅嫁人后，图密善又百般勾引她。后来，尤利娅·弗拉维娅的父亲和丈夫去世后，图密善公开与她同居。据说，他曾逼迫尤利娅·弗拉维娅服用堕胎药物，结果造成了她的死亡。至于妻子图密提娅·卡尔维娜，图密善将其休掉，理由是她同演员帕里斯私通。为此，他处死了帕里斯。不久，图密善又将休掉的妻子图密提娅·卡尔维娜接了回来。他声称这纯粹是为了满足罗马公民的意愿。

图密善最后的下场同其他暴君一样，死于一场阴谋。据说，图密善的枕头下放了一张名单，上面写着他要处死的所有人。一天，图密善在睡觉的时候，身边一个他宠爱的男童把名单偷偷拿走了。图密提娅·卡尔维娜遇见了男童，把名单抢了过去。令她吃惊的是，名单上竟然还有她的名字。此外，禁卫军长官诺尔巴努斯、彼得罗纽斯及内侍巴尔特尼乌斯等人的名字均赫然在列。恐惧过后，图密提娅·卡尔维娜立即通知名单上的人。于是，他们决定在图密善动手之前，先杀掉图密善。

图密善刚处死了亲戚克莱门斯。克莱门斯有一个叫斯特凡努斯的获释奴隶，斯特凡努斯又担任图密提娅·卡尔维娜的管家。图密善指责斯特凡努斯贪污渎职。为了自救，斯特凡努斯参与了谋杀图密善的阴谋。他身强力壮，承担起刺杀暴君的任务。刺杀地点是图密善的卧室，内侍巴尔特尼乌斯负责把图密善的宝剑偷偷拿走——宝剑通常藏在图密善的枕头底下。斯特凡努斯几天前就装成受伤的样子，用绷带把胳臂包扎起来，匕首藏于绷带之中。公元96年9月18日，图密善处理了一些政务后回到寝宫，打算沐浴后休息。这时，巴尔特尼乌斯告诉图密善，斯特凡努斯有关于谋反的要事禀报。获准后，斯特凡努斯来到寝宫。就在图密善聚精会神地在看献上的"密报"时，斯特凡努斯乘机抽出绷带中的匕首，向图密善的腹部刺去。图密善随即大声呼叫内侍，让内侍快把藏在枕头下的宝剑递给他，但宝剑早已不见了。这时，其他谋反者一拥而上，趁着混乱向这位暴君又刺了六刀。图密善身上共中七刀。图密善被杀时四十五岁，在位十五年。

弗拉维王朝统治时期，可以看作罗马文学的最后时期。与奥古斯都时代相比，虽然天赋异禀的作家依旧不少，但作者的品位明显下降。从作者最崇高或最卑劣的行为中，我们看到了腐朽堕落对一代人的影响。品德高尚的作者常用令人惊悚的笔法描述统治阶级的罪恶。然而，唯利是图的作者阿谀奉承，取悦主子。

这一时期的众多诗人中，排在首位的当属斯塔提乌斯。斯塔提乌斯写了一部关于底比斯战争的史诗，共十二卷。此外，他还创作了一部关于阿喀琉斯的生平和英勇事迹的史诗。很多人认为，他的第五卷应景诗《希尔瓦》比底比斯神话诗更有价值。诗人瓦列里乌斯·弗拉库斯同样选择神话题材进行创作，他的作品《阿尔戈远航》虽然有瑕疵，但展现出的诗性和独创性远超人们的预期。西利乌斯·伊塔利库斯模仿恩尼乌斯和卢坎创作史诗，诗的内容是第二次布匿战争，共十八卷。西利乌斯·伊塔利库斯的诗缺乏灵气，诗韵的打磨痕迹较深，修辞多样，紧贴维吉尔的表现手法，他的长篇诗歌风格皆是如此。在讽刺文学方面，继贺拉斯（讽刺中带着轻松与诙谐）和佩尔西乌斯（讽刺美德的尊严被践踏）后，表现突出的是讽刺诗人尤维纳利斯。尤维纳利斯以包含激情的笔触，无情鞭笞恶习，揭露了社会上骇人听闻的黑暗。他真实地反映了当时的现实生活。同时，他对美德的赞扬也是真诚的。每当看到美德遭受压制、邪恶占了上风，尤维纳利斯总是很愤慨，但同时，他也获得了创作的灵感。诗人马提亚尔出生于西班牙，一生共创作了十四卷诗集，其诗短小精悍，立意直截了当，但缺乏诗情画意。

同一时期，塔西佗写下了《编年史》和《罗马史》，这奠定了他在史学领域的历史地位，使他与希腊史学家修昔底德相提并论。这两位史学家都能深刻洞察人性和人的行为根源。历史学家苏埃托尼乌斯勤于收集帝王逸事。他的作品相对来说缺乏原创性和个人观点。昆提利安出生在西班牙，是一名修辞学教师。他给后世留下了关于辩论术的宝贵作品。老普林尼的《自然史》是一个巨大知识宝库，几乎囊括了那个时代的所有知识。小普林尼最有名的作品是《书信集》，充分展现了他的学识、修养及谦和的性情。

第3章

涅尔瓦、图拉真、哈德良、安敦尼·庇护、马可·奥勒留

(公元96年至公元180年)

精彩看点

涅尔瓦——图拉真——达契亚战争——帕提亚战争——图拉真之死——哈德良即位——哈德良长城——安提诺乌斯——哈德良之死——犹太人起义——安敦尼·庇护的统治——马可·奥勒留——帕提亚战争——日耳曼战争——阿维狄乌斯·卡修斯叛乱——马可·奥勒留之死

涅尔瓦
公元96年至公元98年

对图密善的驾崩，元老院心怀喜悦，罗马公民冷眼旁观，而军队则急于为图密善报仇雪恨（图密善在军队中较受欢迎）。然而，士兵们群龙无首，一时竟没有推出合适的人选。最后，在各自长官的劝说和安抚下，士兵们勉强同意了元老院推出的皇帝人选。

被推上皇位的是涅尔瓦。涅尔瓦是元老院元老，出身于一个执政官家庭，曾在罗马帝国担任要职。当时，他已经六十四岁，但依旧精神矍铄。涅尔瓦性情温和敦厚，但有时因过于宽厚而有失原则。即位后，他赦免了被图密善流放的人，归还了他们的财产；撤销那些对叛国罪的指控；制订严厉的法律以惩处告密者；处死指控主人的奴隶和获释奴隶。涅尔瓦还减免税收，制订了许多其他有益的法律条例。他的施政如春风化雨，人们期盼在他的统治下迎来一个黄金时代。

然而，公元97年，一场推翻好皇帝涅尔瓦的阴谋悄然而至。阴谋的策划者是一个叫卡尔普尼乌斯·克拉苏的贵族。卡尔普尼乌斯·克拉苏拉拢士兵，慷慨许诺，举起造反的大旗。面对相同的场景，涅尔瓦效仿提图斯的做法：在观看公开演出时，他与那些阴谋者同坐在一起，把角斗士手中的剑放到了阴谋者的手中，以此来揭露其图谋不轨。最后，他把卡尔普尼乌斯·克拉苏放逐到他林敦。他对自己的此番决定非常满意。然而，渴望为图密善报仇的禁卫军并不善罢甘休，很快物色到一位军事领袖，即卡斯佩里乌斯。禁卫军包围了皇宫，要求涅尔瓦交出杀害图密善的凶手。据说当时，涅尔瓦面露恐惧，但依然坚定地拒绝了禁卫军的要求。他伸出脖子，表示如果禁卫军愿意，可以砍下自己的头交差。但涅尔瓦的抗争无济于事，最终不得不交出谋杀图密善的人。于是，彼得罗纽斯和巴尔特尼乌斯被处死，并且巴尔特尼乌斯的死状十分血腥。卡斯佩里乌斯还强迫涅尔瓦在罗马公民面前感谢士兵处死了刺杀图密善的人。

禁卫军的蛮横霸道使涅尔瓦明白了：只有掌握军队才能拥有话语权。他需要用铁腕来控制这个帝国。同光宗耀祖相比，涅尔瓦更关心国家的福祉。他没有从自己亲族中挑选继承人，而是选择驻下日耳曼的罗马军队指挥官图拉真为他的养子和皇位继承人。当图拉真在潘诺尼亚战胜阿勒曼尼人后，涅尔瓦登上卡比托利欧山的朱庇特神殿，按照惯例将桂冠安置于神殿中。然后，他当众宣布收养图拉真。之后不久，涅尔瓦授予图拉真"恺撒"和"日耳曼尼库斯"的称号，并且授予图拉真保民官的权力，使图拉真成为共治皇帝。

这位好皇帝并没有因自己的大公无私而长命百岁。公元98年初，涅尔瓦驾崩，元老院和罗马公民都深感遗憾。他的骨灰存放在奥古斯都陵。

图拉真
公元98年至公元117年

图拉真出生于西班牙塞维利亚附近的小镇伊塔利卡。他早年随父从军，在父亲乌尔比乌斯·图拉真努斯麾下担任军事指挥官。随后，图拉真又做了大法官和执政官,执政官任期满后,回到了故乡西班牙。之后,图拉真接受图密善任命,管理下日耳曼。

图拉真具备一个完美将领应有的所有品质。他强调纪律,但又和蔼可亲。因此,他深受部下的爱戴与尊敬。士兵们听说他被皇帝涅尔瓦收养后,个个满心欢喜。在科洛涅得知养父去世的消息后,图拉真并没有立即前往罗马继承皇位,而是继续留在日耳曼边境处理军务,操练军队,直到公元99年才回到罗马。在此期间,他传唤并惩罚了卡斯佩里乌斯等叛乱的禁卫军将士,原因是其曾对涅尔瓦傲慢无礼。

公元99年,图拉真动身前往罗马,在罗马受到了热烈的欢迎。他徒步进入城内,登上卡比托利欧山,然后携妻子向宫殿走去。上台阶时,图拉真的妻子普洛蒂娜转过身来,向人们大声喊道:"我光荣地来,亦将光荣地走。"她说到做到,她的一生,德泽深远,恩情厚重。

图拉真在罗马待了近两年。其间,他一直为国家的和平事业而奋斗。图拉真唯一的目标似乎就是提升臣民的幸福感。在他的统治下,元老院享有最尊贵的地位。如同韦斯巴芗和提图斯一样,图拉真与元老保持着最和谐的亲密关系。他与当时的社会贤达结为朋友;他做到司法公正,不偏不倚;他消灭了卑鄙的告密者;他减免了沉重的赋税,尽最大努力定期向罗马公民供应粮食。

然而,图拉真在军事上的天赋不可能长期弃而不用。不久,他抓住时机同达契亚人进行了一场战争。图拉真注意到达契亚人的力量在不断壮大,开始无视图密善时期的规定,拒绝向罗马缴纳岁贡。另外,又有消息传来,达契亚人的首领戴凯巴路斯与帕提亚人已结成同盟。因此,公元101年,图拉真率大军渡过多瑙河。双方展开交战,达契亚人惨遭屠戮。但罗马军队也伤亡惨重,甚至连皇帝图拉真都不得不撕下战袍亲自为伤员包扎。戴凯巴路斯派部下前来求和,但遭到图拉真拒绝。图拉真率军乘胜追击,攻占了一座又一座城池,并且占领了达契亚首都泽米兹格图萨。戴凯巴路斯不得不献上武器,交出罗马俘虏,拆除堡垒,放弃占领的地区，与罗马建立攻防同盟。图拉真在达契亚首都泽米兹格图萨和其他一些要塞留下卫戍部队后，便返回了意大利。由于此次战争的胜利，图拉真获得了"达契亚库斯"的称号。

戴凯巴路斯虽然暂时缴械投降，但并不甘心失败，而是积极准备，以便将来与罗马再战。他收集武器，收留逃兵，重修要塞，还请求邻近部落前来助战。戴凯巴路斯向邻近部落表明，如果它们对达契亚人的毁灭置之不理，那么它们臣服于罗马之日也不远。因此，他说服了许多人前来助战，并且对那些拒绝提供帮助的邻近部落发动战争。公元104年，图拉真亲率大军，再次向达契亚人宣战，并且将大营设在摩西亚。军队驻扎完毕后，图拉真在多瑙河上修建了一座宏伟的石桥[①]——这是他最著名的杰作之一。石桥由二十一个拱门组成，每个拱门的跨度是一百七十英尺，桥墩高一百五十英尺，宽六十英尺。桥的两端各建有一座城

●图拉真在多瑙河上修建的宏伟的石桥

---

① 这座桥的具体地点目前还不清楚，一般认为它位于维斯尼纳克和维丁之间，后被哈德良摧毁。——原注

堡，用以保卫石桥。公元105年，石桥完工后，图拉真开始渡河。他似乎并没有采取什么大的军事行动，但戴凯巴路斯的军队仍然一败涂地，要塞一个接一个沦陷。戴凯巴路斯见大势已去，这位英勇而不幸的部落首领选择结束自己的生命。达契亚随后降格为罗马帝国的一个行省。罗马帝国在此还建立了许多殖民地。公元106年，回到罗马后，图拉真发现许多从各地慕名而来的使者在等候召见，其中一位使者甚至来自遥远的印度。为了庆祝第二次取得对达契亚的胜利，图拉真举办了一场盛大的庆典。庆典持续了一百二十三天，其间宰杀了一万一千头牲畜，一万名角斗士参加了表演。

好战的图拉真并没有停歇。他把征服的目光投向了东方的帕提亚帝国。出兵的借口是亚美尼亚国王竟由帕提亚国王加冕，而不是罗马皇帝。而真正的出兵原因是图拉真对军事荣誉的渴望。帕提亚帝国正在迅速走向衰落，社会动荡，国内四分五裂，这无疑是国家解体前的先兆。这一形势对图拉真出兵十分有利。

当时，亚美尼亚国王是埃克西达雷斯，他可能是梯里达底的儿子或孙子。然而，帕提亚国王科斯罗伊斯废黜了埃克西达雷斯，将亚美尼亚王国交给了自己的侄子帕塔马西里斯。其实，帕提亚国王科斯罗伊斯无法做到心安理得。得知图拉真正向东方进军后，他派了一名使者带上礼物去面见图拉真。在雅典，这个使者见到了图拉真，使者恳请图拉真为亚美尼亚新国王加冕。但图拉真不为所动。他没有忘记此行的目的，所以他回答道，友谊应该通过实际行动而非语言来体现。然后，图拉真继续向叙利亚进军。公元107年1月第一周，他就到达了安条克。一切准备就绪后，他率领军队进入亚美尼亚。许多贵族带着礼物迎接图拉真，图拉真没有遇到任何抵抗。在埃尔吉亚，帕塔马西里斯来到罗马军营，亲自将王冠放在图拉真的脚下。他不想继续当亚美尼亚国王了。帕塔马西里斯被那些尊称图拉真为"大将军"的士兵的叫喊声吓破了胆。他请求私下拜见图拉真，但他发现图拉真并未答应自己的请求。然后，他跳出帐篷，怒气冲冲地离开营地。而图拉真把他召了回来，当众告诉他，亚美尼亚属于罗马帝国，应该由罗马总督来管理。至于帕塔马西里斯,他来去自由,可以去任何他喜欢的地方。但帕塔马西里斯的亚美尼亚侍从被当作罗马臣民扣留了下来,帕塔马西里斯本人和他的帕提亚官员则在骑兵的护送下被遣送出营。不久,帕塔马西里斯在一次战斗中阵亡,亚美尼亚沦为罗马帝国的一个行省。高加索及攸克辛海沿岸各国的国王都承认罗马帝国的宗主地位。接着,图拉真率领军队进入美索不达米亚,这里的所有国王都服从他的权威。图拉真占领了尼西比斯,帕提亚国王科斯罗伊斯被迫与他签订了条约。据说,科斯罗伊斯甚至恳求图拉真帮助他平定反叛的臣民。回到罗马后,图拉真被授予"帕提亚库斯"[①]的称号。

  关于图拉真的统治,历史记载并不完整。我们不能确定他在东方到底待了多久,也不知道他何时回到意大利。我们知道的是,图拉真的确返回了罗马,并一直在罗马待了七年,直到公元114年,人们发现图拉真又出现在叙利亚,准备与帕提亚人再次开战,但开战的原因并不确定。公元114年春,图拉真率军进入美索不达米亚。帕提亚人想守住底格里斯河的通道,但图拉真提前在尼西比附近的森林里造好船,用马车将船运至军中。很快,一个由木船组成的浮桥在底格里斯河上搭建成功。帕提亚人阻止罗马大军渡河的企图落空,只得撤退。阿迪亚波纳王国[②]向图拉真臣服。据说,图拉真回到了幼发拉底河,访问了巴比伦,察看了建造巴比伦城墙所用的沥青原料。此外,他还着手清理纳哈尔—马尔卡运河。这条运河以前连接着幼发拉底河和底格里斯河,图拉真想通过这条运河运送船舶。但他最终放弃了这一尝试,像之前那样,用马车装载木船,率领军队渡过底格里斯河,占领了帕提亚王国首都泰西封。公元116年,图拉真将新占领的帕提亚王国划分为亚述和美索不达米亚两个行省。然后,他沿着底格里斯河顺流而下,进入波斯湾。据说,就在这里,图拉真看到一艘驶往印度的船,感慨如果他还年轻,肯定会征服那个遥远的国家。他此前一直称颂伟大的马其顿征服者亚历山

[①] 帕提亚库斯,即帕提亚的征服者。——译者注
[②] 阿迪亚波纳王国是美索不达米亚一个古老的王国,首都为阿尔贝拉。——译者注

大大帝,而他竟然想比亚历山大大帝征服更远的国度。

图拉真很可能回到了幼发拉底河。显然,在巴比伦时,他得知所有被征服的国家都在反叛。这些被征服者驱逐、歼灭罗马帝国在当地的驻军。图拉真派马克西穆斯和卢西乌斯·奎埃图斯去平叛。结果,马克西穆斯战败被杀,而卢西乌斯·奎埃图斯则收复了尼西比斯,占领并烧毁了埃德萨。塞琉西亚同样被烧毁。为了平定帕提亚人的叛乱,图拉真回到泰西封,命令士兵聚集在附近的开阔平地。他登上高台,讲述了自己的丰功伟绩,然后把王冠戴在帕尔塔马斯帕提斯头上,宣布他为帕提亚国王——帕尔塔马斯帕提斯是众多王位竞争者之一。

美索不达米亚的一部分阿拉伯人投降后,图拉真在此设立了阿拉伯行省。但阿拉伯人热衷于民族独立,不愿长期臣服于罗马帝国。因此,图拉真觉得有必要亲自率军围攻阿拉伯人聚集的哈特拉(公元117年)。哈特拉距离底格里斯河并不远,周边全是沙漠,天气酷热,蚊虫成群,嗡嗡作响,有时雷电交加,冰雹骤降。围攻一段时间后,图拉真被迫撤军。不久,他病倒了,只好把东方军队的指挥权交给了自己的亲戚哈德良。图拉真动身返回意大利,但在奇里乞亚的塞利努斯患上了严重的痢疾,没过几日便一命归西。他驾崩时六十三岁,在位差六个月满二十年。图拉真的骨灰被运回罗马,存放在图拉真纪功柱下——图拉真纪功柱至今仍在,它是为纪念图拉真取得达契亚战争胜利而建造的。

关于图拉真的信息,虽然我们掌握得不完整,但无可争议的是,人们对他的评价一直很好。在图拉真死后近三个世纪,元老院对新即位皇帝的勉励之语依然是:"愿你比奥古斯都更幸运,比图拉真更优秀!"在小普利尼的《颂歌》中,他赞扬图拉真完美无瑕。但一些非皇家正史说图拉真是恋酒贪杯之人,说他甚至认为有必要明确自己长时间用餐后下达的命令不能当真。在小普利尼赞美图拉真完美无瑕时,有一种事实却在指控图拉真贪得无厌,最终导致罗马帝国的衰亡。图拉真渴望征服世界,但他没有表现出多少政治智慧。睿智的奥古斯都曾告诫后世的继任者对他开创的帝国版图要感到满足,因为多瑙河和幼发拉底河形成天然的边界屏障。愚蠢的克劳狄是第一个不听从奥古斯都告诫的皇帝，他曾远征不列颠。但征服不列颠的过程不算太困难，不列颠很容易被收入囊中。而图拉真向东方扩张需要一支庞大的军队，这次军事征服并非明智之举，最有力的证明就是他最有能力的继任者哈德良很快放弃了在东方征服的土地，在图拉真死后大约一个半世纪，达契亚摆脱了罗马帝国的控制。

哈德良
公元117年至公元138年

图拉真的继承人是他的同族宗亲哈德良。哈德良的老家在伊塔利卡，但他出生于罗马。十岁时，他成了孤儿。图拉真和一个叫塔蒂亚努斯的骑士成了哈德良的监护人。哈德良勤奋好学，精通希腊语和拉丁语。在图密善执政时期，哈德良入伍并担任军队指挥官。图拉真成为皇帝后，哈德良凭借大臣苏拉的影响力，赢得了图拉真的好感，职位步步高升。皇后普洛蒂娜也对哈德良关爱有加，并劝说图拉真把自己的侄女萨比娜嫁给他。哈德良逐渐开始管理罗马的主要政务和军务，人们普遍认为图拉真会收养他。

图拉真是否真的收养了哈德良，我们无法确定。卡西乌斯·迪奥向我们保证，比较权威的说法是，整个事情是由皇后普洛蒂娜和塔蒂亚努斯操办的。他们准备了有关收养的信。为了达到目的，他们将图拉真驾崩的消息隐瞒了几天，然后将这些信转交给了哈德良——当时哈德良还在安条克。无论如何，哈德良成了皇位继承人，这一点无可争议。哈德良写信给元老院，让元老院原谅他宣布自己为皇帝的行为。他提到国不可一日无君，恳求元老院确认他的皇位继承权，不必授予他任何荣誉，除非他提出要求。哈德良还慷慨地许诺，要致力于塑造强大的罗马帝国。哈德良任命塔蒂亚努斯和西米利斯为禁卫军长官。他还明智地决定把幼发拉底河作为罗马帝国的东部边界，放弃图拉真毫无意义的军事行动。因此，撤回了幼发拉底河东岸罗马帝国所有驻军。因为处理这些事务，哈德良在东方待了一段时间。直到公元118年，他才回到罗马。

哈德良性格古怪，时善时恶，但爱慕虚荣是他最主要的特点。他尽管绝非平庸之辈，但不满足于现有的才华和学识。他想成为通晓所有艺术和科学的人。哈德良不仅研究医学和数学，还涉猎绘画、雕刻、歌唱、乐器弹奏等领域。他是一位诗人，又是一位批评家，并且审美品位非同寻常。哈德良更喜欢《忒拜史诗》的作者安提马科斯，而不是荷马；更喜欢恩尼乌斯，而不是维吉尔。同时，他自称文武双全。具有这样性格的人很容易羡慕和嫉妒那些比自己出色的人，尤其是自己引以为傲的方面被别人超越时，哈德良甚至为此处死了许多人。

哈德良在意大利待了大约两年。在此期间，他对多瑙河沿岸的萨尔马提亚人发起了一次远征。在这次远征中，哈德良拆毁了图拉真建造的拱桥，理由是拱桥方便了蛮族的入侵。在罗马，哈德良干了一件非同凡响的事。他关注司法行政，慷慨地免除了人们过去十六年欠国库的所有债务，还公开烧掉了所有债务明细。这是很明智的做法。

公元119年，哈德良离开罗马时，许多身居要职的人和富人都因各种理由被处死。其中最知名的是四位执政官，科尼利厄斯·帕尔马、塞尔苏斯、尼格里努斯和卢西乌斯·奎埃图斯，他们都是已故皇帝图拉真的宠臣。处死他们的理由是在哈德良献祭时，他们密谋弑君，或者如其他人所说，他们想趁皇帝狩猎时，把罗马帝国交给哈德良的手下尼格里努斯。尼格里努斯曾经是哈德良推举的皇帝人选。但获罪的真正原因是他们的财富和影响力。人们发现这四人在不同的地方被处死，命令是元老院下的。哈德良装模作样说此事违背了自己的意愿。杀戮事件发生后，哈德良回到了罗马。为了平息人们的怨恨，他发给人们双倍的赏赐。哈德良向元老们发誓，除非他们自己遭到元老院迫害，否则他决不会惩罚任何元老。

在这一时期，禁卫军长官开始更换。正直的西米利斯违心地接受了指控，请求辞职,并且他的请求获得了许可①。至于塔蒂亚努斯,善妒的哈德良无法容忍其权力之大,便劝诱塔蒂亚努斯选取新的禁卫军长官继承人。哈德良最初想处死塔蒂亚努斯,但还是让塔蒂亚努斯辞去要职,让他成为普通元老。哈德良对自己的这一处理方法比较满意。新的禁卫军长官是马修斯·特尔波和塞普提克乌斯·克拉卢思。其中,马修斯·特尔波品性纯良,德才兼备。

公元120年,哈德良开始遍访各个行省,这一做法几乎贯穿了自己的整个统治时期。不愿安分守己和充满好奇心似乎是哈德良外出的主要驱动力,但事实证明,他的访问对各行省都大有裨益。哈德良目睹了各省行的真实情况,调查了各行省总督的品行,惩治了那些欺诈或压迫人民的人。哈德良在各地整修公共建筑,并且慷慨地给遭受灾害的地区拨钱。

哈德良访问的第一站是高卢。然后,他从高卢出发,前往日耳曼。他仔细检阅了这里的军队,制订了有关服役的各种规章制度,并且恢复了之前废除的军纪。公元121年,哈德良又从日耳曼转到了不列颠,视察了这里的军队,革除军队中的暴行。为了阻止喀里多尼亚人入侵罗马已征服的文明之岛,哈德良命人修建了全长八十英里的坚固城墙,从泰恩河口延伸至索尔韦湾。然后,他回到了高卢。接着,他在西班牙的塔拉戈纳过冬。公元122年,阿非利加出现了一些麻烦,他又赶往这里。我们不知道他是否在阿非利加过冬,但公元123年,人们在亚细亚见到了他的身影。这时,罗马帝国与帕提亚王国剑拔弩张,战争一触即发。哈德良的到来,化解了战争爆发的危险。他又花了一年时间巡视了叙利亚和小亚细亚。公元124年,哈德良视察了爱琴海诸岛,最后来到雅典,并在此过冬。在雅典,哈德良参加了厄琉息斯秘仪②,给予雅典人很多恩惠。公元125年,为了登上埃特纳山

---

① 根据卡西乌斯·迪奥的记载,西米利斯回到乡下,在那里度过了生命里最后的七年时光。他让人在自己的墓碑上刻上这样一句话:"这里躺着的是西米利斯,他苟存这么多年,却真正只活了七年。"——原注
② 厄琉息斯秘仪,古希腊时期位于厄琉息斯的一个秘密教派的年度入会仪式。这个教派崇拜得墨忒耳和珀耳塞福涅。厄琉息斯秘仪被认为是最重要的古代秘密崇拜。——译者注

顶看日出，哈德良从希腊来到西西里。之后，他回到罗马。直到公元129年，哈德良再次造访阿非利加，给予当地人许多好处。公元130年，他动身前往亚细亚，受到来自攸克辛海附近地区和高加索地区大多数国王的款待。哈德良遣返了图拉真占领泰西封时俘虏的科斯罗伊斯的女儿。接着，他又访问了叙利亚、犹地亚和阿拉伯。他每到一处都要制订规章制度，惩罚那些作奸犯科的总督。公元132年，哈德良来到埃及的亚历山德里亚，并且在此停留了一年多。去亚历山德里亚的途中，他参观并修缮了庞培陵。哈德良有感而发，即兴作了一首诗："一个拥有多个神殿的人，竟然没有一座像样的陵，这是多么奇怪啊！"

著名的安提诺乌斯之死发生在哈德良在埃及巡游期间。安提诺乌斯是一个英俊的青年，出生于比提尼亚，深受皇帝哈德良的宠爱。这种同性爱恋的风尚虽有悖伦常，在当时却非常流行。根据哈德良的说法，安提诺乌斯是掉进尼罗河溺水身亡的。但有人说（按照当时迷信的说法），安提诺乌斯效仿希腊神话中的阿尔克提斯[①]，为保佑哈德良长命百岁而献身了。也有人认为，哈德良对魔法很好奇，为了窥探来世而解剖了他的内脏。失去安提诺乌斯后，哈德良极度悲痛。由此看来，第一种说法可能性很大，但不排除第二种说法的可能性。哈德良在安提诺乌斯死亡之地建造了一座城，并且以安提诺乌斯的名字来命名。他还在帝国各地竖立安提诺乌斯的雕像。按照哈德良的意愿，希腊人将安提诺乌斯奉为神灵，为安提诺乌斯建了神殿，赋予其神性。就连在这个时期观察发现的一颗新星，都被认作是安提诺乌斯的灵魂。

公元134年，哈德良离开埃及返回罗马，途经叙利亚和亚细亚，在雅典度过了一个寒冬。在此期间，哈德良参加了"宏大的秘密宗教仪式"。作为回报，他给雅典人带来了丰厚的福利。他建造了许多富丽堂皇的建筑装扮这座城市。公元135年春，哈德良回到罗马。他的身体每况愈下，考虑到自己没有子嗣。他决定收

[①] 在希腊神话中，阿尔克提斯是色萨利国王阿德墨托斯的妻子。为了救丈夫的命，她替丈夫而死，后被大力神赫丘利从冥府救了回来。——译者注

养一个继承人。经过深思熟虑,他选择了塞奥尼乌斯。塞奥尼乌斯出身高贵,对文学有一定的品位,但他懈怠散漫,沉湎于声色犬马,身体十分虚弱。收养了塞奥尼乌斯后,哈德良离开罗马,定居在蒂布尔,致力于提高自己的艺术修养。但此时,哈德良神志混乱,变得暴躁凶残。他直接或间接杀害了几名位高权重之人,其中包括九十岁高龄的姐夫塞维亚努斯。

塞奥尼乌斯被派去治理潘诺尼亚。公元137年底,塞奥尼乌斯返回罗马,原本准备了一篇致哈德良的新年献辞,但为了缓解紧张情绪,他服用了镇静剂,没想到此药效力太猛,竟致一睡不醒,在睡梦中永远离开了这个世界。随后,哈德良指定一个叫安敦尼(即后来的皇帝安敦尼·庇护)的元老为继承人,收养他为继子,并且让同样没有子嗣的安敦尼收养了他的妻侄安尼乌斯·维鲁斯(即后来的皇帝马可·奥勒留)和已故康茂德·维鲁斯的儿子卢修斯·维鲁斯(即后来同马可·奥勒留共同执政的卢修斯·维鲁斯皇帝)两位为养子。

哈德良患的似乎是水肿病,病情日渐严重。活着对他来说成为一种负担,他渴望早日得到解脱。哈德良多次恳求周围的人给他一把利剑或一剂毒药,好让他早点结束痛苦。安敦尼待在他身边,无微不至地照料他。据说,随着病情的恶化,哈德良脾气越来越暴躁,行为举止也越来越凶残,下令处死几名元老。安敦尼表面假装执行命令,暗地里偷偷把这几名元老救下。临终时,哈德良回到巴亚,拒绝了所有治疗方法。当时,罗马有句俗语叫"多个医生治死国王"。138年7月10日,哈德良驾崩,享年六十三岁,只差一个月他的统治就满二十一年了。由于哈德良后期的残暴统治,元老院起初提议废除他颁布的所有法令,并拒绝授予他荣誉。但安敦尼的耐心辩论和真情实意打动了元老们。最终,哈德良被奉为神灵,其骨灰被放置于台伯河边的华丽陵寝中。

然而,在治国理政方面,哈德良绝对是功大于过。他维持了国内和平、富足,训练了一支高效、善战的军队,维护了社会的公平与正义。同时,哈德良颁布了许多让罗马公民受益的法律,其中一些甚至有利于奴隶。之前的法律规定,如果一个主人在家里被暗杀，那么家里所有的奴隶都要被处死。哈德良下令，除了在场的奴隶，其他奴隶都不应遭受酷刑。他还禁止奴隶主任意剥夺奴隶的生命权，并且明文规定，如果没有法官的判决，不得处死任何奴隶。哈德良还进一步废除了意大利各地的奴隶私人作坊。

正是在哈德良统治期间，上天对固执而狂热的犹太民族开启了最后的复仇之路。公元115年，在图拉真统治末期，犹太人在埃及和格勒内叛乱，实施大规模屠杀和其他暴行。公元116年，犹太人又在塞浦路斯和美索不达米亚暴动。罗马帝国的马修斯·特尔波和卢西乌斯·奎埃图斯平息了这场叛乱。经过这次镇压，犹太人暂时消停下来。公元134年，哈德良在耶路撒冷建立了殖民地。他将耶路撒冷命名为"埃利亚·卡皮托利那"，并且在耶和华神殿的遗址上建造了一座朱庇特神殿。此举点燃了犹太人的怒火。犹太人在巴尔·科赫巴的领导下拿起武器，愿为弥赛亚而粉身碎骨。哈德良调遣在不列颠治军的尤利乌斯·塞维鲁前去镇压。尤利乌斯·塞维鲁以能征善战著称。这场战争持续了两年，因饥荒和疾病而死的人不计其数。据说，在这次战争中，五十八万犹太人被屠杀，而罗马帝国的损失也不小。犹太俘虏被贱卖为奴，其他幸存的犹太人被驱逐出城，今后不得再踏入耶路撒冷，否则以死罪论处。

安敦尼·庇护
公元138年至公元161年

安敦尼的老家是高卢的尼姆，但他出生在拉丁姆的拉努维姆附近。在担任执政官和其他行政公职期间，由于受人爱戴，依据罗马习俗，安敦尼从朋友那里继承了一大笔财产，变得十分富有。他虽然参与公共事务，一直担任哈德良皇帝的幕僚，但更喜欢乡村生活。安敦尼最喜欢的府邸是位于奥勒留的罗丽别墅，距离罗马约十二英里，他的童年就是在这里度过的。

安敦尼被哈德良收养时已经五十一岁了。他即位后,按照惯例,元老院授予他所有头衔和荣誉,其中还增加了"庇护"①这一头衔。安敦尼·庇护②对这一称呼十分满意,他不想让人们因某些记忆而责备哈德良。

安敦尼·庇护统治罗马帝国长达二十三年。对于这样一位贤能的皇帝,人们在他身上似乎看到了传说中努马·庞皮留斯③国王具有的全部美德。柏拉图期望的人类幸福终于在安敦尼·庇护的统治下得到实现。显而易见,安敦尼·庇护是一位优秀的、理性的哲学家。无论是公共生活,还是私人生活,他都散发着一切优秀的美德。处理政务时,他执法公正,宽宏仁慈,平易近人;私下里,他品性良善,广交贤达,性情洒脱,文质彬彬。安敦尼·庇护与朋友平等相处,鼓励各地发展哲学和辩论术,给教师颁发荣誉、支付薪水;他关注国家的宗教仪式,注重履行宗教职责,但不会迫害那些有不同信仰的人。在安敦尼·庇护的统治下,政通人和,鲜有大事发生。当然,坏人坏事常常不可避免,针对安敦尼·庇护的阴谋还是有的,我们不必为此感到惊讶。但阴谋者都畏罪自杀或受到元老院的惩罚。零星的战争发生在遥远的边境,摩尔人、日耳曼人和萨尔马提亚人受到罗马帝国将军的压制。安敦尼·庇护在不列颠建造长城,从克莱德湾延伸到福斯湾,比哈德良长城更靠北。希腊和犹地亚发生的骚乱很快被镇压,东方和攸克辛海附近的国王要么服从罗马皇帝的命令,要么请罗马皇帝来裁决他们的争端。

公元161年,安敦尼·庇护在位第二十三年,已达七十五岁高龄。一天,他在罗丽别墅吃了不少阿尔卑斯奶酪,夜里突然呕吐不止,第二天开始发烧。第三天,安敦尼·庇护把帝国和自己的女儿托付给养子马可·奥勒留,并把存放于皇宫、象征"财富"的黄金图转移到马可·奥勒留的宫殿。当禁卫军长官前来问话

---

① 即"孝顺"。——原注
② 下文用安敦尼·庇护来称呼这位罗马帝国皇帝。——译者注
③ 努马·庞皮留斯(公元前753年—公元前673年),是罗马王政时期第二任国王。跟初代国王罗慕路斯以发动战争扩张罗马不同,在其四十三年的统治中没有进行一次战争,他致力于完善内政。——译者注

时，安敦尼·庇护给了他一幅叫"安静"的图画。然后，他转过身来，仿佛睡着了，静静地咽下了最后一口气。安敦尼·庇护被葬在哈德良陵寝中。元老院授予他崇高的荣誉。

马可·奥勒留
公元161年至公元180年

作为安敦尼·庇护的养子、女婿和继承人，马可·奥勒留的名字颇有渊源。一开始他用的是外祖父的名字卡提利乌斯·塞维鲁。父亲死后，马可·奥勒留被祖父收养，改名为祖父的名字安尼乌斯·维鲁斯。被安敦尼·庇护收养后，他取名为马克·埃利乌斯·奥勒留·维鲁斯。成为皇帝后，他不再姓维鲁斯，而改姓安敦尼[①]。

马可·奥勒留从小就表现出沉稳、严肃和善良的品性。哈德良很喜欢他，常常叫他维利西姆斯，而不叫他维鲁斯。十二岁时，马可·奥勒留表现出一副哲学家的品质，践行哲学家的朴素。在各个方面，马可·奥勒留都有最好的老师指导，所以他精通兵法，还学会了绘画。但他大部分时间都在潜心钻研斯多葛学派的哲学。十八岁时，马可·奥勒留被安敦尼·庇护收养。安敦尼·庇护把女儿福斯蒂娜嫁给了马可·奥勒留，还让他与自己共掌帝国权力。从被安敦尼·庇护收养到安敦尼·庇护驾崩，马可·奥勒留在宫殿外一共只守候了两个晚上，这就是马可·奥勒留的孝道。

安敦尼·庇护死后，元老院把帝国统治权交给了马可·奥勒留。但考虑到哈德良的遗愿，马可·奥勒留把安敦尼·庇护的另一个养子卢修斯·康茂德与哈德良皇室也扯上关系。马可·奥勒留赠给了卢修斯·康茂德自己的姓"维鲁斯"[②]，

[①] 本书中，译者用马可·奥勒留统一指代马克·埃利乌斯·奥勒留·安敦尼。——译者注
[②] 以下我们称卢修斯·康茂德为维鲁斯。——原注

还把自己的女儿露西拉嫁给了他,让他成为共治皇帝。罗马帝国第一次同时出现了两位皇帝,但实际上执政的只有一人。维鲁斯凡事都听命于聪明的马可·奥勒留,甘愿辅佐马可·奥勒留。维鲁斯思想开明、性格温和,他只愿沉湎于享乐而不求上进和处理朝政。

很快,马可·奥勒留和维鲁斯面临守卫疆土的艰巨任务。喀里多尼亚和日耳曼北部的蛮族再次进攻其毗邻的罗马行省。帕提亚国王沃洛吉斯率军侵入亚美尼亚,歼灭了卡帕多西亚总督率领的罗马军队。接着,沃洛吉斯率军进入叙利亚,打败叙利亚行省总督阿提迪乌斯。这场战争的胜负至关重要,所以当务之急是皇帝御驾亲征改变不利局面。马可·奥勒留想把维鲁斯从声色犬马中解救出来,给他一个扬名立万的机会,于是,他就把帕提亚战争的军事指挥权交给维鲁斯。公元162年,维鲁斯动身奔赴东方战场。但贪图享乐的维鲁斯并没有冲锋在前,而是以护送军粮为由留在安条克。夏天,他在达佛涅游山玩水,冬天则在劳迪塞亚逍遥度日,满脑子只知道享乐。维鲁斯把军队指挥权交给手下的将军。不过,维鲁斯的几位将军能征善战,尤其是阿维狄乌斯·卡修斯。这场战争持续了四年,罗马获得了最终的胜利。阿维狄乌斯·卡修斯率军越过底格里斯河,占领了泰西封,摧毁了帕提亚王宫。战争结束,双方签订条约:帕提亚国王放弃了对底格里斯河以西领土的所有主权。公元166年,马可·奥勒留和维鲁斯共同庆祝这场胜利,他们都获得了"帕提亚克"的称号。

当维鲁斯离开罗马前往东方的时候,身在罗马的马可·奥勒留效仿安敦尼·庇护的做法,致力于改善人民的生活。但维鲁斯从东方战场归来时,带来了瘟疫。瘟疫传播强度之大、范围之广前所未有。瘟疫蔓延到罗马帝国的各个角落,许多人丧生。随之而来的是饥荒。瘟疫与饥荒发生时,马科曼尼人乘机起事,双方爆发了战争。此后,马可·奥勒留一直忙于同马科曼尼人的战争。

日耳曼各部族经常结成同盟联合作战,这也许是罗马人不能一次性解决北方战事的主要原因之一。日耳曼联盟的名称通常是以参与其中的主要部族来命名的。当时，在多瑙河左岸的各部族中，马科曼尼人似乎是最强大的。由于东方帕提亚战争爆发的缘故，罗马军团暂时撤离马科曼尼，这给了马科曼尼人入侵罗马帝国的机会。也有人认为，马科曼尼人的入侵是由于来自更北方部族的压力。这些部族早已经放弃故土或被赶出自己的土地，被迫来寻找新的栖身之所。因此，所有毗邻多瑙河的日耳曼部族和萨尔马提亚部族结成联盟，入侵罗马帝国各行省。罗马帝国当时与帕提亚人的战争持续了几年，这时只好通过谈判来避免战争。然而，当北方蛮族看到罗马帝国正饱受瘟疫折磨时，便有恃无恐，从四面八方越过多瑙河，长驱直入，攻城略地，掳人无数。消息传到罗马后，引起了极大的恐慌。马可·奥勒留向元老院强调，由于形势严峻，罗马帝国需要两位皇帝披挂上阵。他之所以这样做，并不是因为维鲁斯具有非凡的军事才能，而是因为他觉得，把维鲁斯留在罗马会不安全。公元167年，马可·奥勒留和维鲁斯两位皇帝身着戎装，亲率大军行至阿奎莱亚。蛮族首领得知罗马大军到来的消息后把军队撤回多瑙河，并派出代表请求和谈。维鲁斯一心只想回到罗马的安逸之地，愿意接受蛮族的停战请求。但马可·奥勒留认为蛮族只是因惧怕罗马帝国强大的军队而假装和谈，于是决定继续进军，让蛮族见识一下罗马帝国的军事力量。马可·奥勒留率军越过阿尔卑斯山脉，向北挺进。经过一段时间的必要准备，在确保伊利里亚和意大利的安全后，马可·奥勒留启程返回罗马。他让维鲁斯先行到达罗马。然而，不久之后，蛮族卷土重来，战争再次爆发。公元169年，两位皇帝又奔赴阿奎莱亚，希望在春天占领阵地。但阿奎莱亚瘟疫肆虐，他们不敢冒险长时间停留。此时正值隆冬，他们还是选择离开阿奎莱亚返回罗马。途中，两位皇帝同乘一辆马车。经过阿尔蒂诺时，维鲁斯突然中风，一连三天不能言语，随后撒手人寰。维鲁斯的尸体被运到罗马，安放在哈德良的陵寝中，也被供奉为神灵。

当然，也有恶毒之人攻击马可·奥勒留，说他用毒药或通过过度放血疗法害死了维鲁斯，但马可·奥勒留高尚的人格足以驳斥这种诽谤。不过，维鲁斯之死使他大大松了一口气，因为除了残暴，维鲁斯具有卡利古拉和尼禄的所有恶习，他沉迷于赌博、赛车、角斗和滑稽剧表演，同时酷爱奢侈品，挥霍无度。尽管马可·奥勒留意识到维鲁斯的缺点并痛心疾首，但他认为做哥哥的有责任掩盖或原谅弟弟身上的缺点。现在，没有了维鲁斯的羁绊，马可·奥勒留就可以心无旁骛地建设和保卫国家了。马科曼尼人打败并杀死了禁卫军长官文德克斯后日渐强大，并且由于瘟疫，罗马军团兵力锐减。因此，马可·奥勒留大肆招兵买马，甚至奴隶也被编入军队。像布匿战争一样，编入军队中的还有角斗士，以及来自达尔马提亚、达尔达尼亚和戴克米特的盗匪和那些受雇追捕盗匪的人。马可·奥勒留还将一部分日耳曼人编入罗马军团，这种做法为后来罗马帝国的衰亡埋下了祸患。为了筹集战争资金，同时不给各行省增加负担，马可·奥勒留在图拉真广场组织了一场为期两个月的拍卖，宫殿内所有华丽家具、精致盘子和金银珠宝，甚至他本人及妻子的丝绸和名贵服饰都成了拍卖的对象。通过此举，他筹集到大量金钱。公元170年，马可·奥勒留率军奔赴战场。

战争持续了几年。其间，马可·奥勒留没有回过意大利，他在多瑙河畔潘诺尼亚行省的卡农图姆居住了三年。他消灭了潘诺尼亚的蛮族，重创了马科曼尼人，因为他们影响了多瑙河航道的通行。公元174年，马可·奥勒留将战场推进到多瑙河以北，进入夸丹人的领地。当时正值盛夏，天气酷热难耐，夸丹人设法把罗马军队围困在一个严重缺水的地方，守住了所有出口，坐等罗马军队在酷热、干渴的条件下困毙。罗马人的处境十分严峻，但他们最后等到了云层聚集，大雨倾盆而下。夸丹人看到自己围困罗马军队的希望破灭，就趁罗马军队饮水解渴时发起了进攻。据说，夸丹人本可以一举取胜，但当时，天空突然电闪雷鸣，铺天盖地的冰雹砸向地面。最终，罗马军队取得了胜利。

毫无疑问，这只不过是自然现象，却被认为是奇迹，无论是"异教徒"还是基督教徒，都声称这是无上的荣耀。"异教徒"认为，功劳应该归于与马可·奥勒留的同行者阿尔尼西菲斯。阿尔尼西菲斯是来自埃及的魔法师。"异教徒"坚信是阿尔尼西菲斯使赫尔墨斯①和其他神灵天降大雨。基督教徒则坚称，功劳应该归于一个叫"惊雷"的罗马军团的祈祷。这个军团的大部分将士都是基督教徒。基督教徒还说，马可·奥勒留在给元老院的信中承认这是事实，并且停止了对基督教徒的迫害。

这些蛮族部落在战争中吃了太多苦头。现在，它们渴望和平。大多数蛮族部落都派了代表去拜见罗马皇帝。夸丹人、马科曼尼人、萨尔马提亚的贾齐格人与罗马人达成了和解。罗马人开出的条件是对方释放所有逃兵和俘虏，夸丹人和马科曼尼人不能在距离多瑙河五英里的地方定居，萨尔马提亚的贾齐格人不能在距离多瑙河十英里的地方定居。其他较小的部落与罗马帝国结盟，它们在邻近的行省甚至在意大利半岛分到了土地。

这时，叙利亚传来了叛乱的消息，加速了马可·奥勒留与蛮族部落的和解进程。阿维狄乌斯·卡修斯之前指挥帕提亚战争，后来又指挥多瑙河战争。接到马可·奥勒留的命令后，阿维狄乌斯·卡修斯开始管理叙利亚行省，重整这里驻军的军纪。阿维狄乌斯·卡修斯治军十分严苛，近乎野蛮地惩罚士兵，但他颇懂带兵之术。很快，叙利亚军队就成为纪律最严明的队伍，并且士兵对自己的将领十分忠诚。叙利亚的臣民及周围友好部落的首领也愿意唯阿维狄乌斯·卡修斯马首是瞻。他们因受到某种影响而感到马可·奥勒留的哲学太过温柔仁慈，不禁对马可·奥勒留心生蔑视。终于，公元175年，阿维狄乌斯·卡修斯宣布称帝。托罗斯山以南的整个亚细亚和埃及都臣服于阿维狄乌斯·卡修斯，比提尼亚的军队也打算宣布支持阿维狄乌斯·卡修斯。卡帕多西亚总督马修斯·维鲁斯把叙利亚反叛的消息告诉了马可·奥勒留。起初，马可·奥勒留隐瞒了这件事。但后来他发现反叛的消息传到了士兵的耳朵里，恐怕再也无法隐瞒了。于是，他把士兵召集到一起，以皇帝的名义发表了一篇演说。然后，马可·奥勒留以同样的口吻给元老院

---

① 赫尔墨斯是古希腊神话中的诸神使者，也是商业、旅者和畜牧之神。——译者注

写了一封信。元老院宣布阿维狄乌斯·卡修斯为罗马公敌。马可·奥勒留准备亲率大军进军东方，与阿维狄乌斯·卡修斯一决高下。这时，阿维狄乌斯·卡修斯的首级被带到他面前。一天，阿维狄乌斯·卡修斯在散步或骑马时，遭到属下两名军官的袭击后身亡，就这样，他在做了三个月的皇帝之后就一命呜呼了。叙利亚的军队再度效忠马可·奥勒留。接着，马可·奥勒留处死了阿维狄乌斯·卡修斯的长子和他的禁卫军长官，其他流血事件没再发生。阿维狄乌斯·卡修斯留下的文件被马可·奥勒留或马修斯·维鲁斯烧掉；他的家人受到优待；先前宣布支持他的各行省都得到了赦免。为了更好地管理东方事务，马可·奥勒留亲赴叙利亚和埃及参观访问。公元176年，他动身返回，途中，他在雅典停留一些日子，了解这里的神秘之事。公元176年12月23日，马可·奥勒留同儿子康茂德进入罗马，举行了凯旋仪式，庆祝取得对日耳曼人战争的胜利。

马可·奥勒留在亚细亚时，皇后福斯蒂娜突然在托罗斯山脚下的一个小镇上去世了。马可·奥勒留悲痛万分，潸然泪下。在马可·奥勒留的请求下，元老院将福斯蒂娜奉为神灵，并且为她筑了祭坛。所有年轻姑娘结婚时都要和新郎一起向福斯蒂娜献祭。然而，如果相关资料记载属实，那么福斯蒂娜是个荡妇，常与船队中身强力壮的划桨手私通，还与竞技场中勇猛的角斗士共度良宵。人们普遍认为，康茂德的父亲是某个角斗士，而不是马可·奥勒留。据说，马可·奥勒留对妻子的丑行一无所知。有人劝马可·奥勒留如果不愿处死福斯蒂娜，可以同她离婚。但马可·奥勒留回答说："如果我休了福斯蒂娜，我就必须把嫁妆还给她。"这就是罗马帝国的皇帝！当然，这样的回答实在有违马可·奥勒留的身份，其真实性有待考证[①]。

多瑙河两岸重燃战火，马科曼尼人、夸丹人和他们的同盟者重新拿起了武器，罗马皇帝又要御驾亲征了。公元178年秋，马可·奥勒留带着康茂德离开罗马

[①] 马可·奥勒留很可能并不知道福斯蒂娜的丑行，因为在他的《沉思录》第一卷中（此卷完成于福斯蒂娜去世前不久）赞扬了她的顺从、慈爱和淳朴。——原注

奔赴战场。据说，公元179年，马可·奥勒留取得了巨大胜利，征服了蛮族。然而，180年春，马可·奥勒留得了一种传染病。染病七天后，他一命呜呼。马可·奥勒留在位十九年，驾崩时未满五十九岁。

马可·奥勒留皇帝同英格兰国王阿尔弗雷德大帝[①]有许多相似之处。同阿尔弗雷德大帝一样，马可·奥勒留善于学习，勤于思考，统率军队，笔耕不辍。但阿尔弗雷德大帝面临的困难更大，并且他更多研究如何治国理政。在家庭生活方面，阿尔弗雷德大帝比马可·奥勒留要幸福，因为他有更适合继承王位的孩子，而马可·奥勒留的妻子、儿子和弟弟的种种恶习让他的美德蒙上了阴影。如果马可·奥勒留真的对这些恶习视而不见，或者他根本没有意识到这一点，那么他个人的判断力和睿智就大打折扣了。我们在承认马可·奥勒留敏锐洞察力的同时，必须谴责他的性格弱点，比如，他把整个罗马帝国的未来交给康茂德。对于一个担当国家使命、掌握国家命运的人来说，研究思辨哲学似乎为时过早，对他本人毫无益处。

爱德华·吉本说："如果询问一个人罗马历史上哪个阶段是人类最幸福、最繁荣的时期，他会毫不犹豫地说是从图密善去世到康茂德登基这段时期。幅员辽阔的罗马帝国受到绝对权力的统治。在美德和智慧的指引下，五任皇帝都以坚定而温和的手腕控制着军队。他们的品格和权威受到臣民发自内心的尊重。涅尔瓦、图拉真、哈德良、安敦尼·庇护和马可·奥勒留都谨慎地保留了内政管理的形式。他们崇尚自由，并且愿意成为负责任的法律传承者。如果当时的罗马人拥有合理的自由，那么这几位君主理应享有恢复共和国的荣誉。"

毫无疑问，本章大多数叙述都是真实的。但由于笔者的偏见，其中也会掺杂一些夸大和错误的地方。例如，哈德良的品格和统治肯定不应该得到如此高的评

[①] 阿尔弗雷德大帝（公元849年—公元899年）是盎格鲁-撒克逊英格兰时期韦塞克斯王国国王，也是英国历史上第一个以"盎格鲁-撒克逊人的国王"自称且名副其实之人。他进行了广泛的军事改革，并率军抗击北欧海盗维京人的侵略，使英格兰大部分地区回归盎格鲁-撒克逊人的统治，故得享"大帝"尊称，同时被后人尊称为"英国国父"。——译者注

价。本章最亮眼之处是关于安敦尼·庇护统治时期的叙述，但关于这段历史的记载极不完善，所以笔者无法做出正确的判断。幸福的概念完全根植于人的思想，很大程度上取决于人的天性，所以把不同时期、不同阶层的人享有的幸福进行比较是错误的。也许，罗马帝国的士兵和公民认为，他们在尼禄和图密善的统治下比在哈德良和马可·奥勒留的统治下更幸福。对此，我们毫不怀疑。然而，我们依然会接受历史学家给出的结论。

第4章

康茂德、佩蒂纳克斯、狄迪乌斯·尤利安努斯、塞普提米乌斯·塞维鲁

(公元180年至公元211年)

精彩看点

康茂德——马特努斯——克利安德之死——康茂德的恶行——康茂德之死——佩蒂纳克斯——佩蒂纳克斯被杀——狄迪乌斯·尤利安努斯——奈哲尔——塞普提米乌斯·塞维鲁——阿尔比努斯——塞普提米乌斯·塞维鲁进军罗马——狄迪乌斯·尤利安努斯之死——解散禁卫军——帕提亚战争——普劳提阿努斯——塞普提米乌斯·塞维鲁之死——塞普提米乌斯·塞维鲁的统治

康茂德
公元180年至公元192年

马可·奥勒留一生英明神武。在马可·奥勒留驾崩时，康茂德虽然只有十九岁，却成了罗马世界的主人。他是第一个出身于"紫衣寝宫"的罗马帝国皇帝，即以皇室血亲的身份继承了皇位。对于康茂德的即位，没有人提出异议。即位后的康茂德大把撒钱，士兵们心满意足，军队士气大振。公元180年夏，罗马帝国与蛮族的战争进行得非常激烈，但康茂德贪恋罗马安逸的生活。当蛮族恳求停战乞和时，他便心甘情愿地表示接受。最终，康茂德与蛮族达成了无损于罗马帝国声誉的条约。他同夸丹人和马科曼尼人签订的条约跟父亲马可·奥勒留之前签订的条约几乎相同，但条约中规定夸丹人和马科曼尼人不能对贾齐格人、伯兰人和汪达尔人发动战争。此外，夸丹人和马科曼尼人还要为罗马军队提供一定数量的兵员。条约中的其他条款与之前大同小异。公元180年10月22日，康茂德以胜利者的姿态回到罗马。

众多例子表明个人的本性无法通过后天的教育改变，康茂德就是一个活生生的例子[①]。康茂德的父亲马可·奥勒留集所有美德于一身。为了培养儿子，他

[①] 爱德华·吉本曾评论道："如果教育想发挥作用，其接受对象必须是性情温和之人。而对这些人而言，教育又几乎是多余的。"——原注

不仅以身作则，还给儿子请来众多贤能的老师。可惜这些努力都无济于事。康茂德并不重视老师教授的课程。在这些课程方面，他表现平平。康茂德的过人之处主要表现在两个方面：第一，他精通角斗技术；第二，在摩尔人和帕提亚人的指导下，他在投掷标枪或射箭时能够准确命中目标。此外，他还有一个"过人之处"，即他是第一个完全没有文学品位的罗马皇帝。

康茂德统治初期，对外无大事发生。在日耳曼边境和不列颠边境，蛮族部落与罗马军团之间的摩擦稀松平常。三年来，罗马都风平浪静。康茂德生性软弱，此时他并非邪恶之人。他听从马可·奥勒留的建议，留下正直能干的老臣管理国事，自己只顾奢靡放纵。直到公元183年，一件大事发生了，暴露了他潜在的残忍本性。

在维鲁斯驾崩后，马可·奥勒留把自己女儿露西拉嫁给了一位受尊敬的元老提比略·庞培阿努斯。露西拉在母亲福斯蒂娜去世后，获得了皇后应有的所有荣誉。如此一来，论权力与地位，她的弟弟康茂德应位居其下。但好景不长，康茂德随后娶了克丽斯庇娜为妻，露西拉便不得不把权力让给这位皇后。一向傲慢的露西拉认为这是对自己的一种侮辱，于是决心复仇。但露西拉深知丈夫提比略·庞培阿努斯为人高尚，遂不敢把计划托付给他。几经思索后，露西拉选中了一位富有的年轻贵族昆德纳图斯。昆德纳图斯正是她的情夫。除了昆德纳图斯，露西拉还有一位情夫，同时此人也是自己女儿普劳提娅的未婚夫——克劳狄·庞培阿努斯。他也参与了这场阴谋。还有一些元老虽未参与，但早已对这场阴谋心知肚明。一天，当康茂德穿过一条昏暗的通道进入竞技场时，在此埋伏的克劳狄·庞培阿努斯伺机而动，迅速拔剑冲向他，并大喊道："元老院要你性命。"但卫兵闻声赶来，随即抓住了克劳狄·庞培阿努斯，阻止了这场阴谋。之后，克劳狄·庞培阿努斯、昆德纳图斯连同其他参与这场阴谋的人都遭到处决。露西拉暂时被囚禁在卡普里岛，不久也被处死。同样的命运很快降临到露西拉的对手克丽斯庇娜身上——这位皇后因通奸而被处死。康茂德很快娶了一个叫马尔恰的获释奴隶，她曾是昆德纳图斯的情人。马尔恰获得了除守护圣火之外皇后应得的一切荣誉。①

刺杀事件之后，克劳狄·庞培阿努斯行刺前喊出的那句话深深地印在了康茂德的脑海里。这句不明智的话最终给元老院招来了祸端。此后，康茂德开始把元老院视为死敌，并且设法以各种理由处死许多功绩显赫的元老，生怕他们起了篡位之心。现在唯一能让康茂德信赖的便是禁卫军。不久，他便开始和前任皇帝一样重用禁卫军长官。现任的禁卫军长官是塔伦蒂乌斯·帕特努斯和佩伦尼斯，但后者使用了一些手段使前者被免职并被处死。于是，佩伦尼斯掌控了整个禁卫军。正如我们之前所说，康茂德生性胆怯，所以经历了刺杀事件后，再也不敢在公共场合抛头露面。他把所有事务都交给佩伦尼斯处理。佩伦尼斯借此机会除掉了那些对自己不利之人。此外，为了敛财，他还没收了贵族的财产。如今，佩伦尼斯已开始渴望统治整个罗马帝国，毕竟他的儿子掌管着伊利里亚的军队。但佩伦尼斯曾冒犯过不列颠军队。不列颠军队为了复仇，委派了一千五百名士兵指控佩伦尼斯觊觎皇位。重要的是，这些士兵还得到了康茂德宠幸的获释奴隶克利安德的暗中支持。最终，佩伦尼斯投降并被处死。他的大儿子在回罗马的途中惨遭谋杀，他的妻子、妹妹、小儿子无一幸免。

如果说佩伦尼斯生性多疑，那么克利安德就算得上邪恶奸诈。克利安德出生于弗里吉亚，早年卖身为奴，在罗马市场上被公开出售，后来被皇家购买入宫。进入皇宫后，克利安德成了康茂德的仆人。他千方百计地讨好康茂德。康茂德加冕称帝后，任命克利安德为贴身侍从。佩伦尼斯被免职后，克利安德获得了极大的权力。庸俗的克利安德贪婪无比，把罗马帝国的所有荣誉和职位都拿来出售，并且只要有人愿意出钱，他就可以赦免任何罪行。短短三年时间，克利安德的财富就超过了罗马帝国早期的帕拉斯和纳齐苏斯。

---

① 古罗马有以处女守护圣火的习俗。而马尔恰此前已为人妻，遂不符合要求。——译者注

佩伦尼斯死后不久，罗马帝国内暴露了一场非同寻常的阴谋：大量士兵从军队中逃跑，转而听命于一个叫马特努斯的普通士兵。许多奴隶也加入了马特努斯的阵营，从而恢复自由身。此后的一段时间，在马特努斯的带领下，这些人开始肆无忌惮地蹂躏高卢行省和西班牙行省。公元187年，各地总督准备全力迎击马特努斯。而马特努斯决定孤注一掷，要么称帝，要么灭亡。于是，他命令追随者分头秘密前往罗马，并要求他们到达罗马后伪装成当地卫兵，以便在自然女神节[①]期间袭击康茂德。马特努斯及其追随者顺利聚集到罗马。但不料追随者中有人心生嫉妒，泄露了秘密，最终导致马特努斯和其余追随者都被处死。此时，克利安德的权力已达到顶峰。为了始终保持自己的影响力，克利安德多次赠予康茂德及其情妇礼物。此外，为了获得民心，克利安德兴建浴室和其他公共建筑。克利安德的权力不限于此，禁卫军指挥权也掌握在他的手中。有一段时期，克利安德甚至随意任免禁卫军长官。他决定由自己和其他两人共同掌管禁卫军。不过，形式上他并没有禁卫军长官的头衔。克利安德肆意任免官员，仅在公元189年，就任免了不少于二十五名执政官。

克利安德的最终目的是什么？我们不得而知。他和那些野心勃勃的获释奴隶最终落得同样的下场。克利安德权力登顶之际，罗马遭遇了可怕的瘟疫，康茂德因此搬到城外居住。同以往一样，瘟疫的发生必然导致饥荒，罗马城内很多人因这场灾难丧命。人们开始把一切都归咎于皇帝身边可憎的宠儿——克利安德。公元189年的一天，人们正在竞技场观看赛马时，一群孩子闯了进来。这群孩子以一位凶神恶煞的女孩为首，在竞技场内大声指责克利安德。看戏的罗马公民也开始指责克利安德。后来，他们竟全部起身冲向康茂德居住的郊区，要求他下令处死克利安德。听闻此事，克利安德立即命令禁卫军制止罗马公民，最后，罗马

[①] 自然女神节是为了纪念小亚细亚女神西布莉。公元前204年4月4日，西布莉的雕像被运往罗马，并被安放在帕拉丁山上的神殿里。此后，4月4日就成了她抵达罗马的纪念日，并被称为"自然女神节"。——译者注

公民被迫退回罗马城内，不少人因此丧生。然而，当克利安德派来的禁卫军追至罗马街头时，居住在此的公民开始从屋顶投掷东西发起袭击。此外，罗马步兵大队也加入了公民的队伍，合力把禁卫军赶回郊区外的宫殿。宫殿内的康茂德对外面发生的一切全然不知。大家都因为害怕克利安德，所以保持沉默。但此时皇后马尔恰和康茂德的姐姐法迪娜意识到危险迫在眉睫，便不顾一切把真相告诉了康茂德。得知此事后，康茂德立即下令处死克利安德及其儿子。之后，愤怒的罗马公民把克利安德的头颅挂在了一根长杆上，并且拖曳着他的尸体穿过大街小巷。但这些还不足以平息他们的愤怒，直到后来克利安德的一些爪牙陆陆续续被杀后，整场动乱才算平息。

之后的一段时间里，康茂德变得更加残暴。众多位高权重之人都惨遭迫害。此外，康茂德欲望无限，他的宫殿里分别养着三百个相貌出众的女侍和男侍。这些侍者不仅年龄各不相同，而且来自不同的地区。总而言之，康茂德可谓是沾染了各种恶名。作为神射手的他很乐意展示自己能够精确瞄准目标的技能，并且自封为"赫丘利"。起初，他和尼禄一样只在宫殿内部展示自己的这项技能。但后来，竞技场也成了他大显身手的地方，元老院和罗马公民都能大开眼界。为了在保证康茂德安全的同时，又方便他瞄准目标，建筑师围绕竞技场修建了一条圆形廊道。康茂德就是在这里准确无误地用飞镖和箭射杀了庞大、凶猛的动物。之后，他冒险进入竞技场，射杀鹿和其他胆小的动物。紧接着，场内又立即放出一百头狮子。但每头狮子只一击便直接倒下。此时，又有一头愤怒的黑豹突然朝一个人猛扑过去。不过，康茂德一镖命中，黑豹当即倒地而死，被抓之人毫发未损。康茂德的厉害之处还有很多。比如，当鸵鸟全速奔跑时，他能用新月形箭射下它的头颅。

●康茂德扮成角斗士进入竞技场

但康茂德最大的乐趣是作为角斗士参加决斗。他以盾剑手的身份参加各种比赛，取得了七百三十五场比赛的胜利。每场胜利结束后，他都从角斗士基金中得到一大笔津贴。如今，他不再以大力神赫丘利自称，转而称自己为保卢斯。保卢斯是有名的盾剑手。此外，他还把保卢斯的名字刻在自己的雕像上，并开始居住在角斗士的住处。

最后，暴君康茂德尝到了自己种下的恶果。公元193年，他想处死两名执政官。根据角斗士的习惯，新年当天，他会从角斗士训练场出发，前往执政官办理事务的地方，下令处死两名执政官。但不幸的是，就在前一天，他向皇后马尔恰透露了自己的计划。马尔恰试图阻止他，但无济于事。禁卫军长官拉图斯和侍从埃克勒克塔斯也试图劝阻他。但康茂德十分愤怒，并且开始威胁他们。他们明白暴君的威胁是杀人的前兆，如果想要保全性命，只有先发制人。① 于是，他们下定决心，打算同马尔恰联手杀死康茂德。在康茂德从浴场回来的时候，马尔恰像往常一样递给他一杯酒解渴。不过，这次不同的是，马尔恰已经提前在酒中下了剧毒。

康茂德一饮而尽，随后便躺下休息。此时，马尔恰、拉图斯和埃克勒克塔斯把康茂德身边的侍从悉数打发走，只等着康茂德毒发。不一会儿，康茂德便开始猛烈呕吐。不过，由于害怕毒药药效不够，三人又请来一个叫纳齐苏斯的威猛的摔跤手。他们向纳齐苏斯承诺：他只要杀死康茂德，就可以得到一大笔赏金。于是，在金钱的诱惑下，摔跤手纳齐苏斯抓起中毒的康茂德并将其勒死。

●摔跤手纳齐苏斯抓起中毒的康茂德并将其勒死

---

① 根据作家希罗迪安的记述，当时有一份待处死人员的名单。一个孩子把它拿给了马尔恰，就和图密善当年的情况一样。但希罗迪安的记述非常不准确，因为如果这是真的，那么当时在罗马的元老卡西乌斯·迪奥不可能不知道这件事。——原注

佩蒂纳克斯
公元193年

三个密谋者很可能在此之前就已经选定了皇位继承人。毋庸置疑，他们所选之人定能给自己带来利益。此人是年事已高的罗马市政官佩蒂纳克斯。佩蒂纳克斯虽然出身卑微，但为人清白，做过军队和各级行政官员。他的父亲是在亚平宁山脉中的阿尔巴庞培亚从事木炭生产的获释奴隶。佩蒂纳克斯一开始以写作为生，但后来，他发现从事文学创作无利可图，便投笔从戎，从百夫长做起，之后平步青云。

拉图斯和埃克勒克塔斯率军到佩蒂纳克斯住所时，已是晚上。佩蒂纳克斯早已就寝。得知他们到来后，佩蒂纳克斯便命人把他们带到了自己的房间。佩蒂纳克斯并没有起床，因为他认为这些人是康茂德派来处死自己的。佩蒂纳克斯恳求他们执行命令，并且告诉他们，长期以来，他都觉得每个晚上都可能是自己的最后一晚。不料，拉图斯等人告诉佩蒂纳克斯，暴君康茂德已经毙命，他们来此是为了推选佩蒂纳克斯为新皇帝。佩蒂纳克斯听完，并没有马上相信他们，而是派了一个值得信赖的人前去打探消息。在确定康茂德已死后，佩蒂纳克斯才同意担任新皇帝。此时，尽管天还没亮，但所有人都前往禁卫军营地。到达禁卫军营地后，拉图斯召集了所有士兵，向他们宣布皇帝康茂德突然中风而死，而自己已为大家选好了新的继任者，这位继任者的功绩众所周知。拉图斯宣布完毕后，佩蒂纳克斯发表了讲话。讲话中，佩蒂纳克斯承诺自己即位后会大力犒赏士兵。然而，尽管如此，士兵们还是担心这位新皇帝会恢复严格的军纪。不过，此时禁卫军营地周围早已聚集了大量罗马公民，原来拉图斯已经把康茂德的死讯传遍了整个罗马城。在罗马公民的叫喊和强求下，士兵们只得向佩蒂纳克斯宣誓效忠。

此时，天还未亮，佩蒂纳克斯从营地出发前往康考迪亚神殿。他将在这里会见元老们。到康考迪亚神殿后,佩蒂纳克斯先是向元老们讲述了发生的一切,而后立即表明自己年事已高,出身卑微,许多元老都比自己更有资格登上皇位。但元老们并不理会他的这些说辞,一致决定让他接受皇帝的所有头衔。然后,元老们开始发泄对已故暴君康茂德的愤怒。他们称暴君康茂德为杀人狂、角斗士、诸神之敌和国家之敌,甚至决定推倒康茂德的雕像,撤销康茂德的头衔。康茂德的尸体被用钩子挂住,被一些人拖着在各个街道游街示众。但佩蒂纳克斯对康茂德的父亲马可·奥勒留尤其尊重,无法忍受康茂德的遗体被这样对待。因此,他下令把康茂德的遗体安放在哈德良陵寝。

佩蒂纳克斯即位后受到军队的高度认可,因为他和韦斯巴芗一样,衣着朴素,生活简单,同受人尊敬的元老关系密切。佩蒂纳克斯把自己的私有财产都留给了妻子和儿子,不让元老院授予妻儿任何头衔。在管理国家财政方面,他更是尽心尽力,不仅免除了许多沉重的税,还撤销了各种不公正的索赔条款。佩蒂纳克斯还拍卖了已故暴君康茂德的所有奢侈品,强迫暴君康茂德的宠臣交出他们掠夺的财富。此外,他还将意大利和其他地方的荒地在数年内无偿租给了愿意开垦之人。

在佩蒂纳克斯的治理下,罗马帝国各个部门悉数进行了改革。人们都觉得罗马有望重返安敦尼王朝的太平盛世。但士兵们不以为喜,害怕佩蒂纳克斯恢复以前严格的军纪。同样不开心的还有拉图斯,因为他没有得到之前期望的权力。于是,他暗中煽动士兵的不满情绪。公元193年1月3日,拉图斯等人抓住了一个叫特里亚乌斯·马特努斯的元老,准备让他取代佩蒂纳克斯。但特里亚乌斯·马特努斯侥幸逃脱,然后向佩蒂纳克斯寻求保护。然而,拉图斯等人并未善罢甘休。过了一段时间后,他们趁佩蒂纳克斯在沿海处理谷物供应之际,把当时的执政官索修斯·法尔科推上皇位。不料,佩蒂纳克斯突然返回罗马,及时阻止了这场阴谋。他还向元老院控诉了索修斯·法尔科的忤逆行为。于是,元老院决定把索修斯·法尔科确立为罗马公敌,但佩蒂纳克斯告诉众位元老,在自己统治期间,不会处死任何一位元老。因此,索修斯·法尔科侥幸逃脱了惩罚。

但佩蒂纳克斯在这种场合下发表的一些言论激怒了士兵。拉图斯假借佩蒂纳克斯之令处死了多名士兵,更加剧了紧张的局势。公元193年3月28日,在禁卫军营地,一场大规模的兵变发生了。几百名士兵不顾一切地持剑冲向宫殿,途中无任何人阻拦。佩蒂纳克斯得知此事后,便走出宫殿会见他们。他告诉士兵们自己是无辜的,杀死士兵并非自己的命令,并且提醒他们勿忘对皇帝效忠的誓言。士兵们听后,沉默了片刻。然而,就在这时,一名通格里安士兵拔出宝剑刺向佩蒂纳

●佩蒂纳克斯之死

克斯,并且大喊道:"士兵们要你性命。"其他士兵一拥而上,砍下了佩蒂纳克斯的头颅,将其挑在长矛上带回禁卫军营地。同样惨遭杀害的还有埃克勒克塔斯,因为他不愿背叛佩蒂纳克斯。而拉图斯则在兵变者逼近时乔装逃走了。贤良的佩蒂纳克斯的统治只维持了八十六天。被杀时,他六十七岁。

狄迪乌斯·尤利安努斯
公元193年

兵变者返回禁卫军营地后,发现已故皇帝佩蒂纳克斯的岳父苏尔庇西亚努斯已在此等候多时。担任罗马市政官的他被派到这里,是为了平息兵变。然而,血淋淋的证据表明此刻兵变已起,佩蒂纳克斯被杀已成事实。面对皇位空缺,苏尔庇西亚努斯顿时起了争夺皇位的野心。按常理来说,佩蒂纳克斯被杀的事实应当给苏尔庇西亚努斯以警示,让他不再对皇位有所期待。然而,苏尔庇西亚努斯不以为然,打算为争夺皇位奋力一搏。在苏尔庇西亚努斯思忖之时,发现许多士兵爬上城墙,大声对外宣布:皇位正在拍卖,出价最高者将荣登皇位。这一消息传到了富有、奢侈的元老狄迪乌斯·尤利安努斯的耳朵里。得到此消息时,狄迪乌斯·尤利安努斯正坐在桌边用餐,一旁的妻子、女儿和仆人都劝他竞拍皇位,他自己也觉得这是一个大好机会。于是,他匆忙起身奔赴禁卫军营地。狄迪乌斯·尤利安努斯到禁卫军营地后,拍卖正式开始。士兵站在城墙上进行拍卖,竞标者苏尔庇西亚努斯在军营里面,狄迪乌斯·尤利安努斯在军营外面。苏尔庇西亚努斯先答应给每个士兵五千第纳尔,而狄迪乌斯·尤利安努斯则直接开价六千两百五十第纳尔。高昂的价格使狄迪乌斯·尤利安努斯赢得了皇位。当然,士兵们也暗自担心如果苏尔庇西亚努斯当上皇帝,很可能会为女婿佩蒂纳克斯报仇。皇位拍卖结束后,士兵们打开军营大门,迎接狄迪乌斯·尤利安努斯,并且向他行皇帝大礼。至于苏尔庇西亚努斯,禁卫兵也不斤斤计较,慷慨地保证让他安全离开。

在士兵们的护送下,狄迪乌斯·尤利安努斯从禁卫军营地前往元老院。元老院授予他皇帝头衔和荣誉,但各位元老都佯装喜悦,所有人远远地站着,默不作声。离狄迪乌斯·尤利安努斯较远的地方,有人大声咒骂他。随后,狄迪乌斯·尤利安努斯离开元老院,前往皇宫。但途中,他最先看到的是前任皇帝佩蒂纳克斯的尸体,就立即下令将其埋葬。据说,那天,狄迪乌斯·尤利安努斯大半个夜晚都是在豪华宴会上玩骰子度过的。第二天早上,元老们虚情假意地来拜见、恭维狄迪乌斯·尤利安努斯,但表面上还是一副一本正经、忧国忧民模样。最后,当狄迪乌斯·尤利安努斯从宫殿前往元老院并准备到雅努斯神殿献祭时,众元老终于忍不住了,大声咒骂他是叛徒,指责他盗取皇位。情急之下,狄迪乌斯·尤利安努斯打算用金钱收买元老们,但元老们不为所动。最后,他命令士兵袭击众元老。其间,有几位元老被打死或打伤。但他们还是继续辱骂狄迪乌斯·尤利安努斯和士兵们。于是,狄迪乌斯·尤利安努斯求助于其他军队,尤其是奈哲尔指挥的军队。

罗马目前主要有三支军队,第一支是奈哲尔指挥的驻叙利亚的罗马军队;第二支是塞普提米乌斯·塞维鲁指挥的驻潘诺尼亚的罗马军队;第三支是阿尔比努斯指挥的驻不列颠的罗马军队。每支军队都由三个军团组成,并且都配有适当数量的辅助部队。

奈哲尔的故乡是阿奎因乌姆,他出生于一个普通的家庭,参军后从百夫长做起,凭借战功,一路高升,直到后来开始管理富饶的叙利亚。作为军官,奈哲尔做到了令行禁止、军纪严明;作为行省总督,他恪守公正的原则但不失宽容随和,因此成功赢得了士兵和公民的喜爱。私下里,奈哲尔生活朴素,性情温和。

塞普提米乌斯·塞维鲁出生在阿非利加的莱普提斯。他受过良好的教育,并一直专注研究法律。后来,他被马可·奥勒留任命为财务监察官。此外,塞普提米乌斯·塞维鲁还担任过几个行省的行政长官,也做过军事指挥官,但他几乎没有实际带兵作战的经验。担任执政官后,在拉图斯的引荐下,康茂德授予塞普提米乌斯·塞维鲁指挥驻潘诺尼亚罗马军队的权力[①]。

阿尔比努斯也是阿非利加人,生于哈德鲁迈图姆一个体面的家庭。他是古罗马波斯图米氏族和塞奥尼氏族的后裔。阿尔比努斯很早就参了军,在军营中步步高升,深受马可·奥勒留的青睐。他在比提尼亚担任军队指挥官时,适逢阿维狄乌斯·卡修斯举兵造反。他安守本分,按兵不动。后来,康茂德授予他高卢行省和不列颠行省驻军的指挥权,并且有意让他继承皇位。作为军官,阿尔比努斯对人对己要求严格,甚至近于严苛。此前,他对农业很感兴趣,还撰写了一些关于农业的书籍。有人曾指控阿尔比努斯染有恶习,但这一指控的证据似乎不足。

当驻叙利亚的罗马军队和驻潘诺尼亚的罗马军队得知佩蒂纳克斯被杀、皇位被出售给狄迪乌斯·尤利安努斯时,奈哲尔与塞普提米乌斯·塞维鲁都觉得帝国的未来应掌握在自己手中。他们决心为佩蒂纳克斯报仇,因为佩蒂纳克斯才是他们心中的皇帝。于是,奈哲尔和塞普提米乌斯·塞维鲁各自集结了自己的军队,并向士兵们讲述了罗马发生的种种暴行。之后,士兵们均表示愿意跟随自己的将领,并且尊称他们为"奥古斯都"。此外,奈哲尔与塞普提米乌斯·塞维鲁还得到了其他各方的支持。其中,叙利亚军队指挥官奈哲尔得到了亚细亚各行省和盟国的一致支持。他见形势大好,便盲目自信,陈兵于安条克,未采取任何行动。塞普提米乌斯·塞维鲁率军向罗马挺进,期望一举夺得皇位。他得到了驻高卢行省的罗马军队的支持。此后,塞普提米乌斯·塞维鲁又给阿尔比努斯写了一封信。信中,他的态度非常友好。塞普提米乌斯·塞维鲁不仅表示要授予阿尔比努斯"恺撒"头衔,还准备收养他。因此,即便阿尔比努斯不同意合作,至少也会保持中立。紧接着,塞普提米乌斯·塞维鲁开始快速进军罗马。大军日夜兼程,塞普提米乌斯·塞维鲁挑选的六百精兵人不卸甲,马不卸鞍,一路畅行无阻。军队中所

---

① 如果想详细了解塞普提米乌斯·塞维鲁的一生,请参考《罗马帝王纪》。——原注

有人听命于他，并且认为他是真正为佩蒂纳克斯复仇的人。

狄迪乌斯·尤利安努斯沮丧至极，因为他知道驻潘诺尼亚的罗马军队正在逼近。他命令元老院将塞普提米乌斯·塞维鲁立为国家公敌，并花重金收买禁卫军，希望禁卫军能够迎战。然而，禁卫军纪律涣散，只有在行凶作恶时才"精神焕发"，想让其恢复军纪，投入战斗，实属困难。此外，从米塞卢姆招来的海军陆战部队的战斗力更加低下。狄迪乌斯·尤利安努斯试图效仿东方国家来训练大象投入战斗，结果成为笑柄。另外，他还在罗马城前修建战壕、加固城门和增设栅栏以确保皇宫安全，就好像即便其他所有地方都被攻破，也能确保皇宫安全似的。此外，可能是为了照顾禁卫军的感受，他处死了马尔恰、拉图斯及其他所有与"康茂德谋杀案"有关的人。

此时，塞普提米乌斯·塞维鲁已经到达拉韦纳，并且控制了海军船队。狄迪乌斯·尤利安努斯还在做没有意义的尝试。他让元老院宣布塞普提米乌斯·塞维鲁同自己共掌大权。但塞普提米乌斯·塞维鲁现在对狄迪乌斯·尤利安努斯的"分权而治"的提议表示不屑一顾。塞普提米乌斯·塞维鲁之前给罗马禁卫军写信保证：除了真正刺杀佩蒂纳克斯的人，其余所有人都能得到赦免，禁卫军也接受了这一条件。同时，元老院开始采取行动。执政官西柳斯·梅萨拉召集元老们，决定处死狄迪乌斯·尤利安努斯，推选塞普提米乌斯·塞维鲁为新皇帝。执行死刑命令的士兵来到时，狄迪乌斯·尤利安努斯不停地质问："我做了什么坏事？我杀过谁吗？"其中一名士兵手起刀落，结束了他的性命。至此，狄迪乌斯·尤利安努斯在位仅六十六天。

塞普提米乌斯·塞维鲁
公元193年至公元211年

塞普提米乌斯·塞维鲁在翁布里亚的英特拉姆纳接见了元老院代表。这里距离罗马七十英里。对于元老院的归顺之举,塞普提米乌斯·塞维鲁欣然接受,随后继续前往罗马。在接近罗马时,他下令处死谋害佩蒂纳克斯的凶手,命令罗马城中的禁卫军士兵卸下装备出营迎接,还要求他们像平时在庄严场合觐见皇帝时一样着装。对于这一命令,禁卫军无人违抗。最后,塞普提米乌斯·塞维鲁在禁卫军营地前接见了他们。他站上高台发表演讲,指责禁卫军谋杀了佩蒂纳克斯并把皇位出售给狄迪乌斯·尤利安努斯。塞普提米乌斯·塞维鲁表示可以饶禁卫军士兵一死,但除了外衣,他们的所有东西都会被没收;禁卫军士兵在有生之年将不得踏入罗马半步,如果在罗马周围一百英里以内发现他们,则就地处决。塞普提米乌斯·塞维鲁发表讲话的同时,驻潘诺尼亚的罗马军队已悄悄包围了禁卫军。所以禁卫军士兵即便反抗,也是徒劳。他们只好乖乖交出自己的刀剑和其余精锐装备,悲哀而退。与此同时,塞普提米乌斯·塞维鲁的一支部队已经占领了禁卫军营地,以防他们狗急跳墙。

之后,塞普提米乌斯·塞维鲁率军入城。元老们和公民都热情欢迎他的到来。他先是登上朱庇特神殿进行祭拜,然后参观了其他神殿,最后去了皇宫。次日清晨,塞普提米乌斯·塞维鲁会见了元老们,并且向他们做出承诺:自己会以马可·奥勒留为榜样,不会处死任何一位元老,除非元老院自己判定元老有罪——他一直坚守这一承诺。塞普提米乌斯·塞维鲁获得了皇帝应有的头衔和权力。一直以来,他都以佩蒂纳克斯的复仇者自居,用庄严、宏伟的仪式神化佩蒂纳克斯。此外,他还花重金犒赏了罗马公民和士兵。之后,他开始管理粮食供应事宜。其间,他调查了之前几个总督的行为,惩罚了那些涉嫌压迫、勒索的总督。

塞普提米乌斯·塞维鲁改革了禁卫军,将禁卫军人数增加到原来的四倍。在此之前,奥古斯都规定只有意大利人才能被征入禁卫军。后来,西班牙、诺利卡和马其顿的青年也逐渐被征入禁卫军。到了塞普提米乌斯·塞维鲁统治时期,所有人都有资格加入禁卫军。塞普提米乌斯·塞维鲁还从驻潘诺尼亚的罗马军队中挑选出最有能力、最忠诚的士兵组成卫队,给予他们更高的报酬,让他们有更舒适的生活。

塞普提米乌斯·塞维鲁只在罗马待了三十天便开始讨伐奈哲尔。奈哲尔是整个亚细亚的主人，同时控制着易守难攻的拜占庭。为了打赢这场战争，双方都进行了一段时间的准备。最后，塞普提米乌斯·塞维鲁率先发起进攻。他率部分军队持续围攻拜占庭，让将军坎迪杜斯率领主力渡过赫勒斯滂。公元194年，亚细亚资深执政官埃米利安努斯在距基齐库斯不远处迎战，但最终不敌塞普提米乌斯·塞维鲁的大军，只得率领残兵败将逃回基齐库斯，不久又逃到一个不知名的城镇。最后，埃米利安努斯被塞普提米乌斯·塞维鲁的军队俘虏并被处死。奈哲尔亲率大军在尼西亚和基乌斯与坎迪杜斯的军队激战。战斗漫长而艰苦，但最后胜利的天平倾向了塞普提米乌斯·塞维鲁这一方。奈哲尔留下军队守住托罗斯山隘口，自己则匆忙前往安条克招募士兵和筹集钱财。然而，一场突如其来的雨雪摧毁了奈哲尔修建的防御工事，他的军队不得不放弃托罗斯山隘口。奇里乞亚向塞普提米乌斯·塞维鲁敞开了大门。

奈哲尔决定在奇里乞亚山口背水一战，这里是从奇里乞亚到叙利亚的必经之地，位于伊苏斯湾的顶端。当年亚历山大大帝就在这里战胜了大流士三世。奈哲尔的军队在数量上占有优势，但其大部分士兵都没有接受过训练。不过，士兵们勇气可嘉，顽强战斗。但奈哲尔的运气太差，天气因素再次有利于塞普提米乌斯·塞维鲁。一场从海上袭来的雷雨风暴重创了奈哲尔的军队。士兵四散逃窜，死亡两万余人。情急之下，奈哲尔逃走了。但塞普提米乌斯·塞维鲁的军队紧追不舍，奈哲尔不得不向幼发拉底河方向逃窜，以便寻求帕提亚人的庇护。前往帕提亚途中，奈哲尔被抓获。塞普提米乌斯·塞维鲁的士兵砍下了他的头颅，将其送到塞普提米乌斯·塞维鲁面前。

塞普提米乌斯·塞维鲁以前未参加过任何针对元老院的清理"行动"，现在终于"出场了"。他处死了所有为奈哲尔而战的元老，流放了一部分元老，没收他们的财产。此外，他处死了许多地位较低的官员，并且对安条克和其他一些城镇实行无情的惩罚。公元195年,塞普提米乌斯·塞维鲁率军渡越过幼发拉底河。他派将军花了近一年的时间平定了美索不达米亚多个部族的叛乱。公元196年,他忙于战事时,收到拜占庭投降的喜讯。拜占庭位置优越,城防坚固。塞普提米乌斯·塞维鲁的军队虽然英勇善战,但围困拜占庭三年,久攻不下。最后,因为饥荒,拜占庭才缴械投降。拜占庭的政务官和士兵都被处死;公民财产被卖掉;城墙和公共建筑被拆除;拜占庭的城市头衔被剥夺,沦为一个普通村庄,归佩林苏斯管辖。

据说,塞普提米乌斯·塞维鲁也曾考虑入侵帕提亚。不过,他更关心自己子孙后代继承罗马帝国的千秋大业。因此,他必须铲除阿尔比努斯这个后患。塞普提米乌斯·塞维鲁决定采用诡计诛杀阿尔比努斯。这一做法确实符合他的性格。塞普提米乌斯·塞维鲁用饱含深情的话给阿尔比努斯写了一封信,就像给自己至亲兄弟写信一样。他指示送信人:假装有更重要的事情需要和阿尔比努斯私下交谈,然后在谈话过程中借机暗杀阿尔比努斯。然而,阿尔比努斯当即起了疑心,对送信人施以酷刑,从其口中套出了真相。阿尔比努斯发现自己别无选择,要么君临天下,要么任人宰割。于是,阿尔比努斯宣布自己为"奥古斯都",并且出兵高卢。得知此消息后,塞普提米乌斯·塞维鲁率军全速从东方向高卢挺进,与阿尔比努斯进行对抗。隆冬季节,塞普提米乌斯·塞维鲁率军翻越阿尔卑斯山脉。经过几次小规模的交战后,公元197年2月19日,在卢格杜努姆附近,双方进行了一场决定性的战役。双方投入兵力共十五万人,战斗时间漫长,胜负难料。起初,双方的左翼部队都遭受重创。塞普提米乌斯·塞维鲁是第一次作战。他调禁卫军前来援助。塞普提米乌斯·塞维鲁在战斗中受伤撤退,但他又集结军队开始进攻。后来,尤利乌斯·拉图斯将军率领骑兵赶到,塞普提米乌斯·塞维鲁大获全胜。最后,他率军乘胜追击,直至卢格杜努姆。战役结束,双方损失惨重。战败的阿尔比努斯选择自杀,即便如此,也难逃被侮辱的命运。塞普提米乌斯·塞维鲁的士兵砍下阿尔比努斯的头颅,呈到塞普提米乌斯·塞维鲁面前。塞普提米乌斯·塞维鲁对其进行了羞辱。阿尔比努斯的妻子和孩子起初幸免于难，但很快，塞普提米乌斯·塞维鲁将他们处死，并且将他们的尸体抛进了莱茵河。

未能幸免于难的还有卢格杜努姆的居民及阿尔比努斯的主要支持者。军队掠夺并烧毁了整个卢格杜努姆。而阿尔比努斯的主要支持者，无论男女，无论是罗马人，还是外省人，都难逃被处死和没收财产的命运。此后，塞普提米乌斯·塞维鲁先在高卢和不列颠待了一段时间，处理事务。之后，他返回罗马，开始报复元老院。他确信元老院更认同阿尔比努斯。他之所以这么确信，是因为此前翻阅阿尔比努斯的文件时，他发现了一些元老的信。于是，塞普提米乌斯·塞维鲁到达罗马的第二天，就召集元老们发表讲话。他赞扬苏拉、盖乌斯·马略和奥古斯都的严厉政策，指责庞培和尤利乌斯·恺撒的软弱。此外，塞普提米乌斯·塞维鲁还赞美了康茂德。他认为元老们无权羞辱康茂德，因为他们中的许多人活得还不如康茂德。最终，塞普提米乌斯·塞维鲁严厉指责那些给阿尔比努斯写信或送礼的人。在这些人中，他赦免了三十五人，处死了二十九人，佩蒂纳克斯的岳父苏尔庇西亚努斯也被处死。然而，受害者不限于此，奈哲尔的整个家族和其他几位杰出人士也都惨遭杀害。塞普提米乌斯·塞维鲁还没收了他们的财产。他如此残忍也许不仅因为他热衷于杀戮，更因为他贪得无厌。

在罗马短暂停留后，塞普提米乌斯·塞维鲁再次启程前往东方。因为他不在东方的这段时间，帕提亚人乘机入侵了美索不达米亚，并且包围了尼西比斯。不过，得知塞普提米乌斯·塞维鲁抵达东方后，帕提亚人便立即撤退。塞普提米乌斯·塞维鲁在叙利亚度过了冬天，积极为战争做准备。公元198年夏，他率军越过底格里斯河，围攻泰西封。战争期间，塞普提米乌斯·塞维鲁的士兵因缺乏补给而饱受折磨，最终只能靠牧草和植物根茎为生，结果患上了痢疾。不过，塞普提米乌斯·塞维鲁和士兵们坚持不懈，最终占领了泰西封。泰西封的所有成年男子惨遭屠杀，十万名妇女和儿童沦为奴隶。罗马军队缺乏补给，无法驻留在底格里斯河以东，便回到了美索不达米亚。公元199年，途经叙利亚时，塞普提米乌斯·塞维鲁率军围攻了哈特拉,但哈特拉久攻不下。损兵折将、耗尽物力财力后,塞普提米乌斯·塞维鲁率军撤退。过了一段时间后,塞普提米乌斯·塞维鲁再次率军进攻哈特拉。具体年份我们尚未确定,但可以确定的是塞普提米乌斯·塞维鲁仍未成功,不得不带着耻辱从这座坚不可摧的城市撤走。

塞普提米乌斯·塞维鲁在东方一直待到公元203年。其间,他到过埃及,很高兴地参观了金字塔和其他一些奇特景观。后来,为了庆祝长子卡拉卡拉的婚礼,塞普提米乌斯·塞维鲁回到罗马。

塞普提米乌斯·塞维鲁的妻子是尤利娅·多姆娜,生于叙利亚的埃美萨。据说,当时,塞普提米乌斯·塞维鲁娶她是因为她有皇室血统,这一点确实符合塞普提米乌斯·塞维鲁沉迷占星术的事实。尤利娅·多姆娜美丽、睿智、果敢,在文学上、哲学上颇有造诣。起初,塞普提米乌斯·塞维鲁的长子叫巴西亚努斯。在与阿尔比努斯交战期间,塞普提米乌斯·塞维鲁授予了巴西亚努斯"恺撒"的称号,并且给他改名为马可·奥勒留·安东尼[1]。后来,为了避免混淆,历史学家称他为"卡拉卡拉"。公元198年,塞普提米乌斯·塞维鲁授予卡拉卡拉"奥古斯都"称号,让他和自己一起治理罗马帝国。塞普提米乌斯·塞维鲁的小儿子叫盖塔,也被称为"安东尼"。

塞普提米乌斯·塞维鲁为长子卡拉卡拉挑选的妻子是普罗提拉,她是禁卫军长官普劳提阿努斯的女儿。普劳提阿努斯可谓是第二个赛扬努斯。值得一提的是,像提比略和塞普提米乌斯·塞维鲁这样智力超群的皇帝,竟然受到身边权臣的影响和摆弄。同塞普提米乌斯·塞维鲁一样,普劳提阿努斯也是阿非利加人。出身贫寒的普劳提阿努斯似乎早已把命运寄托在抱负远大的同胞塞普提米乌斯·塞维鲁身上。他努力赢得塞普提米乌斯·塞维鲁的好感和信任。塞普提米

---

[1] 塞普提米乌斯·塞维鲁为了表达对马可·奥勒留的崇拜和尊敬,就愚蠢地假装自己是马可·奥勒留的儿子。对此,卡西乌斯·迪奥曾说:"最让我们吃惊的是,塞普提米乌斯·塞维鲁竟说自己是马可·奥勒留的儿子,是康茂德的兄弟。"——原注

乌斯·塞维鲁登上皇位时，历史学家认为，普劳提阿努斯获得的权力之大，甚至超过了塞普提米乌斯·塞维鲁，而塞普提米乌斯·塞维鲁似乎成了普劳提阿努斯的卫兵。像普劳提阿努斯这类人，在飞黄腾达之后便不知何为低调，变得骄横跋扈、贪婪成性、残忍无情。为了霸占财富，普劳提阿努斯处死了家产万贯的权贵。对普劳提阿努斯来说，任何东西，无论是神圣的，还是世俗的，只要合他心意，就一定抢到手。普劳提阿努斯积累了大量财富，甚至人们都说他比塞普提米乌斯·塞维鲁和他的两个皇子更富有。普劳提阿努斯骄傲自大，未经允许没人敢接近他。他出入公众场合时，必定有扈从事先吆喝开道，不允许任何人驻足凝视，人们必须转过身去或低下头。普劳提阿努斯限制自己的妻子，不允许她出门拜访朋友或在家中接待客人，即便是见皇后尤利娅·多姆娜也不可以。他因为手握重权，成了人们阿谀奉承的对象。元老们和士兵们也都认为他是福星下凡，罗马帝国各个地方都竖起普劳提阿努斯的雕像。当时，普劳提阿努斯比皇帝塞普提米乌斯·塞维鲁更负盛名、更令人畏惧。

然而，普劳提阿努斯的权力本质上是不稳定的，再加上女儿普罗提拉与卡拉卡拉结了婚，最终导致他的死亡。普罗提拉的婚礼十分隆重，据说，光她的嫁妆就足以打发五十个公主出嫁。此外，宦官在内宫侍候女士是东方的习俗。鉴于这种情况，普劳提阿努斯安置了不少于一百个出身高贵的人留在普罗提拉身边，其中许多人已经成家并育有子嗣。普罗提拉同普劳提阿努斯一样傲慢。卡拉卡拉娶普罗提拉并非自己真心所愿。他十分痛恨这对父女，决心寻找机会铲除他们。卡拉卡拉诱使萨图尼努斯和另外两个百夫长向人们散布谣言，称普劳提阿努斯命令他们谋杀塞普提米乌斯·塞维鲁和皇子。卡拉卡拉还伪造了一份普劳提阿努斯的书面命令，并呈给塞普提米乌斯·塞维鲁。塞普提米乌斯·塞维鲁立即召见普劳提阿努斯。普劳提阿努斯遂带随从来到殿前，但塞普提米乌斯·塞维鲁只允许普劳提阿努斯一人入殿。不过，普劳提阿努斯没有产生什么疑心。入殿后，塞普提米乌斯·塞维鲁用温和的语气问普劳提阿努斯为什么要谋害自己。普劳提阿努斯顿感惊讶，便开始为自己辩解。就在这时，一旁的卡拉卡拉向前一跃，撤掉了普劳提阿努斯身上的佩剑，然后开始用拳头袭击他。如果不是塞普提米乌斯·塞维鲁干涉，卡拉卡拉会亲手杀死普劳提阿努斯。后来，卡拉卡拉让自己的侍从杀死了普劳提阿努斯，还把他的头颅送到了皇后尤利娅·多姆娜和普罗提拉那里。普罗提拉不敢在公众面前流露出伤心之情，扮出一副高兴的模样。之后，普罗提拉和哥哥普劳提乌斯被流放到了利帕拉岛。塞普提米乌斯·塞维鲁统治时期，普罗提拉和普劳提乌斯在岛上过着贫困、痛苦的生活。卡拉卡拉即位后，干的第一件事就是处死普罗提拉和普劳提乌斯。

塞普提米乌斯·塞维鲁在意大利待了四年，积极处理司法事务与财政事务，严厉处罚胡作非为之人。他把禁卫军长官这一重要职位授予知名法学家帕皮尼安[①]。而帕皮尼安当时正在负责审理一桩民事案件。所以为了确保在两个职位上均不失职，帕皮尼安任命法学家尤利乌斯·保卢斯和乌尔皮安为陪审员，帮助他处理案件。当时，法学家尤利乌斯·保卢斯和乌尔皮安的知名度和帕皮尼安不相上下。

公元208年，塞普提米乌斯·塞维鲁年事已高，饱受痛风的折磨，但仍然率军前往不列颠。一段时间以来，不列颠北方部落一直入侵罗马帝国边境。塞普提米乌斯·塞维鲁此次出征有多个目的，最重要的目的是希望自己的两个儿子走出安乐窝。普提米乌斯·塞维鲁还想借此机会重整罗马军团，一改往日松懈的状态。普提米乌斯·塞维鲁率军进入哈德良长城以北的荒野，砍伐森林，穿越沼泽，成功地渗透到不列颠岛的最北端。但据说当时，罗马损失了五万人。当地蛮族虽然不敢与罗马军团正面交锋，但不断在罗马军队的侧翼和后方设伏，消灭脱队的散兵。塞普提米乌斯·塞维鲁为了抵御蛮族的入侵，修复并加固了哈德良从

[①] 帕皮尼安是罗马帝国前期著名法学家，师从斯卡渥拉，后在罗马担任帝国法律领域的高级职务，曾担任过申诉官、帝国高级法院院长和执政官、被认为是副皇帝高位的禁卫军长官，行使军事和司法大权。——译者注

埃登到泰恩之间的土堤和城墙。

前往不列颠时,塞普提米乌斯·塞维鲁把自己的小儿子盖塔设成了共治皇帝。但塞普提米乌斯·塞维鲁的两个儿子都想置彼此于死地。大儿子卡拉卡拉毫不掩饰自己想独掌大权的野心。据说,肆无忌惮的卡拉卡拉曾试图在罗马军团与蛮族交战时杀死父亲。一天,当塞普提米乌斯·塞维鲁骑马迎战喀里多尼亚人时,卡拉卡拉拔剑刺向了父亲的后背,周围的人都发出惊呼。塞普提米乌斯·塞维鲁立即转身,看见了儿子手中刺向自己的剑。塞普提米乌斯·塞维鲁当时只是沉默不语,但回来后,他私下里叫来卡拉卡拉、禁卫军长官帕皮尼安和内侍卡斯托。塞普提米乌斯·塞维鲁在自己面前放了一把剑,然后开始斥责卡拉卡拉,并且告诉卡拉卡拉如果想置自己于死地,要么亲自动手,要么让帕皮尼安代行此事。只要塞普提米乌斯·塞维鲁下达命令,帕皮尼安定会服从,毕竟塞普提米乌斯·塞维鲁是皇帝。然而,卡拉卡拉并没有露出丝毫悔意。此前,塞普提米乌斯·塞维鲁经常指责马可·奥勒留在选择继承人时掺杂了过多私人情感,让自己的儿子康茂德继承了帝位,但他自己在这一方面表现得还不如马可·奥勒留,甚至比马可·奥勒留更应受责备。

公元211年,蛮族再次入侵,塞普提米乌斯·塞维鲁准备率军出击。但不幸的是,一场严重的痛风要了他的命。他在艾伯拉肯①驾崩,享年六十六岁,在位十八年。

塞普提米乌斯·塞维鲁一生的大部分时间都忙于处理民事,对军务关注相对较少。但值得注意的是,在统治帝国方面,塞普提米乌斯·塞维鲁比之前任何一位皇帝都更加依赖军队,也比之前任何一位皇帝都更加纵容军队,因此败坏了整个罗马军队的军事纪律。另外,禁卫军在他的管理下也发生了一些重要改变。比如,塞普提米乌斯·塞维鲁是第一个吸收外族士兵进入禁卫军的皇帝。塞

---

① 今英国的约克郡。——原注

普提米乌斯·塞维鲁即位前,边境的罗马军团还保留了罗马共和国时期的一些特征,但他即位后,放松了对军团的约束,允许士兵的家人和他们一起生活在边境营地,同时允许士兵像骑士一样戴金戒指,不断增加士兵的报酬,使士兵习惯帝国赐予的重赏。塞普提米乌斯·塞维鲁临终时,告诫两个儿子:"兄弟要团结,士兵要富足,做好这两点,其他一切都无足轻重。"这一忠告也体现了一个专制政府的治国原则。

第5章

卡拉卡拉、马克里努斯、埃拉伽巴路斯、亚历山大·塞维鲁

(公元211年至公元235年)

精彩看点

谋杀盖塔——日耳曼战争——帕提亚战争——亚历山德里亚大屠杀——卡拉卡拉之死——马克里努斯即位——马克里努斯败亡——埃拉伽巴路斯——埃拉伽巴路斯的统治——埃拉伽巴路斯之死——马梅娅——亚历山大·塞维鲁——波斯战争——亚历山大·塞维鲁之死——罗马军队

卡拉卡拉
公元211年至公元217年

塞普提米乌斯·塞维鲁驾崩后，卡拉卡拉试图独掌大权。但军队认为卡拉卡拉和弟弟盖塔为共治皇帝。为了给父亲塞普提米乌斯·塞维鲁举办葬礼，卡拉卡拉和盖塔从喀里多尼亚战场返回罗马。途中，卡拉卡拉千方百计想要除掉盖塔，无奈盖塔有忠于自己的士兵严密守卫。一路上，兄弟二人不断加强对彼此的戒备。回到罗马后，他们更是把宫殿一分为二，并且让人严格把守所有通往彼此宫殿的道路。官员、士兵、元老和普通公民也分成两个阵营，支持各自的皇帝。实际上，卡拉卡拉与盖塔都不值得依靠。如果非要将他们比较，那么盖塔更温和、更亲切、更仁慈，并且热爱文学。这让盖塔比残忍的哥哥卡拉卡拉更有优势。同时，母亲尤利娅·多姆娜更宠爱盖塔。

卡拉卡拉和盖塔因为几乎没有和平共处的可能，所以打算分治罗马帝国。他们约定，卡拉卡拉统治罗马帝国在欧洲的领土，而盖塔统治罗马帝国在亚洲的领土，将皇宫设在安条克或亚历山德里亚。但据说，他们的母亲尤利娅·多姆娜不愿看到这种局面，便眼泪汪汪地恳求他们终止这一约定。最后，卡拉卡拉和盖塔答应了母亲尤利娅·多姆娜的要求。但卡拉卡拉还是不放弃独揽大权的想法，决定除掉弟弟盖塔。公元212年，尤利娅·多姆娜召两个儿子前往自己的住处议事。盖塔如约而至，他没怀疑此行有危险。盖塔到达后，卡拉卡拉提前藏好的几个百夫长突然冲出来扑向他。盖塔赶忙扑向母亲尤利娅·多姆娜怀里寻求保护，只是一切太迟了。母亲尤利娅·多姆娜为了救他，自己手臂也受了伤，浑身沾满了盖塔的鲜血。谋杀行动结束后，卡拉卡拉急忙赶到禁卫军营地。一路上，他不停地哭喊着说自己刚刚碰到一场阴谋，差点丧命。到达禁卫军营地后，他猛地扑倒在军旗前，感谢神对自己的庇佑。接着，卡拉卡拉站起身来向士兵发表演讲，保证自己同士兵们生死与共，士兵们是自己唯一的依靠。他向士兵们承诺：从今往后，把士兵们的军饷提高到原来的一点五倍，同时把父亲塞普提米乌斯·塞维鲁积累的所有财富分给他们。可想而知，这些承诺不可能没有诱惑力。因此，他轻而易举地就被士兵们尊奉为罗马帝国唯一的皇帝。之后，卡拉卡拉又前往阿尔邦山[①]营地。他想要让这里的士兵们信服，就没那么容易了，因为他们非常仰慕盖塔。但通过向士兵们做出一些承诺，卡拉卡拉还是获得了他们的认可。

随后，在士兵们的簇拥下，卡拉卡拉来到元老院。为了确保自己安全，卡拉卡拉身穿长袍，佩戴胸甲，还带了一些贴身护卫。为了向元老院证明自己的行为是正当的，他举了很多前人的例子，包括罗慕路斯[②]。当谈到弟弟盖塔时，卡拉卡拉深表遗憾。他为盖塔举行了盛大的葬礼，并且把盖塔归入诸神行列。

母亲尤利娅·多姆娜虽然难过，却不敢为盖塔哀悼。相反，为了卡拉卡拉的安全，尤利娅·多姆娜甚至不得不装出一副高兴的模样。好在卡拉卡拉统治期间，他一直对尤利娅·多姆娜尊敬如初，还让她处理部分国家事务。但盖塔的其

[①] 阿尔邦山也是禁卫军营地所在地。历史学家称这里的士兵为阿尔巴尼亚人。——原注
[②] 罗慕路斯，罗马神话中，罗慕路斯和雷穆斯是罗马城的两个创建者。这对由战神马尔斯与维斯塔贞女生的孪生子出生后即被遗弃，后被一牧民家庭抚养成人。据说，雷穆斯在一次关于新建城市的争论中被罗慕路斯杀害。——译者注

他朋友和支持者就没那么幸运了，不管他们是士兵还是平民，都遭到了卡拉卡拉肆无忌惮的报复。据估计，当时约有两万人被处死。其中，最令人惋惜的是刚正不阿的帕皮尼安。据说，当时，卡拉卡拉希望帕皮尼安帮自己就谋杀弟弟盖塔一事写一封道歉信。但帕皮尼安无畏地回答道："承认杀亲之罪容易，但开脱实属困难。"卡拉卡拉见帕皮尼安态度坚决，便命令士兵砍下了他的脑袋。不过，行刑

● 卡拉卡拉见帕皮尼安态度坚决，便命令士兵砍下了他的脑袋

时士兵用的是斧头而不是剑，卡拉卡拉因此指责了该士兵一番。马可·奥勒留幸存的女儿法迪娜最终也难逃一死，只因她哀悼了盖塔。同样被杀的还有前任皇帝佩蒂纳克斯的儿子希尔维乌斯·佩蒂纳克斯、赛拉西·普里斯库斯及其他许多身居高位的正直之人。由此可见，卡拉卡拉对弟弟盖塔的仇恨之深，甚至当时的喜剧诗人都不敢在戏剧中使用"盖塔"这个名字。

同康茂德一样，卡拉卡拉大部分时间都沉浸在竞技娱乐中。为了支付巨额开销，卡拉卡拉开始增加税收，还没收了所有能设法得到的财产。一天，尤利娅·多姆娜责备卡拉卡拉给士兵的赏赐过于丰厚，警告他很快就会没有收入来源。但卡拉卡拉不以为然。他把手放在自己的剑上，专横地说道："不用害怕，母亲。只要我们有这个，就不需为钱担忧。"

这一时期，卡拉卡拉大肆授予公民权。而在授予公民权方面，共和派的做法一向非常谨慎。

卡拉卡拉不愿安分守己。登上皇位不久，他就迫不及待地挑起与日耳曼人的战争，以便获得军事荣誉。卡拉卡拉率军来到莱茵河，战胜了阿勒曼尼人（也有人认为这次胜利是靠花钱买来的）。因为这次战争，阿勒曼尼人首次被载入史册。令人惊奇的是，之后，卡拉卡拉竟开始扮成日耳曼人的模样，甚至戴上金色的假发来模仿他们。此外，他还在自己身边安置了一些日耳曼卫兵。据说，公元214年的战争结束后，卡拉卡拉率军从高卢返回罗马。卡拉卡拉给罗马公民分发了长款高卢大衣，即"卡拉卡拉大衣"，这才有了大家熟知的"卡拉卡拉"的称谓。公元215年，卡拉卡拉行军至多瑙河，后进至达契亚，同邻近的蛮族发生了几次小规模的战斗。接着，他回到亚细亚，打算同帕提亚人开战。在尼科米底亚，卡拉卡拉度过了冬天。

卡拉卡拉声称自己特别崇拜阿喀琉斯。于是，他前往伊利昂参观了阿喀琉斯的墓地，并且向阿喀琉斯献祭。卡拉卡拉让士兵全副武装绕墓守卫，还在墓穴顶端竖起了一座阿喀琉斯的铜制雕像。巧合的是，卡拉卡拉的一个获释奴隶不幸去世。当然，他可能是被卡拉卡拉故意毒死的，目的是再次上演帕特洛克罗斯的荷马式葬礼①。接下来，卡拉卡拉模仿阿喀琉斯向风中斟酒，命令士兵点燃柴堆，剪掉自己天生稀少的头发，将头发扔进火中。纪念阿喀琉斯后，卡拉卡拉开始效

---

① 帕特洛克罗斯是阿喀琉斯的挚友。帕特洛克罗斯战死后，阿喀琉斯将他火葬，并且剪掉自己的头发放入火堆中。因为剪发是悲伤的标志，也是生者和死者分离的标志。——译者注

仿亚历山大大帝。为了表达对亚历山大大帝的崇拜，他在各地立起亚历山大大帝的雕像，并且称亚历山大大帝为"东方的奥古斯都"。此外，卡拉卡拉组建了一支由一万六千名士兵组成的马其顿方阵，同亚历山大大帝时期的方阵一模一样。他甚至迫害逍遥学派①的哲学家，因为有人指控逍遥学派鼻祖亚里士多德害死了他的学生亚历山大大帝。

公元216年春，卡拉卡拉来到安条克。帕提亚人为了避免战争，应卡拉卡拉的要求交出了两个人质。卡拉卡拉背叛约定，自称是亚美尼亚国王及其臣民的主人，也是埃德萨的主人。他命令禁卫军长官塞奥克里托斯率军征服亚美尼亚人。塞奥克里托斯起初只是普通士兵，在卡拉卡拉的提拔下才成为禁卫军长官，但他率领的军队未能征服亚美尼亚人。战败后的卡拉卡拉率军前往亚历山德里亚，秘密决定对该城的居民进行血腥报复，因为他们曾经嘲弄他谋杀弟弟盖塔。他快抵达亚历山德里亚时，人们满心欢喜地出来迎接他，对他充满敬意。卡拉卡拉假装亲切，接见了他们，随后入城。他以纪念亚历山大大帝为由，设计了一个方阵，并命令城内所有年轻人前往城外开阔的平地。年轻人全部照做，聚集在平地上。卡拉卡拉从他们中间穿过，假装在例行检阅。然后，他退后到塞拉皮斯神殿，下达了屠杀的命令。一时间，城墙内外哭声震天，景象可怕至极。

●卡拉卡拉率军进入亚历山德里亚

---

① 逍遥学派，亦称"亚里士多德学派"，是亚里士多德及其弟子世代相传的学派。亚历山大大帝十三岁时，亚里士多德成为他的老师，对亚历山大大帝的思想形成起了重要作用。卡拉卡拉之所以迫害亚里士多德的门徒，是因为当时柏拉图学派和亚里士多德学派形成对立。双方攻讦不已，从而引发卡拉卡拉的迫害。——译者注

城外平地上的所有人，无论长幼，无论贵贱，都被屠杀。为了掩盖屠杀的暴行，卡拉卡拉命士兵挖好壕沟，将死尸和奄奄一息的人都扔进壕沟。另外，他剥夺了亚历山德里亚的所有特权。这座城市想要避免彻底毁灭的命运，只能等到卡拉卡拉死亡的那一天。

结束了对亚历山德里亚手无寸铁的居民屠杀后，卡拉卡拉回到安条克。为了寻找借口同帕提亚人开战，他传信给帕提亚国王阿尔达班五世①，希望娶他的女儿为妻。阿尔达班五世断然拒绝了卡拉卡拉这一莫名其妙的要求。卡拉卡拉终于获得入侵并蹂躏帕提亚的借口了。他率军占领了帕提亚皇陵所在地阿贝拉，命人掘开皇陵，把帕提亚先王的尸骨弄得七零八落。然后，卡拉卡拉在埃德萨度过了冬天。

公元217年春，罗马帝国与帕提亚王国都在积极备战。这时，罗马军队中发生了一场阴谋，要了卡拉卡拉的命。罗马军队中有两位禁卫军长官，一个叫阿德温图斯，普通士兵出身；另一个叫马克里努斯，平民出身，但精通律法。粗暴残忍的卡拉卡拉常嘲笑马克里努斯的平民身份，甚至常常威胁要杀掉他。马克里努斯在得知自己性命不保的消息后，决定先发制人，杀死暴君卡拉卡拉。因此，他把自己的计划告诉了一些将领，其中一个叫马夏尔。马夏尔非常恨卡拉卡拉，因为卡拉卡拉曾拒绝他做百夫长，或者像其他人所说，卡拉卡拉处死了马夏尔的哥哥。公元217年4月8日，卡拉卡拉骑马从埃德萨前往卡雷到月神殿献香。献香结束后，他离开神殿。在卡拉卡拉下马去处理个人事情时，马夏尔突然冲了过来，一剑刺中了他的喉咙。卡拉卡拉倒地而亡。马夏尔立即上马逃跑，但还是被塞西亚的弓箭手射杀。

---

① 帕提王国末代君主，公元213年至公元224年在位。他是沃罗加斯五世的小儿子。——译者注

马克里努斯
公元217年至公元218年

卡拉卡拉被杀的消息一传出，马克里努斯第一个赶到现场，表示哀悼。由于卡拉卡拉没有留下继承人，所以军队不确定该奉谁为新皇帝。在长达四天的时间里，罗马帝国群龙无首。此时，支持马克里努斯的军官利用他们的影响力，推举马克里努斯为新皇帝。公元217年4月11日，马克里努斯登上皇位。一开始，他还装作一副极不情愿的样子。之后，按照惯例，马克里努斯赏赐给士兵一大笔钱。卡拉卡拉的骨灰由阿德温图斯带回罗马，埋葬在安敦尼家族的陵园里。另外，应士兵的要求，马克里努斯和元老院不得不把暴君卡拉卡拉置于诸神行列。收到马克里努斯就任罗马帝国皇帝的信，元老们很高兴，立即授予马克里努斯皇帝应有的头衔和荣誉。

然而，在罗马帝国内部发生政权更替的同时，帕提亚国王阿尔达班五世已经率大军渡过了底格里斯河。马克里努斯向阿尔达班五世提出和谈要求，遭到拒绝，只得率军出征。双方在尼西比斯附近展开了几场战斗。帕提亚人一度占据上风。但后来补给缺乏，士兵又急于回到自己的国土，阿尔达班五世就接受了马克里努斯的提议，双方实现了和平。然后，马克里努斯率军返回安条克过冬。

正如上文所说，马克里努斯非军人出身。他出生于阿非利加的恺撒利亚。他出身卑微，非常庆幸自己能晋升到与同乡普劳提阿努斯一样的地位。马克里努斯和蔼可亲，一身正气浩荡。即位后，他把主要精力放在民事与法律方面，做了一些必要的调整，制订了一些有益的法律。但他生性胆怯，总是急于讨好身边人，不断为他们加官晋爵，不考虑他们是否胜任。另外，马克里努斯还犯了一个无法弥补的大错：同帕提亚人和解后，没有立即率军返回罗马，而是陈兵于叙利亚，整顿军纪。这虽有必要，却为时尚早，且过于轻率。马克里努斯竟然试图将罗马军团的纪律恢复到塞普提米乌斯·塞维鲁统治时期的状态。虽然这次只针对新兵，未涉及老兵，但老兵还是认为终究会波及自身，所以极度不满。不久，这种不满便被马埃萨利用。

卡拉卡拉被杀时，他的母亲尤利娅·多姆娜还在安条克。马克里努斯给她写了一封亲切的信，告知卡拉卡拉的死讯。尤利娅·多姆娜悲痛欲绝——不知是因为儿子丧命，还是因为自己权力丧失。尤利娅·多姆娜不禁捶打自己的胸口，没料到这几拳让她不久归西。尤利娅·多姆娜有个姐姐，她的名字叫马埃萨。塞普提米乌斯·塞维鲁和卡拉卡拉统治时期，马埃萨一直住在皇宫里，积累了大量财富。马克里努斯登基后，命令马埃萨离开皇宫，回到自己的家乡埃美萨。马埃萨有两个女儿，分别是索埃米斯和马梅娅。她们都是寡妇，膝下各有一子。索埃米斯的儿子叫巴西亚努斯，是一个十七岁的英俊青年。在家人的帮助下，巴西亚努斯在埃美萨担任太阳神祭司这一有利可图的美差。埃美萨的太阳神被称作"埃拉伽巴路斯"（所以巴西亚努斯后来被称为"埃拉伽巴路斯"），驻扎在埃美萨附近的罗马军队以前也经常去神殿祭拜。士兵们都非常崇拜这位长相清秀的年轻祭司，并且知道他就是可怜的卡拉卡拉的表亲。于是，精明的马埃萨决心利用这条感情线，想助外孙巴西亚努斯登上皇位。为此，马埃萨不惜牺牲女儿索埃米斯的名誉，向外界宣称索埃米斯曾和卡拉卡拉同居（也许是事实）。这让人以为巴西亚努斯实际上是卡拉卡拉的儿子。为了让士兵们认可自己的言论，马埃萨花重金贿赂他们，还慷慨承诺以后会赏给他们更多钱财。士兵们欣然接受，承认巴西亚努斯是卡拉卡拉的儿子。公元218年5月15日晚，马埃萨、索埃米斯、巴西亚努斯连带家族其他成员一起偷偷溜出城，在宦官甘尼斯的带领下到了附近的军营，受到了士兵们的热情接待。士兵们尊奉巴西亚努斯为皇帝，并且称他为马可·奥勒留·安东尼。得到消息后，马克里努斯派兵前来攻打巴西亚努斯，而拥护巴西亚努斯的士兵奋起反抗。其他士兵在得知巴西亚努斯是卡拉卡拉的儿子时，急忙前来解围。

马克里努斯派禁卫军长官乌尔比乌斯·尤利安努斯带兵前去平定叛乱。乌尔比乌斯·尤利安努斯第一次进攻叛军营地时，获得了胜利，但他没有乘胜追击。巴西亚努斯乘机贿赂乌尔比乌斯·尤利安努斯的士兵，部分士兵弃乌尔比乌斯·尤利安努斯而去。乌尔比乌斯·尤利安努斯也不幸落入巴西亚努斯手中，惨遭杀害。此时，马克里努斯率军进至阿帕梅亚。他在此授予自己十岁的儿子迪亚杜门尼安"奥古斯都"的称号，并承诺给军队一大笔赏钱。此外，他还向元老院和各行省总督写信反对巴西亚努斯。但马克里努斯并没有迅速进攻叛军，而是回到安条克。此时，巴西亚努斯的军队迅速进至安条克。马克里努斯被迫率军在安条克附近迎战。巴西亚努斯的军队由宦官甘尼斯指挥。甘尼斯虽然生平第一次带兵作战，但指挥得当，有做"大将军"的天赋。然而，马克里努斯的军队坚忍不拔，英勇作战。巴西亚努斯的军队抵挡不住，士兵打算临阵脱逃。就在这时，马埃萨和索埃米斯冲出来阻止了他们。巴西亚努斯手持宝剑，带领士兵重新投入战斗。马克里努斯的军队仍然顽强作战，毫不退让。如果不出意外，马克里努斯极有可能获得胜利。然而，马克里努斯怯懦至极，在士兵浴血奋战时，他临阵逃跑。得知这个消息后，马克里努斯的将士转而支持巴西亚努斯。

马克里努斯乔装打扮，一口气逃到了卡尔西登，很快被抓获并被处死。无辜的迪亚杜门尼安落得同样的下场。至此，马克里努斯结束了仅十四个月的统治。

埃拉伽巴路斯
公元218年至公元222年

埃拉伽巴路斯[①]在安条克给元老院写了一封信。在信中，埃拉伽巴路斯不仅咒骂马克里努斯，而且承诺自己将会以奥古斯都和马可·奥勒留为榜样。也许是出于无知，也许是出于傲慢，埃拉伽巴路斯给自己冠以皇帝的各种头衔。而一直

---

① 巴西亚努斯即位后，我们称他为"埃拉伽巴路斯"。——译者注

以来这些头衔都是由元老院授予的。元老院别无他法，只能一边悲叹马克里努斯的懦弱，认为他没有返回罗马是个大错，一边叹息着屈服于卡拉卡假儿子的统治。

埃拉伽巴路斯在尼科米底亚度过了冬天。在这里，他亲手处死了甘尼斯。甘尼斯虽然是帮埃拉伽巴路斯夺取皇位的首要功臣，但终究是宦官。他竟奢望过上正常、体面的生活。此外，埃拉伽巴路斯下令处死了罗马和几个行省的高级官员。由此，人们开始意识到让埃拉伽巴路斯为他们谋幸福，几乎是毫无希望的。

公元219年，天气刚回暖，马埃萨就迫不及待地要返回罗马，于是催促外孙埃拉伽巴路斯即刻启程。不过，在返回罗马之前，埃拉伽巴路斯派人把他的一幅画像先送回罗马，并且要求把它悬挂在元老院的胜利女神画像之上。这是一幅全身画像：埃拉伽巴路斯身着长而宽松的亚细亚风格服饰，脖子上戴着各式项圈和项链，皇冠上镶着黄金和宝石。埃拉伽巴路斯进入罗马时，元老院和公民看到他的着装竟和画像中一模一样。马埃萨曾试图让埃拉伽巴路斯穿罗马人的服装，但徒劳无益。进入首都后，按照惯例，埃拉伽巴路斯举办演出活动，赏赐给人们一大笔钱财。第一次出席元老院会议时，他提议让马埃萨一同随行。埃拉伽巴路斯让马埃萨坐在执政官的位置上。从此之后，马埃萨的所作所为俨然是在履行一名执政官的职责，负责处理各个方面的事务。他的母亲索埃米斯也有一个自己的元老院，其成员全是女性，负责管理所有与着装、礼仪及其他与女性有关的重要事务。

埃拉伽巴路斯的人生目标是歌颂埃美萨的太阳神。他把代表埃美萨太阳神的圆锥形黑石带到了罗马，还在帕拉丁山建了一座庄严的神殿供奉它。虔诚的他提议将守护神帕拉狄昂、安西利亚战盾神也移到帕拉丁山。这样一来，所有人会来帕拉丁山敬拜并许下神圣誓言，而帕拉丁山自然成为罗马的宗教中心。此外，埃拉伽巴路斯还在郊区为埃美萨太阳神建造了一座神殿。每年春天，由六匹乳白色的马用车把圣石运往郊区。埃拉伽巴路斯亲自牵着缰绳走在队伍前列，目不转睛地注视着太阳神像。一路上，人们撒下各种鲜花和花环，骑士和军队也加入了游行队伍。队伍到达神殿后，各式金银杯、服饰和各种动物（除猪以外）都抛出去，由人们肆意争夺。埃拉伽巴路斯认为埃美萨太阳神应该有一位妻子。他首先选中弥涅耳瓦[①]做他的新娘，还把弥涅耳瓦雕像移到了埃美萨太阳神神殿举行婚礼。后来，考虑到弥涅耳瓦粗暴好战的本性，不适合温和的埃美萨太阳神，埃拉伽巴路斯又选择迦太基的阿斯塔特[②]。他命人把阿斯塔特的神像连同作为嫁妆的金银财宝一起带回罗马，安放在太阳神神殿里。

　　埃拉伽巴路斯共娶了四个妻子，其中一个是维斯塔贞女。他向元老院保证这样的结合是最合适的婚姻，就像男女祭司的结合一样。关于埃拉伽巴路斯变态的欲望和其他过激行为，我们不便在此过多叙述，以免玷污书页。一言以蔽之，埃拉伽巴路斯为人卑鄙，行为放纵，他的罪恶堪比提比略和尼禄。埃拉伽巴路斯把一些最卑鄙、最邪恶的人提升为罗马帝国的权臣，大肆挥霍罗马帝国的财富。

　　马埃萨的头脑比较清醒。她意识到埃拉伽巴路斯这种肆无忌惮的行为必将带来不可避免的灾难，她必须设法让皇位传承下去。于是，马埃萨劝说埃拉伽巴路斯收养比他小四岁的表弟阿勒夏努斯，授予阿勒夏努斯"恺撒"的称号。埃拉伽巴路斯满足了马埃萨的愿望，在元老院收养了阿勒夏努斯，给他改名为亚历山大·塞维鲁。据埃拉伽巴路斯所说，给阿勒夏努斯改这个名字是埃美萨太阳神的旨意。起初，埃拉伽巴路斯试图败坏亚历山大·塞维鲁的品行，让亚历山大·塞维鲁变得和自己一样邪恶。但亚历山大·塞维鲁天生温顺善良，母亲马梅娅还谨慎地为他选择了优秀的老师。埃拉伽巴路斯见教唆未果，便试图除掉亚历山大·塞维鲁，却苦于一时没有找到合适的杀手。更糟糕的是，马埃萨发现了埃拉伽巴路

[①] 弥涅耳瓦是罗马神话中的智慧、战争、月亮和记忆女神，也是手工业者、学生、艺术家的保护神，属罗马十二主神之一，相当于希腊神话中的雅典娜。——译者注
[②] 阿斯塔特是近东神话中主管爱情与生育的女神。——译者注

斯的阴谋，打乱了埃拉伽巴路斯的计划。

士兵们早已对矫揉造作、恶贯满盈的埃拉伽巴路斯心生厌恶，把一切希望都寄托在年轻的亚历山大·塞维鲁身上。如此一来，埃拉伽巴路斯对亚历山大·塞维鲁的愤怒便达到了极点。他决定不再收养亚历山大·塞维鲁，并且向元老院和士兵们声明，不再允许亚历山大·塞维鲁使用"恺撒"头衔。结果这一举措导致军营发生兵变，埃拉伽巴路斯被迫与亚历山大·塞维鲁一同前往军营，当众承诺自己会解散所有同谋和爪牙，还会改掉身上的种种恶习。做了这番承诺后，埃拉伽巴路斯才得以自保。但埃拉伽巴路斯对亚历山大·塞维鲁的强烈仇恨从未消失。不久，他又想出了新的计谋。为了试探士兵们的态度，埃拉伽巴路斯发布了一份关于亚历山大·塞维鲁的讣告。讣告一发布，军营里立刻发生了动乱。直到亚历山大·塞维鲁和埃拉伽巴路斯一起出现，动乱才平息。但埃拉伽巴路斯并没有就此收手。眼见动乱很快平息，他决定冒险惩罚一些动乱中的头目。结果，这又引发了一场暴乱。见此情形，索埃米斯和马梅娅赶紧集结各自党羽来帮助自己的孩子。最终，马梅娅战胜了索埃米斯和埃拉伽巴路斯。当时，藏在厕所里的埃拉伽巴路斯被发现，接着被拖了出来。然后，他被杀死在母亲索埃米斯的怀里，索埃米斯随即也被杀死。埃拉伽巴路斯死后，士兵在他的尸体上绑了一块石头，将其沉入台伯河。埃拉伽巴路斯所有侍者和宠臣几乎都成了人们复仇的对象，全部被屠杀。

亚历山大·塞维鲁
公元222年至公元235年

元老院和军队都同意推举亚历山大·塞维鲁为新皇帝。为了避免出现竞争对手，元老院急忙授予亚历山大·塞维鲁所有皇帝头衔和权力。亚历山大·塞维鲁年纪尚幼，性格十分温和，罗马帝国政务完全由其外祖母马埃萨和母亲马梅娅指导。然而，他即位后不久，马埃萨不幸去世。之后，罗马帝国由马梅娅一人摄政。马梅娅能力过人，我们有理由认为她当时已经信奉了基督教，毕竟当时基督教在罗马帝国已经盛行。马梅娅指导处理国家事务时，展现出了睿智、公正和温和的作风，这是之前的皇后从未有过的。马梅娅的敌人常常指责她敛财、集权，指责亚历山大·塞维鲁对她过于顺从。但这些指责都似是而非。实际上，在亚历山大·塞维鲁统治时期，没有出现过任何由贪婪导致的暴行。

马梅娅的首要任务是为儿子亚历山大·塞维鲁组建一个明智而正直的顾问团。这个顾问团以博学的禁卫军长官乌尔皮安为首，包括十六位受尊敬的元老。没有这个顾问团的同意和认可，任何决议都无法贯彻执行。此外，在马梅娅的努力下，一套综合改革体制稳步推行。马梅娅还革除已故暴君埃拉伽巴路斯的所有荒谬恶习：命人把埃美萨太阳神送回原来的地方；其他神的雕像也被送回之前所在的神殿；放逐或出售之前帮埃拉伽巴路斯作恶或用来娱乐的奴仆；溺杀埃拉伽巴路斯罪大恶极的宠臣，开除作恶较轻的公职人员，任命博学正直的人。

马梅娅尽最大努力让亚历山大·塞维鲁远离那些可能败坏他品行的人。为了让亚历山大·塞维鲁充分利用时间，马梅娅督促他把每天的大部分时间花在司法事务上，还为他安排了聪明、善良的帮手。亚历山大·塞维鲁这颗好种子可谓是幸运地落在了肥沃的土壤里，他拥有各种美德也是理所当然的。统治期间，他一直致力于增加罗马人的福祉。

亚历山大·塞维鲁统治的前十年都是在罗马度过的。其间，他把主要精力放在民事事务上。据了解，亚历山大·塞维鲁的日常生活非常规律。每日清晨，他通常会早起去私人礼拜堂祷告。礼拜堂里供奉着智者和善人，其中也包括基督教创始人。祷告结束后，亚历山大·塞维鲁会做一些锻炼，然后花几个小时和顾问团一起处理公务。之后，他会读一会儿书。他最喜欢的作品有柏拉图的《理想国》、西塞罗的《论共和国》、贺拉斯的诗及《亚历山大大帝传》等。亚历山大·塞维鲁非常崇拜亚历山大大帝。阅读结束后，他会做自己擅长的体操。然后，他开始涂油沐浴，接着再吃一顿清淡的早餐，通常是面包、牛奶和鸡蛋。下午，亚历山大·塞维鲁召见几位秘书，听他们读奏折，接着签署批文。然后，一天的工作才算结束。晚上，亚历山大·塞维鲁通常会邀请朋友一起吃一顿简单的晚餐，餐桌上谈论的话题大多比较严肃、具有教育意义。其间，还会有人读一些文学作品给亚历山大·塞维鲁和他的客人听。

亚历山大·塞维鲁着装简单朴素，行为举止中表现不出丝毫的傲慢无礼。他和元老们平等相处，就像奥古斯都、韦斯巴芗和其他贤明皇帝一样。他慷慨大度，满足人们的所有要求。对于一些原来家境不错后来却陷入贫困的家庭，亚历山大·塞维鲁非常乐意提供帮助。在他的所有美德中，有一种是那个时代最难能可贵的——忠贞。在马梅娅的要求下，亚历山大·塞维鲁很早就娶了一位出身高贵的女士——梅姆尼娅。但后来亚历山大·塞维鲁和梅姆尼娅离了婚，甚至把她放逐到阿非利加。大家对这件事的描述有着不同的说法。其中一个版本是：皇后梅姆尼娅的父亲密谋造反，后来被发现并被处死，亚历山大·塞维鲁只好同她离婚。另一个版本是：亚历山大·塞维鲁对岳父过分恭敬，引起了梅姆尼娅的嫉妒，父亲被杀是她造成的，她在离婚后被放逐到阿非利加。不过，亚历山大·塞维鲁好像很快又结婚了。

一段时间以来，禁卫军长官已经承担了民事管辖权。为了保持公正，两位禁卫军长官中应有一位出自平民。因此，马梅娅把乌尔皮安提拔为禁卫军长官。乌尔皮安一向以重视法纪而闻名，所以他自然要恢复禁卫军以前严格的纪律。结果导致禁卫军中一些士兵多次试图加害于他。亚历山大·塞维鲁不止一次亲自出面才能把乌尔皮安从愤怒的士兵手中解救出来。公元228年的一天夜里，士兵们再次袭击乌尔皮安。乌尔皮安摆脱士兵们的追捕，一路逃到皇宫。最终，士兵们还是抓住他，并且当着亚历山大·塞维鲁和马梅娅的面杀了他。

亚历山大·塞维鲁统治初期，罗马军队只与日耳曼人、摩尔人进行了几次小规模的战争。但公元232年，强大的对手出现了，威胁着罗马帝国的东方行省，需要亚历山大·塞维鲁亲自率兵出征才能应对。

据说,帕提亚人原是波斯北部的塞西亚人。随着叙利亚的马其顿王国逐渐衰落,公元前250年,帕提亚人乘机摆脱了枷锁,之后逐渐成为整个波斯的主人。帕提亚人的统治已经持续了五百年,后来日趋衰落,原因无非是家族纠纷、争夺王位等。公元226年,即亚历山大·塞维鲁统治的第四年,一个叫阿尔塔薛西斯的波斯人举兵反抗帕提亚国王阿尔达班五世。阿尔塔薛西斯对外宣称自己是古代王室的后裔。据说,实际上,阿尔塔薛西斯出身卑微,只不过是一名普通的士兵。他幸得命运眷顾,击败了阿尔达班五世并将其处死,而后顺利登上王位。阿尔塔薛西斯建立了萨珊王朝①。后来,萨珊王朝被穆罕默德征服。

一直以来,阿尔塔薛西斯都假装是古代阿契美尼德②王族后裔,试图把波斯恢复到阿契美尼德王朝统治下的状态。阿尔塔薛西斯统治时,拜火教或明教③一改帕提亚王朝的颓败的景象,使之重新焕发出昔日的生机。阿契美尼德王朝的居鲁士二世曾把领土扩张到爱琴海沿岸。因此,为了恢复阿契美尼德王朝时期的波斯疆域,阿尔塔薛西斯命令罗马人离开亚细亚。然而,罗马人对此毫不理会。阿尔塔薛西斯率军渡过底格里斯河,决定以武力赶走罗马人。但不幸的是,他首先攻击了坚不可摧的哈特拉。结果可想而知,阿尔塔薛西斯损兵折将,遂率军忍辱而退。之后,他转攻米底亚人和其他一些更偏北的部落。公元232年,顺利打败这些部落后,阿尔塔薛西斯决定再次入侵美索不达米亚。这次,亚历山大·塞维鲁亲自率军与之对抗。他离开罗马时,罗马公民都前来为他送行,边哭边为他

---

① 萨珊王朝,也称波斯第三帝国,帕提亚王朝是波斯第二王朝。萨珊王朝是前伊斯兰时期最后一个波斯帝国。国祚始于公元224年,后被信奉伊斯兰教的阿拉伯人征服,公元651年灭亡。——译者注
② 波斯阿契美尼德王朝(公元前550年—公元前330年),又被称为波斯第一帝国,是古波斯第一个把版图扩张到中亚地区及西亚大部分地区的君主制帝国,也是第一个横跨欧洲、亚洲与非洲的帝国。——译者注
③ 该宗教认为,无论从亮度和纯度来看,太阳及其发出的火都适合神,是神存在的唯一象征。因此,信奉拜火教的人每天早上在太阳升起时祈祷。——原注

祈祷。离开罗马后,亚历山大·塞维鲁率军穿过伊利里亚,向东方进发。行军途中,军队一直保持着严格的纪律。亚历山大·塞维鲁密切关注士兵的需求,确保他们衣物充足,装备齐全。他和士兵的食物别无两样。用餐时,他会把自己的帐篷打开,让士兵了解他的生活方式。

亚历山大·塞维鲁先在安条克稍做停留,为战争做必要的准备。同时,他派出使者向阿尔塔薛西斯提出和解。然而,阿尔塔薛西斯非但没有同意,反倒派出四百名衣着光鲜、全副武装的人来命令罗马人离开亚细亚。如果我们认为希罗迪安①的记载属实(因为他描述的情形令人难以置信),那么亚历山大·塞维鲁不顾国家法律,逮捕了那四百人,剥光了他们的衣服,然后把他们投入弗里吉亚的监狱。还有记载称,罗马军队在安条克驻扎时,一些士兵经常去帕福斯的月桂林,亚历山大·塞维鲁发现后,立即把他们投进了监狱。这些士兵所属的军团因此发生了兵变。为了控制局面,亚历山大·塞维鲁登上高台,把囚犯带到自己面前,然后向军团其他士兵发表讲话。军团其他士兵都拿着武器站在亚历山大·塞维鲁周围,思考是否有必要遵守军纪。事实证明,亚历山大·塞维鲁的这番讲话并没有任何效果,这些士兵开始用武器威胁他。于是,亚历山大·塞维鲁开始模仿恺撒喊道:"公民啊,放下你们的武器,离开吧!"结果,军团士兵听命照做。这些人不再是士兵,住在镇上而不是军营。一个月后,有人劝说亚历山大·塞维鲁赦免他们,但亚历山大·塞维鲁还是处死了这个军团的保民官。自此以后,这个军团变得英勇而忠诚。

亚历山大·塞维鲁模仿亚历山大大帝,把六个军团组成一个三万人的方阵,给予这些士兵更高的报酬。此外,他还像亚历山大大帝一样,组成金盾大队和银盾大队。

罗马人与波斯人战争的细节我们无从得知。不过,一位历史学家曾记载,

---

① 希罗迪安(约公元170年—公元240年),罗马历史学家,他用希腊语写了一部丰富多彩的史书,名为《马可·奥勒留死后的罗马帝国史》。——译者注

亚历山大·塞维鲁将军队分成三支。第一支通过亚美尼亚进入米底亚。第二支于底格里斯河和幼发拉底河的交汇处进入波斯。第三支由亚历山大·塞维鲁亲自率领，通过美索不达米亚。三支军队在波斯境内会合。但由于亚历山大·塞维鲁比较胆怯，一路上停停歇歇，导致第一支军队在冬天穿越亚美尼亚时几乎全军覆没，第二支军队也被打得七零八散。虽然罗马军队遭遇重重困难，但亚历山大·塞维鲁最终取得了胜利。回到罗马后，亚历山大·塞维鲁在向元老院致辞中宣称：敌人的七百头战象，罗马军队杀死了二百头，俘获了三百头；敌人的一千辆卷镰战车①，罗马军队夺取了二百辆；敌人十二万名全副武装的骑兵，罗马军队斩杀一万人，俘虏无数。另据记载，尽管亚历山大·塞维鲁没有在东方更多停留，但之后若干年，波斯国王没再进攻美索不达米亚。

日耳曼人见亚历山大·塞维鲁和大部分罗马军队忙于在东方作战，便乘机渡过莱茵河入侵高卢。远在东方的亚历山大·塞维鲁得知消息后，先在叙利亚留下足够守军，之后率领伊利里亚军团和其他军团回罗马。抵达罗马后，亚历山大·塞维鲁先是庆祝了对波斯战争的胜利，赢得了最热烈的欢呼。接着，他率领大军去保卫高卢。大军快要到达高卢时，日耳曼人畏惧而退。于是，亚历山大·塞维鲁率军继续向莱茵河前进，最后在美因茨附近安营扎寨。在这里，他度过了公元234年的冬天，打算来年春天在河对岸开战。

对于亚历山大·塞维鲁统治时期发生的事，存在着许多不一致的叙述，我们不能指望每次了解到的都是真相，特别是亚历山大·塞维鲁的死因，各家叙述均不相同。我们能收集到的信息是，无论亚历山大·塞维鲁的死是因为他一直试图恢复军纪，还是因为野心勃勃的马克西米努斯·色雷克斯（一位负责训练年轻士兵的军官）的阴谋，抑或其他一些原因，我们可以确定的是，当时军队里普遍存在不满情绪，最终导致他在营帐里惨遭暗杀。凶手要么是他自己的卫兵，要么就

---

① 亦称"刀轮战车"，古代双轮战车。其车轮上装有大镰，可以迅速切下人与马的肢体。它不仅具有强大的杀伤力，而且能冲乱敌阵。——译者注

是马克西米努斯·色雷克斯派来的行刺人员。马梅娅和亚历山大·塞维鲁的几个朋友也遇刺身亡。亚历山大·塞维鲁死后,军队随即宣布马克西米努斯·色雷克斯为新皇帝。对于贤德的亚历山大·塞维鲁的去世,罗马公民和元老院陷入深深的悲恸,但他们别无选择,只能默认军队的选择。

亚历山大·塞维鲁统治了十三年。连最不偏袒他的历史学家也承认,他对臣民的所有行为均无可指责。在位期间,亚历山大·塞维鲁没有任何杀戮行为,也不存在任何不公正的责难。他的缺点也许就是一定程度上的怯懦和软弱,可能是他的叙利亚血统导致他过度屈从于自己的母亲马梅娅。当时对于马梅娅贪婪、卑鄙的指控,也许并非毫无根据①。

关于罗马历史,卡西乌斯·迪奥只记述到亚历山大·塞维鲁统治时期。他向我们提供了这一时期罗马军团的数量和部署。之前,奥古斯都组建了二十五个军团,后来只剩下了十九个,其余的解散或者编入其他军团。但从尼禄到亚历山大·塞维鲁期间,罗马帝国又组建了十三个新的军团,所以亚历山大·塞维鲁统治时期共有三十二个军团。其中三个在不列颠,一个在上日耳曼,两个在下日耳曼,一个在意大利,一个在西班牙,一个在努米底亚,一个在阿拉伯半岛,两个在巴勒斯坦,一个在腓尼基,两个在叙利亚,两个在美索不达米亚,两个在卡帕多西亚,两个在下摩西亚,一个在上摩西亚,两个在达契亚,四个在潘诺尼亚,一个在诺利卡,一个在拉埃提亚。另外两个军团驻扎在何处,我们无从得知。关于每个军团的人数,卡西乌斯·迪奥也没有记载,但据推测是五千人。

---

① 在《罗马帝王纪》中,朗普里狄斯对亚历山大·塞维鲁一生的描述,正如爱德华·吉本所言:"这位完美的皇帝仅仅是笨拙地模仿了《居鲁士的教育》中大流士的言行。"——原注

第6章

马克西米努斯·色雷克斯、普皮恩努斯、巴尔比努斯、戈尔迪安三世、菲利普、德西乌斯、加卢斯、埃米利安努斯、瓦勒良、加里恩努斯

（公元235年至公元268年）

精彩看点

马克西米努斯·色雷克斯——阿非利加暴乱——戈尔迪安家族——普皮恩努斯与巴尔比努斯——戈尔迪安三世——波斯战争——戈尔迪安三世之死——菲利普——哥特战争——德西乌斯——加卢斯——埃米利安努斯——瓦勒良——加里恩努斯——三十僭主时代——加里恩努斯之死

马克西米努斯·色雷克斯
公元235年至公元238年

纵览历史，用江河日下、大厦将倾形容罗马帝国的发展趋势再合适不过了。文官政府逐渐退出历史舞台，唯一能使人民臣服的是"刀剑的力量"。事实上，从奥古斯都开始，罗马帝国就已进入军人专制时代。奥古斯都行事谨慎，其后的几任继任者精明能干。他们即使打着法律的幌子专权，也能让社会秩序井井有条。我们也许可以这样认为，奥古斯都时代及从涅尔瓦到康茂德五贤帝时代的八十四年，罗马帝国风清弊绝，政明刑简，可谓人民最幸福的时期。然而，由于人性贪婪，这样的良好状态难以长期维持，亚历山大·塞维鲁在位十三年只不过是接下来一百年无边黑暗中透出的一缕微光。

君主制无疑是罗马帝国灭亡的罪魁祸首。一般来说，如果统治者不能将统治权传给自己的儿子，那么当权者对国家未来的发展基本不会太在意。罗马帝国的现状与奥古斯都当初的设想相去甚远。一代代皇帝处心积虑地建立世袭君主制，上帝却让他们的努力都付之东流。恺撒家族中人们所称的"好皇帝"都是通过一系列"收养"行为登上皇位的。偶尔会有亲生儿子继承父亲的皇位。但从奥古斯都时代到罗马帝国末期，从未出现世袭三代以上的皇权更迭。当然，为了支持世袭君主制，当权者甚至不惜捏造事实，声称叙利亚行省的埃拉伽巴路斯是卡拉卡拉的亲生儿子。马克西米努斯·色雷克斯的出现揭开了罗马帝国历史的新篇章——每个普通的士兵都可以觊觎皇帝的宝座。

马克西米努斯·色雷克斯原是色雷斯的一个农民，身材魁梧，力大无穷。据说，他的手指比妻子采齐利娅的手腕还粗；四十磅肉、七加仑酒只是他一天的饭量；他能拉动一辆满载的马车，一脚踢断马的腿，徒手碎石更是不在话下。因此，马克西米努斯·色雷克斯又被称为"赫丘利""安泰"①和"克罗顿的麦洛"②。塞普提米乌斯·塞维鲁在色雷斯为儿子盖塔庆贺生日时听说了这位勇士。年轻而野蛮的马克西米努斯·色雷克斯走到塞普提米乌斯·塞维鲁面前，用蹩脚的拉丁语表达了通过摔跤与军中强者一决高下的想法。获准后，马克西米努斯·色雷克斯击败了十六人，获得了丰厚的奖励，并且应召入伍。过了几天，塞普提米乌斯·塞维鲁再次见到了马克西米努斯·色雷克斯，马克西米努斯·色雷克斯为自己交上好运而欣喜若狂。塞普提米乌斯·塞维鲁边骑马边跟一位保民官聊天，谈话中提到了马克西米努斯·色雷克斯。马克西米努斯·色雷克斯意识到皇帝正在谈论自己，便跑过去，同塞普提米乌斯·塞维鲁的坐骑并行。为了测试马克西米努斯·色雷克斯的脚力，塞普提米乌斯·塞维鲁策马狂奔，但这位年轻力壮的勇士紧随其后，丝毫不曾落下，直到年老体弱的塞普提米乌斯·塞维鲁精疲力竭为止。塞普提米乌斯·塞维鲁问马克西米努斯·色雷克斯奔跑过后是否还能进行摔跤比赛。马克西米努斯·色雷克斯给出了肯定的回答。不出意料，马克西米努斯·色雷克斯打败了七个强壮的士兵。有了塞普提米乌斯·塞维鲁和卡拉卡拉做靠山，马克西米努斯·色雷克斯在军队中迅速崛起。后来，马克里努斯夺取皇位

---

① 安泰，希腊神话中的大力神。他强迫人们和他角力，然后战胜并杀死他们。——译者注
② 克罗顿的麦洛，公元前6世纪克罗顿的摔跤手，在竞技活动中多次赢得胜利。——译者注

时,马克西米努斯·色雷克斯回到了自己的家乡色雷斯。他也不屑为埃拉伽巴路斯效力。但当亚历山大·塞维鲁登基时,马克西米努斯·色雷克斯被说服返回罗马,掌管一个军团,并成为一名元老。亚历山大·塞维鲁甚至考虑过把自己的妹妹狄奥克利娅嫁给他的儿子小马克西米努斯。

马克西米努斯·色雷克斯即位后第一件事就是清除亚历山大·塞维鲁的老臣和亲信。他以忤逆造反的名义处死数人,很快就暴露出残忍的本性。亚历山大·塞维鲁在位时,着手修建了一座横跨莱茵河的大桥。此时,大桥顺利竣工。马克西米努斯·色雷克斯打算经此桥入侵日耳曼。这时,一场阴谋正在悄悄酝酿。一个叫马格努斯的执政官计划在马克西米努斯·色雷克斯渡河后把桥斩断,将他困在日耳曼,然后自己登上皇位。但阴谋被马克西米努斯·色雷克斯及时发现。马克西米努斯·色雷克斯大开杀戒,未经任何审判就屠杀了四千人。不过,有人指控马克西米努斯·色雷克斯自己导演了这场阴谋。

大屠杀过后没几天,东方弓箭兵[①]就举起造反的大旗,马克西米努斯·色雷克斯很快就将叛军镇压。平息叛乱后,他率军攻打日耳曼。由于沿途无大军阻挡,马克西米努斯·色雷克斯率军长驱直入,在日耳曼境内纵横四百英里,烧杀抢掠,恣意妄为。偶尔在丛林沼泽中遭遇小规模的抵抗,反倒成了他展现个人勇武的机会。马克西米努斯·色雷克斯让人将作战胜利的场景画下来,派人将画送至罗马,并且要求把画悬挂在元老院大门之上。

马克西米努斯·色雷克斯在位的前两年主要同日耳曼人和萨尔马提亚人作战。冬天,马克西米努斯·色雷克斯率军驻扎在潘诺尼亚的西尔米乌姆。其间,他一直没有返回意大利。但他不在意大利并不代表会为意大利带来什么益处,整个意大利都在他的暴政下痛苦呻吟。居心叵测的告密者死灰复燃,来自全国各地的各界人士被拖至潘诺尼亚,有的人被缝在兽皮里活活闷死,有的人被丢给饥

---

① 当时,罗马帝国的军队中有大量东方弓箭兵。——原注

饿的猛兽咬死，有的人则被棍棒活活打死。他们的财产被全部没收。有人可能会说，君主专制统治历来如此。因此，大部分人不会太在意马克西米努斯·色雷克斯的暴行。但马克西米努斯·色雷克斯把贪婪的手伸向了罗马帝国的各个角落，大肆征收苛捐杂税，强行没收原本用于百姓生活和市政建设的公共基金。更过分的是，马克西米努斯·色雷克斯连神殿里的财物都不放过，派人剥去公共建筑上的装饰品。他的种种作为激起了人们的普遍不满，甚至其麾下士兵都开始厌恶他的冷酷与残忍。

  整个罗马帝国的反叛之势一触即发。阿非利加行省的一个财务官贪婪成性，成了叛乱爆发的导火索。这个财务官对马克西米努斯·色雷克斯死心塌地。他逼迫两名当地有地位的年轻人交钱，而这些钱足以使他们倾家荡产。绝望之下，两名年轻人将奴隶召集到一起商议起事。他们还赢得了一部分士兵的支持。一天晚上，两名年轻人带人突袭并杀死了财务官及其守卫。开弓没有回头箭，除了造反别无出路，他们决定扶持戈尔迪安即位。戈尔迪安是阿非利加行省总督，德高望重，当时已八十岁高龄。第二天一早，两名年轻人找上门时他还没有起床。两名年轻人发表了一通演讲后，将一面紫色军旗披到戈尔迪安身上，称他为"奥古斯都"。戈尔迪安本想拒绝突如其来的尊贵大礼，但一想到马克西米努斯·色雷克斯绝对不会放过任何一个被尊为"皇帝"的人，冒险一搏也许更加安全。于是，戈尔迪安一世[①]答应做皇帝，并且让儿子戈尔迪安二世成为共治皇帝。然后，戈尔迪安一世前往迦太基。他写信给罗马元老院、公民和朋友，宣布自己是罗马帝国皇帝。

  收到信后，罗马人很高兴，对戈尔迪安一世表示热烈拥护。戈尔迪安一世与戈尔迪安二世被元老院宣布为"奥古斯都"，而马克西米努斯·色雷克斯及其亲朋都被宣布为罗马公敌。元老院还下达密令，承诺谁能够杀死马克西米努斯·色

[①] 戈尔迪安即位后，我们称他为戈尔迪安一世。——译者注

雷克斯及其亲朋，谁就会得到丰厚的奖赏。暗杀马克西米努斯·色雷克斯的所有必要准备工作秘密进行。元老院公布戈尔迪安一世与戈尔迪安二世成为罗马皇帝，他们的雕像也被送入禁卫军营地。人们愤怒地推翻并毁掉了马克西米努斯·色雷克斯的雕像，攻击和杀掉马克西米努斯·色雷克斯的宠臣和告密者。许多人更是以此为借口，乘机除掉他们的债主，解决他们的私人恩怨。谋杀和抢劫在罗马肆虐泛滥。事已至此，元老院已无路可退，所以向各行省总督下达通知，命二十人组成保卫意大利的机构。

准备渡过多瑙河同萨尔马提亚人开战时，马克西米努斯·色雷克斯得知了罗马发生的种种情况，怒不可遏。他威胁所有元老，说要将他们关进牢房并处死。此外，马克西米努斯·色雷克斯还向士兵们承诺，把元老们的财产和自称皇帝的戈尔迪安一世与戈尔迪安二世的财产都赐给他们。但他发现士兵们并不像自己想象的那么开心，所以他开始担心自己是否能保住权力和皇位。然而，不久发生的事使他重新燃起了希望，因为传来了这样的好消息：毛里塔尼亚总督卡贝里亚努斯举兵反抗戈尔迪安一世。戈尔迪安一世称帝后曾命卡贝里亚努斯离开毛里塔尼亚。卡贝里亚努斯的军队由罗马军团和摩尔人组成。大军浩浩荡荡直奔迦太基。戈尔迪安二世率军迎战，却不幸战败被杀。得知这一消息后，戈尔迪安一世悲痛不已，自缢而亡。像所有胜利者一样，卡贝里亚努斯攻占迦太基后，烧杀抢掠，无恶不作，连周边的城镇也不放过（公元237年）。

●戈尔迪安一世自缢而亡

戈尔迪安一世与戈尔迪安二世死亡的消息传回罗马，引起了巨大的恐慌。元老院意识到现在只能一条道走到黑，于是迅速推举普皮恩努斯和巴尔比努斯为皇帝。普皮恩努斯负责军事，巴尔比努斯管理政务。当然，为了安抚罗马公民，元老院封戈尔迪安一世的孙子——一个十二岁的男孩戈尔迪安三世为"恺撒"。

大约在公元237年7月初,普皮恩努斯即位,随即离开罗马,率军对抗马克西米努斯·色雷克斯。一年来,双方都在为战争做准备。公元238年春,马克西米努斯·色雷克斯亲自率军南下,顺利翻越了阿尔卑斯山脉,一路畅通无阻。但来到阿奎莱亚时,马克西米努斯·色雷克斯发现城门紧闭。他表示阿奎莱亚人只要弃城投降就可以得到原谅,但阿奎莱亚人断然拒绝。于是,马克西米努斯·色雷克斯率大军包围阿奎莱亚。城中将士同仇敌忾,誓死抵抗。马克西米努斯·色雷克

● 马克西米努斯·色雷克斯率大军围攻阿奎莱亚

斯进攻多日却毫无进展,激起了残暴的脾气。盛怒之下,他又处死了几名军官。这些暴行彻底激怒了士兵——他们已经受够了战争的困苦,不满情绪与日俱增。一天中午,马克西米努斯·色雷克斯躺在帐中休息,一批阿尔邦士兵闯了进来,意欲杀死他。马克西米努斯·色雷克斯的卫兵甚至都加入了刺杀他的队伍。马克

西米努斯·色雷克斯惊醒后带着儿子小马克西米努斯向帐外逃去，士兵抓到了马克西米努斯·色雷克斯与小马克西米努斯，当场砍下他们的头颅。马克西米努斯·色雷克斯的亲信也都遭遇同样的下场。至此，马克西米努斯·色雷克斯三年的统治结束了。

● 马克西米努斯·色雷克斯被杀

普皮恩努斯、巴尔比努斯、戈尔迪安三世
公元233年至公元244年

马克西米努斯·色雷克斯死亡的消息传到罗马，人们欣喜若狂。远在拉韦纳的普皮恩努斯急忙赶到阿奎莱亚，接受军队的投降。普皮恩努斯发给士兵们大笔赏钱，让他们返回原来所属的军营。普皮恩努斯带着可以信赖的禁卫军和莱茵河附近的部分军队回到罗马，以一种胜利者的姿态载誉归来。

普皮恩努斯和巴尔比努斯的确有治国安邦之才。他们将罗马帝国的各项事务管理得井井有条。元老和公民为自己做的正确选择而得意扬扬。但禁卫军士兵很不开心。他们觉得失去了废立皇帝的权力，同时认为让日耳曼军队留在罗马是对禁卫军的不信任。更不幸的是，一山难容二虎，普皮恩努斯和巴尔比努斯两位皇帝互相敌视、猜忌。无论如何，他们要实现和解比登天还难。

为了拉两位皇帝下马，禁卫军士兵绞尽脑汁，终于决定在卡比托利欧竞技会期间动手。当时，几乎每个人都去参加竞技会了，只剩普皮恩努斯和巴尔比努斯两位皇帝留在宫中。禁卫军怒气冲冲地杀进皇宫。普皮恩努斯意识到来者不善，向巴尔比努斯提议派人去找日耳曼军队勤王。但巴尔比努斯担心普皮恩努斯与日耳曼军队联手对付自己，就拒绝了普皮恩努斯的提议。禁卫军强行闯宫，抓住了两位年迈的皇帝，剥光他们的衣服，百般侮辱他们，然后把他们拖到禁卫军营地。听说日耳曼援军快赶到时，禁卫军索性杀死了两位皇帝，让他们暴尸街头。之后，禁卫军拥戴年仅十三岁的戈尔迪安三世，元老院、公民和各行省总督都默许了这一做法。

戈尔迪安三世十分招人喜欢，士兵称他为"自家的孩子"，元老称他为"儿子"，公民则称他为"开心果"。戈尔迪安三世脾气随和，活泼开朗。他努力学习，以防自己被他人蒙蔽。然而，执政初期，戈尔迪安三世在治国理政方面的表现欠佳。究其原因，还是他的母亲安东尼娅·戈尔迪安娜。安东尼娅·戈尔迪安娜虽然不像马梅娅那样垂帘听政，但放任宦官和获释奴隶卖官鬻爵（也许她也从中获利），做出了许多不正当的任命，引起社会秩序的混乱。直至戈尔迪安三世大婚，情况才有好转。戈尔迪安三世娶了米西修斯的女儿特兰奎利娜。米西修斯德才兼备，学识渊博，文学素养极高。于是，戈尔迪安三世任命他为禁卫军长官，还拜他为师，在他的指导下治国理政。

公元242年，波斯人发动战争，戈尔迪安三世决定御驾亲征。阿尔塔薛西斯的儿子沙普尔一世率军侵入美索不达米亚，占领了尼西比斯、卡雷和周边其他城镇，直逼安条克。戈尔迪安三世到达叙利亚时，罗马军队在米西修斯的指挥下很快就打开了胜利的局面。米西修斯收复了所有被波斯人占领的城镇，沙普尔一世不得不逃回底格里斯河以东。不幸的是，公元243年，米西修斯——这位颇受罗马军队爱戴与敬畏的股肱之臣不幸离世。米西修斯的离世不仅是戈尔迪安三世的损失，还令士兵们痛心不已。菲利普取代米西修斯成为新的禁卫军长官。人们都认为米西修斯的死亡明显同菲利普脱不了干系，但这一说法并没有实际证据。菲利普控制军权后，开始觊觎罗马帝国皇位。每次谈到年轻的皇帝戈尔迪安三世时，菲利普总是不屑一顾。他通过转移物资，故意造成军用物资短缺的假象，然后把责任推到戈尔迪安三世身上。公元244年，在阿波拉斯河岸战胜波斯人后，菲利普率军来到一个村子。军队弹尽粮绝，无法获得任何补给。借此机会，菲利普煽动兵变，戈尔迪安三世在兵变中被杀。他取而代之，成为新皇帝。戈尔迪安三世被杀时只有十九岁，在位共五年零八个月。在戈尔迪安三世被害的地方，士兵们为他修建了一座陵。后来，元老院将戈尔迪安三世奉入诸神之列。

菲利普
公元244年至公元249年

这位"紫袍加身"的冒险家菲利普是阿拉伯人，自称是基督教徒。他很可能很早就加入了罗马军队，然后逐渐升至权力中心。

菲利普急于前往罗马，便立即与沙普尔一世缔结条约。在安条克做了短暂的停留后，他动身前往意大利。回到罗马后，菲利普千方百计笼络人心，对元老们大施慷慨与仁慈。提及已去世的戈尔迪安三世时，菲利普佯装尊重。为了赢得民心，他建了一个水库，为罗马部分城区提供水源，为台伯河流经不到的地方的罗马公民提供便利。

公元248年，即菲利普统治的第五年，罗马建城一千年，他决定和儿子腓力二世①好好庆祝这次百年节。奥古斯都、克劳狄、图密善和塞普蒂米乌斯·塞维鲁在位时,都曾经举行过隆重的仪式来庆祝百年节。这将是罗马最后一次见证这一庆典活动。

菲利普把军事指挥权分给自己的亲戚,这一做法似乎非常不明智。他让弟弟普利斯库斯率军驻扎在叙利亚,岳父塞维里亚努斯率军驻扎在摩西亚。然而,叙利亚和摩西亚都发生了叛乱。叙利亚叛乱的首领是约塔皮亚努斯,摩西亚叛乱的首领是百夫长卡维利乌斯·马里努斯。据说,两地的叛乱让菲利普十分恐慌。公元249年,菲利普向元老院寻求支持,如果元老院不出手援助,他就以退位威胁。在元老们保持沉默时,一个叫德西乌斯的人站出来安抚菲利普。在谈到反叛者时,德西乌斯言语之间皆是轻蔑,说叛军根本不是他的对手。德西乌斯是一位高官,带兵打仗颇有手段。事实证明,德西乌斯的预言没错。不久,两支叛军就被消灭了,叛军的首领也被杀掉了。据说,后来,菲利普坚持要德西乌斯接管驻摩西亚罗马军团和驻潘诺尼亚罗马军团的指挥权。尽管德西乌斯十分不乐意,但无奈之下,他只好接受。但当德西乌斯到达摩西亚和潘诺尼亚时,士兵坚持拥他为帝。德西乌斯向菲利普写信表达忠心,但菲利普根本不相信他。菲利普把儿子腓力二世和部分禁卫军留在罗马,自己率军去攻打德西乌斯。双方在维罗纳附近开战,最终菲利普战败身亡。消息传到罗马后,禁卫军杀死了腓力二世并宣布拥护德西乌斯为帝。

德西乌斯
公元249年至公元251年

德西乌斯出生在潘诺尼亚的布巴利亚。布巴利亚距西尔米乌姆不太远。德

---

① 腓力二世,罗马帝国皇帝菲利普之子,公元244年菲利普即位时,赐予腓力二世"恺撒"头衔,公元247年,与其父菲利普成为共治皇帝。——译者注

西乌斯可能是在四十八岁时登上皇位的。关于他的统治记录并不完整,但从一些零星的记载中得知,他还是很有能力的。然而,其短暂的统治生涯绝不可能风平浪静。德西乌斯刚一上台,就不得不御驾亲征,前去镇压高卢的叛乱。平叛结束后,德西乌斯一直忙于抵抗哥特人。

哥特人最初似乎居住在斯堪的纳维亚半岛。很早的时候,他们就越过苏维汇海①,定居在苏维汇海南岸。之后,他们不断向南迁移,如今已经到达了攸克辛海。亚历山大·塞维鲁在位期间,哥特人进入达契亚。菲利普统治时期,哥特人入侵摩西亚。公元250年,即德西乌斯在位的第一年,哥特人首领尼瓦率领七万名勇士渡过多瑙河,围攻诺维,被罗马将军加卢斯击退。尼瓦转而进攻尼科波利斯,但在这里遭到德西乌斯或他的儿子赫伦尼乌斯的反击。哥特人损失三万人。然而,遭遇挫折的哥特人毫不气馁,尼瓦率军越过哈伊莫司,欲出其不意攻占菲利普波利斯。罗马军队在后紧追不舍。不料,尼瓦突然杀了个回马枪。在贝里亚,罗马军营被哥特人突袭,罗马军队主力被尼瓦分割歼灭。之后,尼瓦围困菲利普波利斯。最终,菲利普波利斯沦陷,城中大部分居民被屠杀。接着,哥特人向马其顿挺进,在那里大肆烧杀掠夺,担任马其顿总督的是菲利普的弟弟普利斯库斯,他被哥特人披上紫袍,成为受哥特人操纵的傀儡皇帝。

前面同哥特人作战的极有可能是赫伦尼乌斯,因为德西乌斯本人需要坐镇罗马。我们发现,公元251年,德西乌斯刚一离开罗马去指挥哥特战争,尤利乌斯·瓦伦斯就被宣布为皇帝,并且罗马公民都非常高兴他能做皇帝。不过,他很快就被杀掉了。平心而论,德西乌斯还是一心一意为了罗马帝国。虽然身陷战乱,他仍然提出一项富有远见的计划,即恢复罗马人早已失去的公共美德。基于这种考虑,德西乌斯提议恢复监察官一职。他把监察官人选的决定权留给元老院,而元老们一致认为瓦勒良是最合适的监察官人选。公元251年10月27日,元老院的

---

① 今波罗的海。——原注

任命状到了在色雷斯的德西乌斯手中。德西乌斯在大会上公开宣读任命状，劝说在场的瓦勒良接受这一尊贵头衔，但瓦勒良借故推托。我们不知道德西乌斯是否满意瓦勒良的借口，但从公共事务管理角度来看，监察制度并未实施。

德西乌斯对哥特人的战争取得了胜利，哥特人主动求和。哥特人表示，如果允许他们返回多瑙河，他们就交出战利品和俘虏。但德西乌斯决心好好教训一下这些野蛮人，让他们对罗马人心生胆怯，尊重并畏惧罗马军队。于是，德西乌斯拒绝了哥特人提出的所有求和条件。后来，哥特人把战场选定在他们擅长作战的沼泽区。战斗刚一打响，赫伦尼乌斯就死于乱箭之下。但为了鼓舞士气，失去儿子的德西乌斯大声喊道："失去一名士兵不算什么！"他率领军队试图越过沼泽，不料，中了哥特人的埋伏。罗马士兵或被乱箭射死，或被沼泽吞噬。德西乌斯本人更是尸骨难寻。

加卢斯
公元252年至公元253年

据说，德西乌斯和赫伦尼乌斯阵亡后，元老院（更有可能是军队）将紫袍披到摩西亚总督加卢斯身上。加卢斯收养了德西乌斯的另外一个儿子霍斯蒂利安，授予他"奥古斯都"的称号，不幸的是，当时意大利瘟疫肆虐，霍斯蒂利安不幸染疾身亡。之后，加卢斯将自己的儿子沃鲁西安努斯封为共治皇帝。加卢斯自认为敌不过勇猛的哥特人，便同意他们带着战利品和俘虏离开，甚至同意每年给他们一大笔黄金。然后，他率军回到罗马，开启了他对罗马帝国的统治之旅。此后，加卢斯再也没有离开罗马，他的统治非常温和、公正。

哥特人背信弃义，撕毁条约。公元253年，他们再次渡过多瑙河。但时任摩西亚总督的埃米利安努斯迎头痛击，重创了哥特人军队。大战胜利后，军队立刻拥戴埃米利安努斯为皇帝。埃米利安努斯乘机杀回罗马，加卢斯率军应战。双方在英特拉姆纳摆开阵势。加卢斯的士兵们看到敌强我弱，知道胜算不大，又得到了埃米利安努斯的承诺，于是杀了加卢斯和他的儿子沃鲁西安努斯，倒戈投靠了埃米利安努斯。

埃米利安努斯
公元253年

据说，埃米利安努斯是摩尔人，人们对他的早年生活一无所知。他给元老院写信，提出元老院的职责是负责帝国民事管理，而他自己不能只做将军。于是，元老院很快默许他成为皇帝。

加卢斯曾派瓦勒良到高卢行省和日耳曼行省去搬兵救援。但加卢斯的死讯传来后，士兵就拥戴瓦勒良为帝。瓦勒良率军进入意大利，来势汹汹。为了避免冲突，驻扎在斯波莱托的埃米利安努斯的军队杀害了皇帝埃米利安努斯。埃米利安努斯在位尚不足四个月。

瓦勒良与加里恩努斯
公元253年至公元260年

据说，瓦勒良执掌帝国大权时已六十岁。或许感觉自己年老体衰、力不从心，瓦勒良模仿许多前任皇帝的做法，与自己的儿子加里恩努斯成为共治皇帝。可惜，年轻的加里恩努斯无勇无谋，一味耽于享乐。

如果罗马帝国仍是当初奥古斯都在位时的状态，瓦勒良或许会像奥古斯都一样，向臣民展示自己的美德和仁慈，让他们过上幸福快乐的日子。但时过境迁，罗马军团已经失去从前那种令人望而生畏的威猛，昔日那些拜倒在罗马鹰旗下的蛮族如今在罗马帝国北部行省和东部行省烧杀劫掠、恣意妄为。所以目前，瓦勒良唯一能展示自己智慧的做法是选出合适的作战将领。值得庆幸的是，瓦勒良挑选的将领无愧于他的重托。

这一时期进攻罗马帝国的有法兰克人、阿勒曼尼人、哥特人和波斯人。由于关于这段历史的记载不多，我们无法按时间顺序一一整理发生的大事。下面，我们简要概括一下瓦勒良父子统治期间罗马帝国同蛮族发生的战争。

前面提到，日耳曼人为了壮大力量，各部落常常结成同盟。乔坎斯人、切鲁斯坎人、查塔人及一些毗邻的部落，似乎都以"法兰克人"的名义结成联盟。他们的势力不断壮大，人数不断增多，引起了高卢行省的不安。于是，瓦勒良把儿子加里恩努斯派往高卢，但他把首席军事指挥官的重任交给波斯图姆斯。波斯图姆斯能力出众，有不错的军事才能。在几次正面交锋中，罗马军团都占了上风，但最终并未成功阻止法兰克人穿过高卢。然后，法兰克人越过比利牛斯山脉，涌入了不喜作战的西班牙行省。西班牙行省富裕的塔拉戈纳被法兰克人占领并洗劫一空。整个西班牙行省变得满目疮痍。随后，法兰克人夺取了西班牙港口的船，向阿非利加省进军。我们不太清楚他们最终的命运，可能是被罗马军队或者地方军队歼灭了。

日耳曼人中原有一个叫"苏维汇"的联盟，联盟中大部分成员脱离出去，组成了一个新的联盟，称为"阿勒曼尼"。"阿勒曼尼"意即"所有人"，因为组成该联盟的部落众多。同原来的苏维汇人一样，阿勒曼尼人的骑兵是军队的主力，配有若干机动性很强的步兵。这样的一支武装成了罗马帝国最可怕的敌人。加里恩努斯在高卢作战时，一部分阿勒曼尼人进军意大利，深入到拉韦纳，其先遣部队甚至逼近罗马城下。元老院抽调禁卫军与罗马公民共同出战。阿勒曼尼人发现罗马人在人数方面占据上风，便带着战利品逃回多瑙河以北。加里恩努斯对元老院在这场战争中释放出的能量感到非常震惊。他随即颁布敕令，禁止元老们插手军事，甚至禁止他们踏入军营。据说，高高在上的元老们认为这是一种恩惠，而非侮辱。

据说，在麦狄奥拉努姆附近，加里恩努斯以少胜多大败阿勒曼尼人。[①]后来，他娶了马科曼尼人首领的女儿皮帕。马科曼尼人也是阿勒曼尼联盟成员之一。加里恩努斯许给马科曼尼人首领潘诺尼亚领土，以此避免两蛮族爆发战争。

哥特人已经控制了攸克辛海北岸。他们对罗马帝国的北方行省虎视眈眈。几番进攻都遭到顽强的抵抗后，哥特人决心把攻击目标转向防卫力量较薄弱的地区。为此，他们征用了大量船舶。公元253年，哥特人渡过攸克辛海，登陆上岸。哥特人首先进攻边境城镇皮提乌斯。皮提乌斯人一直以来都不屈不挠地抵御哥特人，但最终凶猛的哥特人突破了防线。之后，哥特人又将目标转向富裕的城市特拉布宗。虽然特拉布宗驻军众多，但哥特人还是在夜间突袭成功。胆小懦弱的守军弃城而逃，城内居民惨遭屠戮。哥特人缴获大量战利品，同时带走许多俘虏。之后，他们乘胜洗劫了本都，便乘船返回了陶鲁斯切尔松尼斯[②]。

公元261年，哥特人又一次发起进攻，他们的目标是博斯普鲁斯海峡一带。哥特人占领了卡尔西登、尼科米底亚、尼西亚、阿帕梅亚、普鲁萨和比提尼亚。由于林达库斯河暴涨，基齐库斯才免遭洗劫。

公元262年，哥特人开始第三次远征。这次远征规模更大，各类大小不一的战船有五百余艘。哥特人沿着博斯普鲁斯海峡和普罗彭提斯海峡航行，占领并洗劫了基齐库斯。接着，他们穿过赫勒斯滂，进入爱琴海。之后，他们到达希腊的比雷埃夫斯港。雅典人放弃抵抗。哥特人对希腊大肆抢掠后，继续向亚得里亚海岸挺进。这时，加里恩努斯如梦方醒，不再贪图享乐，决定率军亲征。不久，事情有了转机，哥特军中有一个赫鲁兰酋长倒戈投降了罗马军队，这给了哥特人重重一击。哥特军队由此分裂。一部分哥特人通过陆路退回多瑙河，其余人则通过水路撤退。途中，他们将以弗所的狄安娜神殿洗劫一空，最后逃回攸克辛海附近。

一直以来，沙普尔一世都与亚美尼亚国王科斯罗伊斯兵戎相见，可能是因为

---

① 根据约翰·佐纳拉斯的记载，阿勒曼尼人有三万，罗马人只有一万。——原注
② 今克里米亚。——原注

科斯罗伊斯出身于阿萨息斯家族①。沙普尔一世无法迫使科斯罗伊斯就范，就要阴谋刺杀了他。此后，亚美尼亚受制于波斯。尝到胜利的甜头后，沙普尔一世开始入侵罗马帝国，占领了尼西比斯和卡雷，并且在美索不达米亚地区大肆屠戮。瓦勒良非常担忧罗马帝国东部行省的安危。公元259年，他亲率大军前去迎战。战争的具体细节我们不得而知，但可以肯定的是，瓦勒良在公元260年战败被俘，这不禁又让人们想起当年克拉苏被俘的一幕。罗马军队供给不足，许多士兵染上疾病，由于无知和背叛，严肃的军纪与不灭的勇气也无法改变整个战局。罗马士兵嚷嚷着向波斯人投降。沙普尔一世扣押了瓦勒良派去的代表，率军向罗马军营进发。瓦勒良被迫同意出席和谈会议。不料，在会上，他被扣押了。

瓦勒良就这样成了波斯的俘虏。据说，沙普尔一世百般侮辱他。他给瓦勒良穿上皇帝的紫袍，四处游街。当傲慢的波斯国王上马时，被俘的瓦勒良要跪下来充当马镫。最后，瓦勒良死了，对他来说，这也许是一种解脱。瓦勒良的皮肤被剥下晒干，里面塞满东西，最后被置于波斯最有名的神殿之中。他遭受的痛苦堪比雷古勒斯②和被囚于铁笼的巴耶塞特③。当然，这一说法夸大了瓦勒良遭受的虐待，但有利于警示后人。

●瓦勒良成了波斯人的俘虏

---

① 亚美尼亚阿萨息斯王朝是波斯帕提亚王国的一个分支。公元224年，帕提亚王国衰落，萨珊王朝崛起。——译者注
② 雷古勒斯，是罗马执政官，曾在布匿战争中服役。公元前256年，他打败了迦太基人。然而，他的无条件投降的要求激怒了迦太基人。迦太基人重新投入战斗，并且在公元前255年打败了罗马人。据说，作为一名迦太基囚犯，雷古勒斯被折磨致死。——译者注
③ 土耳其苏丹巴耶塞特被"征服者"帖木儿俘虏，宁愿选择自杀也不愿臣服。——译者注

加里恩努斯
公元260年至公元268年

瓦勒良被俘时，所有罗马人都很悲痛，加里恩努斯却如释重负。他认为自己终于不用活在父亲的光环之下了。他甚至模仿色诺芬[①]，像个哲学家一样头头是道，"我知道我的父亲终有一死"。但加里恩努斯从未获得真正的自由，只是一味地沉迷于享乐。

加里恩努斯在位时期被称为"三十僭主时期"。历史发展总是有惊人的相似之处，似乎又回到了古希腊时代。[②]"三十僭主"是指那些篡夺本不属于他们权力与地位的僭主。罗马帝国这一时期的僭主一般都是品行端正之人。他们被瓦勒良委以重任指挥军队。篡位并不是他们的本意。在战争取得胜利后，士兵们会拥戴这些人为帝。这些篡位者的数量共十八人或十九人。奇怪的是，总有人把这一数字与雅典三十僭主做比较。《罗马帝王纪》曾试图将妇女和儿童包括在内，来提高这一数字。

仔细研究这些僭主出场的顺序，可以发现他们多来自各行省，比如伊利里亚、高卢、希腊和埃及。

瓦勒良战败后，沙普尔一世将罗马皇帝的头衔授予安条克的基里阿德斯。之后，沙普尔一世立即挥军入侵基里阿德斯的家乡。波斯军队快速、秘密地进入安条克。安条克不少人当时正在剧场看表演。波斯军队突然杀了进来，他们措手不及。随后就是常见的烧杀抢掠、大肆屠戮。接着，沙普尔一世的军队主力直奔奇里

[①] 色诺芬，古希腊历史学家、作家和军事领导人，苏格拉底的学生。以记录当时的希腊历史、苏格拉底语录而著称。——译者注

[②] 公元前404年伯罗奔尼撒战争结束后，斯巴达人在雅典建立了一个傀儡政府，选了三十个人组成立法委员会来管理政府。他们因残忍和压迫而被称为"三十僭主"。三十僭主维持了八个月的统治。虽然统治时间短暂，但他们的统治导致了百分之五的雅典人被杀，公民财产被没收，其他民主人士被流放。——译者注

乞亚，占领并洗劫了塔尔苏斯和其他城镇。然后，波斯军队越过托罗斯山，围攻卡帕多西亚的恺撒利亚——一个居住人口多达四十万的城市。恺撒利亚的守军顽强作战。坚持一段时间后，由于叛徒出卖，恺撒利亚失陷，居民惨遭屠杀和掠夺。沙普尔一世四处出击，到处劫掠。但波斯人的疯狂终于被遏制。罗马军队在巴利斯塔的率领下出其不意地袭击了正在撤退的沙普尔一世的军队。

瓦勒良战败被俘后不久，一队满载礼物的驼群缓缓来到沙普尔一世的营地，同这些礼物一起的还有一封来自奥德奈苏斯的信，奥德奈苏斯来自帕尔米拉，富甲一方。信中他向沙普尔一世保证自己从未反抗波斯人。沙普尔一世认为此举傲慢无礼。他愤怒地撕碎了信，命人把礼物扔进河里，宣布要将写信的人满门处死，除非奥德奈苏斯亲自来谢罪。得知这一消息后，奥德奈苏斯立刻决定站到罗马人这边。他利用自己的影响力，集结了一支主要由贝都因人组成的军队。奥德奈苏斯率军不断袭扰波斯军队，后来在幼发拉底河的通道上突袭成功。他不仅掠夺了大量珠宝，还掳走了沙普尔一世的嫔妃。沙普尔一世为求安全，只好匆匆率军撤回波斯。公元261年，奥德奈苏斯控制了美索不达米亚，甚至渡过了底格里斯河，试图占领泰西封。加里恩努斯授予他"东方总督"的头衔，奥德奈苏斯本人则登上了帕尔米拉国王的宝座。

此时，东方的罗马军队对加里恩努斯不满，决心造反，另立新主。在巴利斯塔的建议下，禁卫军长官马克利亚努斯受到拥戴。在士兵眼中，他的军事才能过人，更重要的是他家财万贯。马克利亚努斯授予巴利斯塔禁卫军长官的职位。公元262年，马克利亚努斯留下了小儿子奎埃图斯和一部分军队守卫东方，他自己则与长子小马克利亚努斯率领四万五千人西进。在伊利里亚边境，马克利亚努斯遇到了伊利里亚总督奥勒卢斯。双方大战，马克利亚努斯和儿子被杀，军队投降。马克利亚努斯死后，巴利斯塔被拥立为皇帝，但不久，他被奥德奈苏斯所杀。公元264年，罗马元老院和公民一致同意奥德奈苏斯成为共治皇帝，加里恩努斯把"恺撒""奥古斯都"和所有其他象征最高统治权的头衔授予了奥德奈苏斯。

塞斯提乌斯·埃米利安努斯掌控着埃及。据说，在平定亚历山德里亚骚乱后，他自封为皇帝。但公元262年，与罗马大军的交战中，他兵败被俘，加里恩努斯将他送上了绞刑架。

高卢是僭主更替最频繁的行省。公元260年，加里恩努斯离开高卢后，波斯图姆斯被军队拥立为皇帝，西班牙行省和不列颠行省都承认他的皇权。波斯图姆斯出身高贵，为人正直，执法公正，成功抵御了日耳曼人的入侵。他深受公民爱戴，这让他在同加里恩努斯的对抗中占据一定优势。然而，公元267年，波斯图姆斯死于兵变，因为他在占领美因茨后拒绝洗劫此城，所以士兵们拥立维克托利努斯为新的皇帝。波斯图姆斯与维克托利努斯曾是同僚。维克托利努斯是奥雷利娅·维多利亚的儿子。奥雷利娅·维多利亚享有"军营之母"的称号——她在军中颇有影响力，甚至她可以随意决定谁为皇帝。维克托利努斯由于引诱军械士马略的妻子，被马略所杀。马略乘机当了皇帝，但只当了两天皇帝就被杀。随后，奥雷利娅·维多利亚任命皮维苏斯·泰特里库斯为皇帝，史称"泰特里库斯一世"。他的统治延续了几年。

马克利亚努斯在位时期，希腊总督瓦列里乌斯·瓦伦斯发现马克利亚努斯想置自己于死地。于是，瓦列里乌斯·瓦伦斯派了一个叫卡尔普尼乌斯·皮索的人率军对抗马克利亚努斯，同时，瓦列里乌斯·瓦伦斯自立为帝。卡尔普尼乌斯·皮索与马克利亚努斯作战时出师不利，被迫退回到色萨利。然后，他在色萨利称帝。但卡尔普尼乌斯·皮索拥护者甚少，后来被瓦列里乌斯·瓦伦斯派来的军队杀死。瓦列里乌斯·瓦伦斯也难逃一劫，最后被自己的军队杀害。瓦列里乌斯·瓦伦斯和卡尔普尼乌斯·皮索都是品行高尚之人，尤其是卡尔普尼乌斯·皮索。所以元老院授予卡尔普尼乌斯·皮索崇高的荣誉。瓦列里乌斯·瓦伦斯谈到卡尔普尼乌斯·皮索时也认为："我愧对诸神，因为他下令将对手卡尔普尼乌斯·皮索杀死。此后再无支持共和制之人。"

公元265年，特雷贝里亚努斯和科尼利厄斯·塞尔苏斯先后在伊索里亚和阿非利加称帝。但好景不长,两人很快就死了。这一时期发生了许多灾难,其中,西西里奴隶起义对罗马帝国造成的灾难与共和国时期的奴隶大起义可有一比。

加里恩努斯耽于享乐,无视帝国的分裂。对他来说,一个行省的沦陷无关痛痒。当埃及发生叛乱时,加里恩努斯竟反问道:"不就是埃及吗?没有埃及的亚麻难道我们就不能活了吗?"后来,罗马帝国又失去了高卢,加里恩努斯说:"没有阿拉斯作为边境屏障,国家难道就不坚若磐石了吗?"加里恩努斯偏安一隅,故步自封,只守着意大利,满足于帝国对其他领土名义上的主权。除非皇帝宝座受到了威胁,加里恩努斯才会拿出一位皇帝的勇气与雄心来保卫它。

高卢和伊利里亚是意大利的天然屏障。因此,加里恩努斯率军率先攻打波斯图姆斯。公元260年,英格努乌斯在潘诺尼亚反叛。加里恩努斯率军镇压,大败叛军,杀死了叛军首领英格努乌斯,震慑了其他蠢蠢欲动的造反者。公元263年,勒吉里阿努斯在潘诺尼亚造反,结果被自己的士兵杀死。但奥勒卢斯受不住诱惑,于公元268年自立为帝。伊利里亚军团前去平叛,乘机控制了米兰。加里恩努斯一改之前的惰性,一马当先前去攻打奥勒卢斯。双方在阿达河两岸对决。奥勒卢斯战败受伤,退回麦狄奥拉努姆。在加里恩努斯奋勇杀敌之时,其部下乘机策划了一场针对他的阴谋。一天晚上,加里恩努斯正坐在桌旁吃饭时,有消息传来说,奥勒卢斯带兵来袭。加里恩努斯立刻跳上马背,前去迎战。黑夜中,不知谁袭击了他,他倒在了血泊中。

第7章

克劳狄二世、奥勒良、克劳狄·塔西佗、普罗布斯、卡鲁斯、卡里努斯、努梅里安

(公元268年至公元285年)

精彩看点

克劳狄二世——纳伊苏斯战役——奥勒良——阿勒曼尼战争——征服帕米拉王国——泰特里库斯——奥勒良之死——克劳狄·塔西佗之死——普罗布斯——卡鲁斯之死——努梅里安——戴克里先即位——新柏拉图主义

接下来，罗马帝国开启由一系列皇帝开创新秩序的时代。这些皇帝身上都有相似的品质：他们多出生于伊利里亚行省，出身卑微，有从军经历，通过战功步步高升，最后登上皇位。总体来说，他们没有犯下大罪，还成功阻止了蛮族的入侵。加里恩努斯驾崩后，这些开创新秩序的皇帝轮番即位，开始了长达半个多世纪的统治，直到李锡尼驾崩才结束。其间，罗马帝国发生了翻天覆地的变化。

克劳狄二世
公元268年至公元270年

加里恩努斯死后，军心浮动，谣言四起。但士兵们轻易地被每人二十金币的奖励安抚。为了向世人证明清白，阴谋者决心把罗马帝国大权授予一个比加里恩努斯有更多优点的人。于是，他们选中了帕维亚军队的一个将领——克劳狄。该选择得到了士兵、元老和公民的普遍支持。在众人见证下，克劳狄紫袍加身，登上皇位，史称"克劳狄二世"。

克劳狄二世是土生土长的伊利里亚人，虽然出身贫寒，但口碑极好，广受赞许。他通过努力，在军队中一步步晋升，引起皇帝德西乌斯的注意。后来在元老院的举荐下,慧眼识珠的瓦勒良知人善用,任命他为镇守伊利里亚边境的将军。

不久,奥勒卢斯投降,被士兵斩杀。据说,当时有一支来自阿勒曼尼的援军前来援救奥勒卢斯。然而,援军在维罗纳附近被克劳狄二世打败。取得胜利后,克劳狄二世前往罗马。公元268年,克劳狄二世致力于兴利除弊,维护社会公平。他还下令将加里恩努斯没收的财产物归原主。一天,一个女人来到克劳狄二世面前,要求归还被没收的土地。据她所说,在担任骑兵指挥官的时候,克劳狄二世没收了她的土地。克劳狄二世说,身为皇帝,他必须归还别人的东西,当时他只是普通士兵,没有遵纪守法的意识。

公元269年,哥特人及其盟友共三十二万人,携妻带子,乘坐两千[①]艘战船向博斯普鲁斯海峡进军。由于航道狭窄,水流湍急,加上战船众多,尚未开战,哥特联盟就遭受了巨大损失。因此,哥特人攻占拜占庭和基齐库斯的计划失败了。他们沿着爱琴海北部海岸进军,围攻卡桑德里亚和塞萨洛尼基。围城之际,得知克劳狄二世正率军前来,哥特人作鸟兽散,一路撤退,但撤退时并未停止烧杀掠夺。在达尔达尼亚的纳伊苏斯附近,哥特人遇到了罗马军队。双方展开大战,战斗漫长而血腥,罗马人一度面临失败。但克劳狄二世改变战术,兵行险招,导致哥特人死伤五万,落荒而逃。此后的几个月,罗马人同哥特人的战斗时断时续,哥特人损失惨重。最终,哥特人被罗马军队围困,被迫退入哈伊莫司山避难,在雪山上挨过寒冬。此外,他们还饱受饥荒和瘟疫的折磨。公元270年春,克劳狄二世率军攻入哈伊莫司山,哥特人不得不缴械投降。一部分哥特人加入了罗马帝国的军队;一部分哥特人居住在罗马帝国一些行省专门预留给他们的领地;大批哥特人沦为奴隶;少数哥特人逃回原来的居住地。

哥特人遭遇瘟疫的同时,罗马人也正遭受瘟疫的折磨。克劳狄二世不幸染上瘟疫,死于西尔米乌姆。驾崩时,他五十七岁。据说,在临终时,克劳狄二世当

---

① 还一种说法是六千艘战船。——原注

着主要官员的面，任命部下奥勒良接替皇位。然而，得知克劳狄二世的死讯后，克劳狄二世的弟弟昆提里乌斯在阿奎莱亚称帝。元老院承认他的皇位。然而，听说奥勒良率军来攻时，昆提里乌斯觉得没有任何取胜的希望。于是，他割开静脉自杀而亡。昆提里乌斯在位仅十七天。

奥勒良
公元270年至公元275年

同克劳狄二世一样，奥勒良出身寒门，能力出众。据说，奥勒良出生于西尔米乌姆附近的一个村庄，父亲是一个小农场主，母亲是太阳神神殿的祭司。凭借军功，奥勒良从一名普通士兵一路晋升为边境将军。当着瓦勒良的面，奥勒良被乌尔比乌斯·克利尼特乌斯收为养子（也有人说是瓦勒良要求乌尔比乌斯·克利尼特乌斯这样做）。

乌尔比乌斯·克利尼特乌斯是元老，与图拉真来自同一个家族。他把女儿塞维莉娜嫁给了奥勒良。瓦勒良还让奥勒良担任执政官。

同哥特人作战时，克劳狄二世曾委托奥勒良担任骑兵指挥官。奥勒良当上皇帝后，匆忙赶到罗马。不料，哥特人突袭潘诺尼亚。奥勒良又急忙返回战场。这是一场大战，双方都没有取胜的绝对优势。战斗发生在夜晚，一战定胜负。第二天，哥特人退往多瑙河岸，提出了和解的要求。奥勒良欣然同意。此后多年，哥特人和罗马人和平相处，未发生任何摩擦或敌对行为。但正当奥勒良忙于潘诺尼亚的战事时，阿勒曼尼人四万骑兵和八万步兵越过阿尔卑斯山脉，在波河平原烧杀劫掠。奥勒良并未紧随其后进入意大利。得知阿勒曼尼人带着战利品返回后，奥勒良在多瑙河守株待兔，伺机拦截他们。阿勒曼尼人陷入困境，便派人求和。奥勒良带着大臣，走在军队前面，接见了阿勒曼尼使者。阿勒曼尼使者先是一阵沉默，然后通过翻译，表达了来此谈判不是因为害怕战争，而是因为渴望和平。

阿勒曼尼使者夸大了自己的兵力，还说如果再战，鹿死谁手，尚未可知。他还要求罗马帝国和此前一样，每年都向阿勒曼尼进贡金银礼品。而奥勒良则表示：除非阿勒曼尼人无条件投降，否则免谈。阿勒曼尼使者带着谈判失败的消息回到了军营。阿勒曼尼人掉转马头，重新进攻意大利。奥勒良紧随其后，在普拉森舍赶上了阿勒曼尼人。阿勒曼尼人埋伏在树林里，黄昏时分，突然袭击罗马军队。罗马军队一时陷入被动。如果不是奥勒良意志坚定，指挥有方，罗马军队将溃不成军。第二场战斗发生在翁布里亚的法诺附近，也就是五百年前汉尼拔的弟弟哈斯德鲁巴被击败和杀害的地方。在帕维亚，罗马军队取得了对阿勒曼尼人的决定性胜利，使意大利避免了被蹂躏的命运。奥勒良对阿尔卑斯山脉以北的蛮族穷追不舍。公元271年，奥勒良挥师进入潘诺尼亚，与这里的汪达尔人大战。汪达尔人溃败。战败方派使者前来和谈，奥勒良让士兵们来决定要不要和谈。他们大声表达了和解的愿望。之后，汪达尔人送上他们的王子和主要贵族的孩子作为人质。此外，奥勒良还带走了两千个汪达尔人，让他们为罗马人服役。

　　在奥勒良同阿勒曼尼人作战期间，罗马城内出现了叛乱。奥勒良回到罗马后，采取了严厉甚至残忍的措施来惩罚叛乱者。因此，他被指控在证据不足的情况下，处死高级元老，而这些元老只有轻微的过失。奥勒良意识到阿尔卑斯山脉和亚平宁山脉已经无法阻挡蛮族入侵了，便决定给罗马建一道防线。他下令在罗马四周建造高大的城墙。这一浩大的工程直至他的继任者统治时期才完成。最终，罗马四周有了一条长达二十一英里的环形防线，而该城墙的存在见证了罗马帝国的一步步衰落。

　　面对境外蛮族威胁的同时，奥勒良还有两个境内的对手需要对付。一个是僭主泰特里库斯一世，他在高卢、西班牙和不列颠广受认可。另一个是芝诺比阿，她是奥德奈苏斯的遗孀，统治着东方。奥勒良首先对哪一个下手，我们无法确定。因多数学者更关注东方战场，所以我们不妨先讲芝诺比阿。

　　奥德奈苏斯和自己的长子希罗德一世被亲戚马约尼乌斯所杀。但其遗孀芝诺比阿迅速控制了局势，惩罚了凶手，镇压了反叛，然后以儿子瓦巴拉图斯的名义掌握了政权。这个非同寻常的女人自称是埃及托勒密王室的后裔。芝诺比阿有着典型的东方美：面容清丽，唇红齿白，明眸善睐，顾盼生辉。她说话时声音铿锵有力、悦耳动听，精通希腊语、叙利亚语、埃及语，还能听懂拉丁语。她酷爱学习，热爱剧烈运动，曾陪丈夫奥德奈苏斯追逐狮子、黑豹及森林或沙漠中的其他野兽。由于聪慧机敏并能提供锦囊妙计，芝诺比阿在对外战争中做出了巨大贡献。除了通常在男人身上才有的英勇气概，芝诺比阿还具备东方女人的贞洁。她认为两性结合是一种约定的传宗接代方式，所以自己与丈夫结合只是为了生儿育女。平日里，芝诺比阿节制又清醒，但在必要的时候，她也可以和将军们开怀畅饮，酒量甚至能够压倒一些嗜酒如命的波斯人和亚美尼亚人。作为最高统治者，芝诺比阿对下属要求严格但不失温和。平时，她生活节俭，锱铢必较，但在必要的时候，她慷慨解囊，毫不吝啬。

奥德奈苏斯死后，芝诺比阿授予瓦巴拉图斯"奥古斯都"的称号，但她把实权牢牢掌握在自己手中。她给自己冠以"东方女王"称号，身穿长袍，头戴王冠，接受东方人的崇拜，还发行了刻有自己统治年份的钱币。芝诺比阿打败了加里恩努斯的军队。她控制了埃及，成了埃及的女主人，其统治范围一直向北延伸到比提尼亚的边界。

奥勒良来到亚洲战场，先恢复了比提尼亚行省的秩序。卡帕多西亚的提亚纳举兵对抗奥勒良，但城中一个平民的背叛使奥勒良占领了这座城市。入城后，奥勒良赦免城中的居民，只是把出卖情报的叛徒交给城中义愤填膺的士兵随意处置。在奥龙特斯河岸，奥勒良与芝诺比阿的帕尔米拉军队正面交锋。帕尔米拉骑兵一度占了上风。于是，奥勒良采用了一个战术，让骑兵佯装逃跑，然后趁帕尔米拉骑兵被沉重的盔甲压得筋疲力尽的时候，出其不意地反攻。战败的帕尔米拉军队撤退到安条克，当晚又放弃了安条克。第二天，安条克的大门向奥勒良敞开。奥勒良继续追击，几乎没有遭遇什么抵抗。一路追击到埃美萨时，奥勒良发现帕尔米拉军队在距离埃美萨不远的开阔平地上安营扎寨，兵力多达七万人。芝诺比阿亲自坐镇。她把军事指挥权交给了扎伯达斯将军。双方交战时，罗马骑兵无法抵挡帕尔米拉重装骑兵，转身逃跑。但当帕尔米拉骑兵追击时，帕尔米拉轻装步兵则失去了保护，无法抵抗罗马军团的攻击，导致全军溃败。芝诺比阿看到战机已失，知道埃美萨人更欢迎罗马人，就放弃了这座城市，退回她的首都帕尔米拉。

帕尔米拉又称"塔德莫尔"。它是一个重要的港口，从古至今一直是连接波斯湾和地中海贸易的重要交通枢纽。它是沙漠中的绿洲，牧草丰茂，树木葱郁，流水潺潺，距离幼发拉底河不到六十英里，距离叙利亚海岸约一百八十英里。历史上，以色列王所罗门曾控制此地，并在此修筑了防御工事。塔德莫尔是大自然的馈赠，有着得天独厚的自然优势，无论罗马帝国如何变迁，它都经久不衰。图拉真时代，它成为罗马帝国的殖民地，城市中心矗立着高大庄严的公共建筑。即使是塔德莫尔留下的废墟，现代欧洲人也称奇赞叹。

罗马军队在沙漠上行进时，遭到阿拉伯贝都因人的袭击。在围攻帕尔米拉时，罗马军队发现此城固若金汤，极难攻克。持续了一段时间后，奥勒良写信给芝诺比阿和城中军民，许以非常优厚的投降条件。但芝诺比阿坚信罗马军队很快就会遇到饥荒问题。另外，她认为波斯人和阿拉伯人也会迅速前来替她解围。芝诺比阿以非常高傲的语气回了一封信，把罗马皇帝羞辱了一番。然而，她的救援大军并未如期抵达，罗马军队后勤保障部队倒是先到达了。此前，奥勒良派普罗布斯前往埃及镇压叛乱，普罗布斯完成使命后率军支援奥勒良的主力部队。帕尔米拉城中的物资日渐匮乏，芝诺比阿发现帕尔米拉快要保不住了，决定逃往波斯求助，以图东山再起。她骑着一匹骆驼，离开帕尔米拉，来到幼发拉底河，甚至已经登上了渡船。这时，罗马轻骑兵赶了过来，抓住了她。芝诺比阿被带到奥勒良皇帝面前。当被问到为什么敢羞辱罗马时，芝诺比阿回答说，奥勒良是真正的英雄豪杰，她输得心服口服，而加里恩努斯、奥勒留都不能算是真正的皇帝,她辱骂的是这些无能的皇帝。这个谨慎的回答让奥勒良对她产生了好感,也为她赢得了一线生机。很快,帕尔米拉就沦陷了,奥勒良率军回到埃美萨。在埃美萨,奥勒良设立了审判法庭,审判芝诺比阿及其大臣。罗马的士兵大声嚷嚷要判处芝诺比阿死刑,但奥勒良则决定留下她的性命以便在凯旋式上为自己增添光彩。另据记载,芝诺比阿装出一副小女人的可怜模样,把同罗马为敌的过错都推到自己的大臣身上。于是,几名大臣被处决,其中包括哲学家朗吉努斯。面对死亡,朗吉努斯极其平静,甚至用哲学来安慰同样不幸的伙伴。

奥勒良率领大军返回罗马。途经博斯普鲁斯海峡时,他得到情报:帕尔米拉人屠杀了留在那里为数不多的罗马驻军。奥勒良立即原路折回,来到安条克,在帕尔米拉人得知消息前火速赶到帕尔米拉,重新占领了这座城市,并且开始屠城。帕尔米拉的男女老少、贵族平民,无一幸免。屠城结束后,奥勒良返回欧洲。这时又有消息传来,埃及发生了叛乱。叛乱者推举一个叫菲尔穆斯的富商为皇帝,还宣布停止向罗马供应粮食。不知疲倦的奥勒良很快出现在尼罗河畔,打败了叛乱者,处死了菲尔穆斯。

泰特里库斯一世被推翻后,罗马帝国境内暂时回归平静。据说,泰特里库斯一世受不了高卢军队动辄造反的日子,他秘密写信向奥勒良求助(目的也可能是诱敌深入)。奥勒良率军来到高卢。泰特里库斯一世认为将领的意志对取得战争的胜利至关重要,但当双方军队在查隆斯平原交锋时,他还是抛弃了军队,临阵脱逃。尽管泰特里库斯一世的军队殊死拼搏,最后还是全军覆没。

在战胜所有对手和敌人后,奥勒良决定举办辉煌壮观的凯旋式来庆祝自己的胜利。凯旋式上,各种珍禽异兽、角斗士和各国俘虏在游行队伍前面开路。泰特里库斯一世父子行走在俘虏队伍中,身着高卢服饰。而俘虏队伍中的芝诺比阿,盛装华服,带着金锁链,由奴隶看押着。奥勒良乘坐马车走在队伍的前面,由四匹高头大马拉着,它原属一个哥特国王的御辇,先皇克劳狄二世也曾乘坐过。奥德奈苏斯和芝诺比阿的豪华马车跟在后面,它是波斯国王送给奥勒良的礼物。

元老、游行公民、军队方阵、骑兵部队和步兵部队跟在后面。游行队伍浩浩荡荡，到卡比托利欧山时已是深夜了。

罗马的一个元老站在泰特里库斯一世的立场表达了不同的看法（这在当时是史无前例的），奥勒良竟然也同意他的观点。这使其他元老心情不爽，他们觉得这是大逆不道的行为，是在故意污辱罗马。结果引发了罗马公民的游行示威。然而，奥勒良我行我素，任命这位元老为意大利南部行省的总督，还与他结下深厚的友谊。在蒂布尔，奥勒良为芝诺比阿置办了一处府邸，芝诺比阿在这里生活了多年，她的几个女儿也都嫁给了罗马贵族。奥勒良实施了一些有益的改革，改善城市的公共设施，每日向市民发放面包和猪肉，将市民欠国库的债一笔勾销。这些举措为他赢得了人民的支持。但他的货币改革引发了暴动。为了平息暴动，他失去了七千士兵。虽然关于这件事的记载并不详尽，但元老们肯定与此次暴动脱不了干系，因为事后奥勒良狠狠惩罚了一大批贵族，其中许多人被投入监狱，一些人则被处死。

为了与波斯人开战，奥勒良再次离开罗马。驻跸色雷斯时，他发现自己身边的大臣麦尼斯特乌斯敲诈勒索他人的财物，对此，他非常生气，威胁回头要好好收拾麦尼斯特乌斯。麦尼斯特乌斯认为奥勒良是言出必行之人，而自己现在身处险境，只能铤而走险。于是，他伪造了一封奥勒良的文书，上面列出了皇帝要处死的包括自己在内的许多大臣和将领的名字。他让名单上的人看了这封文书后，大家都惶恐不已，决定先下手为强。他们决定把谋杀皇帝的地点选在拜占庭和赫拉克利亚之间。在毫无防备的情况下，奥勒良被利剑刺进胸膛，一命呜呼。

克劳狄·塔西佗
公元275年至公元276年

奥勒良死后，出现了一个史无前例的场景——元老院和军队之间的冲突空前缓和。近一年的时间，罗马帝国群龙无首，但并未出现任何骚乱，元老院和军队都希望由对方推举下一位皇帝。产生这种局面主要是基于下面的原因。

刺杀奥勒良的军官很快发现他们受人蒙蔽，这场阴谋的主使者麦尼斯特乌斯畏罪自杀。士兵们对奥勒良的死表示沉痛的哀悼，不愿拥戴任何与奥勒良之死有关的人为帝，无论这个人有多么无辜。所以士兵们写信给元老院，要求元老们推举一位新皇帝。元老们虽然很满意军队对他们的尊重，但仍然谨慎地拒绝了这个易招诽谤的"殊荣"。军队再次向元老院施压，双方相持了八个月。最终，公元275年9月2日[①]，元老院召集会议，分析了罗马帝国面临的种种危险，呼吁克劳狄·塔西佗发表意见。但还没等克劳狄·塔西佗开口，众元老就一致推举他为皇帝。道贺声从四面八方传来。克劳狄·塔西佗表示自己年事已高，不适合担任皇帝，但最后不得不接受大家的意见，披上紫袍，登上宝座。禁卫军欣然同意元老院的决议。当克劳狄·塔西佗前往色雷斯军营时，士兵们表示接受元老院的决定，自愿服从克劳狄·塔西佗的指挥。

当时，克劳狄·塔西佗已经七十五岁高龄了，同我们知道的大多数皇帝一样，他出身名门，财力雄厚，一生致力于研究哲学和培养自己的文学素养。克劳狄·塔西佗声称自己是同名历史学家塔西佗的后裔，孜孜不倦地研究塔西佗的著作。即位后，他曾要求每年誊抄十本塔西佗的著作，并且将其放在公共图书馆。

克劳狄·塔西佗认为自己只是法律和元老院意见的执行者，试图通过恢复元老院被剥夺的特权，使元老院重获昔日荣光。克劳狄·塔西佗规定元老们可以任命审判官，听取上诉，有权决定皇帝敕令的有效性。但对元老院来说，这只是最后的挣扎罢了，历史长河绝不会倒流，昔日强大的元老院的权力已不复存在。

阿兰人是萨尔马提亚人的一个分支，居住在迈俄提斯湖[②]附近。早年为了对抗波斯人，奥勒良曾同阿兰人结盟，给予他们一定的好处。然而，奥勒良遇刺身

---

① 一说公元275年9月25日，克劳狄·塔西佗被推选为罗马皇帝。——译者注
② 今亚速海。——原注

亡后，对波斯人的战争终止了。阿兰人认为罗马人失信。为了报复罗马人，阿兰人连同其他蛮族开始大规模入侵并掠夺罗马帝国，洗劫了攸克辛海以南的行省。克劳狄·塔西佗接管军队后，主动提出履行奥勒良签订的条约。大部分蛮族接受了条件并退回到原居住地，但小部分不愿意和解。克劳狄·塔西佗率军迅速将其荡平。由于战事发生在冬天，没有意大利南方温润的气候，克劳狄·塔西佗年逾古稀，身体十分虚弱。除了身体方面的原因，军营中常常发生冲突，甚至一度闹到他的帐中，这加重了他精神上的焦虑。公元276年4月22日，短暂统治六个月零二十天后，克劳狄·塔西佗驾崩于提亚纳。

克劳狄·塔西佗驾崩后，他的同母异父弟弟弗洛里努斯被罗马帝国西部的军队立为新皇帝。同时，东部的军队立普罗布斯为帝，于是，罗马帝国又发生了内战。然而，西部的军队不习惯东方炎热的气候，加上疾病肆虐，其逃兵不计其数。在奇里乞亚的塔尔苏斯，普罗布斯的军队取得了决定性胜利，弗洛里努斯被杀，结束了他不到三个月的统治。

普罗布斯
公元276年至公元282年

同那些伊利里亚得僭主一样，普罗布斯出身卑微，凭借战功登上皇位。他年少参军，因勇敢正直而在军中扬名，因此受到瓦勒良的赏识。尽管普罗布斯还年轻，瓦勒良仍破格提拔他为军队指挥官，让他指挥一支辅助军队，还向加里恩努斯强烈推荐他。无论是加里恩努斯，还是后来的几位皇帝对他都十分信任，常授予他军中大权。奥勒良对普罗布斯评价很高，甚至考虑让他继承自己的皇位。

弗洛里努斯死后，普罗布斯写信给元老院，为从士兵手中接过帝国大权而表示歉意，但他向元老院保证会顺从元老院的意愿。因此，他得到元老院的承认和支持。元老院授予他皇帝的头衔和权力。作为回报，普罗布斯继续赋予元老院听诉权和任命监察官的权力，以及审核批准皇帝发布的敕令的权力。克劳狄·塔西佗曾严厉惩罚那些参与奥勒良谋杀案的人。普罗布斯继承他的做法，找出其余凶手，同样加以惩罚，但没有那么严酷。普罗布斯对那些曾支持弗洛里努斯的人也没有表现出很强的敌意。

奥勒良死后，日耳曼人乘机入侵高卢，控制了七十多个城市，几乎占领了整个高卢。公元277年，普罗布斯在处理好帝国内部事务后，亲率大军进入高卢。罗马大军兵强马壮，人数众多，与日耳曼人展开大战。接连几场战斗中，罗马人都战胜了日耳曼人，迫使日耳曼人重新退回莱茵河。据说，日耳曼人损失了四十万人。普罗布斯率军越过莱茵河，对日耳曼人穷追不舍。九个日耳曼部落的首领被迫前来求和。普罗布斯提出的和谈条件是：日耳曼人将抢夺的财物悉数归还；每年向罗马进贡大量谷物和牛；献出一万六千名日耳曼人为罗马军队服役。普罗布斯把这些日耳曼士兵以每组五十人或六十人的规模编入罗马军队。这一做法非常明智，最大限度地发挥了日耳曼人的优势。他还把其余日耳曼人和其他部族遣送到不列颠行省和其他行省。此外，普罗布斯还设想让被征服的日耳曼人放下武器接受罗马人的保护。但考虑到这样做需要增加大量罗马士兵，他就放弃了这一想法，只是让日耳曼人撤退到内克河和易北河以外。普罗布斯在这些河和莱茵河之间建造堡垒和城镇，并且在莱茵河到多瑙河之间修建一堵二百英里长的石墙，作为意大利和各行省抵御阿勒曼尼人的防线。

征服日耳曼人后，普罗布斯进军拉埃提亚和伊利里亚。他和自己军队的威名令哥特人和萨尔马提亚人闻风丧胆，从而保证了附近行省的安全。公元279年，普罗布斯又来到亚洲，镇压了伊索利亚深山里的强盗，还将退伍的老兵安置在这里，以便这些老兵的孩子成年后直接参军，这样就可以防止当地人利用自然条件之便做强盗。但结果证明这些做法同前任皇帝的做法一样有危险。此时，埃及的布莱米安人叛乱，占领了科普托斯和托勒密。普罗布斯率军穿过叙利亚到埃及镇压叛乱。之后，他与波斯国王巴赫拉姆二世达成了和平协议。途经色雷斯时，普罗布斯又赐给巴斯塔尼亚人一些土地，格比丹人、汪达尔人和其他部落同样得到了土地。战胜日耳曼人和布莱米安人后，普罗布斯回到了罗马。

按常理来说，一个国家有普罗布斯这样公平无私、正直善良、骁勇善战的皇帝，应该不会再有人觊觎皇位的，但普罗布斯的皇位仍旧面临着威胁。第一个挑战皇位的是萨图尼努斯，他是普罗布斯亲自任命的指挥东方军队的将军。萨图尼努斯德才兼备，普罗布斯对他十分尊重。但亚历山德里亚人浮浪不经，骚乱不断。当萨图尼努斯进入亚历山德里亚时，这里人们称他为"奥古斯都"。尽管萨图尼努斯拒绝了这一头衔，退到了巴勒斯坦，但他不相信普罗布斯会放过自己。意识到自己与普罗布斯之间的战争无法避免时，萨图尼努斯披上紫袍，流着泪对朋友说，国家失去了一个栋梁之材，他自己和其他许多人会不可避免地走向死亡。普罗布斯试图说服萨图尼努斯，许他以平安和富足，仍然没有使萨图尼努斯归顺。萨图尼努斯的一部分军队倒戈，加入了普罗布斯派来平叛的军队。萨图尼努斯被围困于阿帕梅亚。城破后，萨图尼努斯惨遭杀害。

萨图尼努斯败亡后，普罗库卢斯和博诺苏斯在日耳曼行省称帝。他们皆非平庸之辈，普罗布斯认为有必要亲自去讨伐。战斗刚一打响，普罗库卢斯就惨遭失败，逃到法兰克人那里寻求帮助，却被法兰克人出卖了。他在战斗中阵亡。博诺苏斯坚持了一段时间，看到败局无法逆转后，选择上吊自尽。由于博诺苏斯酷爱饮酒且酒量过人，一个看到他上吊的人大喊道："那里挂着的是一个酒罐子，不是人。"普罗布斯宅心仁厚，非但没有迫害两个反叛者的家人，反倒善待他们。

普罗布斯并非残酷无情的皇帝，他和奥勒良一样，十分关注军纪的改善。普罗布斯的治军之道就是保持士兵忙碌，避免他们惹是生非。在埃及指挥军队时，他曾命令军队给沼泽地排水、改善尼罗河的河道、建造公共建筑。在高卢和潘诺尼亚，普罗布斯命令罗马军团开垦葡萄园。他坚守的信条是，士兵们不应该白吃白喝游手好闲。普罗布斯甚至曾表示希望有一天国家不再需要军队。他的这些说法自然引起了士兵们的不满。公元282年，波斯人背信弃义，撕毁了与罗马人达成的和平协议。普罗布斯出兵与波斯人大战。一天，他来到家乡西尔米乌姆，在此暂做停留。普罗布斯命令士兵们开凿一条运河，并且排干沼泽里的积水。士兵们不满这样沉重的劳役。兵变很快发生了。情急之下，普罗布斯逃到了一座铁塔上（他习惯在塔上监控工程的进展情况）。但愤怒的士兵们推倒了铁塔，普罗布斯最终被砍死在乱剑之下。之后，士兵们又非常懊悔，沉痛地哀悼了普罗布斯，还为他立了一座纪念碑。

卡鲁斯
公元282年至公元283年

士兵们尽管非常后悔谋杀普罗布斯，但并没有放弃自由选择皇帝的权力。他们推举禁卫军长官卡鲁斯为帝，像之前一样，元老院不得不默认他们的决定。

这一年，卡鲁斯近六十岁。他的出生地不详，但极有可能是伊利里亚。普罗布斯在世时对他的评价很高。毫无疑问，他是个有本事的人。

卡鲁斯即位伊始，惩罚了害死前任皇帝的始作俑者。然后，他将"恺撒"的头衔授予两个已成年的儿子卡里努斯和努梅里安。普罗布斯死后，蛮族渡过莱茵河和多瑙河下游。之后，卡鲁斯派遣卡里努斯到高卢，驱赶那里的入侵者，从而巩固自己在罗马的地位。公元283年，卡鲁斯带着努梅里安攻打萨尔马提亚人。在这场战争中，卡鲁斯消灭一万六千萨尔马提亚人，俘虏两万萨尔马提亚人。确保伊利里亚边境安全后，卡鲁斯率军越过亚细亚行省，同波斯人开战。

卡鲁斯率军渡过幼发拉底河时，波斯国王巴赫拉姆二世正深陷内战的旋涡。巴赫拉姆二世虽然能力出众，作战勇猛，但此时焦头烂额，分身乏术，无法召集足够的兵力来对抗罗马大军。于是，巴赫拉姆二世派使者前去和谈。一天晚上，使者来到罗马军营，看到卡鲁斯身披紫色长袍，正坐在草地上吃晚餐，碗里是煮豌豆和一些咸猪肉。卡鲁斯传使者到近前，告诉他们，如果巴赫拉姆二世不投降，他就会在一个月内砍光波斯的树木和谷物，让这个国家寸草不生。说话的同时，卡鲁斯摘下帽子，露出光秃秃的脑袋，向使者展示了自己的决心。他还向使者表示：如果饿了，大可留下吃饭；如果不饿，可自行离开。听到这里，巴赫拉姆二世的使者惊恐不已，转身离去。之后，卡鲁斯立即收复了整个美索不达米亚。他打败了巴赫拉姆二世派来抵御的军队，并占领了塞琉西亚和泰西封。接着，卡鲁斯率军挺进波斯内陆。一天，罗马军队在底格里斯河附近扎营休息，突然电闪雷鸣，一阵可怕的爆炸声之后，人们大声惊呼皇帝死了。卡鲁斯的帐篷燃起了熊熊大火。但卡鲁斯的死亡究竟是由雷电所致还是因背叛、阴谋所致，至今仍是一个谜团。

卡里努斯和努梅里安
公元283年至公元285年

卡鲁斯大概死于公元283年底，他的两个儿子顺理成章地成为新皇帝并得到了元老院的承认。努梅里安担心哥哥卡里努斯有所图谋，心生忧惧。于是，他放弃了对波斯的战争，率军返回欧洲。

努梅里安性情随和，热爱文学，能写诗歌，擅长诗朗诵。他娶了阿里乌斯·阿佩尔的女儿为妻。卡鲁斯在位时，阿里乌斯·阿佩尔被任命为禁卫军长官。努梅里安由于视力欠佳，大部分时间只能待在帐篷里，出行时也坐在封闭的轿子里，所有公事都交给阿里乌斯·阿佩尔代办。罗马军队到达博斯普鲁斯海峡后，有消息传来，称久未露面的皇帝已撒手人寰。士兵们闯入努梅里安的帐篷，发现了努梅里安的尸体。努梅里安死因不明，疑点重重，阿里乌斯·阿佩尔成了重点怀疑对象。士兵们逮捕了阿里乌斯·阿佩尔，给他套上了绳索，之后，军事大会召开了。会上，将军和指挥官协商拥立新皇帝。这一荣耀最终落在禁卫军长官戴克里先身上。士兵们对这一决议表示认可。在审判阿里乌斯·阿佩尔时，戴克里先登上高台，庄严声明努梅里安之死与自己毫不相干。之后，阿里乌斯·阿佩尔被带到他面前。戴克里先指着阿里乌斯·阿佩尔说："这个人就是杀死努梅里安的凶手。"不容阿里乌斯·阿佩尔分辩，戴克里先直接一剑刺进了他的胸口。

奇怪的是，罗马帝国的共治皇帝卡里努斯仍在世，军队就匆匆选出了另一个皇帝。我们不知道戴克里先称帝是否存在阴谋，但据说，卡里努斯私德有亏，这点足以使他与皇位无缘。卡里努斯行事恶毒，品行不端，甚至在父亲卡鲁斯在位期间，他把一些重要官职都交给无能之辈，导致卡鲁斯不认他这个儿子。卡鲁斯曾提议让达尔马提亚总督君士坦提乌斯来接替自己的皇位。卡鲁斯去世后，卡里努斯更是没了约束，从此便放任自流，骄奢淫逸不亚于埃拉伽巴路斯，残暴无情更胜图密善。然而，努梅里安的去世和戴克里先的称帝激起了卡里努斯的战斗欲望。他决定亲自率军讨伐。双方交战多次。公元285年5月，在摩西亚靠近多瑙河的玛格斯平原上，双方进行了决战。最终，卡里努斯被自己的军队出卖，被一名指挥官杀害。也算是罪有应得，因为他曾勾引过这位指挥官的妻子。

如前所述，在过去很长一段时期，罗马帝国的面貌几乎没有改变。无论在意大利行省，还是在其他行省，都缺乏体面的中产阶层，赤贫和巨富形成鲜明的对比。有钱人中，肆意挥霍者甚众，高尚慷慨者甚少。然而，此时，罗马帝国的对外贸易一片繁荣。罗马人对奢侈品的追求是推动对外贸易发展的最重要因素，而对外贸易的发展也给人们带来了大笔财富。印度的香料、宝石、珍珠及苏维汇海的琥珀批量运至罗马，贵族和贵妇趋之若鹜，竞相以高价购买。

这一历史时期有两个人值得一提，可能会帮助我们了解当时人们的个人财富。一个是罗马贵族皇帝克劳狄·塔西佗，另一个是亚历山德里亚商人菲尔穆斯。克劳狄·塔西佗拥有的土地资产和其他资产达两亿八千万赛斯特斯，手中可支配的现金足以支付整个军队的薪水。而菲尔穆斯做过奥勒良时代的埃及僭主。菲尔穆斯在红海拥有大量商船，同印度有贸易往来。此外，菲尔穆斯还把贸易做到非洲内陆。他与布莱米安人签订了开矿契约，还与阿拉伯的贝都因人建立了贸易关系。另外，菲尔穆斯还坐拥数家制造厂。据说，他曾经夸下海口，说他造纸[①]所赚利润足以维持一支军队所需。

显而易见，这一时期的罗马军队纪律涣散，道德滑坡。士兵已经习惯于奢侈和放纵，没有了共和国时期和帝国初期的雄风。蛮族士兵大量进入罗马的军队编制。很快，我们就发现罗马军队中日耳曼籍高级军官越来越多。

一直以来，罗马政府都高度关注军用道路的畅通。我们可以看到奥古斯都对此十分重视。这位英明睿智的皇帝还建立了一套邮寄体系，方便寄送公函。为此，罗马帝国还雇用专门的邮递人员。戴克里先称帝时，这一系统得到大范围的扩展。罗马帝国在所有主要线路上每隔一定的距离建立了驿站，配备了马、骡和车辆以方便运送货物和人员。牲口和车辆由驿站所在地区的居民免费提供，但这无疑加重了当地居民的负担。任何持有皇家"官文"的人都可以向驿站索要马、马车及自己和随从的食物，无须支付任何费用。该制度实际上与后来土耳其帝国流行的制度相同，苏丹的"邮差"持皇家文书可畅行无阻。当皇帝前往自己治下的任何一个地方时，行宫和扈从都由地方负责安排。皇帝希望自己所到之处，每处行宫都安置妥当。同样，行军打仗缺少兵源时，当地要予以补充。由于驿站位置不断变化，众多罗马皇帝不断出行，臣民遭的罪可想而知。

这一时期的文学每况愈下。图拉真的统治结束后，我们再也没有见过任何出色的拉丁诗人或历史学家。然而，希腊语地区的文学发展得稍好一些。普鲁塔克的作品题材广泛，文风儒雅，在安敦尼王朝时期广受欢迎。琉善是和普鲁塔克同一时期的作家，他的作品以诙谐见长。阿里安、卡西乌斯·迪奥和希罗迪安等历史学家的作品都取得了或多或少的成功。希腊旅行家帕夫萨尼亚斯的旅行见闻对现代学者来说具有重要的研究与学习价值。盖伦的医学著作及托勒密的天文学、地理学著作，长期以来都对欧洲和亚洲的人类思想产生了深远的影响。在诗

---

① 指莎草纸。——译者注

歌创作中，这一时期希腊作品的影响力不比拉丁语作品更大。

当时最受欢迎的文学分支（如果可以这样称呼）是哲学。斯多葛学派追随者众多，其中重要代表人物是皇帝马可·奥勒留，他的《沉思录》是留给后人的宝贵遗产，全书共十册。历史学家和政治家阿里安整理出版了自己老师爱比克泰德的作品。但这一时期最盛行的是亚历山德里亚的新柏拉图主义，这里有必要稍加着墨。

柏拉图的著作具有神秘色彩，也许是受到毕达哥拉斯学派的影响，也许是受到东方文学的影响。神秘主义由此呈现出一般特征。朴素的真理被包以华美的语言，试图解释人类现有认识之外的东西。我们可以提一提《蒂迈欧篇》及类似的作品，因为它们体现了一定的哲学价值。但这些作品晦涩难懂，内容博大精深，奇辞奥旨。当然，人们对这些作品的推崇也是基于此。《蒂迈欧篇》此类作品同东方的幽思冥想哲学相仿，而神秘主义和神秘主义哲学在这种背景下得以产生。亚历山德里亚是柏拉图主义的大本营，这里的教授素有"折中学派"的称号。他们以柏拉图的思想原则为依据，结合斯多葛学派、逍遥学派和东方哲学的思想，使其能够与主流思想融为一体。犹太哲学家斐洛的著作揭示了柏拉图主义和摩西律法是如何做到和谐共存的。

公元2世纪末，柏拉图主义在阿摩尼奥斯·萨卡斯的拓展下增添了新的内涵。阿摩尼奥斯·萨卡斯天赋异禀，极富想象力。他的目标是将哲学的所有派别及包括基督教在内的所有宗教整合为一个和谐的整体。他的哲学体系与折中主义不同：折中主义认为真理与谬误构成了不同的体系，但他认为不同的体系都源于真理，因此能够追本溯源到最初的统一性。阿摩尼奥斯·萨卡斯认为世界的存在皆源于"神"的意旨。他沿用并拓展了柏拉图"灵魂"分不同层次的说法。阿摩尼奥斯·萨卡斯断言，通过某种秘密仪式，人类会变得有能力感知并与智慧生命进行对话。这种秘术被他称为"神通术"。只有那些有极高修行之人才可施展神通术。此外，阿摩尼奥斯·萨卡斯还宣扬严格的禁欲主义，旨在让灵魂摆脱身体的束缚。禁欲主义深受其践行者的推崇。阿摩尼奥斯·萨卡斯出生于基督教徒家庭，是一位令人敬佩的秘术师。他试图把基督教的教义同自己独特的观点结合起来。由于许多基督教徒都在阿摩尼奥斯·萨卡斯的学校学习，新柏拉图主义和他们的臆断被证明会产生极有害的影响。后来，许多谬误和迷信都源于此。新柏拉图主义的代表人物有波菲利、柏罗丁、普罗克洛斯、辛普利西乌斯和詹布里库斯。新柏拉图主义一直蓬勃发展，直到基督教获得胜利为止。

第8章

基督教

精彩看点

对基督教的迫害——教会腐化——伊便尼派——诺斯底派 宗教"异端"——孟他努斯派——逾越节之争——基督教理事会——教阶制度——柏拉图哲学及其影响——基督教作家

过去的两个世纪，基督教取得了迅猛发展，远播西班牙、高卢、不列颠及罗马帝国的偏僻边疆。但同时，教会又外遭迫害之患，内有腐化之虞。然而，教规和教会组织机构的变革又使基督教丧失了原有的质朴。接下来，我们将就上述问题进行探究。

爱德华·吉本和其他怀疑论作家认为，古代社会对宗教是宽容的。他们的观点是错误的，因为这种宽容仅限于允许人们遵循本民族的宗教信仰，崇拜自己的传统神灵，不允许人们改变信仰。但关于本国公民对新的神祇或外来神祇的崇拜，希腊和罗马的相关法律都十分严苛。比如，苏格拉底就因引入新神而被判死刑。罗马法律规定："任何人不得单独祭祀或崇拜新神，不得私自祭拜外来神，除非该神已被人们接纳。"我们发现，在整个罗马共和国时期，一直执行该法律。政务官有权压制任何外来崇拜，惩罚所有"异教徒"及其传道者，将他们赶出城市，夺取并销毁他们的宗教书籍。这些法律条文的存在，极有可能是出于政治考虑，而非出于宗教考虑。所有政府都反感秘密组织，它们的态度自然又合理，因为这些秘密组织非常容易转化成政治团体。非国教信徒总会自发成团，而随着人数的增加，极有可能演变成政治团体。

早期的基督教徒面临各种挑战。首先，犹太人在罗马帝国各地势力稳固，基督教徒不仅受到犹太人的诽谤与迫害,而且因为基督教被认为是犹太教分裂出来的一个教派,所以他们还要遭受犹太教徒的憎恶。加之,基督教徒劝他人放弃原有信仰、皈依基督,而这是罗马政府最忌惮的。此外,基督教导信徒抵制一切偶像崇拜,但偶像崇拜已经完全融入罗马的公共生活与私人生活,所以基督教徒认为自己应该远离剧院、公共表演及一切严肃场合。在私人生活中,基督教徒也必须谨守教规,所以常被认为性格孤僻、不善交际。他们不去神殿,不拜偶像,不推崇圣物。那些不能理解这种宗教观念的人便误认为他们是无神论者[①]。就连基督教徒的宗教仪式和宗教活动也成了对手诽谤的对象。例如,基督教的圣餐仪式要求象征性地饮食耶稣基督的血肉,因此被攻击为人肉盛宴;基督教的爱宴仪式也被描绘得残暴淫秽。当然,基督教徒有时也有失检点,故意寻衅滋事。不少人甚至自私地渴望通过殉道来沽名钓誉。

因此 我们也能理解,基督教徒背离了古代罗马法,因为他们引入了新的宗教,不仅不信奉罗马国教,而且极力劝他人信奉自己的宗教。同时,底层人民也厌恶基督教徒,因为他们不去神殿,也不看公共表演。因此,各种脏水都泼向他们,就连著名的历史学家塔西佗和苏埃托尼乌斯等人也受到极大影响。鉴于此,罗马底层人民盲目跟风也就不足为奇了。最后,公众对基督教徒厌恶至极,甚至将一切公共灾难都归咎于他们。迦太基神学家德尔图良[②]曾说:"如果台伯河水泛滥成灾,如果尼罗河干涸,如果发生旱灾,如果发生地震,如果饥荒蔓延、瘟疫肆虐……那么,人们会立即高喊:'把基督教徒丢进斗兽场喂狮子吧!'"

基督教在战胜各个敌人成为罗马帝国国教后,基督教徒如同海上劫后余生的乘客,对经历的劫难津津乐道。他们夸大宗教迫害事件及受害者的数量,凭空想象遭受的各种酷刑以自娱。例如,使徒约翰煞有介事地说,他在罗马被图密善

---

① 就像一些无知和偏执的人把自然神论和无神论混淆一样。——原注
② 在以下关于迫害基督教徒的叙述中,我们主要以优西比乌的叙述为主。正如莫斯海姆提到的那样,前三个世纪的圣徒和殉道者的行为很少是真实的。——原注

下令扔进了沸腾的油锅,却毫发无损地出来了。传说在帕加马,圣巴比拉斯主教被扔进了一只烧得通红的铜牛中。不过,在博学的优西比乌①看来,这些殉难事件纯属子虚乌有。而认定图密善时期存在宗教迫害,也鲜有依据。这些虔诚的传奇故事主要是基督教徒杜撰的。他们总是相信超自然现象,喜欢恐怖事件。接下来,我们将根据可靠的资料,简述教会遭受的苦难。

如前所述,尼禄是迫害基督教徒的第一人。不过,正如我们所知,他的迫害不过是把自己的罪行嫁祸给当时世人厌恶的基督教徒,与任何宗教问题或政治问题无关。同时我们也无法断定他是否持续迫害基督教徒,迫害范围是否超出罗马城。优西比乌提到一个传说,就在这一时期,使徒圣保罗被斩首,使徒圣彼得被钉死在十字架上。但这类传说可信度很低,因为使徒是否来过罗马都十分可疑。弗拉维王朝统治时期,基督教徒没有遭遇什么麻烦。

据说,在自己统治末期,图密善确实虐待过基督教徒。传说耶稣基督的兄弟犹大的两个孙子,作为大卫王的后裔曾被带到图密善面前问话。他们向图密善坦白,他们的全部财产只是一小块耕地,还向图密善展示了他们布满厚茧的双手。他们说基督的王国不在现实,而在天上,直到世界的末日才会显现出来。图密善不太明白他们的话意,对他们十分轻蔑,便把他们打发走。从此,图密善结束了对基督教徒的迫害。

优西比乌记述道,图拉真统治时期,"由于罗马公民反对基督教徒"(通常,这是迫害基督教徒的原因),"全城出现了比较温和的迫害"。确实应该很温和,因为优西比乌只提到了一位殉道者:耶路撒冷的主教,即耶稣的亲戚使徒圣西门。然而,小普林尼写给图拉真的那封著名的信表明,在罗马帝国的某些地方,基督教徒的处境非常危险。小普林尼心地善良,公元103年被任命为本都和比提

---

① 优西比乌(约公元264年—公元340年),教会历史学家,通常称他为"恺撒利亚的优西比乌"。他的《教会史》是有关早期基督教使徒时代至324年基督教的历史,尤其是东正教会历史的主要原始资料来源。——译者注

尼亚的总督。他发现大量针对基督教徒的指控,被指控的基督教徒男女老幼都有。小普林尼不愿惩罚他们,但不知道该怎么处理这些指控。于是,他写信给图拉真,征求意见。图拉真在回信中指出:"不要无缘无故逮捕基督教徒。如果他们受到指控并已定罪,就该惩处;如果是匿名指控,则无须受理。"考虑到罗马的相关法律及当时民情的总体状况,在这种情况下,回信的内容展现了图拉真高度的人道主义和公正精神。从小普林尼的信中我们得知,他处罚基督教徒,主要是因为图拉真厌恶社团组织。为此,小普林尼还严格禁止基督教徒聚会、庆祝圣餐仪式或举行爱宴仪式。

我们进一步了解到,无论是在城镇,还是在乡村,基督教徒的数量都十分庞大,几乎所有"异教"神殿都已被遗弃。但当各地推行图拉真的宗教政策时,一些基督教徒放弃了信仰。而小普林尼也强烈希望,这种迷信——他就这么称呼基督教——或许能被压制下去。

根据殉道者查士丁的记述,哈德良根本不能算是宗教迫害者。亚细亚总督塞雷纽斯·格兰尼亚努斯曾写信给哈德良,"如果仅仅为了满足公民的呼声,不经正常的起诉和审判就处死基督教徒,那似乎不公正"。后来,哈德良向塞雷纽斯·格兰尼亚努斯的继任者米纽修斯·丰达努斯下达了一份诏书,指示他不要理会公民空洞的请求与呼声,而要亲自审查这些指控。如果被告的违法事实证据确凿,应根据他们的犯罪性质进行判决。不过,同时要严厉惩罚那些弄虚作假的诬告者。看起来,哈德良应该也给其他总督下达过类似的诏书。

在贤帝安敦尼·庇护统治期间,基督教徒没有受到国家的刁难。但由于亚洲各行省平民的迷信与敌意,基督教徒深受其害。安敦尼·庇护甚至还替基督教徒出面,干预宗教迫害,向行省官员重申哈德良皇帝的谕令。

在哲学家皇帝马可·奥勒留统治之前,基督教徒遭受的苦难相对较轻。但贤明的马可·奥勒留在位期间,却掀起了严重的宗教迫害。他是否颁布了法令,要求迫害基督教徒,尚不可知。但马可·奥勒留蔑视基督教徒是毫无疑问的。他渴望振兴古代宗教与罗马的传统庆典仪式，倾向严厉处置那些反对公共演出与公共庆典的基督教徒。研究这一时期的殉道者记述就会发现，大多数对基督教徒的迫害事件都源于人们对基督教徒的痛恨。

公元166年，马可·奥勒留第一次离开罗马，去指挥日耳曼战争。而这一年也通常被认为是宗教迫害的开端。据说，在罗马，一个叫托勒密乌斯的基督教徒和另外两个人仅因为信奉基督教而被处死。当时，殉道者查士丁（我们从他那里获知这一事实）向马可·奥勒留和元老院提交了《护教辞》。不久，殉道者查士丁同其他人一起被罗马市政官鲁斯提库斯处死。鲁斯提库斯是一位哲学家，而殉道者查士丁的死对头——伊壁鸠鲁派的克雷桑斯当时也在罗马，所以我们有理由设想，哲学家已经接受了社会对基督教根深蒂固的敌意。正因如此，才会无情地迫害基督教徒。同年，士麦那也发生了宗教迫害。德高望重的主教波利卡普和其他十几个基督教徒因信仰问题而遭受诘难。对于这种情况，士麦那教会写了一封信，抄送给本都的许多教会，从中我们了解到以下细节。

这封信开头先讲述了其他殉道者的苦难遭遇。信中写道："殉道者被鞭子打得动脉破裂，血流成河。他们的皮下肌肤、内脏、肠子都裸露在外，令旁观者们惊恐不已。然后，他们被扔在贝壳上或被插在锋利的长矛尖上。历尽各种惩罚、折磨后，他们又被扔给野兽分食。"有一个叫圣日耳曼尼库斯的殉道者，年轻英俊。当他被扔给野兽时，地方总督诚挚地恳求他放弃信仰。然而，圣日耳曼尼库斯高涨的宗教热情甚至激怒了那头野兽，野兽瞬间就将他吞食了。众人开始怪罪并要求处罚波利卡普。德高望重的主教波利卡普在朋友的敦促下逃离了士麦那，但还是被派去抓捕他的人发现并逮了回来。主教波利卡普被押回士麦那的竞技场，送到地方总督面前。他被要求放弃基督教信仰，并对恺撒守护神起誓。主教波利卡普说："八十六年了，我一直侍奉基督。他从来不曾亏负我。我怎能亵渎救赎我的主？"几次劝诱失败后，地方总督命传令官大声宣布："波利卡普表示忏悔，承认他是基督教徒。"于是，犹太教徒和"异教徒"都喊道："他是亚洲的传教士，是基督教的神父。就是他教导人们不要献祭，不要敬拜，是他毁掉了我们的神灵。"他们坚持要放一头狮子咬死波利卡普，当被告知斗兽表演已经结束时，他们大喊要活活烧死他。接着，他们就开始从商店和浴场收集火刑所需的木柴和秸秆。"犹太教徒一如既往，乐于帮这种忙。"依照惯例，要用钉子将火刑犯人固定在木桩上。但波利卡普只是被绑在木桩上。他诵读了一段虔诚的祈祷之后，柴堆被点燃了。然而，火焰并没靠近他，叙述者写道："火苗呈现烤炉状，就像鼓风的船帆，在波利卡普周围形成了一堵墙。波利卡普站在中央，不像燃烧的血肉之躯，倒似火炉中淬炼的金银。我们似乎还嗅到一丝芬芳，犹如祭香或其他珍贵香料的味道。"最后，应人们所愿，刽子手用剑刺穿了波利卡普的身体。血流喷涌而出，浇灭火焰。在犹太教徒的唆使下，波利卡普的遗体被焚毁。犹太教徒说，防止基督教徒不去崇拜钉死在十字架上的基督，而去崇拜波利卡普。信中强调，波利卡普的殉道结束了士麦那的宗教迫害。但如果帕加马城依然有殉道者，就说明罗马帝国还在为平息民愤而迫害基督教徒。

当时，对基督教徒的大部分迫害似乎仅限于亚细亚，主要是犹太教徒煽动的结果。但公元177年，福音已经传播至高卢，高卢也暴发了规模空前的基督教迫害。卢格杜努姆和维埃纳的许多教会给亚洲各教会写信，详细描述了这里的苦难。信中表示，总督与公民一样，都极端仇视基督教徒。而马可·奥勒留皇帝下令迫害基督教徒，不过是要求将拥有罗马公民身份的基督教徒斩首，将放弃基督教信仰的人释放，剩下的就扔去喂野兽或以其他野蛮的方式处死。这次宗教迫害中的殉道者包括德高望重、年已九旬的卢格杜努姆主教波提努斯和热忱虔诚的帕加马信徒阿塔卢斯。不过，赢得基督教徒与"异教徒"共同尊敬的，是一位坚贞不屈的女奴布兰迪娜。布兰迪娜被施以种种酷刑，日复一日地遭受着折磨。她被扔给野兽，野兽却不肯碰她。最后，布兰迪娜被裹起来，扔给了一头狂暴的公牛。她被公牛撞得昏迷不醒时，刽子手处死了她。迫害基督教徒的酷刑多种多样，其中一种是强迫基督教徒坐在一把被烧得极烫的铁椅上，直到他们的肌肤被烤熟，或将极烫的黄铜板固定在犯人身体最柔软的部位。只因主人是基督教徒，信奉"异教"的奴隶被抓起来。在威逼利诱下，"异教"奴隶被迫说出这样的话："我们是被迫来服侍他们的。他们举办堤厄斯忒斯①的人肉宴，或者像俄狄浦斯一样乱伦。种种罪行，我们无法想象，更难以启齿。我们简直难以相信，人类会犯下这样的罪行。"

康茂德统治时期，教会才略松了一口气。塞普提米乌斯·塞维鲁在位前几年对基督教徒也很宽容。但公元202年，他颁布敕令，禁止任何人皈依犹太教或基督教，这样一来，就为基督教徒加害者提供了机会。宗教迫害最严重的地方是亚历山德里亚。塞普提米乌斯·塞维鲁统治时期到德西乌斯统治时期，基督教徒既没有得到特别的恩宠，也没有遭到特别的虐待。除了马克西米努斯·色雷克斯统治时期，马克西米努斯·色雷克斯的主要迫害对象是教会头目，因为他们总是拿之前的贤明皇帝与他做对比。

德西乌斯急于复兴罗马的传统制度，而这些制度都与国家的传统宗教有关。由于基督教徒人数众多，又强烈反对罗马传统宗教，所以德西乌斯意识到，要想实现自己的计划，就必须先压制基督教。因此，他发布了一道命令，要求所有臣民重归传统宗教，否则以重罪论处。结果，出现了一场对基督教徒前所未有的迫害。虽然西普里安的慷慨演说、尼撒的贵格利的华丽说辞都不可尽信，但从叛教者的数量（包括神父等高级教士）及传统宗教的稳固地位来看，毫无疑问，这次宗教迫害范围广大，程度严酷。在宗教迫害期间，罗马主教殉难，耶路撒冷主教和安条克主教都死在狱中，著名的奥利金也与其他许多人等遭到监禁，承受酷刑。

据说，瓦勒良起初宽容基督教徒，但在帝国东部期间，他受到马克利亚努斯的影响，就写信给元老院，下令对基督教徒采取最严厉的措施。一场宗教迫害随

---

① 在希腊神话中，堤厄斯忒斯与其嫂通奸。其兄阿特柔斯为报复堤厄斯忒斯，将堤厄斯忒斯三个儿子杀死，用他们的肉宴请堤厄斯忒斯。——译者注

之而来。但公元260年，瓦勒良被俘，宗教迫害终止。之后，加里恩努斯向主教发出通告，恢复他们的公共活动，还保证庇护他们。

瓦勒良时代的殉道者中，最杰出的是迦太基主教西普里安。

能干、虔诚、雄辩的主教西普里安行事谨慎，躲过了德西乌斯时期的宗教迫害。瓦勒良第一次颁布宗教迫害法令后，地方总督召见了西普里安，通知他瓦勒良要求所有放弃罗马传统宗教的人回归传统宗教。西普里安答道，他是基督教徒、主教，只崇拜唯一的真神上帝。随后，他被判有罪，流放到离迦太基大约四十英里的海滨城市柯卢比斯。不过，新的地方总督上任后，他获准重回迦太基，住在城市附近自己的花园里。然而，公元258年，新的地方总督接到命令，对基督教传教士处以死刑。因此，一名军官和一些士兵奉命去逮捕西普里安，将他带到法庭。由于当天没有安排他的诉讼事由听证会，那名军官把他带到了自己家中过夜，还十分照顾他，允许他的朋友随意接近他。基督教徒整夜守在那所房子前面的街道上。第二天早上，西普里安又被带到地方总督的法庭。确认身份后，法庭要求他服从皇帝瓦勒良的命令，向罗马诸神和皇帝瓦勒良献祭。西普里安答道："我不献祭。"地方总督催促他，但他坚决不从。于是，法官与顾问团商议后，宣读了刻在平板上的判决书："西普里安是罗马诸神的敌人，犯罪组织的头目。他妖言惑众，抵制罗马宗教，不遵守瓦勒良皇帝的法令。判以斩首，立即执行。"他答道："赞美上帝！"现场有许多基督教徒，他们大声喊道："让我们陪他一起去死吧！"随后，西普里安被带到城门前的平地上。基督教长老和执事陪着他，帮他做赴死的准备。西普里安脱掉上衣，让陪同自己的基督教长老和执事给刽子手二十五个金币。然后，西普里安以手捂脸，低下了头，被一刀斩首。晚上，在无数火把的照耀下，西普里安的尸体被运到基督教徒的墓地安葬。政府没有对此发表异议。①

---

① 基督教执事庞修斯对圣西普里安的殉难有详细的记述。庞修斯当时在场，他与地方总督留下的记述一致。——原注

瓦勒良统治结束后近半个世纪，教会平安无虞。但接下来最后一次宗教迫害，也是最大的一次迫害爆发了。在后文，我们对此进行了记述。

回顾教会最初三个世纪的历史，我们产生了各种反思。比如，我们需要注意，首先，基督教徒遭受的苦难，经后面多个世纪的杜撰和虚构，被极度夸大了。其次，罗马帝国对基督教徒的迫害是出于政治原因，而不是出于宗教原因，因为贤帝统治时期也有宗教迫害。显然，这些皇帝意在复兴罗马的古代制度。他们认为罗马的荣耀都基于这些古代制度。最后，基督教徒承受的巨大苦难，特别是在亚洲遭受的深重苦难，是人们的宗教狂热，尤其是犹太教徒煽动造成的，有时也是基督教徒的鲁莽招惹的。我们还进一步注意到，"异教"祭司煽动人们的宗教狂热是为了从中渔利，这似乎有些牵强附会。实际上，除了在小亚细亚，"异教徒"并没有形成独立的阶层和等级制度，因而没有对基督教徒产生忌妒与恐惧的团体精神。此外，我们还注意到，对"殉道者的热血是教会的种子"这句流行说法，应该进行严格的意义限定。毋庸置疑，许多人是受到诱导，才带着赞赏的目光，去看待基督教徒坚贞不屈的精神。当看到有了这种精神，即使妇女、儿童也能坦然面对折磨和死亡时，人们就会对基督教产生好感。在英格兰，都铎王朝女王玛丽一世在位时期，我们也可看到类似的现象。但虚假宗教、"异端邪说"，甚至无神论，都有各自的殉道者。所以基督教的发展应该找到真正的原因——纯洁性，以及其他已经提到过的原因。

令人悲哀的是，因罗马帝国政策或"异教徒"排斥异己的行为而遭受迫害的基督教徒人数，远远少于因罗马教皇的偏执而遭受迫害的人数。十字军镇压阿尔比派的行动、天主教会在荷兰毁灭的五万名或十万名新教徒、法兰西王国的圣巴塞洛缪大屠杀、被宗教裁判所判处火刑的十万人，以及天主教会的其他恐怖行为等，都会让我们觉得马可·奥勒留、德西乌斯甚至戴克里先在位时期的迫害，简直微不足道。我们不得不承认，真正的宗教一旦被扭曲，其野蛮性就会超越任何虚假宗教。同时，我们必须反对把罗马天主教会的一些不当行为都算在真正的基督教徒头上。

宗教迫害带来的灾难是短暂的,而"异端"与虚假教义造成的恶果却是深远的。时至今日,我们都能感受到它们的恶劣影响。人类因拥有高智力而狂妄自大,渴望发现不该人类知道的秘密,由此滋生了大多数人持有的"观点",基督教早期教父就断定这些"观点"是邪说,并将之记录在案。这些邪说都可归结为"诺斯底"学说①。"诺斯底"一词曾被用于指当时流行的伪哲学。这些哲学都起源于风气开放的印度和波斯。此外,人类的盲目自大还源于希腊人大量借鉴了由东方哲学发展而来的新柏拉图主义和以色列人堕落腐化的宗教——犹太教的教义。福音宗教本身纯洁质朴,其包含的所有腐败因素都源于形形色色的邪说。而这些邪说产生得如此早。可以说,基督教的清流尚未涌出圣山,就已被世俗的不洁所污染。

我们并不打算探讨基督教早期教父列举的所有邪说,而只是讨论主要流派。我们首先来看那些源于犹太教的流派②。

我们从《使徒行传》和《使徒书信》中了解到,犹太人出于忠诚,一般都恪守犹太律法,把律法的戒规当作永恒的义务。同时,由于完全不了解基督教的本质与精神,他们认为遵守律法的烦琐仪式是救赎的必要条件。针对这种错误的观念,使徒保罗鲜明有力地表达了自己的观点,成功遏制了律法在外邦归信者中传播。但这种错误观念还是继续在犹太地区的基督教徒中盛行。耶路撒冷毁灭后,在哈德良统治时期,那些坚持保卫耶路撒冷的人退到佩拉伊亚或约旦河对岸,并且建立了自己的教会。但他们很快就分裂成两个教派——拿撒勒派和伊便尼派③,两个教派各有自己的福音书,但都不同于已被教会普遍接受的福音书。

---

① 意为"真知"。——原注
② 在本章其余部分,我们依据的文献多来自莫斯海姆,他博学、公正、明智。在他的作品中,我们可以发现他参考了伊勒讷乌斯和其他作家的著作。——原注
③ 伊便尼在希伯来语中的意思是"穷人",正如这个词所示,伊便尼派的形成源于其信徒的谦卑或贫穷。——原注

拿撒勒派认为《摩西律法》只对犹太教徒有约束力。所以拿撒勒派没被视为"异端"。但伊便尼派否认耶稣是圣灵感孕，断言《摩西律法》和法利赛派的传统观念对任何人都有约束力，伊便尼派自然被归为"异端"。拿撒勒派与伊便尼派都没那么重要，没过多久，就徒留其名，仅能证明它们曾经存在过。

纵观从冰雪覆盖的北冰洋到地中海地区的欧洲古代宗教，人们会吃惊地发现，没有出现纯粹的恶灵。相反，在亚洲的宗教中，我们常会遇到一个或多个神灵。这些神灵或以制造邪恶为乐，或以毁灭世界为目标。在摩西教中，恶灵俨然位列崇高的上帝侍从之位。而在一些低俗的教义中，恶灵则被擢升至造善之神对立面的高度。这一体系在古代波斯宗教中发展到了巅峰。在波斯，除了所有民族原有的宗教，还有一种等级体系，其中，善灵都由欧马兹特善神统辖。欧马兹特善神与黑暗之神阿里曼及其追随的恶灵征战不休。犹太教的伪经表明，在犹太人沦为巴比伦之囚期间，他们从自己征服者的宗教中吸取了许多思想。而当基督教初成气候时，在被斥为邪说的东方哲学和诺斯底学说的影响下，基督教在西亚得到了广泛传播。

二元论学说的产生显然是为了解释恶的起源。自然与理性都使人们将至高神视为至善的存在，显然恶不可能为至高神所造。那么，自然的严酷、人类的罪恶与痛苦又从何而来？表面上看，组成世界与人体的质料是万物之源。但质料愚钝怠惰，不大可能自我组织并创造出物质世界里显而易见的美、秩序与和谐。而如果将万物之源归于至高神，那么，通过必要的推理，至高神也就成了所有恶的创造者。所以一定有某个智慧存在，专司造恶。关于这个智慧的存在的本质，人们持有不同观点。有人认为这个智慧的存在与至高神地位对等，同为永恒的存在。有人认为这个智慧的存在由质料产生。有人坚信它是由至高神创造的，只不过出于骄傲与忌妒，背叛了自己的创造者，建立了自己的王国。许多人认为，至高神创造了许多神灵，而造物主只是其中之一。造物主一时心血来潮，征得至高神的同意，创造了世界。但后来，骄傲使造物主堕落，造物主开始引诱人类违抗至高神的意志。有些人认为造物主的恶与生俱来。有些人认为，造物主同他创造的世界与人类一样，同时兼具善恶本性。但所有人都有一个共识，即善恶之战永无止境。

因为至善之神的本质深不可测，"诺斯底"哲学家就称之为"太渊"，并称太渊的居所为"充盈"。这是一个浩瀚无际、辉煌灿烂的所在，被永恒之光普照。至善之神一直孑然一身，静静地居住在这里。直到很久以后，他感应到某种神秘的冲动，生出了一阳一阴两种有智生命。这些神体代代相传，繁衍生息。光明照耀之处，慢慢出现了无数被泽受恩的神灵家庭。但这些神灵依照出生顺序，离太渊越远，拥有的善、知识与力量就越少。那些级别高的神体被称作"爱安"或永恒存在。

质料本身粗糙原始，远离光明之境，在无序的涡流中激荡回转，本性中兼具道德的种子与固有的罪恶。爱安赋予质料形式时，发现它正处于这种状态。这个叫"德谬哥"①或"造物主"的爱安创造了世界，并使这个世界有了人与其他动物，赋予其灵性精神的微粒，使其物质身体能够活动。然后，德谬哥背叛了创造他的太渊，夺取了世界的管辖权，把世界划分成不同的区域，分配给那些曾协助他创造世界的劣等灵魂统治。然而，至高神并未完全弃绝这个世界，他同情人类的灵性部分。人类的灵性被禁锢在肉体中，随时会被无知裹挟，或者被邪恶玷污。因此，至高神不时派遣富有智慧、充满神光的使者来教导人类崇尚真理与美德。但德谬哥与他的同伙迫害、屠戮这些使者，以迷信与纵欲对抗真理。德谬哥的行动非常成功，让只有一少部分人继续崇拜真神，践行美德，而其余人都陷入偶像崇拜或纵欲狂欢中。崇拜真神的少数人死后，灵性就脱离肉体的束缚，立刻进入神光照耀的天国；而纵欲堕落者死后，则被迫沦落至各式躯体中，遭受禁锢。不过，最终，至少大部分灵魂会得到净化，重返天国。然后，至高神就会溶解

---

① 德谬哥是在诺斯底派或其他哲学教派中的巨匠造物主，制造并安排物质世界的次要神祇。——译者注

物质世界，使它回归原始状态。那时，罪恶与苦难将永不存在。

质料有罪的观念对人的道德行为产生了两种完全相反的影响。一些人认为，他们有责任通过冥想、斋戒、自我克制及各种自我折磨以激扬灵性，所以出现了婆罗门教的瑜伽士、伊斯兰教的法基尔和德尔维希、佛教的僧侣及堕落的基督教徒。另一些人则坚信，虔诚的本质在于对至高神的了解，在于通过冥想和沉思与至高神保持交流。他们坚信纯洁的灵魂不会被不洁的同伴——肉体的行为影响，践行美德也并不被至高神悦纳。美德不过是人间的君主使人们顺从的诡计罢了。于是，这些人恣意放纵肉体的欲望，而诺斯底人士因此被指责为放荡纵欲之徒。当然，这些指责肯定是夸大其词，不可尽信。

如果诺斯底伪哲学一直与基督教划清界限，危害或许会少些。但诺斯底哲学家一直期待一位上帝使者再出现，把人类从德谬哥的专制中解救出来。而基督的教义则能够废除摩西律法（诺斯底派认为摩西律法是德谬哥创造的），推翻"异教"的偶像崇拜。许多诺斯底哲学家被耶稣基督的神迹和纯洁、高尚、全面的教义震撼，从中看出了他们期待已久的上帝使者，所以热烈地"拥抱"了基督教。然而，诺斯底派根本教义与基督教义不符，所以该派哲学家觉得有必要对后者进行一定程度的修改。为此，他们宣称基督教包括两套教义。一种教义比较简单，适合下等人的理解能力，就包含在《圣经·新约》中。另一种更加高深的教义由基督私下传授给了他的信徒。彼得、保罗和安德鲁向众信徒传授了这部分知识，并且以这些人的名义伪造了各种福音书与使徒书信。诺斯底哲学家坚信，普遍使用的《圣经·新约》抄本已经不准确了，还拿出了他们所谓的原作抄本。此外，诺斯底哲学家还参考了一些其他书籍，这些书籍的署名作者要么是名望颇高的塞特、诺亚、亚伯拉罕及其他基督教圣人，要么是琐罗亚斯德和其他东方圣人。这样一来，诺斯底派就能够根据他们的教义，否认摩西律法是上帝所赐，坚持基督位列天父之下，认为基督从未真正拥有肉体。诺斯底哲学家完全拒绝复活的教义，认为与复活有关的内容描述都是比喻性的说法。事实证明，基督教很幸运。诺斯底派内部并不团结,而是分成了几个支派。这几个支派虽然在一般原则上达成了共识,但在看待、解释某些特定教义的方式上互不认同。诺斯底派的内部分歧使竞争对手获得了很大的优势。

从基督教使徒时代的作品中,我们可以确切地得出:诺斯底派从传播之日起,短短几年之内,就对基督教产生了影响。但直到公元2世纪哈德良统治时期,诺斯底派才形成不同的支派,成为基督教的劲敌。接下来,我们将列举诺斯底派主要支派的创始人,并阐明他们的核心教义。说起诺斯底派"异端",位列榜首的通常是《使徒行传》中提到的术士西满,但如果说他是诺斯底派的传教士,则极不可信,因为他针对基督教的所有活动,都是公开对抗,而非暗中腐化。

米南德和塞林图是诺斯底派的传道士,同样可疑。据说,他们是术士西满的继承者。术士西满与米南德都是撒马利亚人,塞林图是犹太人。三人都曾在亚历山德里亚求学,也都支持诺斯底派的核心教义。但塞林图对摩西律法表现出一定的尊重,宣称应该遵守基督认可的那部分律法。另外,他也比一般的诺斯底派人士更推崇造物主,认为造物主在创造世界时,遵从了至高神的意志。因此,塞林图不承认质料绝对邪恶,不否认耶稣复活的教义。他认为,耶稣是约瑟和玛利亚自然孕育所生。耶稣接受洗礼时,"爱安"以鸽子的形态降临在了他身上。在耶稣被钉十字架之前,"爱安"回归普累若麻,让耶稣自己承受十字架的痛苦。所以无论是生活作风,还是教义,塞林图似乎都无可指责。他的错误在于思想,不在于意图。

安条克的萨图尼鲁斯也是一位诺斯底派哲学家,公元2世纪归信基督教。萨图尼鲁斯认为,撒旦是质料的统治者,与上帝同在。世界是七位天使创造的,当时上帝并不知情。但上帝看到世界时,并未生气,而是将理性的灵魂吹入人体。然后,上帝把世界分为七份,交给七位造物天使管理。其中,管理希伯来民族的天使通过摩西制订了律法。但萨图尼鲁斯说,创造世界与人类的美德激怒了撒旦,撒旦用质料又创造了人类。这种人类的灵魂与撒旦一样邪恶。因此,人与人之间存在巨大的道德差异。过了一段时间后,造物天使背叛了上帝。于是,上帝派遣圣子到人间。圣子以人类肉体的形象出现,将善人的灵魂从恶人和撒旦那里解救出来。萨图尼鲁斯的道德戒律是禁欲、苦行,要求十分严苛。他提倡独身,禁止饮酒、吃肉,并且教导人们克制肉体欲望,因为肉体本质是由邪恶堕落的质料制成的。

当萨图尼鲁斯在叙利亚传教时,亚历山德里亚的基督教哲学家巴西里德,也在埃及宣讲类似的教义体系。巴西里德的教义体系也是以诺斯底派的核心教义为基础,主要观点如下:上帝与七位"爱安"成立了神圣的"八神会"。其中两个"爱安"——代表智慧的索菲娅和代表力量的戴纳米斯——生育了一些精灵,或称天使。这些天使建立了自己的天堂,又生育了下一代低等天使。这些低等天使又组成了自己的天堂,繁衍生息……如此循环往复,生生不息,最后形成了三百六十五个天堂。这些天堂都在一个至高神的统治下,这位最高统治者有个神秘的名字——"阿卜拉克萨斯"。第三百六十五重天的天使躺在永恒的质料世界的边界上,设想着赋予质料以形式,并在其他天使的协助下完成了。巴西里德对人类罪恶与苦难起源的解释与诺斯底派其他哲学家的解释大同小异。他肯定七个"爱安"之首——"理性"或"智慧"——奉上帝指引,降临人世,结束天使的统治,并将上帝的知识重新传达给人类。因此,上帝的使者显现为人的形象。当统治犹太人的神陷上帝的使者于死刑时,上帝的使者借用了昔兰尼加的西门的肉体,迫使西门背负他的十字架。所以真正被钉在十字架上的是西门,不是耶稣。那些遵守基督戒律的人死后灵魂飞升,进入极乐天国。而那些违背基督教导的灵魂死后投胎到人类或其他动物的身体中。因为身体由质料组成,不可能洁净,所以禁锢其中的灵魂永远不会飞升。巴西里德的道德体系极其严格。他主张意志绝对自由,宣称除了被迫所犯之罪,上帝不会宽恕任何罪行。巴西里德还宣称犯罪意图与实际犯罪行为完全等同。然而,他的一些追随者滥用"在洁净的人眼中,万物都洁净"这句教义,声称灵魂不受肉体行为的影响,从而耽于罪恶与纵欲。

卡珀奎提斯与巴西里德生活在同一时代，也是亚历山德里亚人，创立了一个诺斯底支派。卡珀奎提斯的神学主张似乎与一般的诺斯底派哲学家相去不远。学者都将他的道德体系描述得极端放纵。当然，这些描述都极度夸张，但可以肯定的是，卡珀奎提斯认为善与恶之间没有本质的区别。他主张女人和其他一切东西应归公。我们并不知道他如何修改这些原理，以使其与神的观念及美德的必要性相符，这是他与所有诺斯派哲学家相同的地方。

上文提到的这些"异教"代表的声誉和影响远不及瓦伦廷。瓦伦廷也是亚历山德里亚人，是基督教神父。他先在家乡宣扬自己的教义体系，之后去了罗马，吸纳了大量归信者，结果惊动了罗马教会。罗马教会将他斥为"异端"，并将他逐出教会。后来，瓦伦廷在塞浦路斯岛定居下来，公开创立自己的教派，并且该教派快速传播。

基督教早期教父留给我们的瓦伦廷教义体系非常复杂，我们不能详述，但它似乎是所有诺斯底支派中最异想天开、最荒诞不经的教义体系。不过，毫无疑问，基督教早期教父对瓦伦廷有很多误解。在其他人看来，瓦伦廷的教义可能是非常理性的。瓦伦廷认为，普累若麻有三十个"爱安"，阴阳各十五个，分为三个等级。此外，他又为普累若麻添加了另外四种本质不同的"爱安"，其中最后两个是基督与圣灵。最后一个"爱安"是耶稣，他是所有"爱安"中最高贵的，因为他是其他所有"爱安"合力创造的。一位阴性"爱安"索菲娅生了个女儿叫阿卡莫斯。阿卡莫斯被逐出普累若麻后，经过漫长而复杂的历程，变成了世界的起源。关于创世的过程和人类的形成等问题，瓦伦廷的解释比任何诺斯底支派都复杂，但其他诺斯底支派的核心教义，瓦伦廷也都赞同。瓦伦廷派的道德体系以他的教义体系为基础，极其严格。瓦伦廷推崇纯洁无瑕，但他的许多追随者以此为由，放荡堕落。

古代学者还列举了许多其他的二元论教派。不过，这些教派都无足轻重，我们也不必多关注。然而，巴尔德桑尼斯、塔蒂安和马吉安这些名字需要引起我们的注意。

巴尔德桑尼斯是埃德萨的基督教徒,马可·奥勒留统治时期的护教士。他修订了东方的基督教义,开创了一个诺斯底支派。但后来,他重回基督教,反对自己的教义。

塔蒂安是亚述人,也是护教士,支持二元论教义。他确切的神学教义不为人知,但他的道德体系讲究极端禁欲,要求信徒必须弃绝婚姻,弃绝肉食,隐居修道。隐修士的饮食十分简单,仅能维持生存,在圣餐中也要以水代酒。

马吉安是本都一位主教的儿子。不知是因为他的不端德行,还是因为他的邪说,他被父亲逐出了教会,来到了罗马。由于在罗马无法重新加入教会,马吉安与一个叫塞尔都的叙利亚人共同创建了一个诺斯底支派。该支派传播范围广,存在了很长时间。马吉安的理论体系包括二元论学说的普遍教义,创世的造物主独立于至高神,基督没有真正的肉体等。他的生活戒律是禁欲主义,严格到将死亡看作渴望的对象,而不是惧怕的对象。

通过研究诺斯底派的不同支派,我们发现了它们的一些共识:都承认质料的永恒;认为创世神不是至高神;都相信人的肉体是创世神赋予的,灵魂是至高神赋予的;都认为人死后肉体一旦消亡,就永远不会复活,而灵魂一旦摆脱造物主的束缚,就会立刻飞升,进入充满光明与幸福的天国。亚洲的诺斯底派坚持古老的东方教义,相信存在一个独立的物质之王,是恶的创造者;埃及的诺斯底派教义中则没有物质之王,但增添了一些埃及的理念,如天空崇拜、星辰崇拜、灵魂的沉降与飞升及其他类似的想象。

禁欲主义源自"质料质邪恶"的教义。相信这一教义的结果是,人必须将灵魂从肉体的影响中解救出来。而教会的错误与堕落很大程度上与禁欲主义有关。虽然摩西律法强调遵循无数的庆典礼仪,但它的体系使人快乐。而基督教义"自由之完美律法",顾名思义,正是坚决反对一切苦行、苦修的律法。然而,即使在公元2世纪,我们依然能看到,苦行主义思想与实践的毒素给隐修与隐修者带来的罪恶。这段时期,弗里吉亚的"异端"孟他努斯的观点赢得了一位德高望重的基督教父德尔图良的青睐。孟他努斯的教义中包含许多上述的严格戒律。然而,直至今日,他的教义也只不过是个别基督教徒特有的观念而已。孟他努斯这位预言家(因为他就是这么表现给世人看的)设想,圣灵帕拉克勒特——基督曾向使徒指出的救赎者——已经降临到他的身上,赋予他预言未来的能力,让他建立一个比基督及其使徒的戒律更加严格的道德体系。孟他努斯的教义吸引了许多信徒,其中包括两个极其富有的女信徒,普丽西拉和马克西米拉。因为普丽西拉的贡献,该教派还得到一个称号——"普丽西拉派"。孟他努斯和孟他努斯派教徒都自称有预言的能力,结果该教派在罗马帝国境内迅速传播。亚洲的主教将孟他努斯驱逐出教,其他主教也纷纷效仿。不过,该教派还是作为独立的教派存在下去了。

　　孟他努斯教义的主要特征是强制推行斋戒,他们的斋戒比教会普遍实行的斋戒更频繁、更严格。[①]孟他努斯派的主要戒律包括:禁止再婚;通奸者、杀人犯和偶像崇拜者被逐出教会,不得重新归信;处女、寡妇和有夫之妇必须佩戴面纱(该风俗一直持续至今);宗教迫害期间,基督教徒不得逃亡或贿赂"异教"法官以求庇护等。此外,从德尔图良的著作中我们可以推断,孟他努斯还禁止人们穿戴各种昂贵的服饰,禁止修饰打扮;不提倡学习文学与哲学。如上所述,孟他努斯的所有戒规无非就是强制执行教会中严格自律的教徒长期以来坚持的原则。本来,基督教徒遵守这些严格的戒律不过是为了保持谦卑、宽容的精神状态,而孟他努斯以圣灵意志的名义,将这些戒律强加于人。拒绝服从这些琐碎无理的戒律之人会因抗拒而受到惩罚。我们认为,凭孟他努斯的极端的禁欲主义,再加上荒唐危险的预言,基督教会完全有理由拒绝他参加圣餐仪式。

　　宗教学说分歧的另一个源头是关于基督本性的问题。帕克西亚——孟他努

---

① 当时,基督教会里唯一遵守的斋戒只是耶稣受难周。——原注

斯的反对者——否认圣父、圣子和圣灵之间有任何差异,认为圣父是独一真神,圣子耶稣是道成肉身。因此,他的教派被称为"神格唯一论派"和"圣父受难论派"。狄奥多图斯和亚尔特蒙否认基督的神性,认为基督之所以非同一般,完全是因为他的身体是神创造的。

这一时期,教会最大的争议是到底该庆祝复活节还是逾越节。亚洲的基督教徒支持使徒菲利普与约翰的主张,坚持庆祝犹太历1月14日的逾越节。但因为逾越节庆典打断了教会纪念受难周的大斋戒,所以其他教会都将它推迟到复活节前夜庆祝,这也是遵循使徒彼得和保罗的主张。加之,逾越节的日期取决于月亮的变化(犹太历是阴历),所以是不确定的,这就更添了一层麻烦:逾越节三天之后的复活节因此不能总是出现在星期一,而星期一是规定的复活节庆祝日。虽然人们百般努力,但这一难题都无法可解。直到公元2世纪末,罗马主教维克托取得了几位行省教会理事会的支持,以非常独断的语气写信给亚洲各教会,要求它们就这一问题与其他教会保持一致,结果遭到强烈抵制。罗马主教维克托正要剥夺这些教会的教籍。这时,高卢主教伊勒讷乌斯介入调停,最后双方达成协议。不过,一直到尼西亚宗教会议召开,亚洲教会还在坚持独特风俗。

现在,我们来了解一下公元2世纪和公元3世纪教会的组织机构与教义。

每个教会或会众都有一位主教和数位长老,形成独立的共和团体,由会众选出的神职人员管理,重要决策都要由会众决定。起初,只有城镇才设有教会,但随着基督教在乡村的传播,乡村也逐渐出现了教会,并设有长老。乡村教会的长老由邻近城市或大城市的教会派遣任命,行使主教的几乎所有职能,因此被称为副主教,即乡村主教。和所有其他教会一样,这些子教会都是独立的。但它们也会对母教会表示尊重,在某种程度上承认母教会的权威。渐渐地,行省内各教会就组成了一个协会,就共同关心的问题通过所有主教都参加的理事会讨论解决。据说,这种做法起源于希腊。不难看出,希腊人所谓的集会或拉丁人所谓的会议与希腊的近邻同盟、亚该亚同盟、埃托利亚同盟之间,具有明显的相似之处。由这些主教会议指定的规则被称为"正典",亦即"教规"。

理事会的设立使教会的组织结构发生了很大变化。原属会众的权利几乎架空了,因为现在每个重要决策都由理事会决定。而高级教士的地位与权力相应地扩大了。他们说话的语气强硬起来,自称是使徒的合法继承者,有权强制推行自己的戒律。主教之间原有的平等也消失了,因为宗教理事会必须有一名主持,而主持常常就是行省首府的主教。同时,由于理事会范围扩大,许多行省的高级教士都要参加,所以有必要在帝国境内每个地区都设一位宗教领袖。在这个方面,罗马、安条克和亚历山德里亚的主教与前述主教相比,都具有天然优势,因为他们所在的城市更具影响力。后来,这三个城市的教会首领就被称为"宗主教"。这样一来,始于芥籽之微的教阶制度,随着时间的推移,最终达到了令人惊疑的高度。

由于《希伯来圣经》在基督教中具有很高的权威,教会主教乘机扩大权力。他们要么想象、要么自称继承了犹太教祭司的所有权力。教会主教相应地承揽了犹太教大祭司之权。以此类推,教会监督对应犹太教普通祭司,教会执事对应侍奉上帝的利未人。接着,教会开始征收什一税与初熟之物税。有足够的证据表明,什一税与初熟之物税贡在公元3世纪前就已出现。教会神职人员与俗人之间很早就存在不平等,这种现象可能就源于犹太教传统。

我们发现,公元3世纪的教会神职人员中存在各种各样的低级神职人员,如副执事、执烛者、守门人、诵经士和驱魔员。到了这一时期,执事已经不屑于再做琐碎事务。我们推测,低级神职人员取得神职,正是由于高级神职人员的自高自大。高级神职人员只肯做那些体面的工作,而把卑贱的工作下放给普通人。不过,这种现象还有一个更简单的解释:劳动分工的原则——或许,此时教会已得到极大发展,开始需要劳动分工了。

这就是公元3世纪末基督教会的面貌。神职人员和世俗人员泾渭分明。神职人员建立了等级森严的教阶制度,各持其权。西普里安、优西比乌和其他基督教作家认为，所有宗教迫害都源于神职人员的罪恶。如果我们认同他们的观点，就得认定神职人员都极其腐败堕落。但这些作家总是纵情修辞，恣意夸张，不能全信。虽然必须承认骄傲、野心、贪婪、奢侈和其他恶习玷污了教会神职人员的纯洁，但奥利金的观点也许包含了事实与真相：前述事实的确不假，但与"异教"祭司及其他公职人员相比，基督教会神职人员的德行还是卓越无匹的。实际上，这些神职人员的道德水准也不尽相同。有人坏得离谱，当然也会有人好得出奇，而绝大多数人则是平平庸庸。最后，重申一下之前的结论：教会神职人员的错误或罪恶不能算在基督教的头上。

第一批基督教徒大部分来自社会底层，对文学和哲学要么一无所知，要么漠不关心。但随着时间的推移，皈依基督教的哲学家多了起来。他们试图将基督教义与他们的哲学观念融为一体。而他们的这种做法也是导致基督教堕落的主要原因之一。诺斯底派的例子已经证明了这一点。现在，我们将简要概述希腊哲学对教会教义的影响。

第一个加入基督教会的哲学家似乎是殉道者查士丁。同其他大多数基督教哲学家一样，他是柏拉图主义者，因为柏拉图哲学似乎与福音教义极像。但基督教徒主要相信亚历山德里亚的柏拉图主义折中教派。他们在亚历山德里亚有一所神学院，叫教导学院，先后由潘代努、阿泰纳戈拉斯和克莱门特主持。他们试图把宗教与哲学统一起来。柏拉图主义折中教派的追随者和纯粹福音教派的倡导者展开了争论，结果前者取得了胜利。公元2世纪末，著名的阿摩尼奥斯·萨卡斯建立了新柏拉图主义教派，确保了胜利成果，促成了福音派的堕落。现在，基督教徒中的高知群体，也像诺斯底派一样，认为《圣经》除了字面意义，还有一种潜在的、更高的意义。因为只有这样，他们的教义和观念才能与新的哲学思想吻合。在这一点上，基督教高知群体效仿了犹太教的柏拉图主义者斐洛。斐洛在某种程度上已经采用过寓意解经的方式，只要细读他的作品，或者查士丁、亚历山德里亚的克莱门特及其他早期基督教哲学家的作品，很容易就会发现，寓意解经与正常解经是何等背道而驰。但许多人意识到，如果头脑简单、愚昧无知的人了解到这么高深的学问，该有多危险。于是，基督教高知群体利用古埃及的祭司制度，将他们的教义以极其简单粗劣的方式传授给思想简单、愚昧无知的人。而哲学论证则留给在宗教理论方面修养更高的人。但即使对这些人，他们也只是口头传授。这样一来，秘传教规就出现了，其实就是灵修神学。于是，两种不同的道德标准——一种是下层人民遵行的，一种是追求圣洁、终极完美的修士遵行的——也相应地出现了。后一种道德标准，我们在论述诺斯底主义时已经解释过了，修道者寻求独居隐修、摧残肉体、避免婚姻、禁绝一切感官享受。至于前一种人，他们过着正常人的生活，操持世俗事务，结婚生子，为人父母。这就是隐士、修士与集体修道的起源。关于该话题，我们下文还会涉及。

很快，教会戒律与仪式方面出现了双重差异。研究"异教"神秘仪式的理性基督教徒认为，教会也应有类似的仪式。于是，平信徒就被分为世俗教徒与正式教徒。世俗教徒指没有接受洗礼的人——这类人被称作"望教者"或"学习者"——或因过失被逐出圣餐聚会的人。世俗教徒只能参加部分宗教仪式，而正式教徒则享有会众的所有普通权利与特权，包括在教会集会上投票、参加各种宗教仪式、参加爱宴与圣餐。所有这些秘密仪式的相关信息都要对世俗教徒保密。研究"异教"神秘仪式的基督教徒喜欢这些本属于"异教"的术语，随心所欲地使用它们。在他们引进的仪式中，洗礼与圣餐是最糟糕的两种，因为它们背离了教会最初的简单与纯洁。洗礼仪式每年都在复活节和圣灵降临周公开举行，由主教或监督主持。准备接受洗礼的归信者首先要跟诵教义，自承过错，忏悔罪恶。然后，归信者被完全浸入水中，名字被签在十字架上。接着，主持洗礼的主教还要为他们涂圣膏，祈祷，行按手礼，将他们献给上帝。最后，主持洗礼的主教赐给归信者象征新生的牛奶与蜂蜜，洗礼仪式就此结束。圣餐在每个星期天举行。先将信徒带来的普通祭献面包分出一部分，由主教通过祈祷将其圣化，再把圣化的面包分成小份，分给会众。葡萄酒先兑水①，再如法炮制。还要留出一部分面包和葡萄酒，事后给那些生病的人或没来的人送去。基督教徒认为，想获得救赎，这项仪式必不可少。而我们也似乎有理由相信，时至公元2世纪，人们还是如此迷信，结果连婴儿也要接受圣餐仪式。

显然，现在的教会在形式、戒律、教义方面，都与使徒时代不同了。有些变化是时代变迁的结果，势所难免。但其他为数更多、影响更坏的变化，源于模仿犹太教的教阶制度、引进"异教"神秘仪式、试图将基督教与东方哲学或柏拉图哲学融合起来的结果。虽然这些变化产生了不良影响，但总体而言，那些始作俑者的动机是纯洁的。他们的错误在于无知，不在于意图。

在此期间，教会开始有自己的文献著作。使徒时代的教父（与十二使徒同时代的神学家），如罗马的克莱门特、巴纳巴斯、埃尔马、依纳爵和波利卡普，都曾留下著作。不过，这些著作除了一本微不足道的寓言式著作《黑马牧人书》，其他都是书信体。他们所论之理皆虚假不实，内容混乱。所以这些著作除了能见证当时的教会教义，毫无价值，与使徒保罗的作品相比，远不能及。

公元2世纪，基督教内比较活跃的作家有殉道者查士丁、阿泰纳戈拉斯和特奥菲卢斯等。他们除了撰写各种主题的专论，还写了《护教篇》②。在高卢，卢格杜努姆主教伊勒讷乌斯留下了一部反对"异端邪说"的五卷本著作。我们了解"异端邪说"，主要通过这部著作。亚历山德里亚的克莱门特学识渊博，但极欲在犹太教和基督教《圣经》中找到"异教"哲学的观点，太过热切。克莱门特著作颇丰，流传至今的有三部：《导师》《异教徒的劝勉》《杂集》或称《杂缀集》。公元2世纪，唯一有作品传世的拉丁语作家是迦太基主教德尔图良。德尔图良精力充沛，但昏聩不明又性情阴郁。他的文笔犀利，但有失优雅。他的论证与其说正确可信，不如说修辞精妙。

---

① 这是指当耶稣被矛刺穿的时候，血和水从他身体的一侧流出来。——原注
② 殉道者查士丁著。——译者注

公元3世纪的希腊作家主要有尤利乌斯·阿非利加努斯、亚历山德里亚主教狄奥尼修斯、新恺撒利亚主教格雷戈里①、美多迪乌和希波吕托斯。但他们的作品质量都不高，并且大多数散佚。而亚历山德里亚的长老兼作家奥利金则远超同侪及公元2世纪的大师，学识渊博，极其虔诚万端，才华横溢。遗憾的是，他的作品与早期教父的作品一样，想象多于判断。

公元3世纪的拉丁语作家有迦太基主教西普里安、护教士阿诺比乌与米努修。西普里安信仰虔诚，高才雄辩，但文辞过于夸张，脾气过于傲慢专横。

---

① 新恺撒利亚主教格雷戈里，被称作"托马斯格斯"，意为"神迹创造者"，因为据说他曾创造了很多神迹。——译者注

第 3 部分
信奉基督教的皇帝

第1章

戴克里先和马克西米安

（公元285年至公元305年）

精彩看点

罗马帝国现状——戴克里先的性格——四帝共治　　巴高德起义——卡劳修斯——埃及叛乱——伽列里乌斯——戴克里先退位——迫害基督教徒

罗马帝国至此已存在三个世纪。戴克里先即位后，彻底取消了有名无实的共和国制度，取而代之的是君主专制，而罗马公民也早已习惯了国家的军事独裁制度。像克劳狄·塔西佗皇帝在位时那样，帝国偶尔也会闪现一丝古罗马共和精神的微光。但现在，在这座被誉为"永恒之城"里生活着的人们，不是纵情声色、孱弱不堪的贵族，就是食不果腹、蠢蠢欲动的平民。一度让罗马忌惮的地方行省，在这一时期，更多地表现出美德和活力。过去两个世纪里，几乎所有皇帝都来自地方行省。当罗马帝国的社会状况发生不可逆转的变化时，古老的宗教体系在基督教福音体系前迅速衰落。许多稍有学识的人都预测基督教会取得最终胜利，而我们此刻正目睹这场胜利。同时，我们还会看到罗马皇帝像东方君主一样举行盛大的庆典，检阅军队。蛮族日益强大，频频入侵，而西罗马帝国终有一日在其铁蹄下覆灭。

戴克里先如今统治着罗马帝国。他原本只是伊利里亚的农民，凭借自己出众的才能和卓越的功绩登上罗马帝国的权力巅峰。据说，戴克里先是一个获释奴隶，也有可能他父亲是获释奴隶。他父亲的主人是罗马元老阿努利努斯。戴克里先出生于达尔马提亚的一个小镇，后来入伍，逐步晋升为禁卫军长官。士兵很看好他，拥戴他为皇帝。戴克里先最显著的特征是头脑清醒，行为谨慎。他沉着冷静，从不冲动，外交斡旋能解决的问题，从不诉诸武力。在这点上，戴克里先很像奥古斯都，当然，其他方面也有许多相似之处。因此，他们的英勇气概会遭到肤浅或恶毒旁观者的质疑。奥古斯都建立的帝国，现在由戴克里先重塑。因此，戴克里先的名字也代表了新的秩序。

打败了卡里努斯后，戴克里先对失败者采取了怀柔政策，这是历任皇帝无法比拟的。对卡里努斯的追随者，戴克里先在生活、金钱和地位等方面都不曾苛待过任何一人。他虽然不懂文学，也不懂学院派哲学，但很欣赏马可·奥勒留温和的处事风格，并且决定以马可·奥勒留为榜样，学习马可·奥勒留的治国之道。可能因为马可·奥勒留的影响，抑或基于自身的判断，戴克里先决定给自己找一位助手。罗马帝国疆域广大，不断受到波斯人和日耳曼人的猛烈攻击，帝国的防卫任务不能只落在一个人肩上。历史经验表明，将领一旦手握重兵，就很有可能拥兵自重。因此，戴克里先选择了老战友马克西米安作为自己的副手。马克西米安出生于锡尔米乌姆一个农民家庭，同戴克里先一样，靠自己的才能出人头地。马克西米安很像盖乌斯·马略，粗鲁、野蛮、凶残，但作战勇敢，是优秀的军官。但马克西米安没有将帅之才，也没有政治家的头脑。一直以来，马克西米安都十分敬佩戴克里先的为人，对戴克里先过人的智慧和学识既敬且畏。值得注意的是，戴克里先竟然对粗鲁的马克西米安有如此大的影响力，就像马可·奥勒留能影响放纵不羁的维鲁斯一样，这也许能证明这两位皇帝有着非同一般的智慧。

戴克里先授予马克西米安"恺撒"的称号，公元286年4月1日，他又将马克西米安提升为"奥古斯都"。戴克里先的绰号是"乔维乌斯"，马克西米安的绰号是"赫丘利乌斯"[①]。两位皇帝的绰号不仅反映了各自的性格特点，而且反映了他们各自在国家管理中承担的不同角色。戴克里先掌握着罗马帝国东部的管理权，治所设在尼科米底亚。罗马帝国西部则由马克西米安管理，治所设在麦狄奥拉努姆。

---

① "乔维乌斯"意为"温和快乐"，"赫丘利乌斯"意为"孔武有力"。——译者注

公元287年，马克西米安派兵镇压了高卢的农奴起义。这些农奴打着巴高德[①]的旗号在当地大肆破坏。值得一提的是，法国历史上各个时期都存在这样的现象，农奴因贵族或政府的压迫而过着暗无天日的生活。罗马帝国时期高卢农奴的情况就是如此，农奴在残暴贵族的压迫下绝望地苟活。后来，高卢人自治时期，这一情形非但没有改观，反倒由于赋税过重，军队跋扈，农奴的生存状况恶化。法兰克人和日耳曼人征服者使农奴的处境恶化。中世纪的封建领主又将管理农奴的权力一直保持到18世纪末期。长期以来，土地所有权的两极分化导致农民负担重税。政府很快就成为最大的土地所有者，农民则重蹈祖先的覆辙，沦为佃户或奴隶。

弗鲁瓦萨尔生动地描述了14世纪的扎克雷起义[②]，让我们可以大致想象公元4世纪巴高德暴动的场面。在这两次大暴动中，起义的农奴都无法与全副武装的军队抗衡，最后都遭到残酷的镇压。

巴高德起义领袖是埃利阿努斯和阿曼杜斯。很快，他们就迫不及待地称帝。我们现在都还能见到印有他们头像的钱币。但他们的雄图大业只是昙花一现。而在不列颠自立为帝的卡劳修斯，要比他们幸运得多。当时情况是这样的：法兰克人和北海沿岸的日耳曼部落以当海盗为生。因此，罗马帝国派遣了一支舰队驻扎在布洛涅港，保护高卢沿岸和不列颠海岸免受海盗掠夺。马克西米安任命卡劳修斯为舰队总指挥。卡劳修斯是梅纳皮亚人，出身卑微，但航海技术高超，勇气过人。人们慢慢发现，他会放任海盗穿过英吉利海峡来大肆抢夺，然后在海盗满载而归时再进行拦截。但他缴获的大部分战利品并未上缴国库，而是据为己有。马克西米安认为卡劳修斯有罪，下令处死他。但舰队的将士忠于卡劳修斯。卡劳修斯指挥舰队穿过海峡，逃往不列颠，买通了在这里驻防的罗马军团和辅

---

① "巴高德"一词来自凯尔特语*Bagad*，表示"混乱的集会"。——原注
② 扎克雷起义是1358年爆发于法兰西王国反封建农民起义，是中世纪欧洲规模较大的农民起义之一。扎克雷，源自"呆扎克"，意即"乡下佬"，是贵族对农民的蔑称，起义由此得名。——译者注

助军队,明目张胆地自立为帝。公元289年,多次讨伐无果后,戴克里先和马克西米安承认了卡劳修斯的地位和头衔。

很快,戴克里先发现,即使两个皇帝也不能保障帝国行省的安全。于是,他决定从将军中再选两人共同管理国家,并且授予他们"恺撒"头衔。这两名恺撒的地位仅次于皇帝,但在自己的辖地享有至高无上的权力。被选中的一个是来自达契亚的伽列里乌斯,原名叫阿门塔里乌斯,小时候常给别人放羊;另一个是君士坦提乌斯,按照母系血亲,他是皇帝克劳狄二世的侄孙[1]。伽列里乌斯举止粗犷,英勇尚武,而君士坦提乌斯虽然出身于行伍,却举止文雅,性情温和。戴克里先效仿奥古斯都的做法,要求两位恺撒与原配妻子离婚,分别娶他和马克西米安的女儿。戴克里先将自己的女儿瓦莱里娅嫁给了伽列里乌斯,又将马克西米安的继女狄奥多拉许配给君士坦提乌斯。戴克里先自己统治色雷斯、埃及和亚细亚等行省,将多瑙河沿岸行省分配给伽列里乌斯管理。马克西米安统治西班牙行省、意大利行省和阿非利加行省。君士坦提乌斯统治高卢行省和不列颠行省。

此时,统治不列颠的卡劳修斯权力也达到了顶峰。镇压了喀里多尼亚人,击退了日耳曼人的入侵后,不列颠恢复了安定。卡劳修斯的舰队在海上畅通无阻,占据了布洛涅港,并且一度将实力延伸到欧洲大陆。对罗马帝国来说,一个富足行省的丧失令其颜面扫地。于是,公元292年,君士坦提乌斯率军前往不列颠岛收回管辖权。在内线协助下,君士坦提乌斯顺利收复布洛涅港,还收编了卡劳修斯的大部分战舰。公元294年[2],君士坦提乌斯正准备整修舰队进军不列颠岛时,却得到了卡劳修斯死亡的消息——被他的财

●卡劳修斯被杀

---

[1] 君士坦提乌斯的父亲优特罗庇乌斯是达达尼亚的贵族,与皇帝克劳狄二世的侄女克劳狄亚结婚,生下了君士坦提乌斯。——译者注
[2] 一说公元293年。——译者注

务官阿勒克图斯暗杀。阿勒克图斯顺理成章地掌握了大权。公元296年，君士坦提乌斯又集结了一支大军来收复不列颠。罗马大军分三支部队，从三个不同的方面向不列颠发起进攻。第一支部队由禁卫军长官阿斯克里皮奥图率领，在暴风雨和大雾天气的掩护下，避开驻扎在怀特岛的阿勒克图斯舰队，在不列颠岛西部登陆。士兵们一下战舰，阿斯克里皮奥图就放火烧了所有战舰，准备背水一战。阿勒克图斯此时正率领一支大军驻扎在伦敦，准备以逸待劳，静等君士坦丁提乌斯军队的到来。听闻战舰被烧，阿勒克图斯不得不匆忙赶往西部应敌，但因兵力不足，军队士气低落，他最终战败被杀。君士坦提乌斯登陆时几乎没有遇到抵抗就收复了不列颠行省。就这样，在脱离罗马帝国十年后，不列颠行省重新回到罗马帝国的怀抱。

　　当时，阿非利加行省和埃及行省也有些动荡不安。迦太基一个叫尤利安努斯的人自立为帝。之后，五个摩尔人部落联合入侵了迦太基。但马克西米安一出现，尤利安努斯就畏罪自杀了，摩尔人溃不成军，被迫放弃要塞。阿希莱夫斯在亚历山德里亚称帝，而布莱米安人在上尼罗河谷地大肆掠夺。戴克里先率领大军进至亚历山德里亚附近，切断城中供水，然后加大围城力度，防止叛军突围。八个月后，亚历山德里亚叛军被迫投降。罗马帝国的军队进行了残忍的报复，屠杀了亚历山德里亚的上万人，将布西里斯和科普托斯等城夷为平地。被抓的埃及人要么被处死，要么被流放。为了建立抵御布莱米安人的屏障，戴克里先说服诺贝塔人和努比亚人离开沙漠。他们迁至赛伊尼和卡特拉克特一带定居。戴克里先将这片土地交给他们，条件是他们保障罗马帝国边境的安全。在埃及期间，戴克里先制订了许多开明的法律，旨在促进埃及的繁荣稳定[①]。

　　罗马帝国因亚美尼亚而对波斯发起战争。我们知道，从奥古斯都时代起，罗

---

① 据爱德华·吉本记载，戴克里先还下令搜查"所有关于制造金银术的相关古籍"，然后将这些古籍付之一炬。这是关于炼金术的最早记载。十几个世纪后，炼金术在东方某些地方仍然盛行。——原注

● 波斯国王暗杀了亚美尼亚国王科斯罗伊斯

马皇帝就一直试图掌握亚美尼亚主权。但瓦勒良战败后,波斯国王暗杀了亚美尼亚国王科斯罗伊斯,控制了亚美尼亚。科斯罗伊斯仍在襁褓之中的幼子梯里达底三世被其朋友搭救,后被罗马皇帝抚养长大。梯里达底三世身材高大强壮,威风凛凛,精通各种兵器。他和李锡尼是朋友,而李锡尼是伽列里乌斯的好友。借着这一关系,戴克里先推举梯里达底三世为亚美尼亚国王。此前,亚美尼亚人受尽波斯人的侮辱和压迫。公元286年,当新君梯里达底三世出现在亚美尼亚边境时,亚美尼亚人兴高采烈地迎接新王。波斯驻军很快就被赶出亚美尼亚。当时,波斯萨珊王朝的几位王子因争夺王位而进行内战,无暇顾及亚美尼亚。梯里达底三世不仅乘机收复了亚美尼亚,还兵发亚述。但波斯内战结束后,纳塞赫成为新的波斯国王。他投入全部力量进攻亚美尼亚,而梯里达底三世不得不再次寻求罗马皇帝的庇护。

纳塞赫言行傲慢无礼,常出言威胁。于是,无论为了尊严,还是为了利益,梯里达底三世都必须重新夺回亚美尼亚。戴克里先开始为波斯战争做准备。公元296年,戴克里先率军驻扎在安条克,将战争指挥权交给从多瑙河召回的伽列里乌斯。伽列里乌斯穿过幼发拉底河,进入了美索不达米亚平原。经过几场小规模战斗后,波斯骑兵主力包围了伽列里乌斯的军队。在兵力上,罗马军队不及波斯军队,所以最终战败。三百多年前,同样在这片土地上,克拉苏战败身亡。伽列里乌斯返回安条克后,受到戴克里先的冷遇。戴克里先坐在马车里,身着紫袍的伽列里乌斯跟在车后,步行了整整一英里。

公元297年,罗马帝国召集伊利里亚辅助军队和哥特辅助军队重组了一支新军。戴克里先让伽列里乌斯戴罪立功,率领两万五千名士兵前去对抗波斯。吃一堑长一智,这次,伽列里乌斯避开平原,向亚美尼亚山区进军。在两名骑兵陪同下,伽列里乌斯亲自前去打探波斯军队的部署。最后,罗马军队成功突袭波斯军队。顷刻之间,波斯军队溃不成军。纳塞赫在战斗中受伤,逃往米底亚。塞满珍宝的波斯军营成了胜利者的猎场。①纳塞赫的妃嫔落入罗马人手中。伽列里乌斯生性粗鲁,但他想效仿亚历山大大帝的做法,对纳塞赫的妃嫔网开一面。闻此捷报,戴克里先立即从安条克启程,与凯旋的伽列里乌斯在尼西比斯会面。两人共同接见了在此恭候多时的阿法班。阿法班是深受纳塞赫信任的大臣。他此行目的是从中斡旋,促成两国达成和约。与罗马皇帝会谈后,阿法班立即返回波斯。阿法班向罗马皇帝保证会尽快告知纳塞赫和约的条款。罗马帝国也派大臣西科里乌斯·普罗布斯抵达波斯军营。最后达成如下协议:美索不达米亚北部地区全归罗马,以阿波拉斯河②为两国边界;波斯王国割让底格里斯河以东五省③给罗马帝国;梯里达底三世复辟,扩大亚美尼亚王国疆域;今后,伊比利亚国王由罗马皇帝直接任命。

  罗马帝国现在看上去一片祥和,不仅平定了叛乱的行省,而且领土也有所扩大。于是,公元303年,即在位的第二十年,戴克里先开始着手准备一场庆典,庆祝军队在他的英明领导之下取得的胜利。为此,公元303年11月20日,戴克里先前往罗马(很长时间,他都没有屈尊光顾罗马了),庆祝他和马克西米安在阿非利加、埃及、不列颠等地的战争中,尤其是在对波斯战争中,取得的胜利。庆典一如既往地盛大。但人们不知道是,这次庆典之所以与众不同,是因为它或许见证了

---

① 据说,一个罗马士兵捡到了一个装满珍珠的皮袋,但因为不知道珍珠的用处,所以把珍珠都扔掉了,只保留了皮袋。同样的故事也发生在第一代哈里发——阿布·伯克尔·欧麦尔·伊本·哈塔卜、奥斯曼·伊本·阿凡和阿里·伊本·艾比·塔利卜——的追随者身上。不同的是,阿拉伯人没有扔掉珍珠,而是把珍珠当成谷粒来咀嚼。——原注
② 阿波拉斯河发源于底格里斯河,流经辛格拉,在奇尔切西乌姆汇入幼发拉底河。——原注
③ 五省即为扎迪西尼、阿尔津尼、科朱尼、摩索伊尼和印提林尼。——原注

罗马帝国最后一次真正的胜利。

  永恒之城的重要性也因罗马帝国形势的变化而严重下降。这种变化要求罗马帝国陈兵边疆。元老院也失去了原来进谏的权力。令人望而生畏的禁卫军,无论是规模还是地位,现在都大不如前。禁卫军不再是皇帝的保护者,取而代之的是伊利里亚行省的两个罗马军团。按照各自效忠的皇帝的称号,这两个军团分别被称为"乔维乌斯军团"和"赫丘利乌斯军团"。

  戴克里先在罗马待了不到两个月。这是他第一次也是最后一次以皇帝身份驾临罗马。罗马公民的自由散漫和尊卑不分让戴克里先十分不悦。他已经习惯了希腊人和东方人的谄媚和奉承。政策因素可能也是他对罗马心生反感的原因之一。于是,在隆冬时节,戴克里先离开了罗马,穿过伊利里亚返回东方。一路上舟车劳顿,天气恶劣,戴克里先久病不愈。一行人不得不走走停停,而戴克里先大部分时间都病卧于御辇上。公元304年夏末,戴克里先才抵达尼科米底亚。这时,他的病情已经十分严重了。直到公元305年3月,戴克里先才开始在公开场合露面。休养期间,他意识到自己年老体衰,无力再操持帝国事务,于是决定放弃皇位,享受个人生活。戴克里先向马克西米安表达了自己的想法。马克西米安尽管非常不想放弃权力,但他已习惯无条件与戴克里先保持一致。于是,公元305年5月1日,两位皇帝——一位在尼科米底亚,一位在麦狄奥拉努姆——相约同时举行了退位仪式。伽列里乌斯和君士坦提乌斯同时接替他们成为新皇。[①]戴克里先回到了自己的家乡达尔马提亚行省,在萨罗那建造了一座宏伟的宫殿。他开始投身于园艺和种植技术的研究,以打发退休时间。[②]据说,马克西米安退位后定居在卢卡尼亚的一栋别墅,但我们对他接下来的生活并不清楚。

  戴克里先堪称是皇帝退位的最早实例。这是欧洲古代历史上唯一有案可

---

① 如果《论迫害者之死》的记载属实,那么,戴克里先是受伽列里乌斯的胁迫才退位的。——原注
② 戴克里先退位后又活了八年,崩于公元313年。当马克西米安和伽列里乌斯要求他复位时,他回答说:"看过我在萨罗那亲手种植的蔬菜后,你们肯定不会再坚持让我复位。"——原注

稽、自愿放弃最高权力的例子。不过，类似情况虽然罕见，但在现代欧洲史上不难见到。许多读者肯定会联想到查理五世①。但不同的是，查理五世退位是野心破灭的结果，他退位后也没有戴克里先那样不问世事。此外，土耳其苏丹穆拉德二世为享受个人生活而两次退位，但每次都因国家面临危险而复位。西班牙国王腓力五世也主动放弃王位，开始虔诚的信徒生活，但儿子路易一世的死亡迫使他复位。在时间更早的古罗马，也有一些君主因信仰或其他原因而放弃王位。

令人惊讶的是，像戴克里先这种起于微末、发迹于行伍的君主竟然会在罗马帝国实行东方宫廷的礼仪。但他这样做并非因为自大或虚荣，而是出于政治考量。戴克里先认为，穿上华丽的衣服后，皇帝会看起来高高在上，在民众心中形象更高大。这样一来，人民便会绝对遵从皇帝的命令。因此，戴克里先和马克西米安戴上有别于副帝"恺撒"的皇冠，穿上丝绸和黄金制成的皇袍和镶满宝石的鞋子。文武百官对他们俯首听命，内务勤杂由宦官统一打理。无论是谁，在皇帝面前都要遵从东方的跪拜礼。皇帝的奢华铺张及四个宫廷的花费，导致赋税加重，人民受到的压榨日甚一日。接下来，我们来介绍一下这个时期罗马帝国的制度。

戴克里先和马克西米安在位末期，对基督教发起了最后一次也是规模最大的一次迫害。正如我们了解到的那样，此时，在罗马帝国境内，基督教已经得到非常广泛的传播，基督教徒分布在社会各个阶层。戴克里先坚持罗马帝国的传统宗教，对这个新宗教即便谈不上喜欢，也能保持宽容。据说，戴克里先的妻子普里斯卡和女儿瓦莱里娅私下信奉基督教，而宦官卢西亚努斯、多罗修斯、戈哥尼乌斯、安德烈亚斯及其他很多重要官员都公开信奉基督教。基督教主教受到人

---

① 查理五世是神圣罗马帝国哈布斯堡王朝皇帝（1520年—1556年在位），尼德兰君主（1506年—1555年在位）、德意志国王（1519年—1556年在位）、西班牙哈布斯堡王朝首位国王，同时是奥地利哈布斯堡王朝一员。16世纪欧洲最强大的君主。1555年，在击溃新教力量的最后努力失败后，查理五世开始脱离政治生活。他把西班牙王国和低地各行省传给了儿子腓力二世，而神圣罗马帝国皇位由弟弟斐迪南一世继承。——译者注

们的尊重,庄严宏伟的新教堂在罗马帝国各个城市拔地而起。但在这种烈火烹油、鲜花着锦的盛况中,细心的人察觉到一场暴风雨即将来临。马克西米安和伽列里乌斯始终对基督教抱有深深的敌意,而狂热的多神论者也对基督教心怀忌恨,震惊于基督教迅猛发展的势头。看到祖先流传下来的宗教受到威胁时,这些人更加坚定地信奉传统宗教。在他们看来,基督教只是以古代迷信为基础衍生的新宗教。正是这种想法和态度激起了他们对基督教的仇恨。多神教的哲学家非常清楚,仅靠理论和思辨无法挽救传统信仰的颓势,唯一有效的手段是采取暴力。由此我们可以得出,"异教"哲学家是后来迫害基督教的主导,正是他们提供了"行之有效"的迫害手段。

波斯战争结束后,伽列里乌斯在尼科米底亚又待了一个冬天。其间,他常与戴克里先讨论基督教的问题,还向戴克里先阐述基督教与罗马帝国的国家制度是多么格格不入。基督教徒的所作所为俨然使罗马帝国内部形成了一个国中国。基督教徒统一有序,随时都会有大的行动。戴克里先意识到了危机,同意将基督教徒驱逐出军队和皇宫,但不同意进行大屠杀,认为此举不仅残忍,而且不明智。但伽列里乌斯并不满意,说服戴克里先召集文武官员商讨此事。最终,大会通过了伽列里乌斯的提议,执行权力也落入他的手中。我们可以想象,戴克里先听从伽列里乌斯的意见,就像一个头脑聪明的人偏听偏信一个智商不高的人——虽然可以预见后果,却无法阻止事情的发生。此后,伽列里乌斯出台了迫害基督教的政策,并为实施这一政策做好了准备工作。

大概是出于迷信,伽列里乌斯决定在公元303年2月23日,也就是界神节这天,严惩基督教徒,制止基督教对罗马传统信仰的侵蚀。这天黎明时分,禁卫军长官带着人马冲入尼科米底亚大教堂。他们破门而入,烧光了圣书,拆毁了圣所。公元303年2月24日,罗马帝国发布了法令,要求拆毁境内所有基督教堂,禁止基督教徒秘密集会;要求主教和长老将圣书上交给地方官员集中烧毁;没收教会全部财产。此外,基督教徒不能担任任何官职;奴隶如果是基督教徒则遇赦不赦。法官可以随意裁决基督教徒提起的诉讼，当原告是基督教徒时，则不提供任何法律援助。所有基督教徒都被侮辱，公共财产被剥夺，并且失去了法律的保护。然而，这场宗教迫害还远远没有结束。

按照惯例，皇帝的法令要张贴示众。但法令刚一张贴，就被一个狂热的基督教徒扯下来，还破口大骂张贴法令的人。最终，这个基督教徒因叛国罪而被烧死，付出了生命代价。在接下来的两个星期，皇宫里发生了两起纵火事件。这显然是有预谋的。伽列里乌斯称这是基督教徒蓄意报复。基督教徒则称是伽列里乌斯故意纵火，借此激怒戴克里先，从而获得迫害基督教徒的借口。但不管真相是什么，伽列里乌斯的目的都已经达到了。许多基督教徒宦官被严刑拷打致死，尼科米底亚主教安塞姆斯被斩首，大量基督教徒死于非命。

此后，罗马帝国接二连三地颁布一系列针对基督教徒的严刑峻法。其中，第一个法令要求各行省总督将所有基督教神职人员关进监狱；第二个法令允许采取各种严厉的手段，强迫基督教徒放弃信仰，向诸神献祭；第三个法令让地方官员强迫所有基督教徒向诸神献祭，无论年龄和性别，为达到此目的，可随意使用酷刑。第三个法令是由戴克里先颁布的。颁布这个法令大约两年后，戴克里先就退位了。

马克西米安十分憎恨基督教徒，也很认同戴克里先和伽列里乌斯的做法。于是，在意大利和阿非利加等行省，像东方一样大范围迫害基督教徒的现象也出现了。君士坦提乌斯对基督教的政策比较温和，他在自己的辖地内并没有迫害基督教徒，但拆毁了一些基督教堂。从公元303年至公元313年，罗马帝国的基督教徒被迫害了十年。由于时期、地点、皇帝性格和政治环境的不同，对基督教徒的迫害程度有所差异，但迫害或多或少都伴随着暴力。就迫害者而言，他们尽其所能美化其野蛮行径。而在受迫害者身上，可以看到热情和勇气——尽管透着几分狂热。同时，许多人，其中甚至不乏主教和长老，因将《圣经》交到"异教徒"手中而被冠以"叛教者"的罪名。因为教会作家的记载非常模糊，所以我们很难确定在这十年丧命的基督教徒人数。爱德华·吉本给出的数字是两千人左右,但他的个人偏见很可能会削弱这个数字的准确性。实际上,即便把这个数字扩大五倍,甚至十倍,也不及在罗马教会发起的任何一次宗教屠杀中受害者的人数。

第2章

伽列里乌斯、君士坦提乌斯、塞维鲁、马克森提乌斯、马克西米安、李锡尼、马克西米努斯、君士坦丁

（公元304年至公元337年）

精彩看点

四帝共治体系——君士坦丁一世——马克森提乌斯——马克西米安——米尔维安大桥战役——罗马帝国的统一——君士坦丁堡——罗马帝国的等级制度——《米兰敕令》——克里斯普斯之死和福斯塔之死——君士坦丁之死及其性格

伽列里乌斯和君士坦提乌斯
公元305年至公元306年

君士坦提乌斯和伽列里乌斯成为奥古斯都后，需要选出两位恺撒递补空缺，以保持帝国体制的完整。任命新恺撒的任务交给傲慢的伽列里乌斯。伽列里乌斯任命外甥马克西米努斯①为东部恺撒，指派在伊利里亚的塞维鲁二世为西部恺撒。他把埃及行省和叙利亚行省交给马克西米努斯管辖，把意大利行省和阿非利加行省交给塞维鲁二世管辖。

戴克里先退位后不到一年，其构建的四帝共治体系就遭到破坏。公元306年7月25日，君士坦提乌斯在约克驾崩。根据戴克里先建立的体制，塞维鲁二世应该成为新的奥古斯都，再任命一名新的恺撒。但不列颠的军队坚持拥护君士坦提乌斯的长子君士坦丁②继承先皇帝位和权力。君士坦丁的母亲叫海伦娜，是一个旅店老板的女儿。君士坦提乌斯荣升恺撒后，被迫同她离婚。当时，君士坦丁

---

① 马克西米努斯，原名代亚，其母为东部奥古斯都伽列里乌斯的同父姐妹。公元305年，他成为伽列里乌斯的养子，并被其任命为恺撒，统治叙利亚行省和埃及行省。——译者注
② 即君士坦丁一世。——译者注

大约十八岁,正在戴克里先麾下效力。他在埃及战争和波斯战争中崭露头角,军衔不低。君士坦丁因外貌、举止和品行,赢得了人民和士兵的爱戴。伽列里乌斯当上皇帝后,君士坦丁就成了眼中钉。君士坦提乌斯得知君士坦丁身处险境,十分担心,恳求伽列里乌斯让儿子回到自己身边。伽列里乌斯一直敷衍了事,几番周折后勉强同意了。君士坦丁深恐伽列里乌斯食言,以最快的速度启程,与父亲一起赶赴不列颠。当然,君士坦丁能继承皇位也并非完全靠士兵的自发拥戴,他自己也施展了一些手段,如对士兵大肆承诺。事实上,君士坦丁清楚,只有登上皇位才有可能保住性命。然而,他做出一副不情愿的样子。君士坦丁写信给伽列里乌斯,为士兵自发拥戴他即位一事致歉。伽列里乌斯一开始又惊又怒,但考虑到同英勇善战的西部罗马军团发生冲突的后果,便同意与君士坦丁①分享权力。不过,他把尊贵的"奥古斯都"授予塞维鲁二世,只给了君士坦丁一世一个"恺撒"的头衔。君士坦丁一世只在乎能否掌握实权,对虚名毫不在意。在殚精竭虑地扩大领地的同时,他还细心地照料着六个同父异母的兄弟姐妹,这是君士坦提乌斯临终时的托付。

伽列里乌斯、君士坦丁一世、马克森提乌斯、李锡尼
公元306年至公元313年

另一件反映新制度不稳定的事件是罗马城发生的叛乱。从征服马其顿开始,近五个世纪以来,罗马人一直不用交税。但此时,根据罗马帝国的新政策,伽列里乌斯准备对境内所有居民统一征收财产税和人头税,无一例外。税吏开始一一列出罗马公民名单及其财产清单。与此同时,伽列里乌斯下令解散禁卫军,拆毁其军营。禁卫军将士尊严受辱,公民利益受损,这让他们团结起来,拥戴一

---

① 以下称"君士坦丁一世"。——译者注

● 马克森提乌斯

个罗马人做皇帝,并决心解放意大利。他们把目光投向马克西米安的儿子马克森提乌斯。马克森提乌斯是伽列里乌斯的女婿。他德行浅薄、不学无术。他当时住在罗马附近的一座别墅里,欣然答应了罗马民众的请求。反叛的禁卫军杀死罗马市政官等官员,给马克森提乌斯披上紫袍。这时,在麦狄奥拉努姆的塞维鲁二世准备出兵讨伐马克森提乌斯。而马克森提乌斯则请求父亲马克西米安出山,利用他的名望和经验对付塞维鲁二世。于是,马克西米安马不停蹄地来到罗马,重登皇位。马克西米安的影响力比罗马民众想象的更大,他站在城墙上时,其影响力和威望甚至引发了塞维鲁二世军队哗变。塞维鲁二世不得不撤军,退守拉韦纳,固守不出。拉韦纳的防御工事固若金汤,塞维鲁二世的舰队拥有制海权,本可以安然无恙地等到伽列里乌斯的援军。然而,塞维鲁二世中了马克西米安的圈套。

得到马克西米安的安全承诺保障后，他投降了。起初，投降后的塞维鲁二世还能维持体面，但在伽列里乌斯率兵攻打意大利时，这位沦为阶下囚的皇帝还是被处死了。

此时，君士坦丁一世指挥高卢军团，以自己的势力支持或推翻马克森提乌斯都不在话下。为了争取君士坦丁一世的支持，马克西米安去了一趟高卢，将女儿福斯塔嫁给了君士坦丁一世，并且授予君士坦丁一世"奥古斯都"的尊号。此举即使

●福斯塔嫁给了君士坦丁一世

得不到君士坦丁一世的支持，也能让他保持中立。很快，伽列里乌斯就出现在意大利，率领驻伊利里亚行省的罗马军团和驻东方各行省的罗马军团进至距离罗马仅六十英里的纳尔尼。伽列里乌斯派两名大将前去劝马克森提乌斯投降，如果劝降成功，也许可以避免罗马帝国陷入战争深渊。然而，伽列里乌斯的招降不但遭到马克森提乌斯的严词拒绝，而且自己部下不少士兵还被马克西米安争取过去。伽列里乌斯不得不迅速撤退。军队在败退过程中，一路烧杀劫掠，以最残

酷的方式摧毁了这个国家。公元307年，伽列里乌斯把"奥古斯都"的尊号授予自己的挚友李锡尼。得知此消息后，马克西米安不甘落后，也让自己军队向李锡尼行觐见皇帝的礼节。伽列里乌斯最终不得不默许马克西米安的做法。就这样，罗马帝国同时由六位皇帝共治。其他四位皇帝也默许了马克西米安和伽列里乌斯的皇帝地位。

马克西米安与儿子马克森提乌斯性格不合，不能共事。二者中必须有一个放弃意大利的最高权力。禁卫军决定支持马克森提乌斯，希望在马克森提乌斯的统治下享有更多的自由。于是，年迈的马克西米安不得不到高卢寻求君士坦丁一世的庇护。君士坦丁一世十分尊敬马克西米安。同时，由于法兰克人的骚乱，君士坦丁一世需要经常到莱茵河下游处理争端。君士坦丁一世不在高卢的时候，就把高卢南部托付给马克西米安管理。马克西米安的官邸设在阿尔勒宫。公元310年，君士坦丁一世在莱茵河东岸作战时，传来了他战死的谣言。于是，不安分的马克西米安霸占了皇家宝库，把财物分发给士兵，希望军队承认他是皇帝。

君士坦丁一世得到消息后，迅速经莱茵河向索恩河畔的查隆斯进军。他在索恩河畔集结军队，然后率军渡过罗讷河，神不知鬼不觉地到了阿尔勒。直至此时，君士坦丁一世离开莱茵河畔的消息才为人所知。于是，马克西米安从阿尔勒仓皇出逃，跑到了马赛。君士坦丁一世率军一路追赶到马赛。马赛的守军把马克西米安献给了君士坦丁一世。马克西米安最终被迫自尽。马克西米安死后不久，公元311年，伽列里乌斯也一命呜呼，死于和大独裁者苏拉相同的疾病。李锡尼和君士坦丁一世也厉兵秣马，准备用武力来确定他们各自的统治范围，但最终还是通过和谈划分了有争议的领土，解决了争端。赫勒斯滂和博斯普鲁斯海峡成了他们领土的边界。不久，在某种共同利益的驱使下，李锡尼和君士坦丁一世结盟。马克西米努斯和马克森提乌斯也秘密联盟。

君士坦丁一世和马克森提乌斯的统治形成了鲜明对比。在高卢和不列颠，正义得到伸张，苛捐杂税得到减轻或废除，蛮族入侵得到遏制。而在意大利和阿非利加，富人纷纷家破人亡，美丽的妻子和女儿屈服于暴君的淫欲，士兵沉溺于享乐之中。整整六年，罗马在马克森提乌斯的暴政下哀号。公元312年，罗马终因皇帝的愚蠢而获得解脱。

虽然马克西米安曾被马克森提乌斯赶出意大利，但他的死成了逆子马克森提乌斯展示孝道的机会。马克森提乌斯下令捣毁君士坦丁一世在意大利和阿非利加的雕像。君士坦丁一世不愿内战，尝试与马克森提乌斯媾和，但马克森提乌斯自称整个西罗马帝国的皇帝，集结了一支大军准备进攻高卢。于是，在元老院和罗马公民的秘密邀请下，君士坦丁一世决定抢先一步进军意大利。

公元312年，君士坦丁一世率领四万名久经沙场的老兵翻越了阿尔卑斯山脉的塞尼山，来到皮埃蒙特平原。马克森提乌斯麾下有十七万名步兵和一万八千名骑兵，但主要是在阿非利加、意大利和西西里岛招募的新兵，同时他并无任何军事才能和作战经验。阿尔卑斯山脚下的苏萨城门紧闭，阻挡了君士坦丁一世的去路。君士坦丁一世下令攻打苏萨城，将守军屠杀殆尽。在都灵平原上，马克森提乌斯命大军抵挡君士坦丁一世，其中有一支装备精良的重装骑兵①。但君士坦丁一世指挥若定，让马克森提乌斯的重装骑兵无用武之地。马克森提乌斯的重装骑兵冲锋时，君士坦丁一世暂避其锋，然后分割其队形，再聚而歼之。马克森提乌斯的军队不久就作鸟兽散。都灵对马克森提乌斯的军队关上了大门，只有极少数人能从胜利者的刀剑下苟活。紧接着，君士坦丁一世马不停蹄地来到麦狄奥拉努姆。整个意大利北部直到波河都成了他的势力范围。

当时驻守维罗纳的将领卢里修斯·蓬佩阿努斯是马克森提乌斯的部下。此人骁勇善战，足智多谋。君士坦丁一世向维罗纳进军时，在布雷西亚附近遇到了卢里修斯·蓬佩阿努斯骑兵部队的拦截。君士坦丁一世率军奋勇作战，击退了卢里修斯·蓬佩阿努斯的骑兵部队后，陈兵于维罗纳城下。卢里修斯·蓬佩阿努斯

---

① 拉丁语为"Clibanarians"，该词来自波斯语。对应希腊语中的"甲胄骑兵"。同中世纪的重装骑兵有些类似，人与马都披着重重的铠甲。——原注

做好了一切必要防御部署后,秘密离开维罗纳,迅速集结足够的兵力后,又前往维罗纳增援。两军展开激战,战斗从傍晚开始,一直持续到深夜。最终,君士坦丁一世的高卢军团取得了胜利。卢里修斯·蓬佩阿努斯在战斗中被杀,维罗纳开城投降。君士坦丁一世在维罗纳短暂休整后,率军前往罗马。公元312年10月28日,在距罗马城约九英里的萨沙鲁布拉——接近具有纪念意义的克雷莫拉——君士坦丁一世发现马克森提乌斯的军队正严阵以待。他一马当先,向马克森提乌斯的骑兵发起冲锋。马克森提乌斯的骑兵一触即溃,而大部分步兵见势不妙,转身逃跑。但禁卫军临危不惧,一步不退。在逃跑过程中,马克森提乌斯从米尔维安大桥上掉到台伯河里淹死了。第二天,人们发现了他的尸体。君士坦丁一世入城时,人们献上了马克森提乌斯首级。

●马克森提乌斯从米尔维安大桥上掉到台伯河里淹死了

君士坦丁一世取得胜利后，对待政敌还算大度。马克森提乌斯的子女和忠实追随者被处死。有人要求扩大处决名单，遭到君士坦丁一世的拒绝。告密者受到惩罚。马克森提乌斯曾流放的人也被召回，他们的财产被返还。君士坦丁一世宣布大赦。元老院的权威得到尊重和认可。同时，他还解散了禁卫军，而马克森提乌斯此前正是借着禁卫军的力量登上皇位的。禁卫军已经在前线溃散，固若金汤的禁卫军军营已被拆毁。财产税最初是由伽列里乌斯提出的，后来马克森提乌斯开始实施征收，并且以"赠品"的名义分摊到公民头上。现在，元老院下令永久征收财产税，而元老院人数急剧增加正是其中的原因。

君士坦丁一世只在罗马待了两个月，就被迫返回高卢，因为法兰克人又来侵犯罗马帝国边境。公元313年，返回高卢途中，君士坦丁一世在麦狄奥拉努姆参加了妹妹康斯坦蒂娅与李锡尼的婚礼。他们是在君士坦丁一世与马克森提乌斯开战前订的婚。婚礼一结束，两位皇帝就必须御驾亲征，一个去教训日耳曼人，另一个迎战越过博斯普鲁斯海峡占领拜占庭和赫拉克利亚的马克西米努斯。

李锡尼率领三万名久经沙场的伊利里亚老兵来到距离决战之城不到十八英里的地方。马克西米努斯率领七万名士兵久候多时。双方都试图劝降对方，但均无果。公元313年4月30日，战斗打响了。马克西米努斯人多势众，一开始占了上风。但李锡尼指挥有方，很快就取得了战场上的主动权，最终取得了决定性胜利。马克西米努斯仓皇逃窜，一直跑到距战场超过一百六十英里的尼科米底亚。

大约三个月后，马克西米努斯前往埃及。途经塔尔苏斯时，他感觉自己大势已去，顿生绝望，遂服毒自尽。李锡尼摘取了胜利果实。他决定斩草除根，不仅处死了马克西米努斯的一双儿女——他们只有八岁和七岁，还处决了塞维鲁二世的儿子塞维里亚努斯及故友兼恩人伽列里乌斯的儿子坎迪迪安努斯。

李锡尼对待戴克里先妻子普里斯卡和女儿瓦莱里娅的态度，淋漓尽致地表现了他毫无人性的一面。伽列里乌斯死后，马克西米努斯曾向他的遗孀瓦莱里娅求婚。瓦莱里娅义正词严地拒绝了马克西米努斯的要求。马克西米努斯因爱生恨，伺机报复。他没收了瓦莱里娅的财产，又迫害服侍她的宦官和仆从。马克西米努斯还以通奸罪处决了瓦莱里娅的女性朋友，斥责她和她的母亲普里斯卡，把她们流放到叙利亚的一个村庄。戴克里先请求让她们母女到萨罗那和他一起生活，但此时他已经毫无权力，所以他的请求根本无人理会。马克西米努斯死后，普里斯卡和瓦莱里娅乔装打扮来到李锡尼的宫廷。起初，她们受到礼遇，但陪同她们的坎迪迪安努斯被处死后，瓦莱里娅意识到李锡尼的残暴本性。于是，她和母亲乔装成平民逃走。逃亡了约十五个月后，普里斯卡和瓦莱里娅在塞萨洛尼基被人发现，之后被立即斩首，头被扔进海里。

  现在，罗马帝国皇帝的数量减少到两位。人们可能认为，因为他们之间于公于私的密切关系，一定会团结起来。然而，我们发现，早在联姻那年，即公元313年，他们就开始拔刀相向。当时的情况是这样的：君士坦丁一世把另一个妹妹阿纳斯塔西娅嫁给了自己身边的将军巴西亚努斯。征得李锡尼的同意后，君士坦丁一世擢升巴西亚努斯为"恺撒"——意大利似乎注定要成为新恺撒的诞生地。但由于某种原因，任命新恺撒的敕令迟迟没有下达。李锡尼乘机暗地里挑拨巴西亚努斯与君士坦丁一世的关系。李锡尼对巴西亚努斯说君士坦丁一世只是在利用他，并怂恿巴西亚努斯加入针对君士坦丁一世的阴谋。然而，这个阴谋很快就暴露了，巴西亚努斯被处死。李锡尼拒绝交出逃到他那里的阴谋主谋，君士坦丁一世在意大利边境城市埃莫纳的雕像也被推倒。于是，君士坦丁一世率领两万名士兵进军伊利里亚，李锡尼率领三万五千人前去迎战。公元314年10月8日，两军在萨沃河附近的锡巴里斯——此地距离锡尔米乌姆约五十英里——开战。战斗从早晨开始，持续了一整天。最终，李锡尼带着两万残兵败将撤退，到锡尔米乌姆去保护自己的家人和财产。他拆掉了萨沃河上的桥，前往色雷斯招募新军，还把"恺撒"头衔授予伊利亚边境的将军瓦莱里乌斯·瓦伦斯。君士坦丁一世穷追不舍。在色雷斯的马尔迪亚平原上，两位皇帝再次开战。战斗又持续了一整天，直到晚上才结束。君士坦丁一世虽然获得最终胜利，但损失惨重，所以愿意听一听李锡尼的媾和条件。君士坦丁一世把对瓦莱里乌斯·瓦伦斯的处置作为谈判的前提条件。这位不幸的新恺撒丢了皇位，也丢了性命。君士坦丁一世和李锡尼签署了协议，君士坦丁一世获得了潘诺尼亚、达尔马提亚、达契亚、马其顿和希腊的统治权。他们还一致同意，将君士坦丁一世的两个儿子克里斯普斯、君士坦丁二世和李锡尼的儿子李锡尼二世都擢升为"恺撒"。

君士坦丁一世与李锡尼之间的和平持续了八年。在此期间，君士坦丁一边制订有益于民生的法案，一边捍卫罗马帝国的领土。公元321年，哥特人入侵多瑙河以南地区。君士坦丁一世亲自披甲上阵，抗击哥特人的入侵。他迫使哥特人交出战利品和俘虏并撤军，然后修复图拉真桥，渡过多瑙河，把战火烧到了哥特人自己的土地上。君士坦丁一世不再满足于仅仅控制罗马帝国的大部分领土。他现在的目标是从李锡尼手中把剩余地盘也夺过来。意识到君士坦丁一世在为战争做准备后，李锡尼立即召集军队和战船，十五万名步兵和一万五千名骑兵立刻集结到哈德良堡平原，三百五十艘船组成的舰队控制了赫勒斯滂。君士坦丁一世的十二万名步兵与骑兵在塞萨洛尼基集结，舰队在比雷埃夫斯港集结，共有二百艘小船。李锡尼占领了哈德良堡山上的一个易守难攻的营地，没有阻止君士坦丁一世的军队通过赫布洛斯河。关于公元324年7月3日的这场战役，历史上的记载很少，很多资料又含混不清。确定无疑的是，君士坦丁一世率领的军队展示了一贯的优势，击溃了李锡尼的军队，斩首三万五千人，占领了哈德良堡。不过，君士坦丁一世的大腿负了伤。他在战场上表现出了军人的英勇和将军的风范。李锡尼躲到了拜占庭，但很快就被君士坦丁一世追上。

君士坦丁一世让长子克里斯普斯指挥舰队。克里斯普斯挑选了八十艘最好的战船，强渡赫勒斯滂。李锡尼的海军将领阿曼杜斯则准备了二百艘战船。海峡狭窄，战船多了反倒拥挤。夜晚，战斗结束时，克里斯普斯的舰队占上风。第二天，阿曼杜斯准备反击。当时，北风刮得正紧，风向对阿曼杜斯的舰队十分有利。然而，当发现三十艘战船增援驻扎在艾雷乌斯的克里斯普斯舰队时，阿曼杜斯

●克里斯普斯的舰队与阿曼杜斯的舰队交战

犹豫了,没有及时发动攻击。大约中午时分,风向大变,刮起了南风。风力太猛,将阿曼杜斯的一百三十艘战船吹到礁石和海岸上,致使五千人死亡。阿曼杜斯带着四艘战船逃走了。此时,赫勒斯滂已经畅通无阻,各种各样的物资被送到君士坦丁一世设在拜占庭附近的军营。李锡尼认为拜占庭已不可守,于是带着亲信和财宝逃到了卡尔西登。在这里,李锡尼授予大臣马尔提阿努斯"恺撒"称号,并派他到兰萨库斯去守卫赫勒斯滂。李锡尼很快召集了一支军队,阻止君士坦丁一世登陆作战。然而,机智的君士坦丁一世用小船载着军队在离卡尔西登二十五英里的地方登陆。公元324年9月18日,李锡尼召回马尔提阿努斯和他的军队,在克里索波利斯的高地上与君士坦丁一世决战。李锡尼最终战败,损失了二万五千人。李锡尼逃到尼科米底亚,请妻子康斯坦蒂娅帮自己向君士坦丁一世求情。君士坦丁一世向妹妹康斯坦蒂娅保证李锡尼的生命安全后,李锡尼放弃皇位,承认君士坦丁一世是他的主人。君士坦丁一世设宴款待李锡尼,然后送他到塞萨洛尼基的住所。马尔提阿努斯被处死。两年后,李锡尼以阴谋罪被勒死,君士坦丁一世违背了自己的诺言。

君士坦丁一世
公元323年至公元337年

三十四年的分裂后,罗马帝国重新统一,回到由一个皇帝统治的状态。接下来,君士坦丁一世完成了两项最重要的事业,即新首都的建立和基督教合法化。他还完善了戴克里先的专制君主制度。

正如我们看到的那样,罗马早已不是皇帝常住地了。它离多瑙河和幼发拉底河太遥远了,而多瑙河和幼发拉底河才是皇帝经常驾临的地方。戴克里先曾把自己的宫廷设在尼科米底亚,而君士坦丁一世想要建立一个以自己名字命名的首都。拜占庭位于巴尔干半岛的岬角上,三面环水,地理位置十分优越。于是,君士坦丁一世决定在此建立罗马帝国都城。公元324年,以君士坦丁一世的名字命名的君士坦丁堡破土动工——这座城市至今依然存在,规模和人口方面在欧洲首屈一指,其美丽程度和地理位置之优越是欧洲其他城市难以企及的。

对于这座著名的城市,我们无须赘述。它和罗马一样,建立在七座山丘上,从一块殖民地逐渐发展成罗马帝国的首都。多年来,罗马帝国投入了大量的劳力,花费了大量财富,让首都必备的宏伟建筑拔地而起,宗教的、世俗的、军事的建筑应有尽有。这座新城很快就涌入了大量人口。效仿罗马,君士坦丁堡被划分为十四个城区,从埃及运来的粮食发放给城里的平民。君士坦丁堡的椭圆形竞技场模仿了罗马斗兽场。来自世界各地的大理石和青铜雕像装扮着这座城市。不过,旧都罗马的优越地位依然存在,人们只把新都君士坦丁堡当作殖民地。

可以看出,罗马帝国的行政和军事管理已逐渐东方化。首都的变迁及基督教国教地位的确立进一步加速了这种趋势。君士坦丁一世及其继任者治下的罗马帝国大致情况如下。

这一时期,罗马帝国官员齐备,其中,宦官最引人注目。官员按等级排列,形成了森严的等级制度。所有官衔的安排都极其精确,还设计了相应头衔和称呼。

这些头衔和称呼方式也成为现代欧洲借鉴的样板，如大人、殿下等。各级官员都有徽章和标识。穿衣打扮也能反映出他们的身份。高级官员和地方官员总的来说分为三类：最高的称为"建有功勋者"，可称之为"特勋阶"；其次是"德高望重者"，可称之为"卿相阶"；第三类是"世家出身者"，可称之为"士尉阶"。

君士坦丁一世恢复了被废止已久的贵族头衔，但只将其作为个人身份的标志，并不世袭。新贵族与旧贵族的差别比法国新旧贵族的差别还要大。贵族的地位只低于执政官，而在其他所有官员之上。贵族通常是皇帝的亲信或大臣，能够经常见到皇帝。

执政官成了皇帝授予的荣誉称号。新年那天，执政官在皇宫里升挂执政官旗。在主要官员和将军的陪同下，他们列队从宫殿走到广场或市场，然后坐上官座，按照旧俗释放一名奴隶。执政官需要在主要城市举办竞技会。他们的名字被刻在纪年表上。执政官的名字和肖像还被刻在镶金的象牙上，作为礼物送给高级行政官和有地位的人。然后，执政官就会退隐，回归个人生活——因为他们也没有什么其他公共职责要履行了。尽管如此，这种虚无的荣耀仍然是一些人至高无上的追求。

正如我们之前看到的那样，禁卫军长官曾一度权倾朝野，集行政大权与军事大权于一身，类似后来法兰克王国的宫相。禁卫军逐渐遭到皇帝的压制。禁卫军长官的军事指挥权被剥夺，其官职逐渐变成纯民事性的。根据戴克里先的规定，每位皇帝都拥有自己的禁卫军，共有四个近卫总长。君士坦丁一世时仍保留这一数目，东方、伊利里亚、高卢和意大利四个大区各有一名近卫总长。每个大区下有若干行省，这些行省都是在历代皇帝和恺撒执政期间形成的。禁卫军长官是司法部和财政部的领导，他们的权力在各行省总督之上。所有下级法庭可以向禁卫军长官提出上诉，而禁卫军长官可做出终审裁决。罗马和后来的君士坦丁堡由于特殊地位和重要性，不受禁卫军长官的管辖。最初，禁卫军长官由奥古斯都任命，后来，其权力逐渐扩大。在君士坦丁一世执政时期，禁卫军长官能行使执政官和裁判官一般权力和职能，方圆一百英里所有市政权力都受制于他们。

就罗马帝国的行政区划而言，除了这几个大区，还有十三个管区①。其中，有两个管区的最高长官拥有独特头衔，东方管区最高长官的头衔是"东方伯爵"，埃及管区的最高长官被称为"奥古斯都长官"，其余十一个管区则由代理官或副总长管辖。官阶较低的普通行省的管理者称为资深执政官、执政官、纠察官等。和他们的上级一样，他们拥有辖区的司法权和财政权。

我们了解到的第一次军政分离制度，是奥古斯都在资深执政官的行省开始实施的。过去两个世纪的历史表明，军政一体导致很多总督反叛篡位，产生了诸多不良后果。君士坦丁一世决心根除这些顽疾。为此，他将军队的指挥权与各行省的行政权永久分离，设立两个"主将"，一个统率骑兵，一个统率步兵。各行省下级指挥官分别授以"伯爵"和"公爵"②称号。官员佩戴不同的腰带，来象征他们不同的等级。军政权力分离制度带来的后果是，虽然将军和总督之间相互忌妒防止了他们联合造反，但使地方行省更易遭受蛮族的蹂躏。因此，它在保护皇权的同时，也损害了帝国。

君士坦丁一世把原先禁卫军特享的优厚待遇扩大到大部分军队，这种做法并不明智。军队现在被划分为内卫军和边防军。前者有更高的薪水和很多特权，驻扎在内城，只有紧急情况下才会出征。后者的军饷较低，负责保卫边疆。军团数量增加了，但规模缩减了。它们现在更像现代军团，同古罗马军团区别很大，但在各行省招兵买马仍然困难重重。因此，蛮族人经常被征召入伍，甚至获得帝国最高军事和行政荣誉及地位。

君士坦丁一世把宫中比较亲近的七个侍臣封为"特勋阶"。第一个是侍寝大臣，是皇帝最亲近的宦官，协助皇帝处理内廷事务。不难想象，侍寝大臣的影响力很大。侍寝大臣的司法权得到内廷伯爵或监督官的认可，他的职责是管理皇帝

---

① 管区，即现代意义的教区。——原注
② 伯爵地位较高，可作为皇帝的侍从；公爵只是一个军事指挥官。——原注

的华服美食。第二个是宫廷里地位最高的行政长官——御前大臣。帝国各地的民事官员和军事官员都受他管辖。他有四个秘书室。每一室都有负责人，下设若干文书，负责处理相应的国家事务。就像我们的军械总管一样，他掌管着所有武库，管理制造武器的工匠。第三个是为皇帝草拟演说的财务官，负责法令的实施。这个职位被认为是法学的最初起源，有点像现代社会的总理。第四个是库务审计官，他是财税负责人，手下也有许多官员做事。第五个是皇室财产管理官，负责管理皇家土地和其他皇家收入。第六个和第七个是内廷伯爵，分别统率新禁卫军的骑兵和步兵部队，新禁卫军共三千五百人，分为七队，每队五百人。其中，一队步兵和一队骑兵被称为"皇家卫队"。内廷伯爵负责皇帝的安全，执行皇帝对各省的命令。

罗马帝国的民政和军事有大幅调整，但更重大的变化是基督教成为帝国国教。对于君士坦丁一世及其继任者治下教会的状况及组织，我们随后会讨论。下面先来看看君士坦丁一世的皈依及其动机。

君士坦提乌斯虽然不是基督教徒，但出于正义和人道，他对臣民的信仰十分宽容。他的儿子君士坦丁一世以他为榜样，同样对基督教徒采取温和的政策。比起伽列里乌斯对基督教徒的迫害政策，基督教徒自然倾向于支持君士坦丁一世的温和政策。但君士坦丁一世仍然是一个多神论者，他的主要崇拜对象是太阳神阿波罗。同时，他以一种温和的多神论精神，对基督教徒的上帝和他们的信仰怀有敬意和尊重。公元313年，马克森提乌斯战败死亡后，君士坦丁一世和李锡尼在麦狄奥拉努姆颁布了宗教宽容敕令[①]，同时把被剥夺的土地和教堂还给了基督教徒。

君士坦丁一世严格遵守宗教宽容敕令。但同时，他可能越来越相信基督教优于其他宗教，并且相信信奉基督教会给自己带来好处。但李锡尼很快就违背了在麦狄奥拉努姆签署的敕令，重新走上了迫害基督教徒的道路。公元324年，在君

---

① 即人们熟知的《米兰敕令》。——译者注

士坦丁一世与李锡尼之间的第二次战争中，君士坦丁一世军队的军旗上出现了十字架图案。战争胜利后，君士坦丁一世发布公告，宣布自己皈依了基督教，并且让臣民以他为榜样。君主强大的影响力不容小觑，基督教信仰开始迅速传播。涉及信任、利益和荣誉的职务几乎完全授予了基督教徒，基督教主教炙手可热，"异教徒"在各个方面都受到了打击。基督教最终取得了胜利。

  君士坦丁一世的皈依应该是真诚的，或者至少看起来是真诚的。但在当时，政策的出台往往同高层人物的动机保持一致。君士坦丁一世一定意识到基督教徒即使不是最多的，但一定是最团结、最有组织的，因此组成了罗马帝国中最强大的团体。君士坦丁一世不会对基督教的优点视而不见。同时，作为一个明智的君主，他一定认识到促进基督教的传播符合自己的利益。当时，基督教徒信奉的逆来顺受的教义，一定是君主最欣赏的。而基督教徒对他的事业表现出的热情和忠诚不可能对他的思想毫无影响。这些不同的动机可能会使基督教神学家的推理更有说服力，但我们仍然认为君士坦丁一世皈依基督教是个奇迹。

  据博学多识的主教和传记作家优西比乌所说，一天正午时分，君士坦丁一世在进攻马克森提乌斯途中，看到太阳上方出现一个发光的十字架，上面刻着"征服者"字样。在第二天夜里，君士坦丁一世梦到耶稣基督站在自己面前，背着同样的十字架，指引他做了一个一模一样的十字架，还说此举可以确保他战胜马克森提乌斯。君士坦丁一世照做了，将其命名为"拉布兰旗"，它成了罗马帝国后期的军旗。旗上的图案是一根有横杆长矛，上面挂着一块丝绸，丝绸上是皇帝及其孩子的画像，矛尖上有一个金制花环，上面有基督的名字和十字架。五十个英勇忠诚的士兵时刻守卫着拉伯兰旗。

  这个故事与优西比乌有关，但直到君士坦丁一世死后才出现。在早期著作《教会史》中，优西比乌并没有提到这个故事。同时代的另一位作家只提到一个梦，说在与马克森提乌斯交战的前夜，君士坦丁一世奉命在士兵的盾牌上刻上神圣的字母，并补充说，他的服从得到了回报——最终的胜利。我们不会断言故事中到底有多少虚构的荒谬成分，但以我们对待此类问题的常识，我们敢毫不犹豫地肯定，当时绝没有什么神迹发生。

君士坦丁一世的一生中有一个难以洗刷的污点。我们知道，在和马克西米安的女儿福斯塔结婚前，君士坦丁一世的第一任妻子米内尔维娜给他生了一个儿子克里斯普斯。克里斯普斯在虔诚、博学、雄辩的拉克坦提乌斯的教导下长大。基督教作家和历史学家都一致认为，克里斯普斯身上有许多美德，是众望所归的皇位继承人。而据推测，君士坦丁一世对第二次婚姻中的孩子表现出的偏爱有可能使克里斯普斯心生忌妒。其中一个孩子君士坦提乌斯①已经被授予恺撒的头衔并开始管理高卢，而克里斯普斯仍被限制在内廷活动。

据说，克里斯普斯可能轻率地用语言发泄了自己的愤怒。但凡熟悉宫斗的人都很容易想到，在一个专制君主的朝堂上，并不缺少那些想通过挑拨父子关系来得到好处的卑鄙小人。325年底，君士坦丁一世颁布的一项法令表明，他认定有一个反对自己、支持克里斯普斯的阴谋。不管君士坦丁一世对儿子有什么怀疑，也不管他对儿子有什么想法，一开始他把一切都藏得严严实实，不动声色。公元326年，克里斯普斯跟随父亲来到罗马，庆祝父亲在位二十周年。庆典中，克里斯普斯被捕了。经过简短的审讯，或者根本没有经过任何审讯，克里斯普斯就被流放到伊斯特里亚的波拉，不久，他就被毒死或被刽子手杀死。克里斯普斯的结局与李锡尼二世的结局相同。

当一个传记作家在重要事件中对主角的行为不加评判时，我们或许可以肯定有些事是见不得光的，甚至也没什么好办法来掩饰。根据这个规律，我们可以认定优西比乌对这一神秘事件的沉默表明了君士坦丁一世的错误和克里斯普斯的无辜。同时，这违背了这位主教作为历史学家坚持真理和公正的良心。

然而，后来的希腊人说君士坦丁一世发现了自己的错误，为此感到悲哀和悔

---

① 即后来的君士坦提乌斯二世。——译者注

恨，并为儿子竖立了一座刻有铭文的金像，上面刻着"我对他不公正"等字样。还有一种更古老的说法是，菲德拉和希波吕托斯的故事①在皇宫里重演，克里斯普斯的死是由于福斯塔的不轨企图引发的。此外，君士坦丁一世的母亲海伦娜对她无辜孙子的命运也感到愤怒，因此福斯塔受到了密切的监视。人们发现她和马厩里的一个奴隶有通奸行为。于是，君士坦丁一世吩咐，在她洗澡时把水温升高，令她窒息而死②。克里斯普斯、李锡尼和福斯塔都死了。后面许多皇帝的朋友都因各种各样的罪名而死去。

福斯塔生了三个儿子，分别是君士坦丁二世、君士坦提乌斯二世和君士坦斯。君士坦丁一世的一个弟弟尤利乌斯·君士坦提乌斯还有两个儿子，分别叫加卢斯和尤利安。君士坦丁一世的另一个弟弟达尔马提乌斯生了小达尔马提乌斯和汉尼巴利亚努斯。我们并不知君士坦丁一世出于何种动机，授予小达尔马提乌斯和汉尼巴利亚努斯"恺撒"的头衔，同时授予自己的三个儿子"至尊者"的新头衔，这也是罗马皇帝专属的新称号。

君士坦丁一世在位后期，哥特人和萨尔马提亚人之间的战争引起了他的注意。出于政治利益的考量，君士坦丁一世帮助萨尔马提亚人。公元331年，哥特人越过多瑙河，把摩西亚变成一片废墟。君士坦丁一世御驾亲征，但他的军队战败了，不得不撤退。公元323年，君士坦提乌斯二世率领的罗马帝国军队重振声威。哥特人被迫退到多瑙河东岸，向罗马帝国乞和。此时，萨尔马提亚人表现出蛮族人惯有的摇摆不定和忘恩负义的一面。于是，君士坦丁一世任由他们自生自灭。萨尔马提亚人在战斗中被哥特人打败，不得不把奴隶武装起来。在奴隶的帮助下，萨尔马提亚人把入侵者赶出了领土。但奴隶突然倒戈，把刀锋指向曾经的主人，把萨尔马提亚人赶走了，建立了利米甘特政权。

---

① 在希腊神话中，菲德拉是阿提卡国王提修斯的妻子，与前妻之子希波吕托斯调情，被拒绝后愤恨而自杀。菲德拉留下遗书说继子调戏，提修斯大怒，请海神处死希波吕托斯。——译者注
② 佐西穆斯、菲洛斯托吉斯和其他一些人断言福斯塔是被处死的。然而，爱德华·吉本认为，据称，她还活着。在儿子君士坦丁二世的一首挽歌中，她哀叹他的命运。——原注

●君士坦丁一世在尼科米底亚的阿奎里昂宫驾崩

君士坦丁一世在位晚期，罗马帝国平静无事。公元337年5月22日，他在尼科米底亚的阿奎里昂宫驾崩，终年六十五岁，在位共三十年零十个月。君士坦丁一世的尸体被移到君士坦丁堡的宫殿里，放在灯火通明的房间里的一张金床上。罗马帝国的主要官员都来朝拜，就像君士坦丁一世仍在世一样。最后，人们举行了隆重的仪式，安葬了君士坦丁一世。

君士坦丁一世的优点和美德数不胜数。要不是他的儿子克里斯普斯、侄子和朋友的死，他的声誉将毫无瑕疵。然而，有人指责他晚年衣着和举止根本没有罗马人的高贵，倒像有一种亚洲的女人气。君士坦丁一世大兴土木，修建宫殿的资金都是通过横征暴敛搜刮来的民脂民膏。他还被指控对朋友和亲信的贪婪视而不见，纵容他们作恶。就像许多凭借自己的功勋和才能使帝国强大的人一样，君士坦丁一世早期表现比后期表现更值得尊敬。

值得注意的是，君士坦丁一世虽然公开声称自己是基督教徒，召集和主持了尼西亚宗教会议，并且在几乎所有基督教徒中享有最高特权，但他只能算一个平信徒，同时不断拖延洗礼的时间。直到感觉自己大限将至，君士坦丁一世才完成受洗。我们已经解释过君士坦丁一世这种迷信行为产生的内在根源。他的这种行为大大贬损了参加尼西亚宗教会议的神父的智慧和知识，因为这些神父认可或者至少默许了君士坦丁一世对基督教不利的行为。

第3章

君士坦丁二世、君士坦提乌斯二世、君士坦斯
(公元337年至公元350年)

精彩看点

屠杀皇室——波斯战争——君士坦丁二世之死和君士坦斯之死——马格嫩提乌斯——加卢斯——尤利安——西瓦努斯——君士坦提乌斯二世——同利米甘特人的战争——尤利安在高卢——斯特拉斯堡战役——尤利安称帝——尤利安从高卢出发——君士坦提乌斯二世驾崩

君士坦丁一世的遗体还未下葬，就有人策划毁掉他创立的基业。军队受人蛊惑，宣称只有君士坦丁一世的儿子才能继承罗马帝国——我们清楚地知道是谁干的，也知道他的伎俩。小达尔马提乌斯和汉尼巴利亚努斯被扣押，直到负责丧礼的君士坦提乌斯二世到达君士坦丁堡，他们才被释放。君士坦提乌斯二世一到，就发誓保障皇室血亲的生命安全。但不久就有人构陷皇族，士兵要求处死他们的呼声越来越大，最后演变成一场针对皇族的大屠杀。君士坦提乌斯二世的两个叔叔、七个堂兄弟和表亲奥普塔图斯都在这场大屠杀中丧生。

君士坦丁一世的宠臣阿布拉维乌斯市政官也落得相同的下场。整个皇族中，只剩下尤利乌斯·君士坦提乌斯的儿子加卢斯和尤利安。

在接下来的9月，君士坦丁二世、君士坦提乌斯二世和君士坦斯私下碰面。他们就如何分配帝国权力达成新协议，并且承认较年长的君士坦丁二世拥有最高地位。

几年来，君士坦提乌斯二世一直陈兵于东部边境。波斯国王沙普尔二世精力充沛、雄心勃勃，一心想要收复波斯王国割让给伽列里乌斯的领土。出于对君士坦丁一世文治武功的忌惮，他迟迟不敢动手。现在，罗马帝国由缺乏经验的年轻皇帝统治，沙普尔二世认为复仇的大好时机出现了。于是，他率领大军挺进美索不达米亚。在接下来的几年，罗马编年史上记载的都是罗马军队如何战败、城镇如何被围或被沙普尔二世占领。公元348年，在辛格拉战役中，君士坦提乌斯二世率领罗马军团击溃了波斯军队。波斯军队闭营不出。当时，君士坦提乌斯二世看到夜幕降临，不利于军队作战，就想下令停止进攻，把进攻推迟到第二天。但求胜心切的士兵不听号令，急于俘获"猎物"。最后，他们不仅强占了波斯军队的整个营地，还到处搜寻战利品。在夜色掩护下，沙普尔二世把军队驻扎在邻近的山上，趁其不备袭击了散乱的罗马军队。最终，罗马军队惨遭屠戮，伤亡惨重。幸存者经历百般磨难才侥幸生还。据说，这是沙普尔二世的军队第九次战胜罗马军队。波斯军队尽管在战场上获得了胜利，却无法占领重镇尼西比斯。沙普尔二世曾三次兵临城下，将士每次都奋勇作战，能工巧匠都竭尽所能，但始终没能攻克尼西比斯。

  当君士坦提乌斯二世忙于东方战事时，君士坦斯成为罗马帝国西部唯一的统治者。君士坦丁二世要求君士坦斯把阿非利加行省让给他。谈判中，君士坦丁二世对君士坦斯表现出的不诚恳感到愤怒。于是，公元340年，他率军突袭了君士坦斯的领地。在与君士坦斯的士兵交战时，君士坦丁二世及其军队在阿奎莱亚附近中了埋伏，当场阵亡。接着，君士坦斯占领了君士坦丁二世的全部领土，并且拒绝分给君士坦提乌斯二世。当然，君士坦提乌斯二世似乎也并没提出领土要求。

  罗马帝国的臣民在君士坦斯的压迫下又过了十年。君士坦斯把时间都花在狩猎和其他低级趣味上。公元350年，马格嫩提乌斯密谋推翻他。马格嫩提乌斯出生于高卢，是法兰克人。他统率乔维乌斯军团和赫丘利乌斯军团。司库马塞林努斯也参与了这一阴谋。当时，宫廷设在欧坦。趁着君士坦斯在附近森林里打猎，马格嫩提乌斯以庆祝儿子生日为名，举行了一场盛大的宴会，邀请了军队的主要军官参加。宴会一直持续到午夜。这时，马格嫩提乌斯退了出去。后来，他穿着皇帝的紫袍出现在大家的面前。知道内情的人立刻向他行大礼，山呼万岁，其他人一开始很惊讶，但紧接着就跟着行皇帝之礼。马格嫩提乌斯慷慨地承诺会让他们升官发财。士兵和公民都发出支持马格嫩提乌斯的呼声。马格嫩提乌斯本打算等君士坦斯打猎回来，趁其不备，将其抓获。但由于走漏了风声，君士坦斯向西班牙逃跑。然而，君士坦斯逃到比利牛斯山脉下的小镇埃尔讷时，追兵追上了他，将他从避难的教堂里拖了出来处死。

君士坦提乌斯二世
公元350年至公元361年

除了伊利里亚行省，整个罗马帝国西部都效忠马格嫩提乌斯。当时，驻伊利里亚罗马军队的统帅是维特里亚诺。他是一位上了年纪的将军，为人淳朴正直，但目不识丁，更别说读写了。起初，维特里亚诺宣誓效忠君士坦丁一世的儿子君士坦斯，但最终，在士兵和康斯坦丁娜的鼓动下，维特里亚诺自立为帝。康斯坦丁娜是君士坦丁一世的女儿、汉尼巴利亚努斯的遗孀。也许是为了给丈夫报仇，也许是为了夺回权力，康斯坦丁娜亲手把皇冠戴在维特里亚诺头上。不久，维特里亚诺发现，与马格嫩提乌斯联盟有利可图。

这时，马萨革泰人突然入侵波斯帝国北方。于是，沙普尔二世不得不放弃第三次围攻尼西比斯的打算。君士坦提乌斯二世终于可以抽身去处理罗马帝国西部事务。他给驻守罗马帝国东部的将军留下了足够的兵力，自己动身前往欧洲，为弟弟君士坦斯报仇。到达色雷斯的赫拉克利亚时，君士坦提乌斯二世接见了维特里亚诺和马格嫩提乌斯派出的使团。使团代表是马塞林努斯。马塞林努斯请求君士坦提乌斯二世承认两位新皇帝，还提议把马格嫩提乌斯的女儿嫁给君士坦提乌斯二世，而维特里亚诺娶康斯坦丁娜，以这样的姻亲关系来巩固双方的关系。第二天，君士坦提乌斯二世做了答复。他说："夜里，我梦到了君士坦丁一世的幽灵抱着被谋杀的君士坦斯的尸体出现在我的眼前，告诫我不能让人们失望,还保佑我一定会取得胜利。"君士坦提乌斯二世打发其中一个使者回去报信,其他使者则被套上锁链,以叛国的罪名投入囚牢。处理完此事后,君士坦提乌斯二世继续朝目的地进发。

君士坦提乌斯二世对维特里亚诺采取的行动巧妙而有策略。一方面,他斥责马格嫩提乌斯是叛逆;另一方面,他承认维特里亚诺是合法的共治皇帝,并最终劝诱他一起对抗马格嫩提乌斯。君士坦提乌斯二世同维特里亚诺商定两人带着军队在萨尔迪卡会面。维特里亚诺的军队在数量上、实力上都远远超过君士坦提乌斯二世的军队,但君士坦提乌斯二世通过慷慨许诺让大多数军官和士兵都秘密地站在了他这边。公元350年12月25日,两军在萨尔迪卡附近的一大片平原上集合,两位皇帝登上高台发表演说。君士坦提乌斯二世率先发言,猛烈抨击了马格嫩提乌斯的背叛行为。他谈到君士坦丁一世的荣耀,以及将士对君士坦丁一世的誓死效忠。那些早有准备的人站在高台周围大喊不要虚伪的皇帝,只愿效忠君士坦丁一世的儿子。后来,整个军队都跟着一同高喊,呼声震天。维特里亚诺就这样被自己的军队抛弃了,不得不摘下皇冠,拜倒在君士坦提乌斯二世的脚下。君士坦提乌斯二世把他扶起来,保证他的生命安全。比提尼亚的普鲁萨财政富裕,是一个很好的安身之所。君士坦提乌斯二世把普鲁萨封给维特里亚诺,让他在这里平静安逸地度过余生。

公元351年早春,马格嫩提乌斯率领一支庞大的军队,开始与君士坦提乌斯二世的军队作战。整个夏天,马格嫩提乌斯都控制着战场主动权。君士坦提乌斯二世不愿正面作战,认为有必要同马格嫩提乌斯和谈。但马格嫩提乌斯蛮横傲慢,要求君士坦提乌斯二世先脱下紫袍。这种屈辱的条件断绝了君士坦提乌斯二世和谈的希望。君士坦提乌斯二世打算碰碰运气,决定背水一战,要么取得胜利,要么光荣地战死。马格嫩提乌斯向德拉弗河旁的穆尔萨进军。君士坦提乌斯二世率军防御。公元351年9月28日,两支军队在穆尔萨平原相遇。君士坦提乌斯二世把指挥权交给了将军,自己到附近的一座教堂里祈祷了一天。战斗持续到晚上。凭借重装骑兵,君士坦提乌斯二世的军队取得完胜。据说,在这场战斗中,五万四千人战死,其中一半是君士坦提乌斯二世的将士。马格嫩提乌斯好不容易从君士坦提乌斯二世的轻装骑兵手中逃出来,但一直被追到尤利安阿尔卑斯山脚下。

公元352年春,马格嫩提乌斯为了阻挡君士坦提乌斯二世军队进攻的步伐,将军队驻扎在阿奎莱亚。很快,由于意大利军民叛乱,马格嫩提乌斯发现必须放弃阿奎莱亚,退到高卢。这次叛乱的起因是他的大臣在镇压罗马叛乱时使用了残酷手段。于是,君士坦丁一世的妹妹尤特罗皮娅的儿子尼波提亚努斯武装了一群奴隶和角斗士,自立为帝。最后,尼波提亚努斯、尤特罗皮娅及所有与君士坦丁家族有关的人都被马格嫩提乌斯处死。整个罗马城笼罩在恐怖的血色下。因此,穆尔萨战役结束后,意大利的主要官员开始与君士坦提乌斯二世暗通款曲。最后,整个意大利都宣布支持君士坦提乌斯二世。现在,轮到马格嫩提乌斯服软了。马格嫩提乌斯派了几位主教找到君士坦提乌斯二世,表明他要辞去皇位,并效忠君士坦提乌斯二世。君士坦提乌斯二世赦免了其他倒戈的人,却不想听篡位者马格嫩提乌斯的任何请求。然后,君士坦提乌斯二世的舰队占领了阿非利加和西班牙。君士坦提乌斯二世还派遣一支军队在西班牙登陆,进军高卢,向马格嫩提乌斯居住的卢格杜努姆挺进。为了获取作战所需的钱财和给养,马格嫩提乌斯拼命压榨高卢人,最终把高卢人逼到了绝境。特里尔爆发了起义。马格嫩提乌斯封弟弟德森提乌斯为奥古斯都。现在,特里尔人拒绝接受德森提乌斯的统治。他们和与君士坦提乌斯二世结盟的日耳曼人一起渡过莱茵河,把德森提乌斯困在桑斯。最终,君士坦提乌斯二世的军队强行通过了科蒂安山,在塞琉古斯山进行了一场战斗。马格嫩提乌斯大败后逃到卢格杜努姆,却发现自己的士兵正准备逮捕他献给君士坦丁乌斯二世。他料到了自己将要面临的下场,于是自刎而亡。听到马格嫩提乌斯的死讯后,德森提乌斯也自缢而死。君士坦丁乌斯二世成为罗马帝国唯一的皇帝。

现在,君士坦丁一世的男性后裔只剩下君士坦丁乌斯二世和他的堂兄弟加卢斯和尤利安。家人被屠杀后,这两个年轻人被安置在亚洲的不同城市,忠于君士坦丁乌斯二世的人严密监视着他们。不过,他们还是得到了照料和尊重,受到了良好的教育。公元351年,君士坦丁乌斯二世准备为君士坦斯复仇时,授予二十五岁的加卢斯"恺撒"的头衔,让他管理东方,同时把康斯坦丁娜嫁给了他。新恺撒加卢斯定居在安条克。

加卢斯完全不适合当领袖。他没有处世经验,天性暴虐。如果跟一个温文尔雅的女人结婚,那么他性格中凶残的成分也许会减少一些。但康斯坦丁娜是真正嗜血的人。她非但没有规劝加卢斯,反倒怂恿他做残忍的事。宫殿的房间里堆满了各种刑具。所有地方——无论是公共的,还是私人的——都充斥着告密者。没有人的生命是安全的,整个安条克都笼罩在阴云下。

君士坦提乌斯二世忙于争夺帝国,无暇来管加卢斯。然而,公元354年,君士坦提乌斯二世还是决定取消加卢斯的恺撒头衔,把他派往高卢。又因安条克的百姓在加卢斯的默许下杀了一个叫特奥菲卢斯的贵族,君士坦丁乌斯二世派遣禁卫军长官图密善努斯用尽可能温和的方式说服加卢斯去意大利。他担心如果对加卢斯太严苛,加卢斯可能会狗急跳墙,宣布独立。但图密善努斯到达安条克后,并没有等候加卢斯的召见,而是装病不见,躲在自己家中多日。然后,图密善努斯又盛气凌人地去见加卢斯,简单粗暴地命令加卢斯立刻动身前往意大利,并且威胁加卢斯如果拒绝前往,就切断他的给养。图密善努斯说完愤然离去。尽管加卢斯多次召见他,他再也没有出现过。即便脾气比加卢斯更温和的人遇到这种事也会被激怒。加卢斯立即派人将图密善努斯软禁在家中。这时,财务官蒙提乌斯召集卫兵们的主要军官,添油加醋地讲述了发生的事情,暗示加卢斯要反叛。听闻此事后,加卢斯召集部下来保护自己。他下令逮捕蒙提乌斯,用绳子绑住他的腿,把他拖到图密善努斯家里。加卢斯还命人把图密善努斯绑起来,然后在大街上把两个人拖死。野蛮地侮辱了他们的尸体后,暴徒把尸体扔进河里。加卢斯的残暴愈演愈烈。无论是有罪之人,还是无辜的人,都难逃他的折磨。

君士坦提乌斯二世和大臣们一时不知如何应对。他们最终决定继续用计，让加卢斯上钩。君士坦提乌斯二世给加卢斯写了一封信，言辞恳切地求他来帮忙处理帝国西部的难题。他给妹妹康斯坦丁娜写了同样一封信，表达了想要见她的殷切希望。于是，康斯坦丁娜动身前往欧洲，但途中她生了重病，死在了比提尼亚。加卢斯的安全主要依靠康斯坦丁娜对君士坦提乌斯二世的影响。康斯坦丁娜的死使加卢斯不知所措。正当加卢斯犹豫不决的时候，他的护卫官斯库底洛走了进来。斯库底洛表面上粗鲁、大大咧咧，内心却十分奸诈。在斯库底洛的劝说下，加卢斯决定前往欧洲。在君士坦丁堡时，加卢斯冒失地为赛车胜利者戴上花冠，而这一向是皇帝的特权。这件事进一步激怒了君士坦提乌斯二世。加卢斯沿途经过的城镇，君士坦提乌斯二世都已提前撤出城中士兵，以防军队拥立他——这似乎是必要的预防措施。加卢斯到达哈德良堡时，驻扎在附近的提巴安军团被派来"侍候"他。加卢斯的下属无法接近他，他周围布满了效忠君士坦提乌斯二世的人。加卢斯收到了要求他立即朝见君士坦提乌斯二世的信，不得不带着几个随从以最快的速度出发。到达佩托比奥的德拉弗后，加卢斯被安排在一处宫殿住下，宫殿四围空空荡荡，没有护墙。夜里，士兵包围了他。指挥官阿尔贝提奥走了进来，剥去加卢斯身上的恺撒服饰，给他披上普通的衣服，并向他保证人身安全。之后，加卢斯上了一辆普通的马车，被送到伊斯特里亚的波拉附近。这里正是不幸的克里斯普斯最后受难的地方。加卢斯暂时被关在监狱里，接受了一项关于他在罗马帝国东部的所作所为的调查。他承认了自己的罪行，但把全部责任都推给了妻子康斯坦丁娜。最终，他在监狱里被秘密处决。

整个皇族只剩下了君士坦提乌斯二世和尤利安。尤利安曾被送到麦狄奥拉努姆，并被指控犯下了叛国罪。宫中宦官大权在握，处心积虑想除掉尤利安。他们担心尤利安得势后，会为死去的哥哥加卢斯报仇。自始至终，尤利安都清白无辜，尽管他能很轻松地驳斥宦官的所有指控，但要不是有一个强势的女性伸出援手，他也很难洗脱罪名。这个女性就是皇后优西比娅——一个集美貌与智慧于一身的女人。优西比娅对君士坦提乌斯二世有着不小的影响力。公元355年,尤利安终于获准到雅典去从事自己热爱的文学研究。然而,这段寄情于文学的日子非常短暂。君士坦提乌斯二世发现自己疲于应付繁重的帝国事务和边境不安分的强敌,因此听从了优西比娅的意见和请求。优西比娅说,如同韦斯巴芗有不同性格的儿子,尤利安和加卢斯完全是两种性格的人,尤利安温和顺从,会感激和服从自己的恩人。君士坦提乌斯二世同意了优西比娅的看法,决定擢升尤利安。他下令让尤利安立即返回麦狄奥拉努姆。尤利安带着满心遗憾离开了雅典。他在麦狄奥拉努姆受到了盛情款待。君士坦提乌斯二世对他唯一的要求是与自己的妹妹海伦娜结婚。海伦娜比尤利安大几岁。在尤利安二十五岁那天,即公元355年11月6日,伴随着军队的欢呼声,君士坦提乌斯二世授予尤利安"恺撒"的尊号。接下来,尤利安被派往高卢坐镇。

高卢发生了叛乱,可能正是这场叛乱,尤利安才被提拔。当时,在帝国军队服役的众多日耳曼军官中,有一个叫克劳狄·西尔瓦努斯的人。他在穆尔萨战役前夕投诚,为君士坦提乌斯二世取得胜利立下了汗马功劳。作为嘉奖,君士坦提乌斯二世命他掌管行省的步兵。获此权力后,克劳狄·西尔瓦努斯很得意,从而引发了皇帝宠臣的忌恨。有个叫阿尔贝提奥的宠臣一心想让他倒台,就在君士坦提乌斯二世面前进谗言,说克劳狄·西尔瓦努斯放任日耳曼人掠夺高卢。克劳狄·西尔瓦努斯在高卢待的时间还不长,就有密谋者精心策划,骗他给宫廷的朋友写推荐信。克劳狄·西尔瓦努斯毫不怀疑地照办了。密谋者把信上除签名之外的所有内容都进行了涂改,还添加了一些煽动朋友造反的言语。这件事在御前会议上被捅了出来。君士坦提乌斯二世下令逮捕这些信的收信人。然而,克劳狄·西尔瓦努斯的同胞、外族卫队指挥官马拉里克坚持声称不在场的克劳狄·西尔瓦努斯是无辜的。在马拉里克的坚持下,君士坦提乌斯二世让人重新调查此事,结果发现这些信是伪造的。然而,发现得太晚了。克劳狄·西尔瓦努斯对自己遭受的一切感到十分愤怒。他觉得自己身处危险中,便在科隆称帝。人们指责他背信弃义。乌尔西努斯也是一位将军，在帝国东部守土有功，颇有威信。君士坦提乌斯二世害怕他会走克劳狄·西尔瓦努斯的老路，于是把他召回。后来，乌尔西努斯成了君士坦提乌斯二世的工具。他的这一行为让自己威名尽毁。乌尔西努斯带着几个朋友去了高卢，假装为受到伤害的克劳狄·西尔瓦努斯复仇，表面上加入了克劳狄·西尔瓦努斯一方。在高卢，乌尔西努斯受到了友好和真诚的接待，但对克劳狄·西尔瓦努斯来说，这无非是引狼入室——打开城门将君士坦提乌斯二世的兵引入城内。就这样，西尔瓦努斯在位二十八天后被杀，他的军队转而效忠君士坦提乌斯二世。

君士坦提乌斯二世的宫廷与罗马帝国东部的宫廷有很大不同。这里的罪恶潜滋暗长，美德和正义没有容身之处。宦官这个卑鄙的群体（古往今来的历史证明他们就是如此）如此强大，正如历史学家讽刺的那样，宦官首领——侍寝管家优西比乌甚至能左右君士坦提乌斯二世。宦官贪得无厌，经常出卖正义和国家荣誉。受到伤害的人们上诉无门，而高尚和独立的人受到明里暗里的攻击。但宦官并不是唯一的罪恶制造者。我们在宫廷里还发现了阿尔贝提奥将军和执政官保卢斯·卡泰纳这样的蛀虫。保卢斯·卡泰纳出生于西班牙，为人奸诈。他最拿手的就是罗织罪名，构陷无辜。此外，还有许多奸佞。君士坦提乌斯二世刚愎自用，不容许别人冒犯自己的尊严，野蛮残暴地对待任何可疑之人。于是，奸臣当道，民不聊生。

在意大利逗留期间，公元357年4月28日，君士坦提乌斯二世访问了旧都罗马。君士坦提乌斯二世以凯旋之姿进入罗马，参观并瞻仰了所有令人肃然起敬的纪念馆。他还下令从埃及运一座方尖碑到罗马，以纪念自己在此停留的日子。但君士坦提乌斯二世在罗马只待了三十天，之后再也没有来过。

君士坦提乌斯二世之所以匆匆离开，是因为伊利里亚行省遭到夸丹人及其盟友的入侵。他披挂上阵，击溃敌人，深入敌人的领土，大肆劫掠一番，迫使夸丹人求和。这时，夸丹人也答应了萨尔马提亚人的恳求，同意帮他们镇压反叛的利米甘特人。君士坦提乌斯二世的大军一到，利米甘特人就提出向罗马帝国缴纳岁贡，并为罗马帝国提供兵员，同时表达了不愿放弃领土的决心。然而，君士坦提乌斯二世不为所动。随后的罗马军团、萨尔马提亚人和泰法兰人①同时从四面展开进攻。利米甘特人家园被烧毁，领土遭受蹂躏，士气一落千丈。于是，利米甘特人恳求君士坦提乌斯二世给他们一个容身之所，他们保证不会再骚扰罗马帝国。最后，君士坦提乌斯二世在距离多瑙河较远的地方找了一块空地安置利米甘特人。战争就这样结束了，君士坦提乌斯二世回到锡尔米乌姆过冬。公元359年初，有消息说利米甘特人卷土重来。据说，利米甘特人准备渡过多瑙河，入侵罗马帝国。君士坦提乌斯二世不得不再次上阵。但他到达多瑙河岸时，利米甘特人表现得非常顺从，并且向君士坦提乌斯二世陈述冤屈，恳请君士坦提乌斯二世允许他们渡过多瑙河，并在罗马帝国境内得到容身之所，从而过上和平安定的生活。君士坦提乌斯二世欣然同意利米甘特人的请求。他命人在河边建起高台，自己站在上面准备向围在四周的利米甘特人讲话。这时，其中一个人向他扔鞋，发出作战时的呐喊"玛哈玛哈"。一时间，一大波人突然冲向高台。情急之下，君士坦提乌斯二世骑上一匹快马逃回营地，君士坦提乌斯二世的卫兵被打得七零八落，高台也被毁。但罗马军队得知君士坦提乌斯二世面临危险后，立即进攻利米甘特人。罗马军队干净利落地屠杀了所有利米甘特人。凭借这次对利米甘特人的胜利，君士坦提乌斯二世获得了"萨尔马提库斯"的称号。

伊利里亚边境的战争就这样结束了。君士坦提乌斯二世发现有必要将军队主力转向东部战场。沙普尔二世再次渡过底格里斯河，把军队集结在美索不达米亚平原上。给波斯大军做向导的是一个叫安东尼乌斯的罗马人，他因受到同胞的欺侮，转而寻求沙普尔二世的庇护。波斯大军计划绕开要塞，直接向幼发拉底河推进，一鼓作气占领安条克。但波斯大军到达安条克时发现罗马人坚壁清野，

---

① 哥特人的一支。——原注

没有留下任何可抢掠之物。此时，河水暴涨，平常可以通行的地方现已无法通过。于是，波斯大军被迫朝河流源头方向行军。但从固若金汤的阿米达城下经过时，沙普尔二世命令大军停了下来，想逼阿米达人投降。这时，从城墙上扔出的一支投枪碰巧擦到沙普尔二世的皇冠。傲慢的沙普尔二世暴跳如雷，认为这对他是一种侮辱。他不顾大臣的劝说，决心惩罚阿米达人。波斯大军屡次进攻屡次受挫，陆续投入兵力达十万人。为了达到围城的效果，波斯人还动用罗马帝国的逃兵出谋划策。英勇的阿米达守军坚持了七十三天后，这座城市最终还是沦陷了。除了侥幸逃脱的极少数人，城中的男女老少都遭到无情屠杀。不过，在这个过程中，波斯人也伤亡三分之一。

波斯人与罗马人的这场战争因阿米达陷落而结束。公元360年春，沙普尔二世又一次越过底格里斯河，围困并夺取了辛格拉和贝扎布德。辛格拉是沙漠平原中的一个城市。波斯大军认为此城无价值，就彻底摧毁了它。贝扎布德位于底格里斯河的一个半岛上，沙普尔二世在这里派兵驻防。接着，波斯大军进攻阿拉伯要塞维尔塔未果。于是，沙普尔二世率军返回波斯。公元360年秋，君士坦提乌斯二世终于到达帝国东部。他渡过幼发拉底河，集结大军于埃德萨。君士坦提乌斯二世凭吊了已成废墟的阿米达。他想收复贝扎布德，但多次尝试都失败了。雨季很快来临，君士坦提乌斯二世只好收兵，回安条克过冬。

现在，是时候把注意力放在尤利安所在的高卢行省上了。毫无疑问，莱茵河以西地区的主人是法兰克人和阿勒曼尼人。四十五座城市——包括那些跟现代名字一致的通格尔、特里尔、沃尔姆斯、斯皮尔和施特拉斯堡等——及许多村庄都被他们掠夺一空，付之一炬。后来，尤利安在都灵收到了繁荣的殖民地科隆失陷的情报。他在维埃纳度过了冬天。公元356年初夏，他率军前往欧坦。在这里，他勇敢地击退了蛮族的进攻。然后，尤利安穿过一个被蛮族占领的行省，来到里姆斯，命令部队在此集结。他两次与阿勒曼尼人交战，成功了一次。尤利安率军深入莱茵河腹地，察看了科隆的废墟，预测了将要遇到的困难，然后率军回到高卢的冬营地。在桑斯，尤利安被阿勒曼尼人围困了三十天，但他凭借能力和勇气保卫了这座城。阿勒曼尼人黯然退兵。

在尤利安现存的著作中，他曾轻描淡写了第一次战役的情况。这是一个走出书本的学究第一次去面对现实生活中的难题。对名誉的渴求、从古希腊先贤的著作中汲取的智慧，加上天生的才能，使尤利安很快具备了良将的素质。因此，在接下来的战役中，他取得了胜利。尤利安成功的主要原因是他排除了宦官在军中的干扰。当时，掌握骑兵部队指挥权的马塞勒斯认为自己唯一的职责就是给尤利安找点麻烦。所以尤利安身陷桑斯城时，马塞勒斯近在咫尺却未伸出援手。尤利安就此事指控马塞勒斯。尤利安可能因为得到了皇后优比西娅的支持，马塞勒斯被解职了。接替他职位的是塞维鲁。马塞勒斯回到君士坦丁堡的宫廷，开始了一系列针对尤利安的行动，反复诋毁尤利安对皇帝不忠。这时，尤利安派来的管家优西里乌斯也到了君士坦丁堡的宫廷。品德高尚的优西里乌斯要求面见君士坦提乌斯二世。君士坦提乌斯二世接见他时，他大胆地声明自己的主人尤利安是无辜的，并揭露了马塞勒斯的罪行。马塞勒斯不得不灰溜溜地回到老家潘诺尼亚。

公元357年，尤利安终于手握大权。他准备采取一些军事行动。他计划从里姆斯率军队出发，罗马帝国步兵统帅阿尔贝提奥将军从意大利率领三万人从巴西尔附近渡过莱茵河。这样一来，阿勒曼尼人腹背受敌，会被迫放弃莱茵河右岸的既占领土。尤利安的首要任务是重建萨凡纳的防御工事。萨凡纳位于敌占区的中心地带。但正当尤利安忙于防御工事时，一大批阿勒曼尼人从两支罗马军队之间偷偷穿过，企图攻下卢格杜努姆。偷袭卢格杜努姆失败后，阿勒曼尼人开始在周边大肆掠夺。

尤利安立刻派骑兵埋伏在阿勒曼尼人返回的必经之路上，最后夺回了阿勒曼尼人抢去的物品。几乎所有阿勒曼尼人都被碎尸万段，只有极少数被阿尔贝提奥放走（阿尔贝提奥故意为之）。不久，尤利安急于把野蛮人从他们盘踞的莱茵河岛屿赶走，就让阿尔贝提奥找了七艘船在莱茵河上搭桥。虽然船桥不久就被烧毁了，但尤利安趁夏日酷暑派一支部队在莱茵河的浅水处渡河进攻。最后，阿勒曼尼人死的死，逃的逃。然后，尤利安让军队重修察贝恩的防御工事。而此时，阿尔贝提奥又给了尤利安重重一击。他拦截了尤利安的军粮，吃掉一部分后，剩下的全部烧毁。不久，阿尔贝提奥突然遭到阿勒曼尼人袭击，战败后逃到巴西尔。然后，阿尔贝提奥就像取得了胜利一样，率军进入冬营地，他自己则返回君士坦丁堡的宫廷，向君士坦提乌斯二世诽谤尤利安。

阿勒曼尼人的首领克诺多玛尔，在其他六个部落首领和十个具有王室血统的亲王的支持下，准备攻打劳狄乌斯·尤利安努斯。克诺多玛尔听罗马逃兵说尤利安的军队因阿尔贝提奥的不辞而别只剩下一万三千人。日耳曼人花了三天三夜渡过莱茵河。一支三万五千人的大军集结在斯特拉斯堡。尤利安距离此地约二十一英里。得知消息后，他立即派遣骑兵和步兵来迎战。

罗马大军接近日耳曼人时，天色已晚。尤利安本想把进攻推迟到第二天一早。但他的士兵热情高涨，迫不及待地要与日耳曼人一决高下。见此情形，尤利安身先士卒，鼓励士兵奋勇杀敌。战斗打响了。起初，罗马骑兵的表现不负众望，占了上风。后来，日耳曼人步兵和骑兵协同作战，罗马重装骑兵一时乱了阵脚，节节败退。尤利安拍马上前，重整队形。罗马骑兵再次投入了战斗。罗马步兵由塞维鲁指挥。日耳曼人虽猛烈抵抗，但最终还是败下阵来。罗马军队取得了彻底的胜利。日耳曼人死在战场上的有六千多人，淹死在莱茵河里的不计其数。此外，许多日耳曼人在泅渡莱茵河时被罗马人飞镖射死。克诺多玛尔逃跑时被俘，士兵将他带到尤利安面前。尤利安宽宏大量，尽显王者的优雅与风范。后来，克诺多玛尔被送到君士坦提乌斯二世面前。君士坦提乌斯二世给他在罗马指定了一个住处。克诺多玛尔在这里寿终正寝。在这场光荣而重要的战争中，罗马军队只损失了四个指挥官和二百四十三个士兵。

尤利安决心乘胜追击，扩大战果。他在美因茨附近渡过莱茵河，深入日耳曼人的腹地十英里，所经之处，寸草不留。但随着进一步推进，罗马军队遇到了障碍。日耳曼人躲入便于隐藏的黑暗、幽深的森林。深秋已过,初雪覆地,这样的天气也在提醒尤利安谨慎推进。于是,尤利安决定率军撤回莱茵河两岸。在撤离日耳曼人领土前,尤利安修复了当年图拉真皇帝建立的一座堡垒,并派兵驻守。与阿勒曼尼人达成十个月休战协议后,他率军离开。

●斯特拉斯堡战役

公元358年夏,尤利安把兵锋指向法兰克人。罗马军队行动神速,尤利安又能做到知己知彼,预料到法兰克人抵抗的套路与方法。法兰克人很快都屈从于他提出的条件。接下来,尤利安又把刀剑指向阿勒曼尼人。此时,同阿勒曼尼人的休战协议已到期。尤利安再次率军渡过莱茵河。索玛尔是阿勒曼尼人的一个首领。尤利安大军刚一接近,他就缴械投降了。另一个叫霍尔托利乌斯的首领负隅顽抗。但在罗马军队的猛攻下,他最后被迫求饶。两个首领都不得不归还俘虏,并提供物资修复他们摧毁的罗马城镇。

除了索玛尔和霍尔托利乌斯的部落,阿勒曼尼人的其他部落也参与了对罗马帝国的战争。为了严惩蛮族,公元359年,尤利安第三次率军渡过莱茵河。罗马军队准备在美因茨建一座桥梁以便渡河，这时，日耳曼各部落首领率领大军占领了莱茵河西岸。日耳曼人的警惕性非常强，罗马人建成桥梁的希望微乎其微。然而，一天晚上，日耳曼人的首领们参加霍尔托利乌斯举行的宴会，很晚才返回营地。尤利安命令三百人乘小船顺流而下，差一点就俘虏了他们。日耳曼人立即散去，各保自家生命和财产安全。于是，罗马人顺利地渡过了莱茵河。像往常一样，罗马军队在日耳曼人的土地上劫掠一番。阿勒曼尼人首领共六人，很乐意按照征服者的意愿缔结了和约。据此和后续的一些条约，得到释放的罗马臣民不少于两万人。

尤利安的文治与武功不相上下。原来被摧毁的城市得以重建。由于兵荒马乱，近几年高卢农业遭到严重破坏。于是，尤利安组建了一支六百艘的船队从收成较好的不列颠岛运粮食，给莱茵河沿岸的城镇和要塞提供给养，迫使法兰克人放弃了从莱茵河到大海的航线。尤利安还严格要求司法公正。在统治范围内，他尽可能减轻人民的赋税。冬天，尤利安通常住在卢特夏或巴黎。巴黎当时是塞纳河一座小岛上的城镇，通过两座木桥联结陆地。尤利安的宫殿坐落在塞纳河西岸附近。他十分偏爱这座城。另外，他还特别留恋安条克奢华和放荡的生活。

在君士坦提乌斯二世宫廷里，尤利安及其功绩起初只不过是宦官和其他宠臣的笑柄。人们在君士坦提乌斯二世面前嘲笑尤利安的外表和举止，称他为"母山羊"①、"喋喋不休的鼹鼠"或"穿紫袍的猴子"等。即便到现在，对君士坦提乌斯二世的阿谀奉承和帝国的愚蠢行为还在继续，甚至在致各省宣布斯特拉斯堡大捷的公文中，都说实际上是君士坦丁乌斯二世御驾亲征。但尤利安的英名是不会被这样的小把戏掩盖的。这个小把戏其实是为了引起君士坦提乌斯二世的忌妒，让他注意到尤利安的才能和美德，并暗示尤利安可能会不再效忠。

这是君士坦丁乌斯二世最有可能感到恐慌的地方，所以造谣者的计谋很容

---
① 与他那副哲学家派头的胡子有关。——原注

易得逞。接下来，一个诬陷尤利安反叛的计划诞生了。于是，君士坦丁乌斯二世可以名正言顺地夺去他的权力。公元360年春，一个保民官和一个执政官来到巴黎，传达命令，将四个罗马军团的辅助军队及从其他军团征召的三百人调往东方战场。尤利安表示日耳曼人为帝国服役时已得到保证不会被派往阿尔卑斯山脉以东，违背诺言可能会让罗马帝国再也无法征召日耳曼士兵。尤利安还指出从高卢撤走这么多兵力后会陷入不设防状态，但他的努力都是徒劳的。君士坦丁乌斯二世的使者对他的请求充耳不闻，要求他只需服从即可。尤利安不得不命令军队出发。他建议军队不要穿过巴黎，但就连这个明智的建议也遭到了蔑视。不久，尤利安到了巴黎。他接见了守卫巴黎的将士，赞扬了他们过去的功绩，敦促他们服从帝国的命令。

接着，尤利安盛情款待了几位主要军官。军官们离开的时候，一想到要离开仁慈的尤利安及故土，就感到沮丧。天快黑时，士兵的不满情绪暴发了。他们手牵手，在宫殿周围大声呼喊尤利安为"奥古斯都"。到了晚上，尤利安关闭了宫殿的入口。但天一亮，他就不得不出来应对士兵的恳求。他的抗拒、恐吓、恳求、争辩都无济于事。面对士兵的暴力恳求，尤利安不得不屈服，接受他们提供的尊号。士兵用盾牌把他高高举起，宣布他为"奥古斯都"，然后要他戴上皇冠。尤利安说自己没有皇冠，人们就拿来他妻子的颈圈给他戴上。但尤利安认为女性饰品不吉利，拒绝佩戴。他以同样的理由拒绝了马衣。最后，一个旗手从自己的脖子里取下一个项圈，戴在尤利安的头上。尤利安答应给每人五枚金币和一磅银币后回到宫殿里。

之后，尤利安在雅典发表了声明。他郑重地宣布事先对军队的计划毫不知情。尤利安是一个正直的人，非常尊重事实，所以人们很难不相信他说的话。明智而诚实的阿米阿努斯·马塞林努斯是同时代的历史学家，他对这个问题没有表示任何怀疑。然而，如果我们考虑人们在这种情况下的一般做法，再想想尤利安的处境，就一定知道只有手握帝国最高权力才是他的唯一生路，否则，他会落得如加卢斯一般的下场。因此，我们完全有理由怀疑尤利安的说法。所以这一问题一定存在永恒的变数。毫无疑问，尤利安决心接受罗马帝国的最高权力，但他担心自己会因内战中出现的流血冲突而背负罪名。接任皇位的第二天，尤利安就召集军队，如往常一样向士兵发表慷慨激昂的演说，获取大家的拥护。尤利安表示，如果君士坦丁乌斯二世承认他的地位，他就安稳地留在高卢。他还发誓，从今以后文官与武官的晋升都应凭功劳，而不应凭个人的好恶。那些与君士坦提乌斯二世有联系的军官被免职，但他们的人身安全得到保证，没有流血事件发生。尤利安写信给君士坦提乌斯二世，解释这里发生的一切，要求他确认自己的尊号，同时提出自己会承认君士坦提乌斯二世至高无上的地位，并每年向君士坦提乌斯二世进贡西班牙的战马和蛮族新兵。

在等待使者从东方回来的同时，尤利安不停地招兵买马。他赦免了那些因迫害马格嫩提乌斯的追随者而获罪的人。被赦免的人欣然接受，竞相来投。然后，尤利安第四次率军渡过莱茵河，惩罚法兰克人的一支——阿图利亚人，因为其背信弃义。这个目标完成后，尤利安向南进军，把冬营地设在维埃纳。维埃纳到处是基督教徒，而他军队的大部分成员也都信奉基督教。正如我们将看到的一样，尤利安早就有了不同的信仰，但他还是纡尊降贵，最后一次披上伪君子外衣，在圣诞节那天公开去了基督教堂。

公元361年初春，尤利安得知阿勒曼尼人的首领瓦多玛尔在多瑙河南岸纵兵劫掠。并且他似乎有理由相信，这是君士坦提乌斯二世暗中指使日耳曼人这么做的。君士坦提乌斯二世希望能借此拖住身在高卢的对手尤利安。尤利安决定使用计谋。于是，他派执政官费拉格里乌斯带着密令去诱捕瓦多玛尔。费拉格里乌斯来到莱茵河时，瓦多玛尔还以为自己的所作所为不会被察觉。于是，他过河去拜访费拉格里乌斯，并欣然接受费拉格里乌斯共进晚餐的邀请。瓦多玛尔到了以后，费拉格里乌斯便拿出密令，依照指示逮捕了他，接着把他送到尤利安的营地。尤利安拿出截获瓦多玛尔写给君士坦提乌斯二世的信，瓦多玛尔再也无法抵赖。于是，尤利安把他送到西班牙囚禁起来。接着，尤利安率领一支轻装部队，趁夜深人静渡过了莱茵河。日耳曼人吓得魂飞魄散，只能乞求尤利安宽恕他们，赐予他们和平。

尤利安的使者遇到了许多阻碍，耽搁了不少时日，所以直到卡帕多西亚的恺撒利亚才赶上正去参加波斯战争的君士坦提乌斯二世。优西比娅皇后和海伦娜公主都已去世。如果她们健在，兄弟反目的事情也许可以避免。君士坦提乌斯二世本已对尤利安心生忌妒，再加上谄媚者的煽风点火，于是十分傲慢地要求尤利安放弃僭主的尊号，否则就要攻打他。尤利安叫人把这封回信当着将士的面念了出来。他表示，如果将士同意，他就宣布放弃尊号。但此时，四周响起了尤利安是奥古斯都的呼声，这使他终于下定了决心。于是，尤利安写了一封抗议信，把君士坦提乌斯二世的使者打发走了。就在尤利安征服阿图利亚人之前，同样的情形也在巴黎发生过。

尤利安意识到内斗时采取果敢措施的重要性，他也很担心君士坦提乌斯二世使用诡计，因此决心立即向伊利里亚进军。尤利安的士兵欣然同意并愿意追随他。在巴西尔，尤利安把军队一分为三，其中一支部队由军官乔维乌斯和乔维努斯率领，穿越阿尔卑斯山脉和意大利北部；另一支部队由骑兵司令内维塔指挥，穿越诺利卡；尤利安亲率第三支部队进入黑森林，前往多瑙河，然后乘船顺流而下。后来的事情证明，这个大胆而明智的计划取得了圆满成功。尤利安出乎意料地在离西尔米乌姆不到十九英里的波诺尼亚登陆，俘虏了正准备抵抗的骑兵将军卢基里安。尤利安在锡尔米乌姆受到了人们的热烈欢迎。这时，他剩余的部队立即加入了大部队继续向前推进，并扼守哈伊莫司山脉的苏奇通道。得知尤利安在步步紧逼后，君士坦提乌斯二世暂时放弃了波斯战争，准备为最高权力而战。但途中，由于过于激动，君士坦提乌斯二世发起了高烧。在塔尔苏斯附近一个叫莫普苏克雷奈的小镇，君士坦提乌斯二世咽下了最后一口气，享年四十五岁。据说，临终前，君士坦提乌斯二世指定尤利安为罗马帝国的皇位继承人。

第4章

尤利安、约维安
（公元361年至公元364年）

精彩看点

尤利安的改革——尤利安的宗教信仰——重建耶路撒冷圣殿——波斯战争——尤利安之死——约维安——割让土地——罗马军队撤退——约维安之死

尤利安
公元361年至公元363年

尤利安在纳伊苏斯时,两名军官前来告知君士坦提乌斯二世的死讯及提名他为继任皇帝的消息。于是,他立刻动身,翻越哈伊莫司山脉,经菲利普波利斯来到佩林苏斯。公元361年12月11日,尤利安在人们的欢呼声中来到首都君士坦丁堡。

罗马帝国宫廷和东方帝王的居所一样,宦官和大臣穷奢极欲,挥金如土。彼辈薪酬甚厚,国库每年在他们身上所费不菲。据说,有一次,尤利安要找个理发师理发,来了一位衣着华美的男子。他惊叫道:"我要找的是理发师,不是大富豪。"之后,尤利安询问这位理发师工资和津贴有多少。他发现理发师除了有一大笔工资和津贴,每天还有二十条面包和足够养二十匹马的福利。尤利安顾不上是否有失公允,也不考虑侍者长期忠心耿耿的侍奉,决意全面整顿皇宫,将理发师、厨师、斟酒师等几千名侍者赶出皇宫。而被赶出皇宫后,许多侍者可能会饿死街头。至于那些在君士坦提乌斯二世统治后期落实残酷压迫政策的人,尤利安也不打算放过。他下令组成联合法庭,成员有来自东部的市政官萨卢斯特和执政官马梅提努斯,还有内维塔、阿吉罗、乔维努斯和阿尔贝提奥四位将军,在卡尔西登召开庭审、听取检控并进行审判。因为有些军人是蛮族出身,而军人数量在联合法庭中又占优势,所以该法庭裁决的正义性受到了个人偏见和派系意志的影响。没人会为侍寝大臣优西比乌被判处死刑而指责尤利安。阿波德尼乌斯也被处死,他是造成克劳狄·西尔瓦努斯和加卢斯之死的元凶。保卢斯·卡泰纳被活活烧死。这些人死不足惜。但在史学家阿米阿努斯·马塞林努斯看来,正义之神会为司库大臣乌尔苏卢斯之死而哭泣,会说尤利安忘恩负义。因为尤利安初到高卢时一穷二白,乌尔苏卢斯给了他一切。尤利安辩称自己对判处乌尔苏卢斯死刑一事毫不知情,但他的话难堵悠悠众口。同样,前禁卫军长官托鲁斯被流放也有失公正,他唯一的罪行只不过是忠于自己的主人。不过,总的来说,联合法庭判处死刑和流放的人并不多,其中大部分人罪有应得。

在君士坦丁堡坐上皇位之后,尤利安并没有丢掉自己在高卢做恺撒时展现的正义精神,也没有放弃一个统治者应承担的责任。他如果不是犯了一个致命的错误,就会成为万人景仰的对象。尤利安宣布放弃基督教信仰,转而信奉古希腊宗教,幻想恢复古希腊宗教的地位。而在追求这一目标的过程中,他未能充分兼顾公平正义。人们因尤利安改变信仰而称他为"叛教者"。这在我们看来有失公允,因为尤利安对传统宗教的真诚无可置疑。无论如何,对于那些改变信仰的人,我们可以感到惋惜、怜悯甚至鄙视,但我们没有理由谴责或谩骂他们。

在至亲被屠杀后,加卢斯和尤利安被交给尼科米底亚主教优西比乌照料。他们接受当时盛行的宗教信仰教育,读经祈祷,身体力行。据说,尤利安曾在尼科米底亚的教堂里公开读过《圣经》。但粗鲁乖戾的加卢斯成了坚定的基督教徒,而温和贤明、勤奋刻苦的尤利安却对基督教心生厌恶。在导师马多尼乌斯的影响下,尤利安了解了许多古希腊著名作家。他对荷马等人的作品万分敬仰,对古希腊一切事物心怀崇敬。年轻的尤利安发现,古代充满诗意的奥林波斯山的万丈光芒与周围卑躬屈膝的迷信产生了强烈对比,古老信仰崇拜者拥有的高尚精神和光荣事迹与他所处时代信徒的卑劣品质和卑鄙行为格格不入。尤利安成了荷马和赫西奥德的信徒。然而，他继承的并不是古希腊早期黄金时代令人着迷的诗情画意，而是新柏拉图主义荒诞的神秘思想。尤利安忽视了基督教福音的简朴之美，将福音与当时教堂里盛行的繁复的形而上学和粗鄙的迷信混为一谈，并且在他的"异教观"里，他迷失在亚历山德里亚学派粗俗而经不起推敲的文字游戏和寓言中，远离了古希腊的诗意。事实上，尤利安并不具备从当时信仰中解脱出来的创造性思维，因为迷信当道，即使最贤明的皇帝也会如那些卑躬屈膝的苦行僧一样深陷其中。

根据尤利安自己的说法，在二十一岁之前，他是忠实的基督教徒，之后师从多位智者，受到以弗所大法师马克西穆斯的指点，在以弗所秘密完成了"异教"仪式。这些仪式和"异教信仰"是从亚细亚传入的，与希腊神话信仰结合在一起。几年后，尤利安暂居雅典期间，正式完成了雅典秘仪。表面上看，他仍是基督教徒，就连优西比乌都可能不曾对这位得意门生产生一丝怀疑。在高卢时，尤利安仍然掩饰得很好，还公开参加基督教徒礼拜，但他内心崇拜太阳神和赫尔墨斯。即位后，尤利安不再掩饰，大胆宣称自己实际上信仰古代诸神。

也许历史上有这样一条公理：若某一宗教或政治制度已不可见于任何民族，那么永久性恢复这一宗教或政治制度也就不再可能。君主和政党通过权力或许能一时重建它们，但一旦支撑它们的那只手消失，它们便会陷入之前无人问津的状态。即使尤利安延寿百年，他为恢复"异教"所做的努力也一定会功亏一篑。长期以来，"异教体系"因内在原因而日趋衰落，变得支离破碎，其神性的根基和各种美丽神话只是故事而已，缺乏理论支撑。尤利安信奉的新柏拉图主义的神话观点也与"异教精神"完全相反。此外，尽管当时基督教高度腐败，但其仁慈宽容的精神、崇高的原始信条、有序的组织形式和道德力量，是古代宗教在任何时候都不具备的。如果从这个角度来看待尤利安的尝试，我们在嘲笑这位皇帝愚蠢行径的同时，可能也会对他心生怜悯。

尤利安本性善良，公正又仁慈。作为哲学家和政治家，他深知如果不能清除迫害之源，那些被迫害者和被激怒的群体就会大增。因此，尤利安并没有仿效戴克里先的做法，而是整体上对基督教徒比较宽容。一方面，"异教徒"可以自由进出神殿，像从前那样献祭；另一方面，基督教各派不得互相残害。君士坦提乌斯二世信奉基督教中的阿里乌斯派。现在被他驱逐的天主教派信徒和神职人员重新回到教区和教堂。根据阿米阿努斯·马塞林努斯的理解，尤利安表面装出的宗教宽容，是想让各派相互牵制、争吵不休，从而实现他真正的目的——加剧基督教各派的仇恨，防止它们联合起来反对自己。

我们很难指责尤利安在行政上、军事上大肆任用传统宗教的信徒。这种温和的迫害手段也是任何时代所有教派和政党的命运。但即使是尤利安最忠诚的追随者也无法为一条法令洗白（事实上阿米阿努斯·马塞林努斯没有这么做）——禁止加利利人（尤利安对基督教徒的称呼）教授语法和修辞，禁止他们做老师。尤利安希望通过这种方式让年轻的基督教徒常去有"异教"教师的学校，这样就有可能改变他们的信仰，或者放任他们在无知的状态下成长。如此一来，教堂就失去了学习和教化的优势，最终被人们抛弃。尤利安还尝试效仿基督教的模式来改革古希腊宗教，引入他认为能让"异教"获得成功的规则和做法。这种对抗模式显然更合理，也更令人赞赏。尤利安希望每座城市里的神职人员都被划分为不同的阶层，划分标准不是出身的尊卑和财富的多少，而是对神祇和人的爱。他还希望祭司保持身心纯洁，阅读严肃而富有教益的作品，不应光顾剧院和酒馆。尤利安要求每座城市都要建造医院。他说："犹太人中没有乞丐。不虔诚的加利利人不仅要养活自己的穷人，还要养活罗马帝国的穷人。我们不能为罗马帝国的穷人提供帮助，这是我们的耻辱。"这些是尤利安对小亚细亚"异教"祭司的建议和劝诫，只有在小亚细亚才有这样的祭司。我们发现，这一时期的"异教"祭司对基督教徒怀有深深的敌意。

尤利安在君士坦丁堡居住期间，远方国家的使者从千里之外赶来朝见，其中甚至包括印度、锡兰①等国的使者。罗马帝国与这些国家多有商业往来。此时，莱茵河和多瑙河两岸一片祥和，波斯国王沙普尔二世传达了缔结和平的意愿。人们以为像尤利安这样的哲学家和宗教奉献者，可以满足于把全部时间和思想用于提升臣民福利和宣传宗教信条。然而，在高卢时，尤利安便对建功立业心生向往。亚历山大大帝的事迹曾激励过尤利乌斯·恺撒，现在点燃了尤利安征服东方的欲望。于是，尤利安傲慢地回复了沙普尔二世的使者。公元362年春末，他率领一支大军前往亚洲。一路上几乎马不停蹄。不过，对古希腊宗教的虔诚信仰还是驱使他在培希努停下，为"诸神之母"献祭。公元362年6月底，尤利安到达安条克，决定在安条克待到第二年春天。想必他已经做好在美索不达米亚发起一场大规模战役的准备了。

　　安条克人高声欢呼着迎接尤利安的到来。尤利安很快就理清了思路，然后把自己的精力放在战争准备、司法管理和宗教职责上。每天都有无数牺牲献给诸神。为此，人们甚至从很远的地方带回白色羽毛的鸟。尤利安认为，牺牲的肉体在圣坛上耗尽时，圣坛会升起神圣的蒸汽。诸神可以从蒸汽里得到营养或快乐。尤利安常常亲手屠杀牺牲，还试图从散发臭气的内脏中探寻未来事件的预兆。他忠实地履行了所有宗教职责。人们常常可以看到这位虔诚的皇帝庄严地走在游行队伍的男男女女中。这群人献身于东方邪恶的宗教，过着醉生梦死、声名狼藉的生活。

　　距离安条克大约五英里的月桂林里有一座宏伟的阿波罗神殿。这座神殿当初由叙利亚国王募资修建。长久以来，神殿里歌颂着放荡、淫乱的行为，而阿波罗太阳神恰恰是希腊人崇拜的最纯洁的神，月桂女神达芙妮的品性众所周知。但自从基督教胜利后，阿波罗神殿的神圣性就大大降低了。尤利安似乎一直从牺牲的数量上评判人们是否虔诚，但就在祭神节那天，难堪的一幕出现了。光明

---

① 今斯里兰卡。——译者注

之神阿波罗的神坛上只有孤零零的一只鹅作为祭品。这只鹅还是当时留下的唯一一个祭司提供的,可能他买不起天鹅。月桂女神的荣光的确已经消逝了。德西乌斯在位期间,主教圣巴比拉斯死在了监狱。后来,尤利安的亲弟弟加卢斯将圣巴比拉斯的尸骨运往圣地,然后在埋骨之处建了一座庄严的教堂。按照当时盛行的迷信说法,月桂林是安条克基督教徒最青睐的埋葬地。但尤利安决定停止人们对古老神灵的亵渎,恢复阿波罗神殿原本的圣洁和辉煌。圣巴比拉斯教堂被拆毁,基督教徒的尸骨也被运走。圣巴比拉斯的尸骨由一辆圣车运往安条克。途中,一大群人高声歌唱赞美诗。据安条克的基督教徒说,就在他们为被冒犯的主教祈祷的那天晚上,天降雷电吞噬了阿波罗神殿,阿波罗神殿化为灰烬。但尤利安认为,这是基督教徒纵火所致。因此,他下令关闭主教堂,没收教堂财产。有几个基督教徒遭到严刑拷打,监督西奥多也被斩首。但公平地讲,此时并没有针对基督教徒的迫害行动发生。然而,在其他地方,情况就不大一样了。在加沙和恺撒利亚等城镇,占上风的"异教徒"残忍的对待虔诚的基督教徒,而尤利安对此只是轻描淡写地进行谴责。

安条克大部分人从教仪和教义上来说都属基督教徒,但实际上他们远远达不到福音所说的完美标准。一直以来,安条克都被认为是罗马帝国东部最奢华、最放荡的城市。也正因如此,安条克人认为尤利安严格朴素的道德观念就像他信奉"异教"一样令人厌恶。安条克人以机智闻名。他们明里暗里地讥讽尤利安。安条克人嘲笑尤利安的"异教活动",嘲笑他矮小的身材,嘲笑他故意挺胸使肩膀显得宽厚,嘲笑他走路时迈出的步子大。但最大的笑点还是尤利安浓密的山羊胡——尤利安为自己的哲学家身份而刻意留的。尤利安写了一篇文章来讽刺安条克人,名为《厌胡者》。不过,尤利安不打算原谅他们,公开宣布永远不会再踏入安条克半步。

与此同时,为了赢得人民支持,尤利安施行了一项广受质疑的政策。当时,因粮食收成不好,安条克遍布魑魅魍魉。投机者囤积居奇,操纵粮价,牟取暴利。

为了制止这一恶行,尤利安颁布法令规定了谷物限售最高价,还从其他城镇运来粮食,甚至不远千里从埃及调来许多粮食投放市场。不难想象,这些谷物刚一出现就都被投机者买下来了。市场上的粮食供应量仍远远不足,粮食卖出了天价。尤利安十分困惑,迁怒于自由贸易政策,相信粮食紧缺是人为所致,富裕的贵族要负全部责任。于是,他下令逮捕了安条克元老院二百多名长老,把他们送进了监狱。但当天晚上,这些元老被释放,各回各家。双方的关系一直都没有缓和。安条克人嘲笑尤利安,尤利安也反唇相讥。

尤利安在安条克时,为了羞辱他憎恨的基督教徒,决定让犹太人重返家园,重建耶和华神殿,因为他把耶和华奉为真神。尤利安把这项任务交给了阿利皮乌斯。阿利皮乌斯是一位博学而笃行的安条克人,曾做过不列颠总督。接受任务后,阿利皮乌斯立即着手清理摩利亚山的废墟,重建耶和华神殿。但一场暴风雨突然来袭,又遇到地震,地上冒出大火,烧死了施工工人,工程无法顺利进行。之后,尤利安驾崩,圣殿重建工程化为泡影。

当时,基督教徒把这件事看作是天谴,许多现代作家甚至新教徒也持同样的观点。如此一来,罗马教会伪造的神迹就可让人们信以为真,人们也不会觉得天谴有什么不妥。我们当然不认同神迹之说。若神无所不能,自然会知道尤利安压制基督教是徒劳之举,也会了解尤利安将要面临的命运。因此,教会再宣扬什么神迹就显得有些多余了。该事件的发生也许只是自然现象。教会作家很容易将自然事件描绘成上帝显圣,有时是出于无知,有时是有意杜撰。我们深知他们一贯是怎样添油加醋的——否认有暴风雨和地震,让人们对现场发生的大爆炸深信不疑——从阿米阿努斯·马塞林努斯的记述中,我们可以推测当时教堂里的窒息性气体引发了事故。其发生的远离现代人人尽皆知,工人也因此在爆炸中受伤——这些气体在神殿的拱顶和洞中积聚了三个多世纪。当然,要得出确切解释并不容易,不过至少不应该将这一事件看成超自然现象。不如把这个问题留给读者自己判断,我们继续顺着主线讲历史。

公元363年春，尤利安离开安条克前往贝尔恰，之后又去了耶拉波利斯①。耶拉波利斯距离幼发拉底河不远，军队奉命在此集结。尤利安到达之后，立即让军队渡河。他计划从尼比西斯和亚美尼亚进入波斯，军队向卡雷挺进。后来形势发生变化，尤利安又派出亲戚普罗科皮乌斯和埃及前总督塞巴斯蒂安率领三万精兵加入亚美尼亚国王阿萨息斯二世的大军。夺取附近的米底亚后，尤利安会抵达底格里斯河同他们会合。尤利安亲率一支军队按计划向底格里斯河挺进。他沿河东岸前进，抵达毗邻幼发拉底河附近的卡利尼库姆。接着，他沿幼发拉底河来到了奇尔切西乌姆。奇尔切西乌姆位于罗马帝国领土的最南端，建于阿波拉斯河和幼发拉底河的交汇处。

尤利安率领这支有史以来罗马最强大的军队进军波斯。大军共六万五千人，汇集了帝国东西部的精兵强将，有塞西亚人协防军，也有贝都因人的轻骑兵。尤利安渡过幼发拉底河后，全部军队会合在一起。陆军在行进的同时，一支舰队也沿幼发拉底河行进。舰队有五十艘战船、五十艘用于铺桥的船和一千艘各式小船。小船满载粮食、武器和攻城器械。大军刚一离开奇切尔西乌姆，就进入了波斯领土，沿着幼发拉底河向南进军。大军兵分三路，同时行进：尤利安亲自率领主力步兵部队，从中路进军；内维塔率领几个罗马军团，沿幼发拉底河西岸前进；东部高级将领阿林苏斯和波斯王子霍尔米斯达斯②率领骑兵部队在幼发拉底河东岸行动。这个方向最易遭到波斯人的进攻。此外，还有达迦莱法斯、维克托和奥斯尔欧尼公爵塞康狄努斯率领的后卫部队。整个行军队伍展开有近十英里宽。军队所经之地满是砂石，只能看到野驴、羚羊、鸵鸟和大鸨，没有高大的树木，仅有苦艾、芦苇和灌木。行军第六天，军队抵达安纳塔。安纳塔位于幼发

---

① 耶拉波利斯，古希腊城市，建于公元前2世纪，在公元2世纪至公元3世纪的末期它的发展达到了顶峰。——译者注
② 霍尔米斯达斯是波斯皇室成员。沙普尔二世在位时，少数民族地区发生动荡。他乘机从监狱里逃了出来。他向君士坦提乌斯二世寻求庇护，在罗马军队里做了将军。他是一位基督教徒。——原注

拉底河的一个岛上。安纳塔人起初准备抵抗罗马军队，但最后也打开了城门。接着，罗马军队到了提卢塔，提卢塔也建在岛上。提卢塔城墙坚固，一时难以攻破。尤利安审时度势，谨慎地决定允许这里的居民有条件投降——本来是应该征服沿途所有城市的。下一座城市的居民也提出了同样的条件。但之后的城镇不是荒芜已久，就是已被掠夺焚毁。最后，军队离开了奇尔切西乌姆，抵达亚述的边境城市马西普拉克塔。行军的最后几天，波斯将军苏雷纳和加桑部落的埃米尔罗多塞斯率领轻骑兵不断袭扰尤利安的军队。有一次，霍尔米斯达斯甚至险些成了他们的俘虏。

罗马军队进入亚述后，克服了纵横交错的运河造成的障碍，来到大城佩里萨波。佩里萨波距离幼发拉底河很近，它的守军无视尤利安的劝降。于是，尤利安命大军攻城。顷刻之间，城墙一角的塔楼被攻破，守军弃城逃到了河上面的避难所。罗马军队入城后将佩里萨波付之一炬，架好攻城机械瞄准避难所。败军奋力抵抗，但看见一座移动的塔楼后，要求与霍尔米斯达斯谈判，随即签订了投降文书。两千五百名佩里萨波居民获准离开（实际上大部分人已从河上逃走了）。这座要塞最后在大火中化为灰烬。

离开幼发拉底河岸后，罗马大军向底格里斯河挺进。军队行进了约十四英里。当地人开闸放水，所到之处皆是泥泞。由于运河水涨溢，罗马大军觉得有必要停下来休整一天，用皮革袋、皮艇和当地茂盛的棕榈树搭造桥梁。克服行军途中的艰难险阻后，罗马大军终于来到了毛加玛恰。毛加玛恰距离泰西封只有十一英里。如果把这座要塞留在后方，难免成为后患。于是，尤利安下令即刻围城。尤利安亲自率领卫兵步行前去侦查毛加玛恰的具体位置，碰巧遇到十个波斯人从后门溜出。他们爬过附近的小山丘，准备在半路上伏击尤利安。其中两人攻击尤利安，尤利安用盾牌抵挡他们的攻击。他刺死其中一人，另外一人亦被前来增援的卫兵击杀。第二天，军队搭桥渡过运河，到运河对岸的小镇上扎营。为了抵御苏雷纳的重装骑兵的进攻，罗马军营建造了双层防御工事。与此同时，在维克托的命令下，罗马军队的骑兵大肆洗劫周边村庄，甚至还跑到了泰西封附近。紧接着，大规模攻城战展开了。守军十分英勇，奋起反抗。但罗马军队已经悄悄用强夯锤等工具暗地里挖通了地道。守军丝毫未觉察。混战之际，一千五百名罗马士兵突然从一座宫殿的地下冲了出来，见人就杀，旋即打开了城门。随之而来的是一场大屠杀，男女老少无一幸存。只有总督纳布达兹①和八十名卫兵及几名妇女生还。罗马军队将毛加玛恰夷为平地。得知一些波斯士兵仍藏在城中某个洞穴，意图在罗马军队离开时发动袭击和反攻。于是，罗马军队就在洞口点起稻草和柴火。残留的波斯士兵要么被呛死，要么逃出来被乱刀杀死。

罗马大军继续前进。一日，罗马大军来到了"乐园"——一个皇家公园，里面有狮子、熊和各式各样的东方动物。士兵立即推倒围墙，大肆捕杀这些动物，以此为乐。

最终，罗马军队看到了矗立在底格里斯河对岸泰西封的城墙和塔楼。此时，罗马军营距泰西封的科歇不远，如果有援军相助，也可围攻科歇，但围攻科歇费时费力，似乎并无必要。罗马军队的首要目标是波斯首都泰西封，此时必须要有幼发拉底河上的舰队助阵。距此不远的纳哈尔马尔卡皇家运河汇入底格里斯河，自科歇的低地流过，而罗马军队则在泰西封海拔较高的地方扎营。然而，尤利安知道图拉真和塞普提米乌斯·塞维鲁曾经开辟了新航道。后来，航道被波斯人筑坝堵住废弃了。碰巧犯人中有一个老人记起了航道的位置。罗马军队立即开始行动，迅速渡过底格里斯河。船舸并列，连成浮桥，军队得以渡过宽阔的纳哈尔马尔卡运河，向科歇挺进。罗马军队驻扎在一座富丽堂皇的宫殿里，宫殿里装饰着皇家狩猎的画作，而宫殿四周遍布沃野。

尤利安决定从此地渡过底格里斯河。尽管困难重重，堤陡水急，波斯人的步兵、骑兵和象兵严防死守，并且泰西封人口众多，但尤利安一直以来都有好运

---

① 几天后，纳布达兹因对霍尔米斯达斯出言不逊而被活活烧死。——原注

相伴，所以想再赌一赌。他让装载着粮食和军械的船卸下货物，每艘船上留八十名士兵，然后召集将领，告知自己的打算。将领们强烈反对，但只是白费唇舌。维克托奉命完成此任务。五艘船即刻启程，顺流而下驶向对岸。就在靠岸时，波斯人纵火烧船。尤利安看到火焰后立即意识到自己中计了。他大喊道："放火是敌人约好的信号。"但此时先锋部队已经靠岸登陆。于是，所有船都立即驶向对岸增援。好在水流很快，大部队及时赶到，受到攻击的船和士兵幸免。罗马军队士气高涨，坚信可以用盾牌抵挡波斯人的进攻，并且很快就占领了河对岸，排好队列。尤利安也来到河对岸。经过十二个小时的鏖战，波斯人逃到了泰西封城内。要不是维克托过于小心，怕敌众我寡，罗马军队早已入城了。据说，在这场战役中，波斯人损兵折将二千五百余人，而罗马军队死伤只有七十人。战斗中功勋卓著的人加官晋爵，尤利安授予他们公民权和海军要职，还赐给他们象征荣誉的桂冠。他准备祭奠死去的士兵，颁发"战神"称号。然而，为祭祀挑选的十头公牛中，九头没走到祭坛就倒在了地上，第十头挣脱绳索逃走了，被抓回来杀掉后又在内脏中发现了凶兆。看到这一幕，尤利安恼羞成怒，对大祭司朱威表示自己再也不会向战神献祭了。①

　　按照计划，罗马军队此时应立即围攻泰西封。泰西封曾三次被罗马军队占领。尤利安召开军事会议，想要仔细商讨一下攻城事宜，但大家一致认为此刻攻城过于草率。尤利安同意了这种看法。还有情报说，亚美尼亚国王阿萨息斯二世背信弃义。罗马将领无休止的争论导致与卡雷军队会合的机会丧失。现在，罗马军队如果撤退，会很不光彩。而恰巧此时沙普尔二世派密使来见霍尔米斯达斯，提议双方签订和平协议。本以为尤利安会欣然接受，但不幸的是，尤利安想起自己的偶像马其顿国王亚历山大大帝一直拒绝大流士三世媾和的主张。因此，他命令霍尔米斯达斯趁士兵还没有得知议和一事赶走波斯使者。尤利安也像亚历

---

① 奥古斯都在收复帕提亚时为战神建造了一座神殿。——原注

山大大帝一样决心继续前进,追击敌人。这时,一个波斯贵族前来投奔,尤利安深受鼓舞。这个波斯贵族带着一些追随者,声称为了逃避沙普尔二世的残酷统治,想要寻求尤利安的庇护。他向尤利安描述了沙普尔二世统治下人们的不满和政府的软弱,自称可以做罗马军队的向导。此时,罗马大军必须离开底格里斯河岸边,因为如果装载军需品的船落在后面,必然会落入波斯人手中。于是,尤利安下令烧毁所有船和船上的辎重,只留下十二艘较小的船运输军需浮桥。然而。士兵心怀不满和恐惧,想要扑灭大火,但为时已晚。后人常因此事谴责尤利安。然而,他真正的错误其实还不在此。

罗马军队离开底格里斯河,来到土地肥沃的底格里斯河东岸。起初,他们的给养还算充足。但再往后走,路过的村子空无一人,草地和庄稼都陷入火海。军队不得不停下扎营,直到大火熄灭才重新启程。此时,波斯骑兵开始陆续出现。在目的达到后,狡猾的波斯向导早已消失。罗马军队即使继续前进也看不见希望。为今之计是考虑应该采取什么撤退路线。士兵吵嚷着要沿着原路返回,但尤利安和将领告诉他们,来路土地荒芜,洪水泛滥(山上的雪融化了),蚊虫滋生,来时已经遭受了重重折磨,再沿原路返回几乎行不通。因此,尤利安下定决心转向北方,挺进科杜内。到目前为止,波斯军队还只是小股地出现,但罗马军队一开始撤退,波斯军队就多了起来。罗马军队只能且战且退。一路上,所经之地依然是被烧毁的村庄和废弃的城镇。在马兰加,波斯军队发起了猛攻,战斗从黎明一直持续到日落。罗马军队虽然突破重围,但伤亡惨重。接下来,双方为了照顾伤员休战三天。此时,罗马军队断草断粮,几乎陷入山穷水尽的境地。指挥官不得不把私人储备的粮食拿出来与普通士兵分享。在这一点上,尤利安一如既往地树立了崇高榜样,将自己的食物分给士兵,主动吃连普通士兵都嫌弃的食物。尤利安心神不安,夜不成眠,就在帐篷里读书写字。一天晚上,他忽然看到一位守护神。他在高卢被拥立为皇帝的前夜,这个守护神就出现过。神的头上和丰饶角上披着面纱,垂头丧气地从尤利安的帐篷里走了出去。尤利安从逼仄的卧榻上站起来，谦卑地向诸神献上祭品，愿意完全听从他们的旨意。此时他向外望去，看见一颗流星划过天空，一想到它可能是战神示警的信号，顿时感到不寒而栗。天还没亮，尤利安就把图斯坎的肠卜师①叫到帐篷里，让他们解释征兆的含义。肠卜师劝他第二天不要开战，至少在近几个小时内不要离开原地，但尤利安没有理会这一警告。公元363年6月26日的黎明，军队开拔。

波斯人像往常一样在周围不断偷袭骚扰。尤利安一马当先走在军队前方侦察敌情，身上并未穿铠甲。这时，听说军队后方遭到袭击，尤利安急忙抓起盾牌前去支援。然而，他一走，就又有情报传来，先锋部队也遭到了攻击。尤利安纵马赶回来时，军队中部的左翼又受到波斯人的猛攻，已经快要抵挡不住波斯人骑兵和象兵的攻势。尤利安急忙赶去救援。就在这时，罗马轻装骑兵部队击溃了波斯人。尤利安高举双手，激励士兵乘胜追击。他身先士卒发起冲锋，但不知从何处来的一支长矛划过他的手臂，刺入他的肝脏。尤利安想把长矛拔出来，但矛刃又割伤了他的手指，导致他从马上摔了下来。周围的士兵将他抬走，转移到安全的地方，并找来军医救治。疼痛稍稍缓解后，尤利安就让人准备好战马和武器，准备再次加入战斗，但他很快就发现身体无法支撑下去。同时，战斗仍未有停止的迹象，厮杀还在继续。最终，波斯人败退，损失了五十个将领和大量士兵。罗马军队主将安纳托利乌斯阵亡，士兵一片哀号。年长的行政长官萨卢斯特则侥幸逃过一劫。

尤利安意识到自己命不久矣，便开始对身边的部下交代后事。他很感激诸神将自己从尘世中解救出来。诸神常常把英年早逝视为最好的恩惠，以免英雄深陷腐败堕落的尘世。尤利安欣慰地回忆起过往的清白人生，自己没有犯过什么罪，并一直努力为人民谋福利，他认为这是罗马帝国政府存在的真正意义。尤利安一直努力打造太平盛世，讨伐不臣之人。虽然有人预言他会死于刀剑之下，但他并没

---

① 古罗马的占卜师（祭司、僧侣），每每在宰杀用于祭祀的牲畜后，查看其内脏、肠胃的情形，以推断吉凶祸福。——译者注

有退缩,也没有因此而躲避危险。尤利安说,他感激至高无上的神,因为他没有死于阴谋诡计,也没有缠绵于病榻,而是死于光荣的事业。尤利安不愿谈及继任者人选,以免忽略掉值得尊敬的人,也不会指名道姓地提出候选人,因为如果将士不赞同,那么他的推荐就会危及那个人的性命。尤利安把自己的私人财产分给了朋友,告诉在场的人不要太过悲伤,为一个即将去世的君主哀悼太过于矫情,他就要去和诸神会合了。周围的人哭声止住了,尤利安开始与哲学家马克西穆斯和普利斯库斯谈论灵魂的本质。直到伤口再次流血时,他说想要喝口冷水。尤利安喝水后,于当晚午夜时分咽下了最后一口气,年仅三十二岁。

我们详细描述了尤利安的生平,因此再评论他的性格或许有些多余。但其中有很多有意思的地方,我们忍不住想要多关注一些。尤利安没有犯过什么罪,并且也很少遭学者抹黑。学者向来会把与自己信仰不同之人描绘成彻头彻尾的怪物。然而,到了这个时代,人们对基督教的福音有了更好的认识,自然就会消除偏见。人们既承认尤利安的美德,又看到君士坦丁一世的罪行,而这一切无碍于基督教的兴旺。

尤利安中等身高,肩膀宽阔,体格健壮。他鼻梁高挺,眼睛明亮,下颌蓬乱的胡须又长又硬,头发蓬松柔软。尤利安吃苦耐劳,从不畏辛苦和危险。他一心一意践行美德。尤利安洁身自好,婚前从未结交女性,妻子死后再未考虑过个人问题。在位期间,应对与日耳曼人的战争及波斯人的战争时,尤利安充分展示了优秀的军事才能。士兵也敬畏他。尤利安学识渊博,是一位高雅的文人。他的缺点主要是虚荣和迷信。尤利安喜欢高谈阔论、闲聊和插科打诨,并且乐此不疲。他不注意个人形象,不修边幅,没什么气质。提起尤利安对各种预兆的迷信,我们不由得感到悲哀。尤利安幻想与希腊神话中的诸神交往,极度热爱那些以挥洒热血为荣的人。不过,尤利安对基督教徒的敌意是不公正的,显得有些心胸狭窄,但基督教徒也做出了反抗。尤利安不算是伟人,但比大多数皇帝更有治国才能。我们不一定要敬仰他,但必须尊重他的品格。

约维安
公元363年至公元364年

尤利安驾崩后的第二天早晨，罗马军队召开大会，想要选出继任皇帝。因为君士坦丁家族现在已经后继无人，战功就成了最公平的选举标准。与会者主要分为两派：阿林苏斯、维克托和君士坦提乌斯二世在位时的前朝旧人是一派，内维塔、达迦莱法斯和高卢的军官是另一派。他们都想找一个可以值得效忠的候选人。两派都青睐德高望重的萨卢斯特，但萨卢斯特拒绝了这一荣誉，声称自己年迈无能。就在这时，一位军官提议，先解决军队当前的困境，等到达美索不达米亚后，时间宽裕时再选出皇帝。就在他们商议时，有人向内廷侍卫首领约维安高呼陛下。约维安立刻披上皇帝长袍，骑马从军队中穿过。士兵们欣然承认了他的权威。

约维安有如此好运，与其说是靠自己的功劳，不如说是靠自己的父亲。约维安的父亲是瓦罗尼亚努斯。瓦罗尼亚努斯长年为国效力，年老后过着体面的生活。约维安身材高大，相貌英俊，性情开朗，喜欢美酒佳人，钟爱文学。他不仅是一名优秀的将领，而且是一位虔诚的基督教徒。

约维安一即位，就宰杀牺牲占卜吉凶。牺牲的内脏显示：军队留在原地将会彻底毁灭。于是，罗马军队立即开拔。有逃兵将尤利安战死的消息告诉了波斯人，波斯军队士气大振。尽管波斯人再三阻挠，罗马军队还是顺利抵达底格里斯河岸附近的苏美尔。苏美尔位于泰西封以北约一百英里。罗马军队沿小溪行进，第二天晚上在卡尔契山谷扎营。公元363年7月1日，罗马军队到达杜拉，遭遇波斯军队顽强阻击，耽搁了整整四天。有些士兵失去耐心，坚持要在杜拉渡河。约维安等劝阻未果。当晚，高卢士兵和萨尔马提亚士兵共五百人试图泅渡过河。后来，工程兵承诺可以用动物皮囊充气搭造浮桥，失去耐心的士兵才暂时平息了。

罗马人如果此刻顺利渡河，或者到达边境的科杜内——距离他们所在地只有一百英里，就会脱离危险，并有可能在战斗中取得优势。沙普尔二世见此情形，抓住目前己方在战场上还占优势的良机，与罗马军队媾和。于是，沙普尔二世派遣苏雷纳和另一个贵族来到罗马军营，表示在当前形势下，只要答应他们的条件，波斯国王出于仁慈，会允许罗马皇帝和军队安全离开。约维安派萨卢斯特和阿林苏斯到沙普尔二世那里谈判，但波斯人使诈，把他们扣留了整整四天。在此期间，罗马人因给养不足而叫苦不迭。沙普尔二世坚持要求罗马帝国把底格里斯河外围的五个行省割让给波斯王国，要求驻尼西比斯、辛格拉和摩尔的军队向波斯人投降，还要求罗马帝国承诺从今以后不能向亚美尼亚国王提供援助。约维安接受了这样苛刻而屈辱的条件[①]，要求是在尼西比斯和辛格拉居民撤退时带走自己的财产。双方约定三十年内不兴刀兵，随后便交换了人质。

  这是罗马有史以来缔结过的最屈辱的条约，也是罗马帝国第一次割让本土。事实上，哈德良和奥勒良也曾被迫撤兵，放弃图拉真征服过的领土。但这些都是出于政治智慧的自愿让步。《杜拉条约》清楚地表明罗马帝国国运日衰，不得不以领土换取和平。当时在场的阿米阿努斯·马塞林努斯说起这件事满腔悲愤。作为一个勇猛的士兵，他始终认为若不是浪费四天时间谈判，罗马军队很可能已经到达一百英里外的科杜内。但阿米阿努斯·马塞林努斯似乎忘了波斯人当时还在不断进攻，罗马军队被困在杜拉，而一支六万人的军队又怎么可以在给养断绝的情况下顶着敌人的骚扰，在四天内行军一百英里呢？欧特罗庇乌斯当时也在场。他说，虽然获得和平的方式有些耻辱，但别无他法，也许这种方式才是正确的。归根结底，这一耻辱可能要怪尤利安。意识到无法顺利攻下泰西封时，他就应该率军渡过底格里斯河。也许只有以死谢罪才能使他免受缔结《杜拉条约》的耻辱。

  罗马军队匆匆忙忙地赶往底格里斯河岸渡河。有些士兵借助充气皮囊，牵

[①] 史称《杜拉条约》。——译者注

着马的缰绳渡河。有些士兵乘坐军队运来的小船渡过。有些士兵急躁,不等发出渡河命令,就试图泅渡过河,不幸溺毙。有些士兵被贝都因人杀死或掳去做奴隶。全军渡河后,立即向罗马帝国境内前进。途经哈特拉时,士兵发现它已成废墟。行军七十英里,历时六天,其间,军队穿过一片干旱的平原,平原上只有星星点点尝起来发苦的植物,就连水也咸涩得难以入口。军队到达乌尔城堡后,遇到了普罗科皮乌斯和塞巴斯蒂安派出的补给队伍。军队在乌尔城堡休整了几天。约维安乘机把自己认为最合适的人提拔到重要岗位上,以此确保他在帝国的利益。粮食即将耗尽时,军队再次启程。士兵饥饿难忍,一袋面粉都能卖出十个金币的高价。在提尔沙法塔,约维安会见了塞巴斯蒂安和普罗科皮乌斯等主要官员。军队最终在尼西比斯城墙下扎营。约维安难以忍受这座城市给他带来的耻辱,尽管人们诚挚地再三邀请,他始终没有进城。

第二天,随军的人质波斯贵族拜尼西提醒约维安履行诺言,让尼西比斯人投降。约维安答应了他的要求,走上城楼换上了波斯的旗帜。尼西比斯人悲愤不已,恳求约维安不要强迫他们迁徙,说即使没有援军,也要以一己之力抵抗波斯人的进攻,不让城镇陷落。但约维安声称他应遵守诺言,就对尼西比斯人的恳求充耳不闻。在尼西比斯人为他献上皇冠时,一个叫西尔瓦努斯的平民喊道:"啊,皇帝,愿其他城市也会为你加冕!"约维安终于恼羞成怒,勒令那些不愿成为波斯王国臣民的人于三日内离开。人们沉浸在巨大悲伤和痛苦中。财产损失巨大,一时间牲畜也无法带走。罗马人在阿米达城建了一个接待流亡者的新区。因此,阿米达城渐渐恢复了昔日荣光。驻辛格拉和摩尔的军队以同样的方式投降。然后,约维安率领军队去了安条克。已故皇帝尤利安的遗体由普罗科皮乌斯运到塔尔苏斯。

众所周知,约维安信仰基督教。去安条克的路上,拉布兰旗被再次升起。在致各省总督的公函中,约维安宣布基督教为国教。废除尤利安颁布的反基督教的法令,恢复教会的豁免权,发还属于教会的财产。高级神职人员齐聚信仰基督教的皇帝宫廷中。受人敬仰的主教亚他那修已经七十岁，仍从亚历山德里亚来到安条克，想要以此证明约维安走的是正途。约维安以一项明智、人道的法令平息了"异教"臣民的恐惧，宣布对国民普遍实行宗教宽容的政策，但修习巫术的除外。

约维安迫不及待地赶往君士坦丁堡，只在安条克待了六个星期。他在塔尔苏斯稍做停留，安排了尤利安下葬事宜。在卡帕多西亚的提亚纳，约维安接见了当地代表。代表向约维安保证士兵和百姓会臣服他。公元364年1月1日，约维安在安卡拉宣布自己的幼子瓦伦尼亚乌斯为执政官。然而，瓦伦尼亚乌斯号啕大哭，不愿坐在座位上。人们认为这是不祥的征兆。约维安离开安卡拉继续朝首都君士坦丁堡前进。公元364年2月17日晚，他在比提尼亚边境小镇达达斯塔纳吃了一顿丰盛的晚餐。第二天早上，有人发现他死在床上。对于约维安的死，人们有多种猜测。但最有可能的是中毒身亡——他睡觉的房间刚刚粉刷过，里面烧着木炭。约维安死时仅三十三岁，在位不到八个月。

第5章

瓦伦提尼安一世、瓦伦斯、格拉提安、瓦伦提尼安二世及狄奥多西一世

(公元364年至公元375年)

精彩看点

瓦伦提尼安一世和瓦伦斯——普罗科皮乌斯——日耳曼战争——收复不列颠——阿非利加叛乱——瓦伦提尼安一世之死及其性格——格拉提安——哥特人——匈人——哈德良堡战役——瓦伦斯之死——狄奥多西一世——马格努斯·马克西穆斯——格拉提安之死——马格努斯·马克西穆斯战败——塞萨洛尼基大屠杀——瓦伦提尼安二世之死——欧根尼乌斯战败及死亡——狄奥多西一世之死及其性格

瓦伦提尼安一世和瓦伦斯
公元364年至公元375年

皇帝约维安的驾崩未能阻挡罗马军队前进的步伐。罗马军队向尼西亚行进的途中,将军和文官就皇帝人选频繁磋商。大家一致投票推选行政长官萨卢斯特。但萨卢斯特再次拒绝此尊荣,声称自己年老力衰,儿子则缺少经验。其他入选的提名都被否决。最后,大家一致推举瓦伦提尼安为罗马帝国的新皇帝。瓦伦提尼安当时正在安卡拉指挥由斯库塔里人组成的第二军团。官员们向瓦伦提尼安发出邀请,请他赶往尼西亚。届时,庄严的即位仪式将在这里举行。

瓦伦提尼安出生于潘诺尼亚,是大名鼎鼎的格拉提安之子。当时,他四十三岁,平日深受人民的认可与拥戴。其外表高大挺拔,俊伟不凡;心灵尚未受外物浸染,温和谦恭,所受教育程度不高,但对希腊语和文学作品略知一二。他信奉基督教,曾因公开表达对"异教"的轻视和不屑而惹怒先皇尤利安。

为了防止有人与瓦伦提尼安争夺皇位,他的支持者竭尽所能,想办法让他尽快得到元老院的认可。直到抵达尼西亚的第二天,瓦伦提尼安才开始在人们面前亮相。他到达前一天恰逢闰日，而闰日在罗马帝国年表上是不吉利的日子。于是，这个闰日的晚上，萨卢斯特提议，严禁高官、贵族第二天上午出现在公众场合，违者将处以极刑。拂晓之际，士兵们已迫不及待地聚集在尼西亚城外。瓦伦提尼安登上高台，人们齐声高呼。瓦伦提尼安正式成为罗马帝国皇帝，史称"瓦伦提尼安一世"。瓦伦提尼安一世身着皇帝紫袍，向军队发表演说。这时，有人朝他大声呼喊，要求提名一个共治皇帝。最近，皇帝接连毙命。对于皇帝这个高危职业，人们不得不做最坏的打算，否则可能会后继无人。瓦伦提尼安一世用自己的威严让喧闹的人群安静下来，他声称他同大家的想法一致，认为很有必要选出一个副皇帝，以便共同承担国家治理的繁重工作，但副皇帝的选拔需要时间认真考虑。然而，人群骚动愈演愈烈，事态变得更加严峻。瓦伦提尼安一世向士兵们保证会尽快做出答复，最后又承诺了很多封赏，鼓噪的士兵们才开始欢呼喝彩。人群簇拥着瓦伦提尼安一世回到皇宫。皇宫里鹰旗招展，与其他各色旗帜交相辉映。士兵们守住皇宫，保卫新皇的安全。

瓦伦提尼安一世下令向尼科米底亚进发。同时，他在考虑副皇帝的人选，虽然他心目中很可能早已有了人选，但还是要做好表面文章。他下令召集主要大臣前来商议。对此，所有大臣都保持沉默，只有达珈莱法斯直言不讳。达珈莱法斯说："圣明的皇帝陛下，如果您爱自己的小家，那么请让您的弟弟飞黄腾达；如果您爱这个国家，那么请寻找贤达。"瓦伦提尼安一世受到了冒犯，但他压下怒火，不露声色。军队朝博斯普鲁斯海峡方向行进，并于公元364年3月28日抵达君士坦丁堡。瓦伦提尼安一世将军队召集到距离君士坦丁堡不远的平原上，然后宣布他的弟弟瓦伦斯是副皇帝。这充分证明了在瓦伦提尼安一世心里，私情远重于人民的福祉。尽管三十六岁的瓦伦斯毫无建树，资质平平，却没有一个人敢提出反对意见，仿佛他得到了人们的一致认可。

公元365年，瓦伦提尼安一世对罗马帝国的行政机构进行了大刀阔斧的重组。他罢免了先皇尤利安任命的大部分内廷大臣和行省总督，但整个过程进行得波澜不惊。公元365年春，瓦伦提尼安一世和瓦伦斯离开东部首都君士坦丁堡，来到距离纳伊苏斯三英里的梅迪亚纳行宫。瓦伦提尼安一世和瓦伦斯正式将罗马帝国划分为东西两个部分——此后两兄弟未再相见。瓦伦提尼安一世统治罗马帝国西部，瓦伦斯统治包括希腊和多瑙河下游南部地区在内的罗马帝国东部。帝国的能臣良将也一分为二：萨卢斯特、维克多、阿林苏斯和卢庇西努斯效力于缺乏经验的瓦伦斯，而瓦伦提尼安一世则继续任用敢于直言的达珈莱法斯。

瓦伦斯很快就要为捍卫皇位而战。在尤利安的葬礼后，普罗科皮乌斯退隐于卡帕多西亚的私人庄园，享受着与世无争的生活，直到有一天，新皇瓦伦斯派官员和士兵前来逮捕他。普罗科皮乌斯逃到海边，向博斯普鲁斯王国的蛮族统治者寻求庇护。但一段时间后，普罗科皮乌斯厌倦了寄人篱下的难堪生活，秘密逃往比提尼亚。藏身之地几经变换后，普罗科皮乌斯最终冒险前往君士坦丁堡。他的两位朋友——一位元老和一位宦官遮掩其行踪。在君士坦丁堡，普罗科皮乌斯发现人们对瓦伦斯心存不满，并连带着憎恶他的岳父彼得罗纽斯。彼德罗纽斯残暴冷酷，铁石心肠，热衷于巧取豪夺，并声称此举是为帝国偿还奥勒良统治时期的债务。受到形势的鼓舞，普罗科皮乌斯决定，要么夺取皇位，要么身败名裂。由于沙普尔二世重新发动了战争，瓦伦斯不得不穿过亚细亚奔赴战场，这对普罗科皮乌斯十分有利。在比提尼亚时，瓦伦斯得到消息称哥特人正准备入侵防卫空虚的色雷斯。于是，瓦伦斯不得不抽调军队返回去守卫色雷斯。当瓦伦斯的军队经过君士坦丁堡时，普罗科皮乌斯乘机争取驻守此地的两个哥特军团——他许下的承诺及其亲信对先皇尤利安的怀念打动了他们。黎明时分，普罗科皮乌斯如同起死回生的英勇人物出现在哥特军团。他向士兵们重申了自己的承诺。士兵们山呼皇帝万岁，然后护送普罗科皮乌斯来到一个高台上。围观的人们起初保持沉默，一副事不关己的漠然态度，但在几个暗中安排的人的带头下，人们立即加入了山呼皇帝万岁的行列。接着，普罗科皮乌斯占领皇宫，罢免追随瓦伦斯的官员，扼守城门和港口。人潮涌向新皇帝的旗帜，出征的士兵也被新皇帝从亚细亚诱哄回来，那些驻守在北方边境的军队经劝说改为拥护普罗科皮乌斯，哥特人的首领也承诺向新皇帝提供大批援助。君士坦提乌斯二世的遗孀福斯蒂娜及其年仅五岁的女儿康斯坦蒂娅也加入了普罗科皮乌斯的阵营。普罗科皮乌斯准备大干一番事业，决心战胜来自潘诺尼亚的暴发户——君士坦丁家族。

瓦伦斯听到君士坦丁堡发生叛乱的消息后，万念俱灰，甚至一度想要退位。经过下属多番劝谏，他才放弃这种念头。当时，篡位者普罗科皮乌斯正在尼西亚。于是，瓦伦斯就派乔维乌斯军团和赫丘利乌斯军团前去征讨。普罗科皮乌斯在桑加里乌斯河岸附近迎战瓦伦斯的军团。双方准备开战之际，普罗科皮乌斯只身走到两军中间，向瓦伦斯的士兵讲话，劝说他们支持他为皇帝。此时，瓦伦斯亲率大军来到尼科米底亚，并派一位将军率军攻打尼西亚。不久，瓦伦斯开始围攻卡尔西登，但奉命攻打尼西亚的军队一败涂地。在卡尔西登的军队军需告急。瓦伦斯担心受到尼西亚人的前后夹击，只好率军撤退到安卡拉。于是，普罗科皮乌斯控制了比提尼亚。在安卡拉，瓦伦斯与卢庇西努斯率领的一支强大的叙利亚军队会师。会师后的军队由阿林苏斯统一指挥，然后前去讨伐达达斯塔纳的叛军。叛军指挥官是海珀莱科特莱斯——他官阶不高，普罗科皮乌斯出于情分才重用他。阿林苏斯一看见海珀莱科特莱斯，就命令他的士兵将他绑过来。海珀莱科特莱斯的士兵们更愿意服从阿林苏斯的命令，因为他的官职更高，这是士兵们的一种定式思维。此时，普罗科皮乌斯在赫勒斯滂控制了基齐库斯。他很不明智地放任自己的士兵洗劫前朝老将阿尔贝提奥的家，而阿尔贝提奥早已不问政事。此外，普罗科皮乌斯一心只想搜刮钱财，并未立刻率军进入亚细亚。否则，亚细亚人很可能就归顺他了。

公元366年春，瓦伦斯进入加拉提亚。普罗科皮乌斯带着君士坦提乌斯二世的女儿康斯坦蒂娅前往战场，瓦伦斯则邀请愤愤不平的阿尔贝提奥加入自己的阵营。这位曾追随君士坦丁一世的老将军脱下军帽，露出灰白的头发，一步步走向普罗科皮乌斯的大营，亲切地称这里的士兵为孩子，回忆从前同甘共苦的岁月，恳请他们重新跟随自己，他会像父亲一样保护他们，绝对不会像一些名利熏心的强盗之流。如此一来，许多士兵临阵倒戈。普罗科皮乌斯在弗里吉亚的纳科利亚与瓦伦斯率领的军队交战时，军官阿吉罗和一些士兵在战斗正酣时倒戈，转投瓦伦斯。普罗科皮乌斯得知大势已去，就和两名士兵逃进山里。但第二天，这两名士兵就背叛了普罗科皮乌斯，把他绑到瓦伦斯的面前。普罗科皮乌斯很快就人头落地，两名叛主的士兵也落得同样下场。司法调查很快展开，刑架不得空闲，刽子手一刻也不得休息。凡是涉案之人，无论男女老少、平民贵族，无一幸免。纳科利亚大屠杀比当初残忍的罗马内战还要血腥。

这些年来，东罗马帝国政治上并没有发生什么大事，所以我们将在此着重讲述瓦伦提尼安一世在西罗马帝国的事迹。

此时，罗马军队无暇顾及边境，边防空虚，再加上尤利安驾崩的消息传来，阿勒曼尼人又开始蠢蠢欲动。公元366年1月初，阿勒曼尼人渡过莱茵河，用惯用的伎俩入侵高卢。驻守高卢的查里埃托和谢韦里安战败身亡。但骑兵指挥官乔维努斯接管了军队，进行殊死抵抗，奇袭阿勒曼尼人，击溃阿勒曼尼人整整两个军团的人马。在查隆斯附近第三次交战中，罗马军队大获全胜。是役杀敌六千人、伤敌四千人，而罗马军队只损失了一千二百名士兵。因为这场胜仗，乔维努斯回到巴黎后被授予执政官一职。

公元368年的某个基督教节日，一个叫兰多的阿勒曼尼人首领突袭美因茨，掳走大量平民。瓦伦提尼安一世决定报复阿勒曼尼人。他命令塞巴斯蒂安率领意大利军团和伊利里亚军团从南部进军，而他本人则带着儿子格拉提安率领高卢军团渡过莱茵河进行包抄。这对父子顺利渡河，未遇到任何阻挡，行军途中也没有见到阿勒曼尼人，所经村庄皆被焚烧，耕地荒芜。最后，瓦伦提尼安一世获悉阿勒曼尼人早已盘踞在一座大山中，而这座山只有北坡容易攀登。于是，他派塞巴斯蒂安率军驻守北坡，拦截阿勒曼尼人，然后命令军队奋勇前进。士兵们排除千难万险，沿着陡峭的山坡爬上去，成功登顶后，向阿勒曼尼人发起猛烈的进攻，将阿勒曼尼人驱赶至北坡。塞巴斯蒂安在北坡守株待兔，将阿勒曼尼人一网打尽。之后，瓦伦提尼安一世和儿子格拉提安赶回特里尔过冬，并举行盛大的凯旋仪式来庆祝胜利。瓦伦提尼安一世很谨慎，没有再次入侵日耳曼，而是未雨绸缪，做好高卢的防御。在瓦伦提尼安一世的规划下，从莱茵河源头一直到入海口，以东岸为主，修建了大量要塞。日耳曼人曾多次阻挠防御工程的进展，针对莱茵河西岸堡垒修建的破坏行动更是层出不穷。日耳曼人偶尔会得逞，但这丝毫不影响瓦伦提尼安一世完成宏大设想的信心。之后，他成功阻挡了日耳曼人的入侵，维护了高卢的安定。

现在，北方海盗在高卢和不列颠沿海地区肆虐侵扰。他们以"撒克逊人"的名义联合在一起，展开了旷日持久的掠夺之旅，埋下了祸根。这些掠夺者大多已渗入高卢行省。罗马帝国的步兵指挥官塞维鲁率领大军前去围剿。撒克逊人见罗马军队兵多将广、武器精良，决定弃战，并提出为罗马军队提供一批精兵，条件是罗马军队允许其安全撤离。双方就此达成协议。履行条约后，撒克逊人动身前往沿海地区，途中需要经过一个树木葱郁的峡谷。一支精心挑选的罗马帝国骑兵部队奉命在此埋伏，准备趁撒克逊人经过时发起偷袭。然而，在骑兵部队发起攻击前，撒克逊人就察觉到了罗马人的欺诈行为，立刻反击。罗马步兵一触即溃。这时，在附近执行伏击任务的罗马胸甲骑兵听到战斗的声音，匆忙赶去增援。倒霉的撒克逊人被两支骑兵前后夹击，立刻溃不成军。战俘被送到竞技场当角斗士。我们不必对罗马人的不守信用嗤之以鼻，因为即使是在罗马帝国最辉煌的时期，他们也从来不怕践踏自己的诺言。

不列颠沿海地区跟高卢一样，饱受北方海盗的劫掠。此外，如今这个富庶繁华、文明开化的岛屿还受到内部敌人的干扰。在利益的驱动下，军官克扣士兵军饷、私售退伍或免役的名额，导致军纪涣散、交通要道上盗贼横行。皮克特人和苏格兰人——不列颠北部未经开化的土著——等野蛮的游牧部落大批涌入毫无防备的行省，四处烧杀抢掠。瓦伦提尼安一世听到这个消息后，第一反应是让塞维鲁和乔维努斯去控制不列颠的局面，但最后他选择了有着西班牙血统的狄奥多西。狄奥多西是一位公认的德才兼备的官员。

狄奥多西率军在桑威奇的鲁图皮亚登陆，然后前往伦蒂尼恩。接着，他率军同蛮族军队交战，将蛮族军队打得七零八落，缴获了大批战利品，抓到了很多俘虏。狄奥多西发布大赦公告，劝说以前的逃兵归顺，迅速将残暴的北方入侵者驱逐出岛，恢复不列颠沿海的秩序，修复遭受破坏的要塞。此外，狄奥多西用瓦伦提尼安一世的名字将从蛮族手中夺回的不列颠行省命名为"瓦伦提亚"。公元369年，从不列颠返回途中，狄奥多西被擢升为骑兵统帅，负责管理多瑙河上游地区。不久，他打败了阿勒曼尼人。接着，狄奥多西被派去镇压阿非利加行省的叛乱。

罗曼努斯是阿非利加行省的军事指挥官。同其他官员一样，他心中毫无公平正义，将人民福祉抛诸脑后，只想满足自己的虚荣和欲望。这种情况在所有专制政权中屡见不鲜。罗曼努斯仗着自己的亲戚——阿非利加行省总督雷米吉乌斯的权势，漠视人民的愿望和苦难。不仅如此，有人如果不能满足他的要求，就会被他置于野蛮人的蹂躏之下。可怜的黎波里人被扔给了盖图里人。的黎波里人壮着胆子派出代表向瓦伦提尼安一世表达诉求。于是，瓦伦提尼安一世派公证人帕拉狄乌斯审查此事，但帕拉狄乌斯当初靠雷米吉乌斯的权势才谋到这份差事。结果可想而知，帕拉狄乌斯向瓦伦提尼安一世汇报，坚称罗曼努斯无罪，的黎波里人的指控纯属子虚乌有。瓦伦提尼安一世受到蒙蔽，下达了残忍的命令，大批良民因此丧命。罗曼努斯继续实施暴政，压榨百姓，逼得百姓投奔早年叛变的摩尔王子。

这个摩尔王子叫菲尔穆斯，是纳巴尔的儿子。纳巴尔去世后，菲尔穆斯在一次争执中不小心杀死了弟弟扎马克。在仇恨和贪婪的推动下，或者出于对司法正义的尊重，罗曼努斯坚持要抓捕菲尔穆斯。菲尔穆斯意识到自己要么顺从地接受死刑，要么奋起反抗。最终，他选择了后者。成千上万的人追随并拥护他。事实证明，罗曼努斯无力对抗菲尔穆斯。因此，富有才干的狄奥多西奉命前来讨伐菲尔穆斯。狄奥多西和菲尔穆斯之间的较量同梅泰卢斯和朱古达①之间的较量有相似之处。狄奥多西率领四千多人急行军，最后从四面八方包围菲尔穆斯及其军队。菲尔穆斯向另一位摩尔王子依格玛赞寻求庇护。依格玛赞决心效仿博胡斯的做法，交出菲尔穆斯，赢得罗马人的青睐。菲尔穆斯尽管料到自己会被抛弃，但还是选择了慷慨赴死。

狄奥多西在阿非利加终难逃一劫。他一到阿非利加就把罗曼努斯监禁起来，掌握了证明罗曼努斯有罪的确凿证据，但法庭偏袒罗曼努斯，一再延期审判。罗曼努斯贿赂证人，伪造证据，最终无罪释放。但深知狄奥多西作用的瓦伦提尼安一世已死，这时在位的瓦伦提尼安二世担心狄奥多西会功高震主，于是下令在迦太基逮捕无辜的狄奥多西，并以莫须有的罪名处死了他。

狄奥多西在阿非利加镇压叛乱时，瓦伦提尼安一世御驾亲征，同老对手夸丹人开战。为了实现凭借堡垒保卫边境河岸的计划，罗马帝国选址修建堡垒，但夸丹人宣称罗马帝国修建堡垒的土地是他们的领土。面对夸丹人的反应，管理伊利里亚行省的埃奎提乌斯暂停了工程，等待瓦伦提尼安一世进一步指示。但埃奎提乌斯的竞争对手马克西米努斯抓住时机抹黑埃奎提乌斯在瓦伦提尼安一世心中的形象。马克西米努斯担任高卢行省的行政长官。他暴虐卑鄙，设法为自己的儿子马塞林努斯夺取争端所在地瓦伦里亚的统治权。怒不可遏的瓦伦提尼安一世轻信了马克西米努斯，草率地把至关重要的统治权交给毫无经验、粗鲁傲慢的年轻人马塞林努斯。马塞林努斯一到瓦伦里亚就恢复了埃奎提乌斯中断的工程。夸丹人的首领加比纽斯提出抗议。马塞林努斯邀请他参加盛宴，假意顺从。加比纽斯离席时却被暗杀。这件事彻底激怒了夸丹人。他们从同盟部落萨尔马提亚人那里得到马匹，渡过多瑙河，直入潘诺尼亚。此时正值收获季节，所有

---

① 公元前112年，罗马帝国与努米底亚国王朱古达发生战争。战争前期，罗马军队以执政官梅泰卢斯为统帅。公元前107年，马略出任执政官，被派往阿非利加承担作战任务。——译者注

人都忙着在田间劳作。毫无防备的农民死伤无数,而入侵者则带着战利品满载而归。入侵者的掠夺一直蔓延到西尔米乌姆城外。埃奎提乌斯唯一能带到战场上的两个军团也被打得溃不成军。萨尔马提亚人此时效仿夸丹人入侵摩西亚。时任边境军队指挥官但被当作黄口小儿的狄奥多西之子小狄奥多西却在几次战斗中击败了萨尔马提亚人,逼得萨尔马提亚人不得不撤退、求和。

公元375年春,瓦伦提尼安一世离开了常居地特里尔,率领高卢大部分军队来到多瑙河岸。军队渡过多瑙河,深入夸丹境内,烧杀劫掠一番,然后返回罗马帝国境内,军队不折一兵一将。瓦伦提尼安一世打算在第二年再次出兵,彻底击败夸丹人,所以把士兵们安置在布雷基里奥过冬。布雷基里奥位于多瑙河沿岸,紧挨着现代城市普雷斯堡。瓦伦提尼安一世暂住此地,等候夸丹人的使者前来乞和。性格暴躁的瓦伦提尼安一世痛斥使者和夸丹人的首领。然而,由于过于暴躁,瓦伦提尼安一世血管爆裂,踉跄几步就倒在了侍从的臂膀上,说不出话来,撑了几个小时后,于公元375年11月17日驾崩。瓦伦提尼安一世享年五十五岁,在位差一百天十二年。

人们颂扬瓦伦提尼安一世是勇猛果敢的军人、恪守正义的赤子。生活中,他节俭朴素,温和谦让。他竭尽所能减轻人民负担,严肃军纪。最重要的是,他实行宗教宽容政策,不把自己的信仰强加到人民身上。同时,他暴躁易怒、残忍刻薄,属下常因小失误而惹上杀身之祸。瓦伦提尼安一世惩罚他人的野蛮手段让人不寒而栗。他养了两头母熊,分别起名为"小金"和"纯纯"。这种生性残暴的猛兽深受瓦伦提尼安一世喜爱。他把兽窝建在自己卧室旁边。不仅如此,他还专门委派饲养员来负责培养两头熊的残暴性情。我们不清楚"小金"的命运,但在长时间的饲养后,"纯纯"被放回森林重获自由。

瓦伦斯、格拉提安、瓦伦提尼安二世
公元375年至公元378年

　　瓦伦提尼安一世在位第五年时,把罗马帝国分给自己的弟弟瓦伦斯和自己的儿子格拉提安,三人共治帝国。当时格拉提安只有九岁,如今已经十七岁。瓦伦提尼安一世驾崩时,格拉提安正在特里尔宫。他的不在场助长了迈罗鲍德斯和埃奎提乌斯两位军官的野心,他们企图通过增加皇帝的人选来为自己谋取利益。迈罗鲍德斯和埃奎提乌斯精心策划后,撤去了高卢部队,排除了异己。此外,他们把格拉提安同父异母的弟弟瓦伦提尼安二世带到军营,授予他象征最高权力的头衔和紫袍。当时,这位年仅四岁的王子和母亲尤斯蒂娜皇后住在距布雷基里奥数百英里的宫殿里。格拉提安处世谨慎,性情温和,毫无怨言地接受了这个现实,认同瓦伦提尼安二世的皇位,始终以友爱和关切的态度对待幼弟并成了他的监护人。瓦伦提尼安二世和母亲尤斯蒂娜皇后定居在麦狄奥拉努姆,统治伊利里亚、意大利和阿非利加。

　　普罗科皮乌斯倒台以后,瓦伦斯的统治趋于稳定。他在伊比利亚和亚美尼亚建立高效的吏制,与沙普尔二世处于敌对状态。但瓦伦斯胆小怯懦,沙普尔二世随着年龄增长,精力随之衰退。他们已经可以通过谈判解决分歧。瓦伦提尼安一世死后,瓦伦斯发现自己不得不亲自上阵对抗强敌。从某种程度上讲,这段不幸的时期预示着罗马帝国的最终灭亡。

　　哥特人主要由两部分构成,一部分是东哥特人,另一部分是西哥特人,其活动范围从罗马帝国北部边境到攸克辛海之间。东哥特人的首领是赫尔曼里克。据东哥特编年史记载,赫尔曼里克八十岁高龄时,也就是在大多数人已经不再工作的年龄,开始了征服的生涯,其统治范围延伸到波罗的海沿岸。西哥特人的首领阿萨纳里克被迫放弃自己的尊号,转而采用"士师"这一谦逊的称号。赫尔曼里克是公认的塞西亚首领,因向普罗科皮乌斯提供援助而与东罗马帝国皇帝瓦伦斯陷入敌对的态势。赫尔曼里克将军事指挥权交给西哥特士师阿萨纳里克。直到369年哥特与罗马签订条约，战争才结束。条约维持的和平一直持续到瓦伦提尼安一世去世。而来自东部遥远地区的新敌人出现，迫使哥特人又侵入罗马帝国。

亚洲北部广阔的草原南起欧洲边界——确切地说从斯拉夫人的居住地——一直延伸到东部海岸，自古以来，这里居住着两个民族。一个被古人称作塞西亚人，现代人称其为突厥人。他们一直占据着草原的西部地区。历史学家讲述斯拉夫人的战争和征服时提到的就是塞西亚人。他们身材高大，体型匀称，皮肤白皙，属于高加索人，或者说是印度—日耳曼人种的一部分。另一个种族长期以来并不为人所知，他们被称作蒙古人或鞑靼人。他们原来的活动区域在塞西亚人的东边。他们的相貌不同于欧洲人，胡子稀疏，眼距极宽。他们的外表特征和其他特征都表明他们不属于日耳曼民族。

鞑靼人定居处以南是幅员辽阔的中国。中国的史书记载了汉族和来自北方蛮族之间的无数场战争。在我们描述的这段历史时期前，中国人凭借精良的武器打败了鞑靼人。因此，大部分鞑靼武士带着牛羊向西迁移，寻找新的定居地。其中，我们说的鞑靼人的分支匈人一直向西行进，直到遇到了居住在伏尔加河和顿河流域的阿兰人。他们大战于顿河两岸。阿兰人首领被杀，匈人取得胜利。一部分阿兰人选择了迁移，另一部分阿兰人选择了投降并加入匈人的军队。公元375年，匈人进入哥特人的领地。赫尔曼里克对哥特人实施暴政，大部分臣民对他深恶痛绝。哥特人对匈人的壮大漠不关心。此外，不久前，罗克索拉尼人的首领背叛了赫尔曼里克。因此，赫尔曼里克以车裂之刑处死了首领无辜的妻子斯万希尔德。斯万希尔德的兄弟伺机报仇。很快，赫尔曼里克就被刺杀身亡，而他的儿子兼继承人威悉默也在与匈人战斗中阵亡。群龙无首的东哥特人很快就有一些人向匈人投降了，但他们两位勇敢的将领萨弗拉克斯和阿里修斯则带着年幼的王子威瑟里克和大多数不愿受奴役的东哥特人向尼斯特河岸前进。此时，尼斯特河岸被阿萨纳里克率领的西哥特士兵占领。匈人很快就追赶上来,在月明之夜,大批匈人骑兵渡河。在这种状况下,西哥特人不得不向多山的地区撤退,寻找新的容身地。阿萨纳里克制订了新的防御计划,但因士兵胆小害怕,导致计划全部落空。公元376年,西哥特人在另外两个"士师"弗里提根和阿拉维乌斯的带领下来到多瑙河畔,寻求罗马皇帝的庇护。

　　西哥特使者来到了安条克。瓦伦斯当时正在这里。瓦伦斯和大臣们考虑了哥特人的请求,决定给他们安身之所。条件是渡过多瑙河前,他们要先解除武装,同时把子女留下当人质,分送到亚洲各行省。西哥特人迫不及待地同意了这些条件。然后,瓦伦斯向罗马军官下达了命令,允许西哥特人渡过多瑙河。此时水流湍急,水位暴涨,河面有一英里宽。许多人在渡河过程中丧生,但我们可以肯定至少有二十万的西哥特士兵及其妻儿和奴隶安全地在多瑙河南岸登陆。根据协议,人质可以释放,但西哥特士兵为了保留武器,出卖妻子和儿女供罗马人淫乐,并献出他们最珍贵的财产。罗马官员在贪婪和欲望的驱使下,为了一己之私做出了危害国家安全的决定。于是,一支强大的哥特军队占领了摩西亚的平原和山丘。不久,萨弗拉克斯和阿里修斯带领东哥特人来到多瑙河岸边,请求通行。但瓦伦斯惶恐不安,断然拒绝了东哥特使者的请求。

　　像西哥特人这样强大的蛮族,罗马帝国需要小心地对待,尽量避免激怒它。但卢庇西努斯和马克西穆斯为了满足自己的私欲,残忍地压榨西哥特人。西哥特人得到的只有狗粮一样粗劣的食物。为了得到一磅面包,他们要献出一个奴隶;为了买到一小块新鲜的肉,他们要付十磅银子;他们把所有财产花光后,就不得不靠卖儿卖女来换取糊口的食物。最终,忍无可忍的西哥特人举起叛乱的大旗,惊动了卢庇西努斯和马克西穆斯。他们当机立断,要把西哥特人赶往罗马帝国边陲。带着这样的想法,他们召集所有能召集到的军队,甚至连监视东哥特人的军队也被撤走了。东哥特人乘机乘木筏和小船渡河,然后在罗马帝国领土上安营扎寨。西哥特人服从罗马将领的命令,在弗里提根的率领下,向离多瑙河七十英里的马尔西诺波前进。然而，到达目的地后，罗马人坚决不与西哥特人互市，双方的口角很快升级为武装冲突。卢庇西努斯当时正在款待哥特人首领。得知此事后，卢庇西努斯下令杀光弗里提根和阿拉维乌斯的军队。骚乱惊动了弗里提根。他拔出长剑，号召同伴从人群中杀出，在空旷的地方会合。很快，弗里提根就竖起旗帜，吹响熟悉的号角，向罗马人宣战。卢庇西努斯则调动全部兵力前去讨伐弗里提根。

两军在距离马尔西诺波九英里的地方交战，最终以罗马帝国军队大败告终。哥特人在失去防卫的罗马帝国领土上开始肆无忌惮地抢劫。农民被屠杀或被奴役，村庄遭到掠夺和焚毁。此时，一支驻扎在哈德良堡为罗马帝国服兵役的哥特人军队，由于无法忍受罗马军官的残暴，被迫叛乱。他们与胜利的同胞会合，包围了哈德良堡。但哥特人不懂攻城的战术，弗里提根便放弃围困，宣称自己愿与哈德良堡的罗马人和平共处。在色雷斯金矿服劳役的奴隶也投靠了哥特人，向哥特人透露了山上所有当地人用来藏身及放置牛和财物的地方。公元377年，哥特人把能想到的各种暴行都施加到了不幸的罗马人身上。

为了制止哥特人的暴行，瓦伦斯派出了由图拉真和普洛弗图拉斯统率的东罗马军队，西罗马帝国内廷官员里绍默也率军加入其中。他们合兵一处，决心找到哥特人并发起进攻。哥特人穿过哈伊莫司山脉，在多瑙河入海口最南端附近的平原上扎营。弗里提根察觉到罗马军队正在逼近，于是把散布四处的士兵召集起来开始战斗。这场战斗从黎明持续到黄昏，最终双方打成平手。接下来的七天，哥特人按照自己的民族习惯，用携带辎重的大车围成了坚固的营地。罗马将领的计划是把哥特人围困在营地里，断绝哥特人的补给，从而削弱哥特人的战斗力。当罗马军队根据计划加固防御工事时，却发现弗里提根已经和东哥特人结成联盟，甚至引诱匈人和阿兰人加入自己的阵营。由于担心受到前后夹击，罗马人放弃围攻哥特人的营地，向后撤退。得到喘息的哥特人迅速展开报复行动，其洗劫的范围一直蔓延至赫勒斯滂。瓦伦斯很早就向自己的侄子兼共治皇帝格拉提安寻求援助。正当年轻英勇的格拉提安准备率领罗马帝国西部的军队前去增援时，阿勒曼尼人得知了这个消息。他们决定与哥特人联合。很快，四万阿勒曼尼人渡过莱茵河入侵罗马帝国。格拉提安赶紧召回派往潘诺尼亚的军队。在阿尔萨斯的科尔马，格拉提安的军队同阿勒曼尼人激战。负责指挥的人包括作战经验丰富与智慧并举的纳尼努斯将军、法兰克人首领梅洛包德斯及一位内廷官员。最后，罗马人取得了决定性的胜利。阿勒曼尼人的首领战死沙场，只有五千阿勒曼尼人逃离战场。随后，格拉提安侵入阿勒曼尼人的领地，逼迫他们归顺罗马帝国。

格拉提安一战成名。这位年轻有为的皇帝受到臣民的称颂和爱戴。此时，瓦伦斯已回到君士坦丁堡。由于受到人民的激励和几位将领最近获胜的鼓舞，他决定亲赴战场指挥作战。哥特人本打算占领从君士坦丁堡到哈德良堡中间的关隘，但罗马军队行动迅速，经验丰富，顺利到达哈德良堡，并在城墙外建立了牢不可破的防御阵地。瓦伦斯召开军事会议，制订作战计划。格拉提安派遣里绍默前去传达大军胜利及他很快就会到达哈德良堡的消息。里绍默极力主张等待高卢军团到来后再开战，他的建议得到了骑兵指挥官维克托的支持（维克托出生于萨尔马提亚，为人精明谨慎）。但塞巴斯蒂安和其他大臣曲意逢迎，反对瓦伦斯和格拉提安共享胜利。出于忌妒，瓦伦斯听信了他们的谗言，准备独自出战。这时，弗里提根派一位基督教长老担任和平使者带来文书，郑重声明如果哥特人能在色雷斯得到足够的谷物和牲口，他们将放下武器退出战斗。此外还有一封密信，弗里提根在信中以朋友的身份写道，除非受到罗马帝国军队实实在在的威胁，否则哥特人不会做出任何妥协。狡猾的哥特人意在引诱罗马人快速出兵。

公元378年8月9日的黎明时分，罗马帝国的东方军队开始行动。罗马人把财宝和荣誉徽章都留在了哈德良堡。接近中午时分，在离哈德良堡十二英里的地方，罗马士兵看见了哥特人的战车阵地，于是开始布阵。由于阿里修斯和萨弗拉克斯率领的骑兵部队尚未到达，哥特人再次施缓兵之计，假装求和。此时，烈日炎炎，哥特人还在周围纵火烧毁草木，罗马军队酷热难耐。再加上缺少食物，士兵们饱受饥饿之苦。最后,萨弗拉克斯和阿里修斯的军队到达,谈判结束,战斗拉开序幕。罗马军队左翼骑兵部队攻入哥特人的战车阵地,但由于缺乏后援,被击败后四散溃逃。如此一来,罗马军队的步兵由于缺乏骑兵的保护,被围堵在一片狭小的区域里,他们没法施展自身的优势,死伤惨重。徒劳地抵抗一段时间后,他们四散逃跑。瓦伦斯在兰西阿利亚和马提亚利安两支军队的掩护下逃命。图拉真大声喊道:"把皇帝救出来,要不然我们全完了!"维克托率领一大群巴达维人组成的后备军匆忙赶到战场,却没有找到瓦伦斯,而哥特人的猛烈进攻使他们不得不放弃搜救。溃败的罗马军队趁着夜色掩护奔逃。这是罗马军队自坎尼战役以来的最大一次败仗。罗马大军伤亡三分之二,此外,图拉真、塞巴斯蒂安和埃奎提乌斯等三十六名军官阵亡。

没有人清楚瓦伦斯此时是否还活着。有人说他被箭射中,他的尸体和普通士兵的尸体混在一起,无法辨认。还有人说他受了伤,在残余士兵和宦官的拼死掩护下逃到了附近一间屋子里。正当士兵们为他包扎伤口时,哥特人包围了屋子。由于打不开屋门,哥特人就放火烧屋。有一个士兵从窗口跳了出去得以逃生。他证实了瓦伦斯惨死的消息。

●瓦伦斯战死沙场

瓦伦斯在位十四年，五十岁战死沙场，这就是这位皇帝的一生。据说，他为人仗义，维护政治秩序，采用温和手段管理治下的行省。但同时，人们指责他贪婪懒惰，严厉残暴。此外，尽管对正义表现出了极大的尊重，但如果不能合乎他的心意，他不会允许法官做出任何判决。在宗教方面，他是阿里乌派信徒。因此，在他统治期间，罗马帝国正统教会的教徒曾遭受迫害。

战争结束后的第二天早晨，哥特人得知大量财富存放在哈德良堡城内。他们急于抢夺财富，所以包围了哈德良堡。城外的罗马士兵和皇帝的追随者视死如归、浴血奋战，战斗持续了五个小时，哥特人竟然束手无策。为了以儆效尤，罗马人将三百名逃兵正法，表明了只有英勇奋战和坚贞不屈才能保全性命。一场激战之后，哥特人被迫退回战车阵地。稍做休整后，哥特人再次施展伎俩，提议谈判。在此期间，一些叛变的罗马士兵逃到哥特军营。哥特人引诱他们回到哈德良堡，营造出他们奋力逃脱的假象。如果条件允许，他们可在城中纵火。这样一来，罗马人忙着救火时，哥特人就可以乘机攻打城防的薄弱环节。但实际情况是，叛徒回到哈德良堡后，由于他们的描述自相矛盾，被识破了真实面目，受到了严刑拷打，最后终于吐露了实情。哥特人一大早又发起了进攻，但哈德良堡依然固若金汤。到了晚上，哥特人不得不鸣金收兵。回到营地后，哥特人因没有听从弗里提根的劝告，围攻城墙白白耗费时间而引发纷争。第二天，哥特人启程向君士坦丁堡进发，所经之地，洗劫一空。哥特人来到君士坦丁堡城下时，面对高大的城墙和城内无数的居民，不禁心生敬畏。当哥特人辱骂君士坦丁堡坚固时，一支贝都因人的轻骑兵从一个城门冲了出来，直接攻击哥特人。双方的战斗持续了一段时间，胜负难分。这时，只见一个阿拉伯勇士冲入哥特人的军官队伍。他身体半裸，披头散发，口中发出嘶哑凄凉的叫声，手中挥舞着一柄短剑。他先是杀死了一名哥特军官，然后趴在其伤口上吸食鲜血。这让哥特人惊骇不已。哥特人取胜无望，不久就带着战利品北撤，一路烧杀劫掠，直到亚得里亚海。

此时，势力遍及托罗斯山的尤利乌斯实施了一项残暴又饱受质疑的计划。意识到哥特青年遍布各个城镇的危险后，他征得君士坦丁堡元老院的同意，向各地军事指挥官下达命令。这些指挥官碰巧都是罗马人出身（正如阿米阿努斯·马塞林努斯所说，这种情况十分罕见）。按照预定方案，哥特青年在指定的日子去领赏。他们集合后，就会被全部屠杀。领赏令下达后，手无寸铁的哥特青年来到城镇广场上。罗马士兵把守每一条街道。就连附近房子的屋顶上都站满了士兵。一声令下，罗马士兵拔出武器，哥特青年都被杀死了。

格拉提安、瓦伦提尼安二世和狄奥多西一世
公元378年至公元383年

听闻叔叔瓦伦斯不幸战败身亡的消息时，格拉提安正在率军前去救援的路上。他当即停下，慎重考虑整个帝国的处境。他知道自己需要管理西罗马帝国，分身乏术，无法顾及东罗马帝国，因此需要挑选一个合适的人去治理东罗马帝国。而这个人既要有统帅才能，又要有政治家的头脑。有了前车之鉴，格拉提安决定从同僚中而不是普通下属中选择一位皇帝。此事既关乎自己的名誉，也关乎帝国的荣耀。

格拉提安选择狄奥多西的儿子小狄奥多西作为东罗马帝国的皇帝。其父狄奥多西三年前在自己当政时被处死。父亲死后，小狄奥多西辞去军职，回到家乡西班牙，在祖居地科科安顿下来。科科位于巴利亚多利德和塞哥维亚之间。小狄奥多西每日在此悠闲度日，偶尔打理家族生意。一天，他接到传召，很快便紫袍加身。公元379年1月19日，在士兵和百姓的欢呼声中，小狄奥多西在西尔米乌姆接受了格拉提安的册封，史称"狄奥多西一世"。此时，狄奥多西一世三十三岁，气宇轩昂，仪表不凡。时间证明他的高贵品格与外在魅力是一致的。他以光荣的方式获得皇位，既没有使用阴谋诡计，也没有使用卑鄙伎俩。国家危亡之际，品格高尚的狄奥多西一世临危受命，因为他有能力拯救国家、战胜敌人。而狄奥

多西一世的父亲是格拉提安批准后处决的,格拉提安能将皇位交给狄奥多西一世,亦让人不得不赞叹他的胸襟。

瓦伦斯阵亡后,东罗马帝国军队的士气低落,狄奥多西一世没有冒险率军与哥特人交战。他来到塞萨洛尼基,加强周围城市的防御工事。经过频繁训练,士兵们提高了对付野蛮人的战斗力。之后,罗马军队化整为零,协同作战,多次取得胜利。能征善战的弗里提根死后,蛮族各分支出现了分歧,这种情况也有助于罗马军队的拖延战术发挥作用。此时,哥特部落的一个首领摩达尔投奔狄奥多西一世。狄奥多西一世任命他为高级军事指挥官。摩达尔出其不意地消灭了大部分族人。早已不问政事的阿萨纳里克在弗里提根死后再度出山,说服大部分西哥特人服从自己的命令。年迈的阿萨纳里克主张向罗马帝国求和。后来,他听取了狄奥多西一世的提议,缔结了条约。狄奥多西一世在距离君士坦丁堡不远处接见了阿萨纳里克。阿萨纳里克在狄奥多西一世的陪同下来到君士坦丁堡,面对宏伟壮观的君士坦丁堡,他惊叹不已。或许是由于水土不服,他到君士坦丁堡不久便去世了。狄奥多西一世为他举行了十分隆重的葬礼,立起庄严的纪念碑以示哀悼。从此,西哥特军队听命于东罗马帝国,哥特人其他首领纷纷同意与狄奥多西一世媾和。于是,在瓦伦斯死后第四年,即公元382年,哈德良堡战役的胜利者向东罗马帝国俯首称臣。西哥特人被分到摩西亚行省和达契亚行省居住。这两个行省因曾遭到过哥特人的破坏而变得荒芜。

这一时期,东哥特人一直远在北方,混居于其他日耳曼部落中。公元386年,东哥特人再次出现在多瑙河下游。他们人多势众。与他们同来的还有日耳曼人、萨尔马提亚人和匈人。他们侵入罗马帝国各行省。而东罗马帝国将军普洛摩图斯已经想到了应对之策。他派几名间谍到东哥特人那里,说他抛弃了罗马军队,并且让东哥特人相信,如果他们在夜深人静时过河,就可趁罗马士兵熟睡之际突袭。于是,一个月黑风高之夜,东哥特人乘三千艘船向多瑙河对岸发起进攻。但当东哥特人到岸时,发现岸上戒备森严,两英里半的范围内,有战船组成的三道防线。东哥特人奋力杀出重围。这时,罗马人的一列战船顺流而来,给东哥特人致命一击。东哥特人的抵抗无济于事,他们的首领奥多狄埃乌斯及数千士兵要么被杀,要么溺水身亡,最终不得不投降①。狄奥多西一世距此不远,双方缔结了和平协议,东哥特人成为罗马帝国的臣民。他们被安置在吕底亚和弗里吉亚。在承认罗马帝国皇帝最高统治权的前提下,东哥特人由自己的世袭首领管辖。从此,四万人的东哥特军队成为东罗马帝国军队的一部分,被称为"联盟军"。东哥特士兵身着金领衣服,享有丰厚的待遇和各种特权。

现在,我们来看看西罗马帝国及其皇帝格拉提安。格拉提安生性懦弱,脾气温和。在他小时候,父亲就给他配备一拨名师指导,他取得的成就与此息息相关②。他在位早年采取的许多措施都与这些名师的幕后指导有关,但他只是听命行事。高尚的品格让善良的格拉提安深孚众望。当给他出谋划策的人死去或遭遇不测时,温和懒散的格拉提安就听从另一拨人的指导,并将政务托付给他们,自己则去狩猎。他拉弓射箭,投掷标枪,堪比当年的康茂德。朝廷和各行省卖官鬻爵现象猖獗,皇室与平民日渐疏远。但这还不至于影响格拉提安在智者帮助下赢得的军心。然而,后来因为自己轻率的行为,格拉提安失去了军心。他任用阿兰人为自己的贴身护卫。阿兰人能够娴熟地使用格拉提安喜欢的武器。格拉提安甚至经常穿戴阿兰人的服饰出现在公众面前。这引起士兵们的不满,甚至连日耳曼人也对阿兰人的奇装异服惊讶不已。

公元383年,在罗马士兵怨气冲天时,不列颠发生了叛乱。一个叫马格努斯·马克西穆斯的人自立为王。马格努斯·马克西穆斯是西班牙人,曾是狄奥多西

---

① 关于此处的叙述有争议。佐西穆斯的记载是东哥特人曾在同一条河上被同一批人以相同的方式打败了两次。第一次战败时,东哥特人的将军是奥多狄埃乌斯。第二次战败时,东哥特人的将军是克劳狄家族的奥都斯乌斯。我们不能同意爱德华·吉本的观点,他认为东哥特人的战败将军是阿里修斯。在爱德华·吉本的叙述中,有一个场景不合理,那就是东哥特人应该能看到罗马人的船,因为多瑙河并不宽,可以看到河的对岸。——原注
② 波尔多的诗人奥索尼乌斯是格拉提安的一位老师。公元379年,格拉提安授予他执政官一职。我们不知道为什么爱德华·吉本称奥索尼乌斯为"伪异教徒"。——原注

的士兵，但没有在军队获得什么重要职位，现居住在不列颠。马格努斯·马克西穆斯的能力和人品都值得认可，但他的影响力从何而起我们无从得知。如果我们可以相信马格努斯·马克西穆斯的说辞，那么尊贵的身份就是他自己强加的。他清楚自己不进则亡。不列颠的青年加入他的麾下后，他率领大军前往高卢[①]。高卢军队向马格努斯·马克西穆斯宣誓效忠。见到这种情形，格拉提安匆匆出逃，从巴黎逃到卢格杜努姆，只有三百名士兵随同。沿途的城市都对他紧闭大门。卢格杜努姆的总督假意接待了他们，实则出卖了他们。公元383年8月25日，追兵赶到卢格杜努姆，杀死了用完晚餐的格拉提安。格拉提安的弟弟瓦伦提尼安二世恳求马格努斯·马克西穆斯交还格拉提安的尸体，但徒劳无功。法兰克人的首领梅洛包德斯和其他罗马将军同样遇害。但马格努斯·马克西穆斯声称，除了在战场上，他从没有杀过一个罗马人。此时，他得到了西罗马帝国所有军民的认可。

狄奥多西一世、瓦伦提尼安二世和马格努斯·马克西穆斯

格拉提安之死发生得如此突然，狄奥多西一世很久才得知原委。在他决定如何行动前，僭主马格努斯·马克西穆斯派来使团，为首的是一位年迈的内廷大臣。据史学家考证，他派遣的使者不是宦官，这一做法值得赞许。使者们解释说，马格努斯·马克西穆斯并不知晓格拉提安被杀。接着，他们让狄奥多西一世选择是刀兵相见还是和平相处。无论是出于感激，还是为了维护个人荣誉，狄奥多西一世都认为有必要为格拉提安报仇雪恨，但内心的谨慎告诉他，同高卢、西班牙和不列颠的军事争端尚未解决，如果此时将力量用在内战上，一直在边境虎视眈眈的蛮族军队可能会乘虚而入。因此，狄奥多西一世接受了马格努斯·马克西穆斯的提议，承认马格努斯·马克西穆斯共治皇帝的地位，但要求马格努斯·马克西

[①] 很多不列颠人迁移到高卢的阿莫里凯。据说，这里有一万一千名贵族和六万名平民少女。这些少女都是不列颠移民的新娘，因为误闯莱茵河，在科隆被匈人杀害。——原注

穆斯保证瓦伦提尼安二世在帝国的统治权。这样，三位皇帝共治罗马帝国的景象呈现在罗马人面前。

接下来的四年，整个罗马帝国平安无事。但这种平静最终在公元387年被马格努斯·马克西穆斯的野心打破。他不满足于当前的统治范围，将贪婪的目光投向了瓦伦提尼安二世统治下的领土。此时，瓦伦提尼安二世治下的许多人也由于宗教原因而心生不满。马格努斯·马克西穆斯侵吞了罗马人大量钱财，并在蛮族中大肆敛财。一天，瓦伦提尼安二世的使者来见马格努斯·马克西穆斯。马格努斯·马克西穆斯马上以同潘诺尼亚的叛军开战为由，说服瓦伦提尼安二世的使者加入自己的军队。瓦伦提尼安二世的使者引导马格努斯·马克西穆斯的军队穿过阿尔卑斯山脉的重重关口，而马格努斯·马克西穆斯则秘密尾随在军队后面。为了安全起见，瓦伦提尼安二世和母亲从麦狄奥拉努姆匆匆逃到阿奎莱亚。阿奎莱亚易守难攻，但瓦伦提尼安二世认为这里不安全，于是乘船绕过希腊半岛，在塞萨洛尼基登陆[①]。得知消息后，狄奥多西一世匆忙前来看望瓦伦提尼安二世等人。狄奥多西一世和大臣们商议如何应对局面。最终，基于和之前一样的原因，他决定不插手内战。如果没有妹妹加拉的美貌，瓦伦提尼安二世可能永远无法复仇了。在母亲尤斯蒂娜的指示下，加拉来到狄奥多西一世的面前，梨花带雨般恳求狄奥多西一世援助。自古英雄难过美人关，狄奥多西一世也一样。狄奥多西一世的妻子已逝，他表示如果这位美丽的求助者愿意成为自己的皇后，他就同意援助。加拉接受了这个条件。婚礼过后，狄奥多西一世准备奔赴战场。匈人和阿兰人纷纷加入狄奥多西一世的军队。他们发现马格努斯·马克西穆斯的军队驻扎在锡斯西亚萨沃河岸边。于是，匈人和阿兰人的轻骑兵潜入幽深湍急的河中，来到对岸，击溃马格努斯·马克西穆斯的军队。翌日清晨，狄奥多西一世发起全面进攻。战斗以马格努斯·马克西穆斯残存的军队投降告终。马格努斯·马克西

---

① 爱德华·吉本对瓦伦提尼安二世航行的叙述更像是史诗，而非历史。——原注

穆斯逃往阿奎莱亚,狄奥多西一世紧追不舍,很快追到了阿奎莱亚。城门被撞开后,士兵们一路拖着马格努斯·马克西穆斯来到胜利者面前。狄奥多西一世谴责了他的罪行,将他交给士兵们处置。马格努斯·马克西穆斯被斩首。狄奥多西一世的将军阿博加斯特驻守高卢。接到狄奥多西一世的命令后,阿博加斯特将马格努斯·马克西穆斯的儿子弗拉维乌斯·维克托处死(他被父亲封为"恺撒"留在高卢)。从此,瓦伦提尼安二世统治了整个西罗马帝国。慷慨的狄奥多西一世补偿了那些曾受到马格努斯·马克西穆斯压迫的人,并且向马格努斯·马克西穆斯的母亲发放生活津贴,为马格努斯·马克西穆斯女儿提供教育。

狄奥多西一世和瓦伦提尼安二世

战胜马格努斯·马克西穆斯后,狄奥多西一世在意大利待了三年,协助瓦伦提尼安二世处理西罗马帝国诸多事务。公元389年春,狄奥多西一世来到意大利,住在麦狄奥拉努姆。

公元390年,狄奥多西一世在意大利期间,发生过一件不愉快的事。这件事成为他一生的污点。在塞萨洛尼基,一个优秀的竞技场驾者对一个俊美的男孩动了不纯洁的念头。这个男孩是驻军长官波特里克的奴隶。为了惩罚驾者的无礼,波特里克把他关进了监狱。一天,人们观看比赛时找不到喜欢的驾者,一怒之下暴动了。由于驻军兵力薄弱,观看比赛的人们杀了波特里克和几位主要官员,并将他们曝尸街头。狄奥多西一世生性暴躁,听闻暴行后勃然大怒。他当即决定要为自己的将士报仇。主教安布罗斯竭力劝阻狄奥多西一世,希望他慈悲为怀。但最终,狄奥多西一世采纳了大臣鲁菲努斯的说辞,下达了屠杀的命令。他再想收回命令时,为时已晚。当时,一些塞萨洛尼基居民收到狄奥多西一世的邀请来竞技场观看比赛。人们对娱乐的热爱战胜了对可能会遭受惩罚的恐惧。等到竞技场人满后,士兵收到屠杀的命令,不分青红皂白,大开杀戒。据统计,至少有七千人被屠杀。

勇敢的麦狄奥拉努姆主教安布罗斯听到该事件后，辞官回到乡下，并写信警告狄奥多西一世不要以他的名义献祭，也不要以沾满鲜血的双手接受圣餐。狄奥多西一世认识到自己的过错，悔恨不已。过了一段时间，他去教堂祈祷以表虔诚，但在门廊处被安布罗斯拦住。安布罗斯要求狄奥多西一世在人们面前忏悔。狄奥多西一世照做了。就这样，他放下至尊的架子，以一位悔过者的身份出现在麦狄奥拉努姆教堂，痛哭流涕，请求人们原谅。经过八个月的忏悔，狄奥多西一世恢复了圣餐活动。

狄奥多西一世在这件事上的残暴不仁，与之前在处理安条克事件时表现出的宽厚仁慈形成了鲜明的对比。公元387年，生性冲动的安条克人因难以承受不断加重的税而走上街头，把狄奥多西一世和他的家人的雕像拆下，或摔碎，或拖曳着游街。当地总督向狄奥多西一世汇报了叛乱的情况。安条克人派出使团表示悔过。二十四天后，两位高级官员抵达安条克，宣读了狄奥多西一世的旨意：安条克被降级为村庄，归拉劳迪塞亚管辖；关闭所有娱乐场所，停止粮食供应；责问并惩罚罪犯；在市场上建立法庭，将最富有的公民囚禁并变卖其房产；将修士和隐士驱逐下山。在安条克人的恳求下，一位官员同意回去探查狄奥多西一世的态度。在这位官员到达之前，狄奥多西一世的怒火已消，表现出宽宏的气度。于是，安条克人得到赦免，恢复了自由。

在母亲尤斯蒂娜去世和狄奥多西一世离开意大利后，瓦伦提尼安二世选择定居在高卢。他的军队由阿博加斯特率领。阿博加斯特是法兰克人，格拉提安在位时担任过高官。格拉提安死后，他来到狄奥多西一世麾下。阿博加斯特发现年轻的瓦伦提尼安二世十分软弱，于是开始觊觎皇位。阿博加斯特治军的方式十分腐败，把指挥权都交给法兰克人。他在瓦伦提尼安二世身边安插亲信。瓦伦提尼安二世发现自己虽然住在维埃纳宫殿，却不如囚犯，于是将自己的处境告知狄奥多西一世。由于等不到狄奥多西一世的回信，瓦伦提尼安二世将阿博加斯特召到面前,递给他解聘的文书。阿博加斯特答道:"我的权力不是你给的,你无权拿走。"阿博加斯特撕了文书,摔到地上。瓦伦提尼安二世抓起一把剑刺向阿博加斯特,但被阻止了。公元392年5月15日,瓦伦提尼安二世被秘密勒死,但传出的消息是自杀。

阿博加斯特认为找一个傀儡皇帝,然后自己在幕后操纵更稳妥。因此,他选择雄辩师欧根尼乌斯为皇帝。欧根尼乌斯曾是他的文书,后来升为行政长官。阿博加斯特派使者到狄奥多西一世那里告知瓦伦提尼安二世不幸去世的消息,并希望狄奥多西一世能同意西罗马帝国军民推举的皇帝人选。狄奥多西一世一向行事谨慎。他含糊其词,用礼物打发走了使者。但妻子加拉的眼泪让他决心为妻兄报仇。经过两年的精心准备,公元394年,狄奥多西一世亲率大军进攻意大利。阿博加斯特从马格努斯·马克西穆斯的失败中吸取教训,缩短防线,放弃北部行省,撤去尤利安阿尔卑斯山的关卡,将大军驻扎在阿奎莱亚。狄奥多西一世率军翻过阿尔卑斯山脉,马上开始猛烈进攻,结果损失了一万名哥特士兵。夜幕降临,狄奥多西一世率军退到邻近的山上。他一夜无眠,而敌人正在营帐里庆祝胜利。阿博加斯特秘密安排大批人马跟在狄奥多西一世后面,准备在公元394年9月6日早晨发起进攻。阿博加斯特军队的将领此时倒戈,投靠了狄奥多西一世。两军交战时,阿尔卑斯山脉突然狂风大作,吹向阿博加斯特的军队。阿博加斯特的士兵迷信地认为这是天意,于是放下武器,举手投降。欧根尼乌斯被处死。阿博加斯特在山里游荡数天后,最后选择了自我了断。

公元395年1月17日,取得胜利后仅五个月,狄奥多西一世就驾崩了。虽然他还不到五十岁,但放纵奢靡的生活让他的身体变得虚弱,最终因水肿死于麦狄奥拉努姆。狄奥多西一世将帝国留给自己的两个儿子阿卡狄乌斯和霍诺里乌斯。

狄奥多西一世的品格令人敬佩。他从一介平民做到帝国的皇帝,始终坚持自己的原则,言行一致,初心不改。他是忠诚的丈夫、称职的父亲、慷慨和善的亲戚、友善的同伴、可靠的朋友。作为君主,他处事公正,既是明智仁慈的立法者,又是卓越的将军。他的缺点就是盲目听从一些基督教徒的话,颁布了迫害"异教徒"的法令。他脾气暴躁,这一点我们可以从塞萨洛尼基屠杀事件看出。他放纵奢靡,喜食珍馐,最终导致他早早离世。对整个帝国来说,这是巨大的灾难。

狄奥多西一世在位时期是罗马帝国历史上一个崭新的时代。他是最后一位统治整个罗马帝国的皇帝。也正是在狄奥多西一世统治时期,在罗马兴起、繁荣并衰落的古老宗教制度最终被彻底抛弃。狄奥多西一世时期也是罗马帝国最后一次带着残存的尊严立于世界的时期。如果我们说旧宗教倡导者对古老宗教的竭力维护是有原因的,那么肯定不会有人指责我们大不敬或迷信。因为按照天意,罗马的繁荣与大祭祀、占卜师和贞女密不可分。这似乎是不可否认的事实,而其中原因仍然成谜。

如果我们看到当代作者的记述,认为彼时奢靡之风日益盛行,社会风气日益堕落,那么对此我们一定要谨慎对待。其奢侈和堕落程度是否超过奥古斯都的后继者是不易辨别的。近年来,罗马人的财产相对比较有保障,不受官员的掠夺,而他们也不再惧怕蛮族人。他们不至于轻易挥霍今天拥有、明天不一定有的东西。事实上,谴责者要么是脾气暴躁的"异教徒",他们急于诋毁新信仰;要么是基督教禁欲主义者,他们带着偏见的眼光看待所有放纵。我们不能说这一时期的道德是纯洁无瑕的,或将其与现代欧洲文明国家的道德相提并论。我们只能怀疑这一时期的道德是否真的比提比略和尼禄时期糟糕。

不过,这一时期有一个显而易见的事实,那就是罗马士兵不再如共和时期那样强健。步兵因超重的头盔和胸甲压迫他们身体而渴望脱掉它们。即使可能遭遇什么不幸,他们也不愿拿起沉重的武器。还有其他方面一些原因也加速了罗马帝国的衰落。

文学在衰落的大势中仍占有一席之地。诗歌可能已绝迹。关于历史著作,只需要提及阿米阿努斯·马塞林努斯的名字。虽然所处时期相隔很久,在罗马帝国的历史学家眼中,阿米阿努斯·马塞林努斯的地位仅次于塔西佗。在哲学家看来，礼仪比什么都重要，并且他们认为文学界人士最值得尊重。演讲、颂词及私人书信是这一时期文学家的主要作品。他们试图用丰硕的枝叶和花朵掩盖果实的匮乏。其中，最杰出的文学家就是安条克的利巴尼乌斯，他是尤利安和狄奥多西一世的朋友，大部分作品现在仍流传在世。尤利安在哲学家中占有举足轻重的地位，由于他的社会地位，他的书信远比利巴尼乌斯的书信有研究价值。

第6章

基督教会

精彩看点

"异教徒"——公元4世纪的宗教——道德状况——多纳图派——阿里乌派争议——宗教"异端"——教会神职体系——教父——摩尼教

狄奥多西一世统治期间，罗马帝国传统宗教彻底没落，基督教的正统地位正式确立。我们暂停对政治事件的叙述，先简要阐述一下基督教是如何战胜"异教"的，再描述一下当时罗马帝国的内外情况。

起初，君士坦丁一世信奉基督教时，并未改变罗马帝国的原始宗教信仰。在其统治末期，他却下令拆毁"异教"神殿，并禁止供奉"异教"神祇。君士坦提乌斯二世比父亲更加仇视"异教"，实施反对"异教"的严刑峻法，甚至将供奉"异教"神祇的人处以极刑。尤利安努力维护"异教徒"利益的行为十分荒唐，最终没有什么成果，而约维安和瓦伦提尼安一世则比较仁慈开明，推行宗教自由的政策，颇受臣民赞扬。狄奥多西一世（更不必说格拉提安）的力量不够强大，或者说智慧不足，无力拒绝或驳倒反对信仰自由的观点。他们在位时期，只要崇拜古罗马的守护神就要被定罪。

摩西律法主张保持纯粹的一神论，严禁崇拜偶像。但基督教因为内在价值及其反对偶像崇拜，所以在神灵崇拜这个问题上没有过于强调。然而，人们习惯将基督教规与摩西律法混淆，当时普遍认为"异教徒"的多神就是恶灵，而不仅仅是虚构的神灵，并坚称祭祀多神是对造物主权威的侮辱，而皇帝如果允许举行这种不虔诚的仪式，就是参与犯罪。于是，格拉提安在位期间拒绝接受大祭司的名誉（之前哪怕是对基督教最狂热的皇帝都不曾拒绝过）。格拉提安还没收"异教"神殿的祭坛收入，废除"异教"祭司所有荣誉和豁免权。元老院中有一座胜利女神像，君士坦丁一世曾下令将它移走。后来，尤利安又将它恢复原位。由于元老院大多数人仍信仰旧宗教，崇尚宗教自由的瓦伦提尼安一世主张不要去打扰神像，而他的儿子格拉提安却十分狂热，再次命令将胜利女神像搬出元老院。元老院为此事派出代表团前去谈判，而格拉提安拒绝接见。公元383年，格拉提安被杀后，元老院又派出另一个代表团请求他的弟弟瓦伦提尼安二世接见。该代表团以叙马库斯为首。叙马库斯是罗马市政官，同时是大祭司兼占卜官，出生于贵族家庭，口才绝佳，品德高尚。但叙马库斯的提议遭到麦狄奥拉努姆主教安布罗斯的反对，罗马元老院的请求遭到拒绝。狄奥多西一世在罗马的时候①，要求元老院在两种宗教之间做出选择。由于叙马库斯已被流放，元老院中多数人明白叙马库斯的命运就是对他们的警告，于是就顺应狄奥多西一世的意愿。假装皈依基督教的人越来越多，传统神殿门可罗雀，教堂里挤满了做礼拜的人，繁荣了十二个世纪的罗马传统宗教一去不返。也许是出于对罗马这座庄严城市的敬畏，神殿被保留下来了，在风化的自然作用下逐渐成为断壁残垣。但外省的情况则不同，对于那些传统的神殿就顾不了那么多了。基督教的高级教士，如图尔的马丁、阿帕梅亚的马塞勒斯、亚历山德里亚的特奥菲卢斯等人发起了"圣战"。许多让人引以为傲的雄伟神殿最终在"圣战"中化为废墟。只有少数神殿因为被改造成了基督教堂，才得以幸存。总的来说，神殿的命运实际上取决于其所在教区的主教，主教理智则幸存，主教狂热则毁于灾难。

狄奥多西一世颁布敕令，反对献祭和其他"异教"仪式，但总有人我行我素，逃脱惩罚。公元392年，他颁布"不宽容法令"②，禁止各个阶层的人向诸神

---

① 大概是在狄奥多西一世战胜马格努斯·马克西穆斯之后，但历史学家佐西穆斯和普鲁登修斯认为是在战胜欧根尼乌斯之后。——原注
② 狄奥多西一世并非偏狭之人。他授予叙马库斯执政官的职位。他私下和利巴尼乌斯的关系很不错。——原注

献祭，甚至禁止在格尼乌斯、拉尔、珀那忒斯等诸神前摆放花环、焚香或点灯，并以没收举办仪式的房子作为惩戒。如果该房子属于他人，则要罚房子主人二十五磅黄金。无论是公开的还是私下的罗马传统宗教活动都遭到禁止，"异教"崇拜逐渐消失，最后仅残留在偏远的农村[①]。狄奥多西二世统治时期，人们甚至怀疑（没有根据）是否还有"异教徒"存在。

至此，我们已经见证了基督教与"异教"的斗争，以及其最终取得的胜利。在讲述基督教内部斗争历史前，我们先了解一下基督教的性质和特点。

君士坦丁一世及其继任者在位时期的基督教几乎可以肯定不是福音基督教。实际上，除了"圣餐变体"和偶像崇拜（两者之间的关系并不疏远），以及其他一些不太重要的观点，那时的基督教和16世纪宗教改革运动时期抛弃的基督教大致相同。事实上，罗马教会受到了极不公正的对待——人们指控教会制订的教义和习俗是公元4世纪时传入罗马教会的。罗马教会的罪行或错误在于保留了以前的教义，而非创新了以前的教义。

我们邀请了一位学识渊博的作家对这部分内容做主要指导。以下是对该时期宗教状况的简要介绍[②]。

"基督教义的基本原则至今在大多数教会中仍保持不变。不过，必须承认，基督教神学家常以一种高深莫测、晦涩难懂的方式来重新解读基督教义和进行自我辩护。尼西亚宗教会议上，关于圣父、圣子和圣灵三者神性的争论就是一个很好的例子。特别是那些赞成会议决议的人，他们的语言表达方式恰恰体现了这种高深莫测。这些基督教神学家的话语鲜有闪光之处，常常含糊不清，缺乏逻辑，所以他们用三个不同的神——圣父、圣子、圣灵——来取代一个神。

"即便如此，恶灵也没有就此消失。这些毫无意义的虚构与幻想，在君士坦丁一世之前，就附着在柏拉图哲学及舆论方面。而现在，基督教神学家则以各种

---

① 因此"异教徒"也被叫作"村民"或者"老派人"。——原注
② 资料来自莫斯海姆的《基督教会史》。——原注

方式去巩固、拓展和美化，从而引发了人们对已逝圣徒的极度崇拜，使人们迷信那些荒谬可笑的观念，认为某种'火'能净化孤独的灵魂。这种想法甚至到现在仍然流行，还在人们生活中留下很多印记。因此，神父开始禁欲独身，人们开始崇拜圣像圣物。随着时间的推移，禁欲思想和偶像崇拜差点从根基上毁了基督教，至少使基督教受到了灾难性的影响，严重玷污了基督教的本质。

"大量形形色色的迷信逐渐取代了真正的宗教信仰。这种可怕的变化是由多种因素造成的。基督教徒贸然接受新思想，希望将'异教徒'的仪式与基督教的礼拜融合。而人类懒惰的共性又使基督教徒倾向于庸俗和华而不实的宗教仪式。所有这一切都导致迷信盛行，使基督教走向毁灭。于是，人们常常到巴勒斯坦去朝拜，到殉道者的坟墓去祭拜，仿佛只有这样才能获得神圣的品格和得救的希冀。这种迷信观念失控了，任意泛滥。荒谬的观念和烦冗的仪式日胜一日。人们从巴勒斯坦和其他圣地带回大量尘土，认为那是对抗恶灵最有力的物品，并在各处以高价贩卖。公众游行和祈愿原是'异教徒'为了抚慰诸神而举行的仪式，现已被纳入基督教敬拜仪式中，有些地方还会举办盛大活动。'异教'的神殿、祭礼及守护神雕像和英雄雕像等完全被基督教吸纳过来，演变成基督教堂、圣水（经过某种祈祷而形成）及基督圣像。黑暗时期'异教'享有的特权，现在在福音的光辉下，或者更确切地说，在盛装打扮的迷信乌云下，被赐给了基督教。事实上，当时崇拜圣像的现象并不是很普遍，也不存在任何圣像。但毫无疑问，当时，按照宗教仪式祭拜殉道者的奢侈程度令人震惊，而这些是在耶稣基督降临之前祭祀诸神的仪式。"

这就是知识渊博、公正坦率的历史学家莫斯海姆的描述。我们必须提醒读者，书中描写的不是公元10世纪或公元12世纪（因为有人会这样认为）而是公元4世纪尼西亚宗教会议时期的情形，即亚他那修、圣额我略·纳齐安、大巴西略、安布罗斯、奥古斯丁、哲罗姆等著名教父所处的时代。上面的所有迷信活动在这些人的著作中都能发现，并且他们多数人都对迷信活动持赞许态度。

正如我们观察到的那样，摩西律法似乎成了纯洁质朴的福音信仰受外部侵蚀的根源。摩西律法是根据当时世界的状况和上帝的指示形成的行政和宗教体系，其框架与国家的行政和宗教体系有某种程度的相似。摩西律法中对神职人员、祭品、大典、仪式做了规定。所以基督教徒热爱游行和大典，或者对战胜"异教"持有模棱两可的态度，希望将"异教"仪式引入基督教。基督教徒发现这些仪式与希伯来风俗有些渊源，所以在实际行动时，他们便很容易引入"异教"的各种信条和惯例，而这一切并没有违背摩西律法。

例如，犹太教中没有秘密的宗教仪式，没有神话传说和英雄崇拜，而公元4世纪的基督教中二者皆有。我们已经说过，洗礼和圣餐原本简单的仪式是如何转变为秘密仪式的。仪式越来越重要，于是变得更加庄严肃穆。神父们把它们称为"庄严盛大的秘密宗教仪式"，并将由此产生的神奇力量归因于圣餐。安布罗斯在公开演说中肯定地说自己的弟弟之所以能在一艘沉船上获救，是因为刚好吃了随身携带的圣餐。

基督教通过下列几种方式来树立英雄和塑造神话：或者纪念殉道者，或者纪念那些用自己的鲜血"告解保密"[①]的方式来证明对基督虔诚的人，或者纪念那些为信仰献身的告解神父。这样的人自然会受到教会成员的敬仰和尊重。朝圣是虔诚的人受本心驱使，常去殉道者遗骸存放的地方祭拜。这些地方仅仅因为存放着殉道者的遗骸，很快就被视为至高无上的圣地。这种神圣性生而固有，如果遗骸发生移动，其神圣性也会相随。因此，人们便将使徒和其他圣人的遗骸从原先简陋的墓地转移到首都或其他城市，并以圣人的名义建造庄严的大教堂。圣人身体的某一部分，甚至最小的部分如果被人触碰，都会赋予此人崇高的品德。每天都有关于圣人神迹的奇妙故事。这些圣人的肉体竟拥有如此大的力量，看起来可能有些荒谬。而他们的精神对凡间毫无影响，还美其名曰：圣人

---

① 指神父有不得泄露告解者忏悔内容的义务。——译者注

的精神无处不在。人们相信圣人能听到祈祷并帮助祈祷者，于是创造出各种虚假的神迹、虚假的遗体和虚假的圣人①。教会的神话很快在数量上超过了古希腊神话②。当时，教堂甚至盛行一种危害极大的言论，即"若可以增进教会的利益，欺骗和撒谎也是美德"。毫无疑问，这种观点由来已久，伪善的欺骗和谎言早已出现，但在此时达到了顶峰，连宗主教③都奉行这样的格言，基督教因此陷入了多神论与偶像崇拜的套路。

在这里，我们可以恰当地引用爱德华·吉本的话："公元5世纪初，德尔图良或者拉克坦提乌斯如果突然死而复生，协助料理圣徒或殉道者盛行一时的庆典，看到亵渎神圣的景象后，一定会大吃一惊并悲愤不已。因为这完全违背了基督教徒纯洁而神圣的礼拜方式。教堂的门打开后，扑鼻而来的是焚香和花香，虽然是大中午，灯光和烛光却被点亮，显得庸俗而多余，到处弥漫着渎神的光芒。所有这一切定会使德尔图良或者拉克坦提乌斯厌恶不已。如果德尔图良或者拉克坦提乌斯走近祭坛的护杆，就要穿过匍匐在地的祈祷者。这些人大多是外地人和香客。他们在举行欢宴的夜晚来到城市。他们早已被宗教狂热或美酒灌得酩酊大醉，会虔诚地亲吻神圣建筑物的墙壁和地面，诚心祈祷。无论他们所在的教会使用何种语言，他们都会虔诚地亲吻神圣建筑的墙壁和地面，对着圣人的骸骨、血液或骨灰热烈地祈祷。骸骨都用亚麻布或丝纱遮盖，以免被世俗的目光玷污。基督教徒经常前往殉道者墓地，希望借助殉道者的影响力，获得所有精神和世俗的福分。基督教徒希望上帝保佑他们的健康，医治他们的疾病，祈求不孕的妻子生儿育女，或者他们的孩子能平安幸福。每当要踏上一段遥远、艰险的旅

---

① 某些坟墓被误认为是圣人和告解神父的坟墓。虚假的名字被当作圣名，甚至有些强盗都变成了殉道者。有人把死人的尸骨埋在某个偏僻的地方，然后声称上帝托梦告诉自己，躺在那里的是上帝的某位朋友。——原注
② 爱德华·吉本说："原始基督教徒崇高质朴的神学逐渐腐朽，君主制的天空已经笼罩在玄学之下，而流行神话的引入加速了君主制的退化。这些神话都将有助于恢复多神教的地位。"——原注
③ 宗主教是早期基督教在罗马、君士坦丁堡、耶路撒冷、亚历山大和安条克的主教的称号。——译者注

程前，基督教徒都会请求神圣的殉道者指路护航。如果平安归来，他们就会匆忙赶到殉道者墓地，无限感激保护人的英灵和圣人遗物。墙上挂着基督教徒所得恩惠的象征之物，比如金银制作的眼睛和手脚及富于教诲意味的图像。图像中的圣徒显现出如保护神一般的形象、功德和奇迹。但由于虔诚信徒表现出偶像崇拜的行为，这些图像可能很快就会消失不见。在最遥远的时代，原始的迷信方式大致相同，这可能意味着欺骗和影响人们的方法相同。但必须承认，基督教会效仿的正是其急于要摧毁的世俗模式。最受敬重的主教都相信，无知的乡下人如果能在基督教的精神中找到某种相似之处，或者得到某种补偿，就会更乐意放弃"异教"迷信。君士坦丁一世时期的宗教不到一个世纪就征服了罗马帝国，但在不知不觉中，胜利者被他们已征服的对手的计谋制伏了。"

各种各样的苦行修士都享有崇高的荣誉，再没有什么比这更能体现基督教内部的腐败了。整个东罗马帝国充斥着毫无用处甚至有害无益的人，并逐渐向西罗马帝国扩散。我们已经讲过苦行主义如何起源于放浪的中亚地区，如何从诺斯底教衍生出来。这种思想很久以前就渗入了教会，但基督教建立后，苦行主义如洪水暴发一般，从埃及传入叙利亚、美索不达米亚和其他行省，速度如此之快，如莫斯海姆评价："在极短时间内，东罗马帝国就充满了一群懒惰的凡人。他们放弃了所有人际关系、优点长处、生活乐趣、担忧牵挂，为了跟上帝和天使建立更亲密的联系，在穷困潦倒和苦难折磨中耗尽自己悲惨的一生。"

这些狂热者可以分为两派：团体派和隐士派（隐居修道士）。其中，隐士派有一个分支——遁世修行派。团体派，顾名思义，是住在修道院的群居修士，由院长统一管理，院长相当于神父。建立团体派的是圣安东尼。圣安东尼将许多埃及隐士聚到一起，给他们立下规矩。崇高的亚他那修写了一本传记，就是关于圣安东尼这位给修道院立规矩的先驱的。与团体派不同，隐士派独居于洞穴或不毛之地的简陋茅屋中，而遁世修行派则抛弃人类社会的一切外相，生活得如野兽一般。他们四处漂泊，居无定所，幕天席地，渴则饮饿则食，避世绝俗。遁世修行派中最著名的人物是蒂巴伊斯的保罗,他可以说是半个野人。但哲罗姆认为,蒂巴伊斯的保罗的生活和行为可以与自己媲美,足以作为虔诚基督教徒神圣完美的典范被记录下来。除了上面提到的苦行主义派,还有一派是埃及僧侣派。埃及僧侣到处游历,编造虚构的神迹,贩卖伪造的遗物,欺骗易上当的平民。就像伊斯兰教的托钵僧一样,他们大部分是臭名昭著的享乐者。虽然团体派为人所不齿,但隐士派通常也只是充斥着狂热分子或宗教痴人。

不只男性希望通过贞洁和禁欲能够在死后上天堂,女性对此也非常热衷,满怀虔诚地渴望获得这份荣誉。女修道院开始大量涌现,并且人满为患。然而,出于自然的本能,女修士要频繁地维护自身权利。那些最有名的神父的告诫让我们确信,无论在古代还是现代,异常状态下的立誓独身都会引发邪恶和谣言。

根据当时神父和其他作家的记录,基督教徒的总体道德水平极其低下。引用一位作家的话就是:"这个时候,当我们将关注点放到基督教徒的生活和道德上时,我们会发现,教徒一如既往地良莠不齐。有人内心虔诚,受人敬重;有人内心充满罪恶,声名狼藉。道德败坏、行为卑劣的基督教徒的数量开始增加,而真正虔诚、高尚的典范少之又少。当令人恐惧的迫害之风完全消散、从敌人手中获救的教会走向繁荣与和平时,大多数主教向教徒展现出傲慢、奢侈、柔弱、仇恨、冲突等不计其数的恶习。面对人们虔诚的信仰,教会的下级管理者和神学家却在各自的岗位懒散懈怠、玩忽职守、推诿扯皮。许多人被基督教吸引不是因为信念和教义的力量,而是因为有利可图或可以逃避惩罚——教会就被这群不学无术的基督教徒污染了。在某种程度上,道德败坏的人太多,极少数正直的人便会受到他们的打压排挤。事实上,在君士坦丁一世之前,严格的苦修就已经出现了,到公元4世纪依然非常普遍,对那些明目张胆的违背者做过针锋相对的斗争。但时下腐败盛行,法制无力,再加上执法不严,再健全的法律也达不到目的。情况就是这样不容乐观:连续不断的腐败促使一代代人堕落,位高权重的人犯罪总能逃避惩罚,只有贫穷无名之辈才能感受到法律的威力。"

道德处于这种状态,所以"异端邪说"和教会内部分裂自然会盛行。长期内部争斗和拉帮结派必然会破坏教会的统一。接下来我们将列举公元4世纪基督教的主要派别和"异端"。

首先是多纳图派。它以主教多纳图的名字命名。多纳图是该派积极的传教者。多纳图派是一个教派,并非"异端"。该派成员的正统观念和做法从未受到质疑。多纳图派产生于公元311年迦太基主教门苏里乌斯去世后,当地的神职人员在没有得到努米底亚教会同意之前,选择总执事凯基利亚努斯为继任者,这使努米底亚教会主教感觉受到了冒犯,就将凯基利亚努斯召到面前。同时,竞争对手对他充满了敌意。一个叫露西拉的有钱女人因凯基利亚努斯曾经训斥她的迷信行为而心怀不满。她贿赂努米底亚人,煽动他们对凯基利亚努斯的怨恨,借机报复。凯基利亚努斯拒绝屈服,努米底亚人就宣称凯基利亚努斯配不上主教的尊贵身份,并让凯基利亚努斯的诵经士马约里努斯取代他。于是,迦太基的教会同时出现了两位主教。指控凯基利亚努斯的理由是,为他祝圣的主教是阿普顿加的费利克斯,而阿普顿加的费利克斯是一名叛教者[①]。凯基利亚努斯在做总执事时,对忏悔者极度残忍,甚至将他们关在监狱里活活饿死。

多纳图派向君士坦丁一世求助。公元313年,君士坦丁一世令罗马主教美基德在三名高卢主教的协助下查明真相。凯基利亚努斯最后被判无罪,而阿普顿加的费利克斯由阿非利加总督审查后也被判无罪。多纳图派对结果并不满意。公元314年,君士坦丁一世下令让更多主教在阿尔勒会面,重新审查此事。这次的调查结果仍对多纳图派不利。之后,多纳图派便亲自向君士坦丁一世上诉。君士坦丁一世在麦狄奥拉努姆调查过原因后,维持了原判。多纳图派的行为过于无礼,他已经失去耐心,便下令废除多纳图派,放逐多纳图派的主教,甚至处死一些顽固的高级神职人员。

---

① 遭受迫害时,向迫害者交出《圣经》,有背叛基督教行为的教徒,即"以经换命者"。——译者注

多纳图派人多势众，骚乱随即而来，君士坦丁一世寻求缓和关系无果。蛮族和激进的罗马公民同多纳图派站一边，以奇尔库姆塞隆人的名义残杀全城的敌对者，内战一触即发。在这种情况下，君士坦丁一世废除了反对多纳图派的法律。他的继任者君士坦斯二世努力改变分裂的局面。但多纳图派不愿接受任何媾和的条件，奇尔库姆塞隆人甚至冒险使用武力对抗皇家军队。然而，他们战败了，接着就遭到了迫害。一直持续到尤利安即位，多纳图派才复兴。多纳图派教徒数量庞大，有四百多位主教，后分裂为两支。希波主教奥古斯丁能言善辩。他通过著书、布道、演讲抵制多纳图派。多纳图派教徒嚣张傲慢，所以多纳图派最后逐渐消亡。

　　基督教成为罗马帝国国教后，教会又一次分裂。这次分裂比多纳图派造成的分裂更严重，影响更深远。它源于著名的阿里乌派论战，下面我们将简要讲述这段历史。

　　《圣经·新约》的语言描述崇高雅致，维护基督的尊严，但同时一定程度上，它传达的教义有些模棱两可。如果我们敢于表达自己，那么由于人类思维的复杂性，各个时代对这一神秘话题都会有不同的解读。如果教会满足于此，就像对待其他重要事务一样，把自己严格地局限在《圣经》的措辞上，而不试图寻找"超越文字的智慧"，那么情况可能会更好一些。因为这个方面不是我们的专业领域，所以我们不敢说得太肯定，我们的任务仅仅是陈述事实和观点。

　　公元1世纪的基督教徒崇拜基督是没有任何争议的事实。对此，小普林尼也有肯定的结论。他们都坚定地相信基督的神性，但没有急于揭开基督神秘的面纱。正如我们所见，一些人在论述诺斯底教派时会揣测这个崇高的话题。在教会内部，帕克西亚和其他人提出了一些非常危险的猜想。随着柏拉图主义影响力的扩大，基督教义中与雅典圣贤的空想最相似的一部分越来越引起博学的基督教徒的注意。大约在公元3世纪中叶，阿非利加行省昔兰尼主教或长老撒伯里乌提出了一种理论，它吸引了众多追随者。撒伯里乌坚信，有一种源于圣父的能量与圣子耶稣结合在一起。同时，他认为圣灵是圣父的一部分。因此，撒伯里乌派被称为"圣父受难论派"。然而，亚历山德里亚主教狄奥尼修斯极其反对撒伯里乌的观点。

贝里卢斯是阿拉伯半岛布斯拉主教。他认为，在玛利亚之前，基督并不存在，但在他出生时，上帝赋予了他灵魂，因此一部分"神"与基督结合。贝里卢斯的观点被奥利金驳倒。于是，贝里卢斯公开认错。

著名的萨莫萨塔主教保罗作风懒散。他因拥有巨大财富而变得傲慢自大，处处遭人厌恶。萨莫萨塔主教保罗由于提出不同观点，于公元269年被宗教大会剥夺了主教尊号。他认为圣子和圣灵与上帝三位一体，正如理性和行动集于人一身。他认为基督出生时只是一个人，但圣父的理性智慧降临在他身上，在世上与他共存。因此，尽管可能有些不恰当，基督仍可以被称为上帝。

可以看到，公元2世纪和公元3世纪这些宗教现象的本质，其实是将圣子、圣灵与圣父混为一谈。然而，教会屡次断言三者是存在区别的，"神"存在三个截然不同的角色。但三个角色之间的关系如何，教会没有做出任何确切的界定。同时，在这一点上，教会给出最大程度的观点自由和言论自由。然而，在埃及及其邻近地区，奥利金的观点普遍存在。奥利金认为圣子在上帝内部，正如理性在人体内一样，而圣灵只是神的能量。这个观点与撒伯里乌派的形态论差别不大。

公元310年，亚历山德里亚召开神职人员大会。主教亚历山大在会上表达了自己的观点。他断言，圣子不仅具有与圣父相同的地位和神性，而且具有相同的本质。一个叫阿里乌的长老认为这种观点是错误的，同形态论几乎没有什么两样。于是，阿里乌被要求陈述自己的观点。阿里乌与主教亚历山大的观点截然相反。他认为，在世间万物产生之前，圣子就被圣父创造出来，所以有一段时间圣子是不存在的；圣子从"虚无"中被创造出来；圣子是圣父赋予世界存在的工具；因此，圣子比所有其他存在都优越，但在神性和尊严方面都逊于圣父。阿里乌的观点结集成书出版后，在埃及和其他地区得到许多人的青睐。但主教亚历山大召集了两次宗教大会,给阿里乌派定罪,把阿里乌逐出教会。阿里乌回到巴勒斯坦,写了很多封信给多位名人,并把其中许多人吸引到自己的阵营。争论一直激烈地进行着。起初,君士坦丁一世认为此事无关紧要,写信给各派要求他们和平相处,但最终在大家劝说下,君士坦丁一世召集宗教会议来了解这场争论。

公元325年,在比提尼亚的尼西亚召开了第一次"宗教会议"或"普教会议"。据说,有三百一十八位主教参加,君士坦丁一世出席。会上,先是个人私下争论,接着与会人士向君士坦丁一世提出书面材料,相互指控和诽谤。然而,君士坦丁一世将这些材料全部焚毁,劝诫他们以和为贵。关于第一次宗教会议的议事情况,记载非常不完善,但最终决议是反对阿里乌派。正如《尼西亚信经》中表达的那样,最后确定圣子与圣父是"本体同一",即三位一体。大会终止了有关复活节时间的争议,并且做了一些相关规定。大会甚至要达成决议,给神职人员施加独身主义的枷锁。随着事态的发展,诺斯底派教徒在教会中提出了不近人情的信条。

宗教迫害当然是针对失败教派的。尼科米底亚主教优西比乌等人被放逐了。但阿里乌派有一个信徒,被康斯坦蒂娅的妹妹临终前推荐给了君士坦丁一世。他设法使君士坦丁一世相信尼西亚宗教会议的决定是不公正的,于是,君士坦丁一世撤销了对阿里乌、优西比乌等人的流放判决。然而,主教亚历山大的继任者亚他那修拒绝恢复阿里乌在教会中的职务。因此,公元335年,亚他那修在提尔宗教会议上被罢免,并被放逐到高卢。但亚历山德里亚的基督教徒拒绝承认阿里乌。公元336年,阿里乌因肠道疾病死于君士坦丁堡。有人怀疑阿里乌是被敌人毒杀的,而他的敌人则称这是上帝的审判。从这里可以看出,阿里乌的品德是没有污点的,他的宗教诚意似乎也毫无疑问。

君士坦丁一世的两个儿子信奉正统的基督教。君士坦提乌斯二世控制整个罗马帝国后,对阿里乌派产生非同寻常的兴趣。同质论者受到迫害和劝诫,宗教审判会议频繁召开。正如阿米阿努斯·马塞林努斯所言,"为了使基督教各派都认同阿里乌派的观点,一群主教来回奔波,致力于所谓的公共事业和宗教事务,一切任命制度几乎荒废"。亚他那修表示担心基督教神职人员会因此招来"异教徒"的嘲笑和蔑视。公元359年,在伊索里亚的塞琉西亚举行了东罗马帝国的宗教会议。公元360年,在意大利的里米尼举行了西罗马帝国的宗教会议。塞琉西亚宗教会议到散会都没有得出任何决定性的结论,而里米尼宗教会议经过七个月"恰当的操作",达到了君士坦提乌斯二世的目的,全面认可了阿里乌斯派的教义。哲罗姆说:"整个世界都在叹息,都想做阿里乌派信徒。"尤利安对阿里乌派漠不关心,约维安和瓦伦提尼安一世虽然信奉正统的基督教,但实施宗教宽容政策,瓦伦斯是阿里乌派信徒,对其他教派实行宗教迫害。狄奥多西一世则秉持严格的正统天主教信仰。公元381年,狄奥多西一世在君士坦丁堡召开了第二次宗教会议,再次给阿里乌派信徒定罪,并发布铲除阿里乌派信徒的法令。阿里乌派教堂被剥夺,教徒受到放逐和迫害。在罗马帝国东部,阿里乌派逐渐衰落,而在罗马帝国西部,它从未繁荣过。但已经皈依阿里乌派的哥特人等蛮族成为征服者后,使其得以延续。直到公元6世纪末,阿里乌派才在西班牙绝迹。

阿里乌派信徒同其他很多人一样,敢于发挥自己的思想力量,让人们探索大多数人理解能力之外的事情。根据阿里乌派内部不同的观点,可以细分为不同的小派别,但基本上可以归为三类。第一类是原始的阿里乌派,他们认为圣子是上帝的受造物,经历了从无到有的过程。第二类是半阿里乌派,他们宣称圣子与圣父相似,二者同质,但享有的特权不同。这是君士坦提乌斯二世推崇的教义,也是塞琉西亚宗教会议中流行的观点。第三类是埃提乌斯派或欧诺米派,以倡导者埃提乌斯和欧诺米的名字命名。他们被认为是纯粹的阿里乌派信徒,因为他们认为圣子与圣父存在本质的区别。至于本体相类派、优西比乌派和其他较小的派别,在此就不一一说明。

阿里乌派信徒的争议导致了其他"异端"的出现。劳迪西亚的主教亚波里拿留推崇基督的神性,几乎不承认基督人性的存在。他认为基督的身体只有一个神性灵魂,他身上的神性承担了理性灵魂的职责。因此,基督的神性和人性都在十字架上受难。我们可以看出,这种观点来自柏拉图主义。

安卡拉主教马塞勒斯认为圣子和圣灵是神性的产物,在履行完自己的职能后,将重新与圣父结为一体。因此,很明显,神性中不可能有三个不同的角色。

弗提努斯是安卡拉的马塞勒斯的门徒,也是西尔米乌姆主教。他宣扬耶稣是圣灵和圣母玛利亚共同孕育之子。神圣的光辉降临在耶稣身上。因此,他被称为圣子,甚至被称为上帝。圣灵是神的美德。这些观点遭到了正统基督教派和阿里乌派的谴责。弗提努斯也声名扫地。

公元360年,被赶出君士坦丁堡的马其顿尼是半阿里乌派信徒。在欧诺米派的影响下,他公开了自己一直秘而不宣的观点,即圣灵是分散在天地万物中的神圣能量,同圣父和圣子有着密切的联系。公元381年,第二次宗教会议在君士坦丁堡召开,其目的就是打击马其顿尼的观点。君士坦丁堡宗教会议解决了尼西亚宗教会议遗留的问题,建立了圣父、圣子和圣灵三位一体的教义。这种教义至今被普遍接受。君士坦丁堡宗教会议谴责了当时存在的所有"异端邪说",并将仅次于罗马主教的第二大职位授予君士坦丁堡主教。

以上就是公元4世纪导致教会分裂的主要"异端"。它们出现的原因是试图把模糊而神秘的东西变得清晰而明确,结果徒劳无功。宗教"异端"非但没有受到理性和仁慈的对待,反倒经常遭到沉重的打击和残酷的迫害。实际上,公元4世纪是个迫害信徒的世纪。教会一旦获得世俗权力,就会滥用这种权力,信徒不过是凡人而已。掌握权力的人会以行使权力为乐,当可以用武力压制对手时,就会安于避开乏味的推理过程和高尚的宗教宽容行为。这一时期的谴责对象也包括正统的基督教派和阿里乌派。

基督教被确立为罗马帝国国教,其地位也在国家体制中发生了变化。一方面,皇帝接管了宗教方面的全部权力,只有皇帝有权召集宗教会议;任命法官来裁决宗教争议;调查各级教徒的所有民事纠纷;制订规则解决主教与其他信徒之间的争端，并全面监督教会。另一方面，主教垄断了教会的内部管理，执事和长老被排除在外，古老的教会管理制度只留下残余的影子。

教会管理模式仿效罗马帝国政府的管理模式。罗马帝国四个主要城市的高级教士对应四个禁卫军长官，当时被称为"宗主教"。督主教对应同等级别的行政官员总督，负责督察几个行省的教会。都主教管辖一个行省的教会。大主教负责数个城区，主教次之。下级神职人员由总长老和总执事领导，整个神职体系就是如此。

罗马主教享有无上的尊荣，财富很多，住处华丽，在教区内地位尊贵，但仅此而已。他没有权力为教会制订章程，也没有权力任命主教。其他高级教士竭力保持与他的平等地位，因为他们的权威来自同一个神圣源头。

公元4世纪和公元5世纪初是早期教会文学的黄金时代，杰出的神职人员层出不穷，他们的作品大都流传到近代。我们在这里略举一二。

亚他那修是主教亚历山大的助理和继任者，在亚历山德里亚担任主教，一生都强烈反对阿里乌派。在同"异端"斗争的过程中，亚他那修多次冒犯皇帝，也因此被赶下主教宝座五次，流放二十年。他不屈不挠的精神和对基督的虔诚毋庸置疑，他的才华足以经天纬地、治国安邦。亚他那修是出色的作家和演讲家，头脑清晰，言辞有力，打动人心。但他的语言风格圆润欠佳，学识略逊于同时代的一些作家。

圣额我略来自卡帕多西亚的纳齐安，所以他被称为"纳齐安的圣额我略"。他的父亲是当地的主教。圣额我略十分虔诚，学识渊博，能言善辩。他是阿里乌派的宿敌。狄奥多西一世出于对正统基督教的狂热，迫使君士坦丁堡的阿里乌派主教辞职，强把圣额我略推上了大主教的宝座。但虔诚的圣额我略经历了皇室和主教的忘恩负义行为后，最终辞去了大主教的职务，隐居家乡。他天性温柔优雅，在诗歌的陪伴下，在对上帝的信奉中度过了余生。

在才华和口才上，大巴西略可与圣额我略媲美。大巴西略是圣额我略早年的朋友，既是同伴又是同乡，被誉为"恺撒利亚大主教"。但大巴西略性格傲慢，而圣额我略则为人谦逊。东方禁欲主义的倡导者可能不会毫无缘由地质疑真正基督教派的知识，大巴西略和圣额我略是极具代表性的基督教徒。从他们的作品中——就像在利巴尼乌斯的作品中一样——可以看出他们对内在本质和意义的焦虑远远多于对外在形式和方式的焦虑。他们的作品缺乏质朴的精神。他们甚至不屑质朴的文风，作品风格趋于浮躁与华丽。

主教贵格利来自恺撒利亚的尼撒，所以被称为"尼撒的贵格利"。他是大巴西略的弟弟，也是一位小有名气的作家。他对神秘哲学家的吹捧表明他是一个极易轻信他人的人。

恺撒利亚主教优西比乌著作颇丰。我们对教会早期命运的了解，主要归功于他编写的《教会史》，而他的《君士坦丁一世传》是我们了解这一时期大事的主要资料来源。但他宣称只按自己的意愿写作，所以关于他颂扬的人的缺点，他只字不提。因此，这位高级教士在历史学方面的声誉就大大削弱了。对此，他的著作中的一个实例是对"克里斯普斯谋杀案"的轻描淡写。优西比乌用一种似是而非的借口为这种行为辩护，说它更有教化作用。例如，宣扬早期基督教徒的美德要比叙述他们的纷争和描绘他们的恶行和叛教更有启发性和益处。这样一来，历史就会变成纯粹的颂扬。幸运的是，优西比乌并不总是遵守自己的意愿。他偶尔让我们看到教会中所有一切并非都纯洁完美。

以上是使用希腊语写作的主要先驱。以下是使用拉丁文创作的作家。

拉克坦提乌斯的文风典雅而恢宏，被称为"基督教徒中的西塞罗"。据说，他是阿非利加人。拉克坦提乌斯的主要著作《神圣原理》抨击了"异教"。他的基督教观点似乎比大多数同时代人更具哲学性，但像多数护教者言论一样，他的观点常常经不起反驳，无法通过论证得出结论。

安布罗斯生于高卢。他是古代贝克特人的后裔，曾任利古里亚的行政长官。公元374年，当正统基督教与阿里乌派为争夺麦狄奥拉努姆的空缺神职发生争执时，安布罗斯站了出来。为了平息骚动，他在教堂向人们发表演说。人们齐声呼喊："我们要安布罗斯当我们的主教！"三十四岁的安布罗斯当时尚未受洗，受到的宗教教育十分有限。安布罗斯认为自己不适合担此重任，就故意在公开的场合做出了一些违背公正和道义的行为。但人们喊道："你的罪归到我们头上。"他们把安布罗斯从藏身之处拖了出来，以胜利者的姿态将他带到麦狄奥拉努姆。安布罗斯不得不顺从民意，在受洗后第八天接受神职。他很快将全部财产移交给教会和穷人，精神上的追求占据了他的全部灵魂。为了维护基督教的正统性，他反抗过瓦伦提尼安二世之母尤斯蒂娜，后者是一名阿里乌派信徒。为了维护教会的权威，安布罗斯甚至贬低让人尊敬的狄奥多西一世。作为作家，安布罗斯理应获得应有的赞誉。他的作品展现了那个时代流行的迷信。他宣称自己具有神迹的力量。他是一位能干的政治家，也是一位大胆的、雄心勃勃的主教，其私生活无可非议。

阿非利加行省的希波主教奥古斯丁是一个心智强大的人。他不断与多纳图派信徒及基督教"异端"战斗。他的著作众多，其中最杰出的是《忏悔录》，这是西方历史上最早的自传。与其他神学家相比，奥古斯丁对恩典、自由意志和原罪等深奥问题的研究更深刻。加尔文主义的主要观点皆源于他。

哲罗姆是伊利里亚人。他一心向往修道院生活，便离开自己的家乡，来到伯利恒的一个修道院，开始闭门研修，整日沉浸于学习和写作。他努力学习希伯来语，还将《圣经·旧约》翻译成拉丁语。作为翻译家和评论家，哲罗姆的地位远高于同时代的人。他积极地参与辩论，被大家称为"最口无遮拦的教父"。对"异教徒"和改革派，他毫不收敛地表达自己的愤怒。那些反对禁欲、独身、朝圣、圣人崇拜，或反对哲罗姆崇尚、推荐的其他迷信行为的人，无论如何生活检点，如何堪为榜样，脾气暴躁的哲罗姆都像对待顽固的"异端"与罪人一样来对待他们。岁月没有使他的宗教狂热消退，他晚年的作品和他壮年时的作品一样热烈。

以上就是公元4世纪时期主要教父的介绍。通过他们的著作及他们前任和继任者的著作，我们认为——任何一个坦率的人都会同意我们的看法——无论是在批判技巧、学识、判断还是道德方面，他们都无法与16世纪和17世纪的新教神学家相提并论，甚至无法与同一时期的加利利神学家媲美。在华丽耀眼、极富夸张的雄辩上，大巴西略、圣额我略、赫里索斯托可能会占优势。但他们能拿出什么作品与理查德·胡克的《教会行政法规》相提并论呢？在推理方面，我们又能在哪里找像奇林沃思和巴罗一样的人呢？阅读这些神父的作品可能会给我们带来益处，但绝不可以作为人生的指导，除非我们心甘情愿地服从罗马教会。以《圣经·新约》为依托，在追求真理的热诚驱动下，运用正确的批判原则，才可能衍生出真正的基督教。

本章最后，我们来介绍一下摩尼教的文献记录。

摩尼教起源于公元3世纪中期，可以被认为是诺斯底教最后的、最永久的形式。它的名字来自创始人摩尼。摩尼出生在波斯，最初是拜火教的祭司，后来信奉基督教，并努力将基督教与诺斯底教义融合。关于他的一生，人们知之甚少。据说，摩尼是被波斯国王巴赫拉姆一世处死的。

摩尼制订了光明与黑暗两大原则，将其作为本教派的理论基础，并任命光明和黑暗各自的首领——欧马兹特和阿里曼——及无数下级神灵。黑暗长期以来都不知道有光的存在，但黑暗偶然发现光时，便入侵了光明。以初人[①]为首的光明大军与黑暗抗争，但不能阻止黑暗占领大部分物质，也不能阻止黑暗与物质融合。活灵[②]是光明大军的二号领袖，取得了极大的成功，但仍然有很多纯净元素残留在物质中。黑暗王子用混合物质创造了人类的父母，因此人类具有物质的身体，同时拥有两个灵魂，一个敏感贪婪，另一个明智不朽，后者是光明的产物。然

---

① 初人是摩尼教义中的人物，也称作"先意"。初人的五个儿子为五明子：清净气、妙风、明力、妙水、妙火。——译者注

② 活灵是摩尼教义中的人物，也称作"净风佛"。活灵的五个儿子分别是光辉卫士（持世明使）、尊贵之王（十天大王）、阿大姆斯（降魔胜使）、荣耀之王（催光明使）和持地者（地藏明使）。——译者注

后，活灵用物质创造出人类的居所，让人们得到净化，逐渐从腐败物质的影响中解脱。上帝用自身的物质创造了两个生命，分别是基督和圣灵。基督，即波斯的密特拉，是独自存在，具有无限的生命和智慧，生活在阳光下。圣灵同样有活力，弥漫在大气中，照亮人类的心灵，肥沃土壤，吸取空中发热的微粒，并将其存在原生之地。

至高神先后派了天使和圣人告诫囚禁在物质中的灵魂，最终，至高神指示基督退出圣子的住所，保留人形，现身于世。基督遵从了命令，在世上创造神迹，授人戒律。但黑暗王子煽动犹太人攻击基督。从表面上看，基督被钉死在十字架上，实际上去了太阳，任命使徒传播宗教，并许诺圣灵帕拉克勒特为基督的教义增添必要的部分，消除心中的一切错误。帕拉克勒特是摩尼的化身。那些顺从基督律法的人会逐渐从物质的影响中解脱，但不完全在今世完成。因为死后他们必须首先进入由净化圣水组成的月球，在月球停留十五天后升到太阳的住所，太阳之火会清除所有余罪。恶人的灵魂在死后要投胎到动物身体和其他生物身体中，直到他们赎清自己的罪恶。世界最终将被大火吞噬，黑暗王子和黑暗力量将被驱逐，永远生活在他们最初的黑暗和痛苦中。

摩尼的道德体系严谨，禁欲克己，但不适合全人类。他将追随者分为选民和旁听者，只要求选民服从自己的禁欲体系。

除了圣徒保罗的《使徒书信》，摩尼拒绝承认《圣经·旧约》和《圣经·新约》的其他部分。即使《使徒书信》，摩尼也认为它被大肆篡改和破坏了。他给自己的门徒做了一部叫《大二宗图》的书来解释教义。据摩尼说，这是神亲自口述给他的。摩尼教常有一位教主，即阎默，类似基督教的耶稣基督；十二位慕阇或使徒；七十二位萨波塞，相当于主教，负责与慕阇或使徒保持联系；萨波塞之下是从选民中产生的默奚悉德，类似基督教的司铎和执事。这样一来，摩尼教形成了完整的等级制度。

长期以来，摩尼教不断蓬勃发展，其教徒流传到罗马帝国各个角落。我们认为，那些在中世纪被罗马教会残酷迫害的阿比乌派、保罗派、卡特里派等，实际上是摩尼教的后裔。我们也有理由认为法兰西南部那些女司仪和游吟诗人的爱情是不存在的。而波斯的苏菲派理论是由摩尼教传到西班牙和法兰西的。在意大利，这一特定理论一开始被局限于宗教内部，后来由神圣罗马帝国皇帝腓特烈二世和他的朋友引入政治领域，成为吉柏林派团结在一起的纽带。只有了解了但丁、彼特拉克、薄伽丘和那个时代作家的作品，我们才能理解这一切[1]。总之，摩尼教最终导致了近代的宗教改革。

---

[1] 这些证据可以在西格诺尔·罗塞蒂的作品中找到。他博学而睿智，是但丁作品阐释者。——原注

第7章

霍诺里乌斯、瓦伦提尼安三世
(公元395年至公元476年)

精彩看点

罗马帝国的分裂——鲁菲努斯——哥特人——吉尔多——阿拉里克入侵意大利——谋害斯提里科——克劳狄安——罗马沦陷——阿拉里克逝世——瓦伦提尼安三世——埃提乌斯——根泽里克——阿提拉——狄奥多里克——查隆斯战争——阿提拉进攻意大利——谋杀埃提乌斯——彼特罗纽斯·马克西穆斯——根泽里克洗劫罗马——阿维图斯——马约里安——利比乌斯·塞维鲁——安特米乌斯——尼波斯和格利凯里乌斯——奥古斯图卢斯——帝国末日

霍诺里乌斯
公元395年至公元423年

罗马帝国的统一局面在狄奥多西一世时代终结了。从此,它不再是某个皇帝一统的天下。东罗马帝国和西罗马帝国各自为政,如从古到今的各个独立王国一样。接下来,在我们要叙述的时期,东罗马帝国并没有发生重大政治事件。因此,我们主要着眼于西罗马帝国,概述一下它衰亡的过程。

狄奥多西一世有两个儿子,长子阿卡狄乌斯和次子霍诺里乌斯。十八岁时,在君士坦丁堡的阿卡狄乌斯成了东罗马帝国皇帝,而十一岁的霍诺里乌斯成为西罗马帝国的皇帝[①]。狄奥多西一世临终前,将两个皇帝和帝国托付给斯提里科。斯提里科文武双全、德行高洁。狄奥多西一世将自己的侄女兼养女塞雷娜嫁给他,还提拔他为帝国步兵和骑兵统帅。

狄奥多西一世驾崩后,斯提里科和年幼的霍诺里乌斯仍留在意大利。来自高卢的鲁菲努斯则担任阿卡狄乌斯的首席大臣,同时是东罗马帝国的近卫总长。狄奥多西一世在世时,鲁菲努斯负责君士坦丁堡的法律工作。他才能出众,善

---
① 伊利里亚行省由东罗马帝国和西罗马帝国共同管理。——原注

于伪装，因而深得狄奥多西一世赏识，得以平步青云。狄奥多西一世刚离世，鲁菲努斯便撤下虚伪的面具，暴露出残忍暴虐、贪得无厌的本性。他为满足个人私欲，不择手段，不仅贪赃枉法、卖官鬻爵，还巧立名目、搜刮民脂民膏。鲁菲努斯搜刮的金银堆积如山，但他不舍得分给别人。因此，许多人对他深恶痛绝，并非真心拥护他。

野心勃勃的鲁菲努斯想把唯一的女儿许配给年轻的皇帝阿卡狄乌斯，但他似乎低估了宫廷斗争的残酷性。一天，鲁菲努斯去了安条克，以莫须有的罪名杀害了一个政敌——东罗马帝国的伯爵。宫廷宦官欧特罗庇乌斯乘机谋划剪除鲁菲努斯羽翼。同时，欧特罗庇乌斯的同谋者发现阿卡狄乌斯并不喜欢自己的新娘，便计划用美丽的尤多西娅取代鲁菲努斯的女儿。尤多西娅是孤女，她的父亲包托曾是法兰克将军。欧特罗庇乌斯对尤多西娅美貌的赞美使阿卡狄乌斯浮想联翩。阿卡狄乌斯看了尤多西娅的画像后，更加对她念念不忘。公元395年4月27日，阿卡狄乌斯举行婚礼，鲁菲努斯也从安条克归来。宫廷里送出未来皇后的冠冕、长袍和饰品，但并没有将之送进鲁菲努斯的宅邸，而是送进了尤多西娅的闺房。尤多西娅被带进宫里。新皇后尤多西娅聪敏睿智、意志坚定，很快就让鲁菲努斯感到恐慌。大计落空令他愤恨不已，对手势大又令他畏惧，并且他还被控背叛国家。于是，鲁菲努斯决定篡位，勾结哥特人和匈人入侵罗马帝国。

但鲁菲努斯此时遇到了一个比宫廷宦官欧特罗庇乌斯更难对付的人，那就是斯提里科。鲁菲努斯和斯提里科素来不和。斯提里科将狄奥多西一世留下来的珠宝和财产分给了阿卡狄乌斯和霍诺里乌斯。现在，他准备将原来的帝国军队分给东西两个子帝国。斯提里科以哥特人入侵为由，亲自率领军队前往东罗马帝国。到达塞萨洛尼基时，斯提里科收到来自阿卡狄乌斯的命令。命令由鲁菲努斯传达。鲁菲努斯对斯提里科心存忌惮，只让军队进入君士坦丁堡，但斯提里科本人不得进入。斯提里科服从了命令，背地里却计划让士兵们除掉鲁菲努斯。哥特人盖纳斯率领斯提里科的军队继续前往君士坦丁堡，士兵们对斯提里科的计划三缄其口。鲁菲努斯还指望士兵们能助他实现抱负，慷慨地将自己的积蓄拿出一部分分给他们。公元395年11月27日，军队距离君士坦丁堡不到一英里的时候，鲁菲努斯和皇帝阿卡狄乌斯走上前去慰问士兵们。鲁菲努斯沿着队伍行进时，队伍的两翼逐渐合拢将他包围。随后，盖纳斯发出信号，一名士兵将剑刺进了鲁菲努斯的胸膛。鲁菲努斯倒在了皇帝阿卡狄乌斯的脚边，尸体落入义愤填膺的人民手中，遭到难以形容的侮辱。鲁菲努斯的妻子和女儿躲进教堂避难，在耶路撒冷的修道院里度过了余生。

哥特人在年轻、英勇的阿拉里克的带领下占领罗马帝国北部诸行省后，于公元396年成功挺进希腊。从奥林匹斯山到塔纳龙和马列亚，他们长驱直入，肆意洗劫城镇。公元397年，斯提里科率兵在科林斯地峡登陆，进入阿卡狄亚与哥特人交战。斯提里科用兵如神，将哥特人逼退到法罗山，一边断了他们的水源，一边将他们团团包围。之后，斯提里科便返回希腊，一头扎进声色犬马之中。但斯提里科的士兵不听新来的将军的指挥。他们都放弃值守，分散到各地。阿拉里克瞅准机会，带着战利品和俘虏冲出法罗山，穿过科林斯湾，控制了伊庇鲁斯，而斯提里科对这一切毫不知情。同时，阿拉里克一直与阿卡狄乌斯的大臣秘密商讨条约。在这个关头，阿拉里克被任命为东伊利里亚的军事指挥官，而斯提里科则奉命离开东罗马帝国。

之后，斯提里科将目光转向了阿非利加。吉尔多是倒霉的菲尔穆斯的弟弟。镇压了阿非利加的叛乱后，吉尔多被授予伯爵爵位。吉尔多现在掌控着阿非利加行省。天高皇帝远，阿非利加行省如独立王国一般。吉尔多荒淫无度。不幸的阿非利加人在暴政下备受煎熬。吉尔多将富人毒死夺其财，最美丽的妇女、少女被迫投入暴君的怀抱，被玩弄后又被丢给黝黑的摩尔人和盖图里人蹂躏。远方的狄奥多西一世当时并没有注意到吉尔多的暴行。现在，吉尔多知道斯提里科不会善待自己，于是狡猾地向阿卡狄乌斯表忠心。而阿卡狄乌斯的大臣早已忘记了信仰和荣誉，都急于接受这种形式上的归顺，并向斯提里科宣示他们对阿非利加的权利。然而，斯提里科断然拒绝了大臣的要求，然后向元老院指控吉尔多是罗马帝国的叛徒。元老院随即宣布吉尔多是罗马帝国的公敌。谨慎的叙马库斯认为宣战意味着阿非利加行省的粮船再难驶往帝国的城市，它们会因此面临饥荒。但斯提里科已为此做好了打算，从高卢行省向罗马帝国运送了大量谷物。

斯提里科把消灭吉尔多的任务交给吉尔多的弟弟马西泽尔。马西泽尔与吉尔多有不共戴天之仇，因为吉尔多杀害了马西泽尔两个无辜的孩子。马西泽尔的军队只有五千名高卢老兵。据说，吉尔多统治下的蛮族士兵有七万多人，但人们认为五千名高卢老兵足以战胜蛮族那些衣不蔽体的乌合之众。公元398年，到阿非利加后不久，马西泽尔就发出开战的信号，并且亲自来到吉尔多的军队前劝降。吉尔多的一名旗手迎了上来，但拒绝投降。马西泽尔手起刀落，砍下了旗手的手臂，旗手所举的军旗也随即倒下，而其他旗手都以为统帅下令投降，纷纷丢下旗帜逃跑。军队高呼霍诺里乌斯的名字，蛮族士兵见状纷纷作鸟兽散，回到了各自的家乡。就这样，马西泽尔兵不血刃就平定了叛乱。吉尔多逃到海边，躲进了一艘小船里，向东罗马帝国驶去，但大风将小船吹到了塔巴卡。他被当地人抓住丢进了监狱。之后，他亲手了结了自己。马西泽尔一回来就受到了宫廷的盛情款待，但不久，他和斯提里科一起过桥时，因受惊而摔进了河里。当时，随从们看到斯提里科面带微笑，并没有去救马西泽尔。马西泽尔溺水身亡[①]。因此，人们认为是斯提里科出于忌妒，害死了马西泽尔。

十四岁的小皇帝霍诺里乌斯和玛丽亚（斯提里科的女儿）结婚了。但他们没有圆房。十年后，玛丽亚去世时还是处女。霍诺里乌斯是平庸之徒，身体孱弱，靠喂养家禽消磨日子。因此，当时西罗马帝国的实际掌权者是斯提里科。

精明能干的斯提里科很快就和野心勃勃的阿拉里克再次进行了较量。阿拉

---

① 爱德华·吉本对这段历史的描述比较委婉。他认为佐西穆斯对历史事件的描写简单粗暴，难以采信。佐西穆斯描写道："随从接到信号后，将马西泽尔推进河里。这时，斯提里科开始哈哈大笑。"——原注

里克这位哥特首领如今不仅控制着伊利里亚，还成了臣民一致拥立的西哥特国王。有那么几年，阿拉里克在到底先攻打西罗马帝国还是东罗马帝国之间举棋不定。最后，公元400年，他决心攻打意大利西部。不知是对战术运用失误还是军事实力不足，他连续三年都未曾踏入意大利平原。但最终在公元402年，哥特人攻入意大利。麦狄奥拉努姆的西罗马帝国朝廷非常震惊。大臣商议让霍诺里乌斯逃往高卢，只有斯提里科处变不惊。斯提里科发誓，他能在很短时间内组织一支大军抗敌，但朝廷不能在他离开这段时间乱了阵脚。为此，斯提里科在隆冬时节翻越阿尔卑斯山脉，召集了高卢和不列颠的军队，同时招募了大批阿勒曼尼人的骑兵。但他正招兵买马时，哥特人已经打到了麦狄奥拉努姆，霍诺里乌斯仓皇出逃，藏在利古里亚的阿斯塔。阿拉里克率军层层包围了阿斯塔。斯提里科率军赶来救霍诺里乌斯。他巧妙地切断了哥特人的补给，并且筑起了一道防御工事。

公元403年的复活节到了，哥特人正在位于都灵东南二十五英里的波勒提亚营地虔诚地庆祝复活节，而罗马帝国骑兵袭击了他们。阿拉里克迅速脱身，然后列队迎战。双方激战了一整天。到了晚上，哥特人退兵。斯提里科占领了他们的营地，夺回了战利品和俘虏，抓了阿拉里克的妻子。阿拉里克率领残余军队打算越过亚平宁山脉，向罗马进军，但他的将军建议他先听听斯提里科的提议。后来，双方达成协议，阿拉里克从意大利撤军。然而，不久，他再次渡过波河，企图秘密夺取维罗纳。他率军迅速进入日耳曼行省，渡过莱茵河，入侵毫无准备的高卢诸省。但斯提里科从一些哥特首领那里获得了秘密情报，知晓了阿拉里克的企图。因此，斯提里科在距维罗纳不远处，全面进攻阿拉里克的人马。哥特人损失惨重。幸亏阿拉里克的马快，他才得以逃脱。阿拉里克集结残兵藏在附近的乱石中，以求突围。但士兵因粮食不足而叛逃，阿拉里克被迫签署条约。最终，西罗马帝国从哥特人手中夺回了意大利，但这只是暂时的。

公元404年，霍诺里乌斯视察了古老的首都——罗马。他乘着豪华马车，以胜利者的姿态进入罗马，斯提里科就坐他的旁边。霍诺里乌斯的府邸因颁布了废除角斗士决斗的法令而闻名。事情的经过是这样的：一天，在圆形剧场内，两名角斗士正在进行惨无人道的决斗，一个叫忒勒马科斯的亚细亚修士因慈悲而跳进了竞技场，想将两个角斗士分开。一群愤怒的观众拿起石头向忒勒马科斯砸去。忒勒马科斯被当场砸死。就这样，忒勒马科斯为人道主义的神圣事业而牺牲

●忒勒马科斯因慈悲而跳进了竞技场，想将两个角斗士分开

了。怒气消后，人们悔恨至极。霍诺里乌斯就此事颁布的法令，立即得到人们的支持。从此，野蛮、惨无人道的角斗士决斗永久废止了。

蛮族入侵一直是人们担忧的问题。人们认为罗马和麦狄奥拉努姆作为皇帝驻跸之地不够安全。于是，霍诺里乌斯选择了拉韦纳。拉韦纳靠近亚得里亚海，易守难攻。只有一条通道连接拉韦纳和陆地。堤道穿过一片深水沼泽。除了得天独厚的地理位置，拉韦纳的艺术底蕴也极其深厚。因此，在此后的三百多年里，它一直是意大利的政治中心。

霍诺里乌斯对自己及宫廷安全的担忧并非杞人忧天。阿拉里克撤军后的两年内，大批日耳曼人攻进意大利。他们大多是来自日耳曼部落和萨尔马提亚部落的蛮族人。据说，入侵者有二十万士兵，随军的还有士兵的妻子、孩子和奴隶。他们的统帅叫拉达盖苏斯。保卫意大利的任务一如既往地落在了斯提里科身上。斯提里科让身体羸弱的皇帝霍诺里乌斯待在拉韦纳，而他自己集结了一支约三万人到四万人的军队，驻扎在帕维亚。敌人来势汹汹，所到之处洗劫一空。他们越过波河和亚平宁山脉，围攻托斯卡纳的佛罗伦萨。终于，斯提里科从各省召集的军队及蛮族雇佣军赶到了。斯提里科采取之前的策略：避免全线开战，而是步步为营，在敌人阵地周围逐渐筑起坚固的防御工事。不久，敌人粮草不足，便猛烈攻击防御工事。敌人被击退了，最终被迫投降。拉达盖苏斯被斯提里科俘虏后杀死，蛮族士兵则被贩卖为奴。

拉达盖苏斯的军队主要由苏维汇人、勃艮第人、汪达尔人和阿兰人组成。这支浩浩荡荡军队仅有一部分进入了意大利。公元404年冬天，拉达盖苏斯留在日耳曼的士兵渡过了莱茵河，再也没有撤退。之后，他们洗劫了高卢行省。接着，在不到两年时间内，他们到达了比利牛斯山脉。此时，阿尔卑斯山脉附近的行省已不再臣服皇帝霍诺里乌斯。公元407年，不列颠军队将紫袍授予一个叫克劳狄·君士坦丁的士兵，史称"君士坦丁三世"。君士坦丁三世率军翻越阿尔卑斯山脉。公元408年，他又毫不费力地征服了西班牙。

阿拉里克从意大利撤军后,同斯提里科成为朋友。他不再听命于东罗马帝国,成了伊利里亚行省所有罗马军队的指挥官。斯提里科从东罗马帝国夺取了伊利里亚行省的东部地区。于是,东罗马帝国与西罗马帝国之间的战争一触即发。阿拉里克的军队和斯提里科的军队在伊庇鲁斯和色萨利进行了几场不痛不痒的战斗。之后,阿拉里克向西罗马帝国呈递了一份长长的开支清单,虽然其言辞毕恭毕敬,却暗含威胁。他隐晦地表示如果朝廷不支付这些费用,后果会很严重。斯提里科认为向阿拉里克做出让步是比较明智的做法。于是,他压制了一切反对的声音,并承诺以补助金的名义,给阿拉里克四千磅金子。

此时,西罗马帝国遭到袭扰和威胁。然而宫廷里的政治阴谋却夺去了唯一能够拯救帝国的人——斯提里科的性命。奥林皮乌斯是斯提里科一手提拔起来的,在朝廷担任要职。奥林皮乌斯看似虔诚无比,实则工于心计。他在羸弱的霍诺里乌斯面前诋毁自己的恩人斯提里科,让霍诺里乌斯相信斯提里科会弑君篡位。由于受到阿拉里克的威胁,西罗马帝国派遣军队驻扎在波河北岸防卫。军中人员形形色色,有人忠于斯提里科,有人视斯提里科为仇敌。在奥林皮乌斯的鼓动下,霍诺里乌斯宣布要检阅军队。他在博洛尼亚检阅了斯提里科的军队,这里驻扎着最忠于斯提里科的蛮族军队。然后,霍诺里乌斯从博洛尼亚出发,来到帕维亚。驻帕维亚的军队仇视斯提里科和他的蛮族军队。在奥林皮乌斯的安排下,驻帕维亚军队扮演好了自己的角色。霍诺里乌斯发表演讲后,驻帕维亚的军队在奥林皮乌斯的指挥下杀死了包括高层军官在内的所有斯提里科的朋友。霍诺里乌斯对大屠杀一无所知,心中充满了恐惧,但他最终认同了这一切,并赞扬了奥林皮乌斯。斯提里科一听到帕维亚大屠杀的消息,就召开了雇佣军将领会议。将领们一致敦促他复仇,但他不想让西罗马帝国陷入内战。斯提里科的优柔寡断让其支持者鄙夷不已,纷纷离他而去。夜里,斯提里科的营地遭到了袭击,领头的是斯提里科的敌人——一个叫绍鲁什的哥特人。对斯提里科忠心耿耿的匈人侍卫被残忍碎尸。斯提里科历尽千辛万苦才逃了出来。他逃到拉韦纳,躲进一座教堂里避难。绍鲁什用计让主教把他交了出来。斯提里科一出教堂神圣的门槛就被斩首了,当时是公元408年8月23日。不久,他的儿子欧奇里乌斯被处死,女儿塞曼提娅被迫同霍诺里乌斯离婚。塞曼提娅和姐姐玛丽亚一样,都没有和霍诺里乌斯圆房。斯提里科的名誉受到诋毁,他的朋友也在受尽酷刑之后遇害。

克劳狄安是西罗马帝国最后一位诗人,他在诗中提到了斯提里科的命运。克劳狄安用拉丁语写诗。在他的笔下,语言绽放出无限光彩。他出生于埃及的亚历山德里亚,拉丁语并不是他的母语,但他将它变成了优美诗歌的载体,自拉丁文学时代以来,除了斯塔提乌斯,无人能与他在诗歌方面的造诣相提并论。颂词和讽刺诗是他诗歌创作的主要形式,他称得上是斯提里科的桂冠诗人。他歌颂了斯提里科取得的胜利,痛骂斯提里科的敌人。他的措辞虽然不完美,但十分流畅、丰富多彩。他能够在升华主旨、保持语言多样性的同时,又不影响读者的判断和赏析。这一点特别难得。总而言之,克劳狄安标志着拉丁诗歌的落幕。

意大利在卑鄙大臣的祸害下终于走向覆灭。阿拉里克率军在罗马城不远的地方安营扎寨。奥林皮乌斯的暴行似乎是为了帮助阿拉里克入侵罗马。奥林皮乌斯颁布了一项法令,禁止不信奉正统基督教的人从事行政和军事工作。一天,他下令将罗马城中三万多蛮族士兵的妻儿(作为人质留在罗马)全部杀光。蛮族士兵发誓一定要报仇雪恨。阿拉里克和他们里应外合,马上攻打意大利,为斯提里科报仇,也为自己一雪前耻。公元408年10月,阿拉里克翻过阿尔卑斯山脉和亚平宁山脉,渡过波河,来到罗马。自汉尼拔时代以来,这是外敌第一次兵临罗马城下。哥特军队封锁了所有城门,切断了台伯河的航线。饥荒和瘟疫很快就在罗马城内蔓延开来。最后,西罗马帝国派了两位元老作为特使前往哥特军营。他们被带到阿拉里克面前。他们告诉阿拉里克,罗马人多势众,愿为尊严而战,如果阿拉里克的条件太苛刻,就等着战争爆发吧。阿拉里克笑道:"草长得越高,越好收割。"然后,他提出的条件是获得罗马城中所有金银贵重物件和蛮族奴隶。最终,他满意地收到了五千磅黄金、三万磅白银、三千磅胡椒、四千件丝袍和三千匹红布。他带着这些物品，率军在托斯卡纳过冬。公元409年，罗马城内的蛮族士兵和四万名奴隶加入阿拉里克的军队。至此，阿拉里克的军队至少有十万人。

公元409年上半年，西罗马帝国与阿拉里克商谈和平协议无果。奥林皮乌斯遭到了暗算，不得不逃之夭夭。蛮族出身的根涅里德是罗马帝国一名英勇的军官，奉命担任军队首领。根涅里德召集了一万匈人士兵。但宫廷里阴谋盛行，国家和军队的主要官员都被迫起誓：任何情况下都不要与残暴的蛮族入侵者议和。在和谈完全无望的情况下，阿拉里克再次率军攻打罗马。他攻占了奥斯蒂亚港，这里是西罗马帝国粮食的储藏地。这粉碎了罗马人抵抗的念头。在阿拉里克的命令下，元老院将紫袍授予市政官阿塔卢斯。阿塔卢斯不忘回报，让恩人阿拉里克担任西罗马帝国军队的统帅。之前，阿拉里克曾向霍诺里乌斯的大臣谋求这一职位，但一直未遂，如今总算如愿以偿。他命自己的弟弟阿道弗斯为内廷伯爵，负责监视阿塔卢斯。麦狄奥拉努姆人对新皇帝阿塔卢斯表示热烈欢迎。阿拉里克凯旋，几乎一路走到了拉韦纳城门下。霍诺里乌斯派使者进入了军营，提出同阿拉里克分治西罗马帝国的建议。而阿塔卢斯执意要霍诺里乌斯辞去帝位。霍诺里乌斯身陷绝境，他的两位使者——首席大臣乔维努斯和将军瓦伦斯——都倒向了阿塔卢斯。

霍诺里乌斯万念俱灰，准备前往东罗马帝国避难。这时，有四千名支持他的老兵在拉韦纳港口登陆。这些老兵英勇善战，足以为他抵挡外敌，他稍感安心。另外，又有好消息传来，赫拉克利亚带来了一大笔钱，这使他非常兴奋。赫拉克利亚击败了阿塔卢斯派往阿非利加的军队，并且他早已提高警觉，不让谷物和食油外运，以免罗马城内出现饥馑和骚乱。阿拉里克对自己一手推举的傀儡皇帝深感厌倦，不喜欢阿塔卢斯的傲慢和鲁莽。在奸诈的乔维努斯的挑唆下，他当众剥去了阿塔卢斯皇帝的皇冠和紫袍，然后派人送给霍诺里乌斯示好。之后，阿拉里克继续前进。到达距离拉韦纳只有三英里的地方，他想同霍诺里乌斯缔结和约。但他的老对手哥特人绍鲁什率领三百士兵，突然从拉韦纳的一个城门冲出，把阿拉里克的一支部队杀得溃不成军。很快，罗马人的一位传令官出现，宣布永远不会再与入侵者发展友好关系。

阿拉里克大发雷霆，决定血洗罗马，报仇雪恨。他再次率军兵临罗马。元老院准备殊死一搏。但城中居民的背叛令元老院的计划化为乌有。公元410年8月24日半夜时分，罗马城的萨拉里亚大门悄悄被人打开，哥特人长驱直入。这是自卡米卢斯①时代以来，在长达八百多年的时间里，罗马第一次成为外来敌人的猎物。这座不幸的城市遭到野蛮的蹂躏。但在许多情况下，出于宗教情感，信仰阿里乌派的哥特人会在一定程度上抑制恶行。众所周知，罗马在哥特人统治时遭受的苦难远不如16世纪天主教皇帝查理五世的军队带来的多。于是，罗马人告别了舒适的生活，连富人也沦为奴隶。来自阿非利加和东方的难民都涌入了罗马。

阿拉里克只在罗马停留了六天，随后便率军南行，占领了诺拉和其他城镇。刚抵达利基翁海峡，他便准备越过西西里，征服阿非利加。但一场风暴摧毁了他的船，而他的英年早逝让整个计划泡汤。为了给阿拉里克修建坟墓，流经康森提亚城墙下的布森提努斯河被改道。阿拉里克的尸体放在原来的河道中，然后再让水经过原来的河道。所有参与建设该工程的俘虏全被杀死。阿拉里克埋葬的地点成了千古之谜。

阿拉里克死后，皇位落到阿道弗斯头上。阿道弗斯性情温和，做事谨慎。他与拉韦纳朝廷②达成和平协定。公元412年，占据意大利四年后，西哥特人最终撤离，但他们没有再回到原来的居住地。阿道弗斯担任西罗马帝国的将军，率领军队与高卢南部的僭主和入侵者作战。他的威望迅速得到从地中海到大西洋沿岸居民的认可。他与狄奥西多王室的联姻也加强了自己的权势。普拉西狄娅是狄奥多西一世和第二位妻子加拉的女儿。自阿拉里克第一次围攻罗马开始，普拉西狄

---

① 卡米卢斯（公元前446年—公元前365年），古罗马带有贵族血统的政治家。根据李维和普鲁塔克的说法，卡米卢斯获得四次军事胜利，五次成为独裁者，被授予罗马第二任创始人的称号。——译者注
② 即霍诺里乌斯在拉文纳建立的政权。——译者注

娅便被扣留在哥特人军营中。霍诺里乌斯拒绝了阿道弗斯的提亲，表现得非常不屑，并且坚持要回普拉西狄娅。但普拉西狄娅本人没有那么傲慢，表示愿意嫁给英勇帅气的哥特人首领阿道弗斯。

赫拉克里亚一直忠于霍诺里乌斯，但当意大利被哥特人占领后，他觉得扶植霍诺里乌斯的大业无望。公元413年，赫拉克里亚披上紫袍自立为帝，率领一支庞大的舰队从阿非利加出发，驶进台伯河。但在进军罗马的路上，他败给了一位率军来战的将军。战败后，赫拉克里亚乘船逃回阿非利加。他躲在迦太基神殿寻求庇护，但最后还是被逮捕并被斩首。

如果我们平铺直叙这一时期君士坦丁三世、彼特罗纽斯·马克西穆斯、乔维努斯、塞巴斯蒂安等僭主在高卢和西班牙的事迹及他们兵败身亡的过程，那么本书内容将十分冗长乏味。所以我们可以略过他们，重点讲述西哥特人征服西班牙的历史。

西班牙行省地理位置优越，资源丰富。在过去的四百年中，除了在加里恩努斯时代遭受过日耳曼人入侵，其他时期都风平浪静。但现在，它同罗马帝国的其他行省一样，陷入水深火热之中。公元406年，蛮族军队渡过莱茵河，到达比利牛斯山脉下面。僭主君士坦丁三世将比利牛斯山脉关隘交给被称为"霍诺里乌斯人"的蛮族雇佣兵把守。公元409年，雇佣兵与蛮族军队同流合污，允许日耳曼人和阿兰人进入西班牙行省的核心地区。因此，从比利牛斯山脉到加迪斯海峡的广大地区都遭到了劫掠和毁坏。入侵者榨干西班牙的财富后，打算在此定居，企图霸占此地。苏维汇人和汪尔达人占据西班牙北部，而阿兰人则遍布西班牙，汪达尔人的一支占据巴提卡。但他们没有享受多少太平日子。渴望建功立业的阿道弗斯欣然承担了收复西班牙的任务。公元414年，阿道弗斯率领哥特人越过比利牛斯山脉，出其不意地攻占了巴塞罗那。但阿道弗斯于公元415年8月被人刺杀，其光复大业就此中断。绍鲁什的弟弟西格里克继承了他的皇位后，将阿道弗斯与前妻生的六个孩子全部处死。普拉西狄娅也沦为奴隶。但西格里克即位第七天，也遇刺身亡。于是，皇位又落到瓦利亚头上。不到四年时间，孔武有力的瓦利亚收复了西班牙，将西班牙纳入西哥特王国版图。公元419年，瓦利亚又率军翻越比利牛斯山脉，在图卢兹修建了皇宫，将疆域从卢瓦尔扩张到整个西班牙。

哥特人在高卢南部和西部安顿下来。勃艮第人永久占据了上日耳曼。"勃艮第"这个名称一直保留到现代。同时，法兰克人占领了下日耳曼。高卢的西北部的阿尔莫利卡及不列颠等地各自为政，保持独立的地位。

西罗马帝国就这样苟延残喘着。公元423年，软弱无能的西罗马帝国皇帝霍诺里乌斯驾崩，死于水肿，在位二十八年。这一时期可以称得上是西罗马帝国的耻辱期。

瓦伦提尼安三世

霍诺利乌斯死后没有留下子嗣，但提奥多西一世的西罗马帝国还不到寿终正寝的时候。正如我们所知，普拉西狄娅在丈夫阿道弗斯被杀后惨遭凌辱，但她的哥哥霍诺里乌斯用六十万摩狄乌斯小麦将其赎回。随后，霍诺里乌斯又把她嫁给了英勇而忠实的将军君士坦提乌斯。二人生育一儿一女，女儿叫霍诺里娅，儿子叫瓦伦提尼安[①]。在普拉西狄娅的鼓动下，君士坦提乌斯索取了"奥古斯都"称号，成为西罗马帝国的共治皇帝，但不久便去世了。在男仆和女佣的挑唆下，霍诺里乌斯同妹妹普拉西狄娅渐生嫌隙。之前，他们保持着非同寻常的亲密关系。这时，哥特士兵选择支持普拉西狄娅，拉韦纳城骚乱四起。普拉西狄娅被迫出走。她去了君士坦丁堡。在这里，她受到东罗马帝国皇帝狄奥西多二世的亲切接待。几个月后，霍诺里乌斯驾崩的消息传来了，皇位被先皇的枢密大臣约翰篡夺。东罗马帝国皇帝狄奥西多二世准备用武力将普拉西狄娅的儿子推上皇位。

---

① 即瓦伦提尼安三世。——译者注

过了一段时间，东罗马帝国的军队才做好进军意大利的准备。公元425年，东罗马帝国终于出兵意大利。东罗马帝国军队出其不意，占领了阿奎莱亚。拉韦纳城中一位来自东罗马帝国的军队指挥官（他曾被当成俘虏带进拉韦纳）控制了城中的军队，逮捕了僭主约翰并将他处死。尽管此时狄奥西多二世本来可以宣布同时统治西罗马帝国和东罗马帝国，但他没有这样做，而是仅仅满足于把伊利里亚西部纳入东罗马帝国的版图。狄奥西多二世把西罗马帝国的统治权授予年轻的瓦伦提尼安三世。为了使东罗马帝国与西罗马帝国结盟，狄奥西多二世还将自己的女儿李锡尼娅·尤多西娅许配给瓦伦提尼安三世，到适婚年龄时就让他们成亲。由于年幼的瓦伦提尼安三世当时只有六岁，他的母亲普拉西狄娅便临朝摄政。普拉西狄娅实际执政二十五年。西罗马帝国的军队由两个卓有才干的人（博尼法切和埃提乌斯）统率。博尼法切管理阿非利加行省，始终忠于普拉西狄娅。而蛮族出身的埃提乌斯曾是已故僭主约翰的党羽，得知约翰的悲惨遭遇后，率领六万匈人士兵前去讨伐。在商定撤退蛮族士兵的条约后，埃提乌斯投靠了瓦伦提尼安三世。很快，他就获得了普拉西狄娅的信任。他想利用这种信任除掉对手博尼法切，一边秘密劝说普拉西狄娅将博尼法切从阿非利加召回，一边告诫博尼法切拒绝从命，使博尼法切相信普拉西狄娅要害他。博尼法切掉进了陷阱，整军备战。很快，他击退了埃提乌斯军队的第一次进攻。但他发觉自己孤军奋战无法长期抵抗埃提乌斯军队的进攻。于是，公元428年，博尼法切与汪尔达人结盟。

哥特人为霍诺里乌斯收复西班牙后，苏维汇人和汪尔达人仍在加利西亚肆虐。他们之间很快就爆发了冲突，最后汪达尔人占了上风。不过，西罗马帝国的皇家军队一到，汪尔达人闻风而逃。他们逃往巴提卡行省，在这里打败了西罗马帝国的军队和哥特人的军队，占领了整个巴提卡行省。这个省因此得名为"安达卢西亚"。[①]

[①] 该词源于阿拉伯语。西班牙语写作Andalucia，意思是"汪达尔人的土地"。——译者注

当时，汪达尔人的首领是根泽里克。据记载，根泽里克中等身材，说话语速很慢，脾气暴躁，喜怒无常，不屑过奢靡的生活，扩张的野心永不满足，常在敌人中间播撒仇恨与争端的种子。公元429年5月，他率领由汪达尔人、阿兰人、哥特人等组成的五万人军队，乘坐由博尼法切和西班牙人提供的船渡过加迪斯海峡，进入非洲北部。他很轻易就说服了摩尔人与自己联合。受迫害的多纳图派信徒把根泽里克看成解放他们的救星，尽管根泽里克并非正统的基督教徒。当博尼法切发现自己铸成大错时已经晚了，西罗马帝国派使者同博尼法切见面。双方拿出埃提乌斯的信并做了对比后，博尼法切才意识到自己被诬陷，因此便与普拉西狄娅重归于好。公元430年，根泽里克拒绝撤离北非，博尼法切不得不诉诸武力。结果，博尼法切大败。除了迦太基、锡尔塔和希波，阿非利加行省的广大地区都遭到汪达尔人的蹂躏。最后，博尼法切退守博纳，紧闭城门，与汪达尔人对峙了十四个月。公元431年，东罗马帝国派出援兵，博尼法切同汪达尔人再次交锋，结果还是惨败。博尼法切只好放弃一切，乘船逃往意大利。普拉西狄娅热情地接待了博尼法切，并给他加官晋爵。远在高卢的埃提乌斯得知消息后，很快率领一支蛮族军队回到拉韦纳。埃提乌斯与博尼法切之间的争执最后只能诉诸武力。博尼法切在决斗中取得胜利，但身受重伤，不久便一命呜呼。埃提乌斯被宣布为西罗马帝国公敌，逃去匈人那里寻求庇护。这样一来，西罗马帝国就处于无良将的状态。然而，由于某些原因，根泽里克放缓了扩张的步伐。锡尔塔和迦太基仍然在西罗马帝国的控制下。直到十年后，即公元439年，根泽里克通过偷袭而非正面作战征服了迦太基。

　　埃提乌斯逃亡的时间并不长。他麾下拥有六万名骁勇的匈人士兵，很快，他的势力就超过了普拉西狄娅，因为他拥有贵族头衔和对整个军队的指挥权，所以掌握了西罗马帝国的实权。也许只有他能使西罗马帝国暂时避免灭亡。埃提乌斯一直与匈人保持着密切的联系，同匈王关系非同一般。匈王的儿子在埃提乌斯的军营中接受教育。埃提乌斯雇用匈人守卫高卢，并在瓦伦斯和奥勒良曾收复的领土上建立了阿兰人的殖民地。

当时,阿提拉是匈王,他控制的领土从莱茵河岸一直延伸到伏尔加河岸。据说,斯堪的纳维亚半岛的部落也向他进贡。阿提拉的领土向南延伸到多瑙河下游,乘船整整十五天才能到达。他将入侵的矛头直抵君士坦丁堡城下,东罗马帝国只好向阿提拉缴纳岁贡以换取安宁。而在西罗马帝国,埃提乌斯虽然影响力颇大,但无法挽救西罗马帝国衰落的命运。

根泽里克受到东罗马帝国与西罗马帝国的威胁,希望和兵强马壮的匈人结盟。在他的煽动下,阿提拉率军入侵东罗马帝国。东罗马帝国不得不撤回远征阿非利加的军队来加强君士坦丁堡的防卫。接着,诡计多端的根泽里克促使大批匈人涌入西罗马帝国。

西哥特国王瓦利亚的继任者是狄奥多里克一世。狄奥多里克一世是阿拉里克的儿子,才智过人,精力旺盛。为了开疆拓土,他开始围攻阿尔勒,埃提乌斯率军前去解围。大战后,哥特人败退,损失惨重。不久,罗马将军利托利乌斯率领一支匈人军队,直逼哥特人的首都图卢兹。但因作战鲁莽,罗马军队覆没,利托利乌斯也被俘虏。埃提乌斯率领大军出征,新的战争一触即发。但双方的将军都谨慎出战。最终,双方缔结了友好条约。此后,狄奥多里克一世致力于改善臣民的福祉,受到臣民的尊敬和爱戴。他有六个儿子和两个女儿。其中一个女儿嫁给了在西班牙的苏维汇人的新首领瑞切尔,另一个嫁给了根泽里克的长子亨尼里克。尽管哥特公主出身高贵、嫁入豪门,但注定成为暴君的牺牲品。根泽里克怀疑公主想要谋害他,便割掉了她的鼻子和耳朵,然后把伤痕累累的她送回父亲狄奥多里克一世身边。狄奥多里克一世决心为女儿报仇雪恨。罗马人同意向他提供船、武器和金钱。同时,他为进攻阿非利加做准备。一旦根泽里克向阿提拉请求援助,局势就会发生改变。

有人说,阿提拉发动战争是被罗马帝国皇室的女人——霍诺里娅煽动的。霍诺里娅是瓦伦提尼安三世的姐姐,她和宫廷内侍欧根尼乌斯有过一段风流韵事。丑事暴露时，她的母亲普拉西狄娅把她送到了君士坦丁堡，并把她囚禁在修道院里。霍诺里娅痛恨禁欲和失去自由的生活。她派了一个可靠的修士将一枚象征爱情的戒指交给了阿提拉。阿提拉接受了这个礼物，要求霍诺里娅割让一部分帝国土地作为嫁妆。这样的无理要求当然遭到了拒绝。之后，霍诺里娅被送回意大利，同一个无名小卒举行了婚礼，在监狱里度过了余生。

公元451年，在蛮族士兵的催促下，阿提拉从匈牙利平原出发了。那些臣服他的邦国都派出军队在他的麾下作战。阿提拉率军渡过莱茵河，来到莱茵河与内卡河的交汇处，进入比利时高卢的平原地带。由于基督教徒的支援及坚固的防御工事，特鲁瓦和巴黎幸免，但其他城镇都遭到野蛮的掠夺和摧毁。后来，阿提拉抵达奥尔良城下，想要占领有利地形。这次远征主要源于阿兰首领桑吉班的密谋。桑吉班要背叛西罗马帝国。但他的密谋被人发现了，匈人的进攻被击退了。埃提乌斯和狄奥多里克一世率领骑兵部队，杀气腾腾地来解奥尔良之围。谨慎的匈人只好撤军，退到香槟平原。这里更适合骑兵作战。

埃提乌斯在元老阿维图斯的协助下，成功说服狄奥多里克一世与自己并肩作战。狄奥多里克一世原来的计划是在自己的领土上守株待兔抗击匈人，联合盟友共同保卫高卢。现在，勃艮第人、撒利亚法兰克人、撒克逊人、阿兰人、阿莫里卡人等都被说服共同抗敌。埃提乌斯和狄奥多里克一世率领由各部落组成的联军，准备与阿提拉决战。

双方军队在查隆斯平原展开激战。阿提拉的匈人大军处于战场中心。鲁吉安人、赫卢兰人、法兰克人、勃艮第人等将其团团围住。右翼是格比丹人，左翼是东哥特人。桑吉班率领阿兰人处于联军中间，埃提乌斯指挥联军左翼，狄奥多里克一世指挥联军右翼。这场战斗时间漫长、激烈而血腥。匈人很快就突破了核心地带，集中兵力对付西哥特人。狄奥多里克一世督军作战时，被东哥特人的一个首领用标枪刺中，跌于马下。当时，狄奥多里克一世的儿子多里斯蒙德正在临近的高地上，看到西哥特人抵挡不住正欲投降时，他立刻重整军队进行反击，阿提拉被迫撤退。因夜幕降临,阿提拉才未全军覆没。匈人用战车构筑了一道防线。阿提拉把马鞍和马具堆在一起点火。他决定,如果被逼得走投无路,就冲进火堆里自焚。匈人背水一战的决心遏制了联军的攻势。埃提乌斯也担心匈人一旦被击溃,哥特人会一家独大。因此,埃提乌斯劝说多里斯蒙德既然已经替父报仇,就应回到图卢兹稳固自己的王位。而阿提拉获准渡过莱茵河,一路上没有受到干扰。

埃提乌斯就这样放走了匈人,而这给西罗马帝国带来致命灾难。公元452年春,阿提拉再次索要霍诺里娅公主和她的财产,又遭到西罗马帝国的拒绝。阿提拉发动进攻,包围了阿奎莱亚。经过三个月的围攻,这座重镇沦陷了。波河以北的城镇要么投降,要么被攻占。埃提乌斯曾试图抵抗,但无济于事。胆小懦弱的瓦伦尼提安三世逃到了罗马,并派罗马主教利奥和两位杰出的元老作为使者去平息阿提拉的怒火。此时,阿提拉正驻扎在贝那卡湖岸。他很迷信,想起阿拉里克占领罗马后不久就死亡时不寒而栗。他同意在收到一大笔以霍诺里娅嫁妆为名义的钱

●罗马主教利奥前来平息阿提拉的怒火

后,就率军撤离意大利。阿提拉威胁道,如果不把霍诺里娅交给他的使者,就派铁骑入侵。公元453年,一天晚上,阿提拉又娶新欢。婚礼上,他因饮酒过量,肺部血管破裂,窒息而死。按照惯例,匈人举办了一场非常隆重的葬礼。阿提拉死后,他一手打造的强大帝国立刻分崩离析,匈人也不再具有威慑力了。

瓦伦提尼安三世生活放荡,一无是处。他非但不把埃提乌斯视为西罗马帝国的救世主,反倒以小人之心揣摩并怨恨他。埃提乌斯的儿子高登提乌斯同瓦伦提尼安三世的女儿普拉西狄娅订了

婚。公元451年，埃提乌斯催促瓦伦提尼安三世尽快举行婚礼时，瓦伦提尼安三世拔出宝剑，刺进了埃提乌斯的胸口，这是他人生中第一次挥剑。宦官和其他大臣也效仿瓦伦提尼安三世拔剑刺向了埃提乌斯。埃提乌斯身中百处伤，倒地而亡。此事暴露前，埃提乌斯的主要朋友分别被召进宫，惨遭杀害。埃提乌斯的死亡引起人们的愤慨。人们对瓦伦提尼安三世的蔑视转变为了憎恶。事后，一位罗马公民对瓦伦提尼安三世说："我不知道你的动机是什么，也不知道你受了谁的挑唆。我只知道你的行为无异于用自己的左手砍掉右手。"

屠弱的皇帝瓦伦提尼安三世并没有比埃提乌斯活多久。他沉迷于赌博。一天，他同一个叫彼特罗纽斯·马克西穆斯的富有元老赌博，赢了一大笔钱。瓦伦提尼安三世对他漂亮贤惠的妻子卢奇娜觊觎已久。由于彼特罗纽斯·马克西穆斯当时身上没带钱，瓦伦提尼安三世便要求他用自己的戒指做抵押，然后马上以彼特罗纽斯·马克西穆斯的名义传召他的妻子卢奇娜，命她前去侍奉皇后尤多西娅。刚一进宫，卢奇娜就被带到寝宫的隐秘处，瓦伦提尼安三世强迫与她发生了关系。回到家后，卢奇娜的泪水激起了彼特罗纽斯·马克西穆斯报复的念头。两个曾与埃提乌斯关系要好的士兵非常爽快地同意帮他除掉瓦伦提尼安三世。公元455年3月16日，瓦伦提尼安三世正在战神广场观看军事表演，彼特罗纽斯·马克西穆斯的人一拥而上，用刀刺进了瓦伦提尼安三世的心脏。当时，在场的人没有一个出来阻拦。

彼特罗纽斯·马克西穆斯、阿维图斯、马约里安、安特米乌斯、奥利布里乌斯、格利凯里乌斯、尼波斯、奥古斯图卢斯
公元455年至公元476年

彼特罗纽斯·马克西穆斯复仇的动机可能是受到了野心的驱使，因为他继承了那个使他蒙羞的人的皇位。但登上皇位后，以前作为臣子时享有的很多快乐

都消失了。他曾惊呼道:"哦,幸运的达摩克利斯!就在一顿晚餐上,你开始了你的统治,也结束了你的幸福。"①

彼特罗纽斯·马克西穆斯让自己的儿子帕拉狄乌斯娶了瓦伦提尼安三世的女儿欧多西亚。卢奇娜亡故后,彼特罗纽斯·马克西穆斯就强迫不情愿的前皇后尤多西娅嫁给他。他不经意向尤多西娅透露了自己参与谋害瓦伦提尼安三世的秘密。尽管瓦伦提尼安三世一无是处,又对她不忠,但尤多西娅仍然爱他,所以尤多西娅决定为瓦伦提尼安三世报仇。尤多西娅秘密向根泽里克发出了邀请。不久,一艘载着大批汪达尔人和摩尔人的舰队进入台伯河。彼特罗纽斯·马克西穆斯匆忙向城外逃窜。公元455年6月12日,彼特罗纽斯·马克西穆斯刚一出现在街头,就遭到乱石攻击。一个士兵砸伤了他后,百姓纷纷效仿,后来把彼特罗纽斯·马克西穆斯伤痕累累的尸体扔进了台伯河。彼特罗纽斯·马克西穆斯的统治不足两个月。

根泽里克快到罗马城时,遇到了一队由主教利奥带领的神职人员。勇敢又富有口才的主教曾经平息过阿提拉的愤怒。现在,他希望能消除根泽里克内心的暴虐。根泽里克承诺不伤害罗马人,也不毁坏罗马城的建筑。但这个承诺不过是假象。罗马城遭到了为期十四天的洗劫,教堂、神殿及私人住宅都遭到掠夺,包括尤多西娅在内的上千名俘虏被送往阿非利加。只有迦太基主教德奥格拉蒂亚斯在这场灾难中表现出一个真正基督教徒应有的高尚品格。德奥格拉蒂亚斯把两个大教堂改成了医院,非常细心地照料那些不幸的病人。

阿维图斯是奥弗涅人,担任公职三十余年,辞官后享受着闲云野鹤的生活。后来,彼特罗纽斯·马克西穆斯重新起用阿维图斯,并把高卢军队的指挥权交给他。得到彼特罗纽斯·马克西穆斯亡故的消息时,阿维图斯正在图卢兹同杀害兄

---

① 达摩克利斯曾声称西西里岛的狄奥尼修斯是世界上最幸福的人,狄奥尼修斯便诱惑他,让他尝试做国王的幸福。登上王位后,达摩克利斯发现头顶有一个仅用一根马鬃悬挂着的利剑。他立刻屈服,让出了王位。——原注

长多里斯蒙德的哥特国王狄奥多里克二世议和。西罗马帝国皇帝的位置吸引了阿维图斯，哥特人表示愿意支持他称帝。公元455年8月15日，在阿尔勒举办的高卢行省联席会议上，他被推举为西罗马帝国皇帝。意大利行省也愿意臣服他。同时，他还得到了东罗马帝国的认可。

阿维图斯前往罗马登基。狄奥多里克二世作为他的将军率军翻过比利牛斯山脉前去收复西班牙。当时，西班牙全境几乎都在苏维汇人控制下。狄奥多里克二世取得了胜利，有力地削弱了苏维汇人的实力。他处死了苏维汇人的首领。阿维图斯在罗马的统治同昙花一现。罗马人认为阿维图斯是外来人，十分厌恶他。西罗马帝国的高卢人里西默担任蛮族辅助军的指挥官，因打败科西嘉岛附近的汪达尔舰队而一战成名。里西默利用人们对阿维图斯的不满，逼迫阿维图斯退位。公元456年10月16日，阿维图斯被迫退位，成了普拉森舍的主教。但元老院要求处死阿维图斯。于是，阿维图斯想逃回家乡，但在返乡途中病故，也有人说他是被谋杀。

里西默出身蛮族，颇有自知之明，知道自己与皇帝宝座无缘。他被授予贵族头衔，统治意大利达数月。公元457年，他推举好友马约里安登基。马约里安具有古代罗马人的美德。历史学家普罗科皮乌斯曾说："马约里安身上有着罗马人丢失的所有美德。"这位优秀的皇帝的最大目标是废除国家的陋习，使罗马帝国恢复从前的辉煌。基于这个目标，他制订了许多利国利民的法规。但这些法规非但没能阻止罗马帝国的衰落，反倒使他成了已经堕落的罗马人厌恶的对象。

马约里安不仅是出色的政治家，还是一名英勇的将军。他决定收复阿非利加行省，推翻汪达尔人的统治。罗马帝国兵力匮乏，但只有在蛮族人中才能招募到士兵，所以马约里安从阿尔卑斯山脉以北的蛮族部落中募兵。他打败了狄奥多里克二世，收回了高卢和西班牙的大部分土地。为了进攻阿非利加，马约里安在迦太基港集结了三百艘战船和大量运输船。据说，他甚至换了发色冒充使者进入迦太基。但军队出了叛徒，他的这次行动没有成功。根泽里克收到秘密情报后,消灭了集结在港口的罗马军队。马约里安被迫与根泽里克签订条约。马约里安同意大利继续执行改革计划,并着手准备下一次战争。但里西默在阿尔卑斯山脉下的托尔托纳附近的营地煽动叛乱。马约里安被迫退位。公元461年8月7日,马约里安驾崩,据说他是因为得了痢疾。

里西默原本是想假借他人之名来统治罗马帝国,但马约里安死后,他决心不再重蹈覆辙,选择下一个皇帝时不再选择贤德之才。最后,他选择了籍籍无名的利比乌斯·塞维鲁,我们甚至不知道他的出身。里西默以傀儡皇帝的名义下统治意大利超过五年。但统治达尔马提亚的马塞林努斯不臣服,宣布达尔马尼亚独立。本领出众的将军埃吉迪乌斯则几乎统治了整个高卢。此时,根泽里克的海军大举入侵意大利沿海,里西默不得不向东罗马帝国求助。

阿卡狄乌斯于公元408年逝世,年仅七岁的儿子狄奥多西二世即位。但狄奥多西二世对基督教的虔诚远超过他对治国理政的热情。狄奥多西二世统治期间,东罗马帝国的掌权者实际上他的姐姐普尔喀丽娅。普尔喀丽娅是狄奥多西一世的后代中唯一一个继承他全部才能的人。公元450年,狄奥多西二世从马上跌落身亡后,普尔喀丽娅登基为帝。鉴于当时盛行的迷信风俗,她发誓永远保持贞洁。她意识到人们对女性身份的偏见,最终选择了一个叫马尔西安的人做自己的丈夫。马尔西安是一位六十岁的受人尊敬的元老。普尔喀丽娅与马尔西安共同统治东罗马帝国。普尔喀丽娅先马尔西安去世。马尔西安于公元457年去世。贵族阿斯帕尔在东罗马帝国的地位同里西默在西罗马帝国的地位相似。他把皇位授予利奥一世。利奥一世是阿斯帕尔家的管家,但他展现出帝王的才能和魄力,不屑于只做阿斯帕尔的傀儡。

里西默向利奥一世发出求助,共同对付汪达尔人。利奥一世要求西罗马帝国接受东罗马帝国为其指派的皇帝。里西默接受了这个条件。公元467年,东罗马帝国为西罗马帝国选出的皇帝是安特米乌斯——东罗马帝国前任皇帝马尔西安的女婿。公元467年4月12日,安特米乌斯到达罗马后,把自己的女儿嫁给了里西默。马塞林努斯很快就承认了新皇帝，并奉命远征汪达尔人。为了这次远征，东罗马帝国与西罗马帝国通力合作。安特米乌斯即位第二年，即公元468年，由马塞林努斯率领的西罗马帝国军队收复了地中海中的部分岛屿。此时，一支从埃及出发的军队正向西进发，另一支军队从赫勒斯滂出发，共一千一百艘战船、十万名士兵浩浩荡荡向迦太基港进发。舰队的指挥官是利奥一世的妻弟巴西利斯库斯，但巴西利斯库斯既没有军事天赋，也缺乏作战经验。由于根泽里克暗中作梗，巴西利斯库中了计，没有立即向迦太基进军。狡诈的汪达尔人利用风向优势，夜里，先让火船冲进西罗马帝国的战船中。西罗马帝国的舰队和军队损失过半。巴西利斯库斯逃到君士坦丁堡。马塞林努斯在西西里岛被暗杀。该岛落入了根泽里克手中。此时，根泽里克的舰队已经无敌了。

安特米乌斯与不可一世的女婿里西默的和平并未持续多久。公元471年，里西默离开罗马城，定居于麦狄奥拉努姆。此时，意大利内战一触即发，帕维亚主教伊皮凡尼乌出面调停，使内战得以避免。但西罗马帝国内的矛盾依旧暗流涌动。公元472年，里西默推举罗马贵族奥利布里乌斯为皇帝。奥利布里乌斯是普拉西狄娅的丈夫，也就是瓦伦提尼安三世的女婿。里西默与奥利布里乌合兵一处，在阿尼奥河岸安营扎寨，对罗马城进行长达三个月的围攻。最后，罗马城沦陷。安特米乌斯被女婿里西默残忍地处死。公元472年8月20日，里西默得病暴毙。公元472年10月23日，奥利布里乌斯一命呜呼。

西罗马帝国皇帝的位置暂时空缺。一段时间后，东罗马帝国将西罗马帝国的最高权力授予马塞林努斯的外甥尼波斯。这时，勃艮第人甘多柏德继承了里西默的军队指挥权，并把西罗马帝国皇位授予一个叫格利凯里乌斯的军人。之后，甘多柏德前往勃艮第争夺勃艮第的统治权。格利凯里乌斯认为自己的能力不足，所以不参与皇位竞争，做了萨罗那主教。尼波斯在位不足三年，蛮族军队叛乱。他丢下西罗马帝国，逃往达尔马提亚。

人们称蛮族军队为联军。蛮族军队来自多个民族，主要有赫卢兰人、阿兰人、图尔奇林根人及鲁吉安人。他们的指挥官是一个叫欧瑞斯特的潘诺尼亚人。欧瑞斯特曾是阿提拉的书记。阿提拉死后，他便到罗马做事。尼波斯曾封他为贵族，并授予他军队指挥权。欧瑞斯特巧施计谋获得了军队的支持。在内心欲望的驱使下，他开始对抗尼波斯。不知是何原因，欧瑞斯特没有登上皇位，尽管他不是蛮族出身。公元476年，欧瑞斯特把皇权授予儿子博尼法切和埃提乌斯。人们常叫他奥古斯图卢斯。但罗慕路斯·奥古斯都的统治只维持了很短一段时间。蛮族士兵听说联军中的成员在高卢、西班牙及阿非利加获得了永久土地权，因此坚决要求欧瑞斯特将意大利三分之一的土地分给他们。欧瑞斯特当即拒绝了这个要求。其中，联军中一个叫奥多亚塞的军官提议士兵团结起来听从他的指挥，并保证一定会让欧瑞斯特满足他们的要求。应者云集，奥多亚塞拉起了一支队伍。欧瑞斯特率军退守帕维亚。帕维亚受到狂风暴雨般的围攻后，欧瑞斯特兵败身亡。罗慕路斯·奥古斯都放弃了皇位，获准前往坎帕尼亚的卢库鲁斯别墅，并享有每年六千枚金币的年金。奥多亚塞成了意大利的统治者，共在位十八年，最后被东哥特人推翻。

西罗马帝国至此宣告灭亡。西罗马帝国的领土再也没有统一起来，各地区从此成了独立国家，各自为政。总的来说，政权和土地都掌握在日耳曼征服者的手中。下面我们简要了解一下这些国家。

奥多亚塞死后，东哥特人占领意大利长达七十五年，后来被伦巴第人击败。从此，伦巴第人统治意大利长达两个世纪。

汪达尔人统治阿非利加至公元6世纪中叶，后被东罗马帝国皇帝查士丁尼一世的将军贝利撒留消灭。阿非利加成了东罗马帝国的一部分，直至公元7世纪被阿拉伯人占领。

西哥特人占领了整个西班牙，直至阿拉伯人入侵。除了很小一部分土地被法兰克王国的第一个国王克洛维一世占领，当今法国南部所有领土都被西哥特人控制。

瑞士位于法兰西以东莱茵河岸。勃艮第人和阿勒曼尼人都在此建立过国家。但他们也像哥特人一样，接二连三遭到攻打，被迫承认克洛维一世的统治地位。几乎整个法兰西都听命于这个有为的国王。公元511年，克洛维一世逝世后，他的领土分给了四个儿子。

瓦伦提尼安三世统治时期，罗马军队从不列颠岛撤离。不尚武的当地居民无力抵抗喀里多尼亚人的野蛮入侵，向萨克森首领亨吉斯特和霍尔萨求助。他们的盟友撒克逊人后来成了他们的敌人。撒克逊人和与其有亲缘关系的部落很快占据不列颠岛的大部分土地。

罗马帝国从台伯河岸的一个小村庄逐渐发展壮大成一个西起大西洋、东到幼发拉底河的强大帝国。我们见证了罗马帝国的兴起、发展、衰落与灭亡。罗马帝国的衰亡逃脱不了自然规律，这是支配人类所有事物的规律。但值得注意的是，早在罗马共和国鼎盛时期，图斯坎的占卜师就大胆预言了罗马未来的命运。根据他们的占卜，罗慕路斯[①]当时看到的十二只秃鹫预示着上天会给罗马十二个世纪统治。奇怪的是，图斯坎人的预言成了事实，但历史中总会有许多这种巧合。在人类历史上，罗马帝国的崛起非同寻常，而它的衰落却似乎平淡无奇。奥古斯都留下的罗马帝国产生了西方文明。罗马帝国的边境居住着贫穷、勇敢、精力充沛的不同民族。这些民族渴望能在时机成熟时抢夺罗马帝国财富。因此，只有罗马帝国坚持尚武精神，才能生存。然而，我们可以看到尚武精神很久之前就已经彻底消亡了。达官显贵沉浸于纸醉金迷、荒淫无度的生活；国家人丁锐减，奴隶交易泛滥，到处是游手好闲、躁动不安、内心已经被恶魔腐蚀的人；沉重的赋税使百姓生活在水深火热中，甚至视蛮族征服者的统治为喘息之机；人们信仰高尚的、启迪智慧的、洗涤心灵的宗教受到东方禁欲主义的影响而沦为一种奴性的、使人迷失心智的迷信；最后，国家抵抗蛮族入侵甚至要依赖蛮族军队。

---

① 罗慕路斯，罗马神话中罗马城的创建者。——译者注

所有这一切都注定了罗马帝国的灭亡。日耳曼精神与罗马文明结合后,形成了万物的新秩序。几个世纪后,现代意义上的欧洲社会制度由此产生,并开始了对遥远土地的殖民扩张,对我们这个时代许多重大政治事件造成了深远的影响。

译名对照表

A. Caecina	奥卢斯·凯基纳
A. Plautius	奥卢斯·普劳提乌斯
Abantus	阿曼杜斯
Ablavius	阿布拉维乌斯
Aboras	阿波拉斯河
Abraham	亚伯拉罕
Abraxas	阿卜拉克萨斯
Acacians	本体相类派
Acerronia	阿塞洛尼娅
Achaean League	亚该亚同盟
Achaemenians	阿契美尼德
Achamoth	阿卡莫斯
Achilles	阿喀琉斯
Achilleus	阿希莱夫斯
Acolyths	执烛者
Acte	阿可德
Adda	阿达
Adiabene	阿迪亚波纳
Adolphus	阿道弗斯
Adriatic	亚得里亚海
Adrumetum	哈德鲁迈图姆
Adventus	阿德温图斯

译名对照表　489

Advocatus fisci	州检察官
Aeduan	埃杜维
Aegean	爱琴海
Aegidius	埃吉迪乌斯
Aelian	埃利安
Aelianus	埃利阿努斯
Aelius Gallus	埃利乌斯·加卢斯
Aelius Lamia	埃利乌斯·拉米亚
Aemilianus	埃米利安努斯
Aemilius Paulus	埃米利乌斯·保卢斯
Aeneas	埃涅阿斯
Aeneis	《埃涅阿斯记》
Aenone	奥埃诺妮
Aerarium	公共金库
Aetians	埃提乌斯派
Aetius	埃提乌斯
Aetna	埃特纳
Aetolian Leagues	埃托利亚同盟
Afranius	阿夫拉涅乌斯
Afranius Quinctianus	阿夫拉涅乌斯·昆克提亚努斯
Agerinus	阿格里努斯
Agilo	阿吉罗
Agricola	阿格里科拉
Agrippa	阿格里帕
Agrippina	大阿格里皮娜
Ahriman	阿里曼
Alans	阿兰人
Alaric	阿拉里克
Alavivus	阿拉维乌斯
Alba Pompeia	阿尔巴庞培亚
Alban	阿尔邦

Alban Mount	阿尔邦山
Albanum	阿尔巴努姆
Albigenses	阿尔比派
Albinus	阿尔比努斯
Albula	阿尔布拉
Alcaeus	阿尔凯奥斯
Alcestis	阿尔克提斯
Alemans	阿勒曼尼人
Aletheus	阿里修斯
Alexander the Great	亚历山大大帝
Alexandria	亚历山德里亚
Alexianus	阿勒夏努斯
Alfred the Great	阿尔弗雷德大帝
Allectus	阿勒克图斯
Allia	阿利亚
Alpine	阿尔派恩
Alps	阿尔卑斯山脉
Alsace	阿尔萨斯
Altino	阿尔蒂诺
Alypius	阿利皮乌斯
Amandus	阿曼杜斯
Amazons	阿马纵人
Ambrose	安布罗斯
Amida	阿米达
Ammianus Marcellinus	阿米阿努斯·马塞林努斯
Ammonius Saccas	阿摩尼奥斯·萨卡斯
Amphictyonies	近邻同盟
Ampius Flavianus	安佩乌斯·弗拉维阿努斯
Anachorites	遁世修行派
Anastasia	阿纳斯塔西娅
Anatha	安纳塔

Anatolius	安纳托利乌斯
Ancilia	安西利亚
Ancyra	安卡拉
Andalusia	安达卢西亚
Andes	安第斯
Andreas	安德烈亚斯
Andrew	安德鲁
Angivarians	安格里瓦里人
Anicetus	安尼斯图斯
Anicius Cerealis	安尼西乌斯·塞瑞利斯
Anio	阿尼奥
Anjou	安茹
Annaeus Mella	安内乌斯·梅拉
Annals	《编年史》
Annasus Vinicianus	安纳苏斯·维尼西亚努斯
Annius Gallus	安尼乌斯·加卢斯
Annius Verus	安尼乌斯·维鲁斯
Antaeus	安泰
Anthemius	安特米乌斯
Anthemus	安塞姆斯
Antimachus	安提马科斯
Antinoüs	安提诺乌斯
Antioch	安条克
Antiochus	安条奥库斯
Antistius	安提斯提乌斯
Antium	安提乌姆
Antonia	小安东尼娅
Antonia Gordiana	安东尼娅·戈尔迪安娜
Antoninus	安敦尼
Antonius Musa	安东尼·穆萨
Antonius Primus	安东尼·普里穆斯

Anulinus	阿努利努斯
Apamea	阿帕梅亚
Apennines	亚平宁山脉
Apharban	阿法班
Apicata	阿皮卡塔
Apis	阿匹斯
Apodemius	阿波德尼乌斯
Apollinaris	亚波里拿留
Apologies	《护教篇》
Apology	《护教辞》
Aponius Saturninus	阿波尼乌斯·萨图尼努斯
Apostate	叛教者
Appian Way	亚壁古道
Appius Claudius	阿庇乌斯·克劳狄
Apulia	阿普利亚
Aqua Virgo	维尔戈水道
Aquileia	阿奎莱亚
Aquinum	阿奎因乌姆
Aquirion	阿奎里昂宫
Aquitanian Gaul	阿基坦高卢
Arabia	阿拉伯半岛
Arbela	阿贝拉
Arbetio	阿尔贝提奥
Arcadia	阿卡狄亚
Arcadius	阿卡狄乌斯
Archbishops	大主教
Arch-deacons	总执事
Arch-presbyters	总长老
Ardenne	阿登
Argonautics	《阿尔戈远航》
Argyroaspids	银盾大队

Arian	阿里乌派
Aricia	阿里西亚
Aries	阿尔勒
Aristotle	亚里士多德
Armenia	亚美尼亚
Armentarius	阿门塔里乌斯
Arminius	阿尔米尼乌斯
Armoricans	阿莫里卡人
Arnesiphis	阿尔尼西菲斯
Arnobius	阿诺比乌
Arraorica	阿尔莫利卡
Arras	阿拉斯
Arria	阿里亚
Arrian	阿里安
Arrius Aper	阿里乌斯·阿佩尔
Arrius Varus	阿里乌斯·瓦鲁斯
Arsaces II	阿萨息斯二世
Arsacid	安息人
Arsacid	阿萨息斯
Art of Love	《爱的艺术》
Artabanus	阿尔达班
Artaxerxes	阿尔塔薛西斯
Artemon	亚尔特蒙
Arzhang	《大二宗图》
Asclepiodotus	阿斯克里皮奥图
Asiaticus	阿西阿提库斯
Asinius Pollio	阿西尼厄斯·波利奥
Askalon	亚实基伦
Asper	阿斯帕尔
Asses	阿斯
Assyria	亚述

Asta	阿斯塔
Astarte	阿斯塔特
Astura	阿斯图拉
Asturians	阿斯图里亚人
Athanaric	阿萨纳里克
Athanasius	亚他那修
Athenagoras	阿泰纳戈拉斯
Athens	雅典
Atilla	阿蒂拉
Atimetus	亚提米都
Atlas	阿特拉斯
Attalus	阿塔卢斯
Atticus	阿提库斯
Attidius	阿提迪乌斯
Attila	阿提拉
Attis	《阿提斯》
Attuarians	阿图利亚人
Augustal Prefect	奥古斯都长官
Augustalia	奥古斯塔利亚
Augustan age	拉丁文学时代
Augustine	奥古斯丁
Augustulus	奥古斯图卢斯
Augustus	奥古斯都
Aurelia Victoria	奥雷利娅·维多利亚
Aurelian	奥勒良
Aureolus	奥勒卢斯
Autun	欧坦
Auvergne	奥弗涅
Aventine	阿文提诺
Avidius Cassius	阿维狄乌斯·卡修斯
Avitus	阿维图斯

Babylas	巴比拉斯
Bacchae	《巴克伊》
Bacchanals	酒神节
Baetic Spain	巴提卡西班牙
Baetica	巴提卡
Bagauds	巴高德
Bahram I	巴赫拉姆一世
Bahram II	巴赫拉姆二世
Baiae	巴亚
Bajazet	巴耶塞特
Balbinus	巴尔比努斯
Ballista	巴利斯塔
Bar Kokhba	巴尔·科赫巴
Barbatio	阿尔贝提奥
Barbatus Messala	巴巴图斯·梅萨拉
Barcelona	巴塞罗那
Bardesane	巴尔德桑尼斯
Bareas Soranus	巴雷亚·索拉努斯
Barnabas	巴拿巴
Barrow	巴罗
Basil	巴西尔
Basil the Great	大巴西略
Basilica	巴西利卡
Basilides	巴西里德
Basiliscus	巴西利斯库斯
Basque	巴斯克人
Bassianus	巴西亚努斯
Bastarnians	巴斯塔尼亚人
Batavians	巴塔维人
Batica	巴提卡
Bato	巴托

Battle of Actium	亚克兴战役
Bauli	包利
Bauto	包托
Bay of Issus	伊苏斯湾
Bay of Naples	那不勒斯湾
Beardhater	《厌胡者》
Bebius Massa	贝比乌斯·马萨
Becket	贝克特人
Bedoweens	贝都因人
Bedriacum	贝德里亚库姆
Belgian	比利时
Belisarius	贝利撒留
Benacus	贝那卡
Beneventum	贝内文托
Beraea	贝里亚
Bercea	贝尔恰
Berenice	贝雷妮丝
Beryllus	贝里卢斯
Berytus	贝里图斯
Besancon	贝桑松
Bethlehem	伯利恒
Bezabde	贝扎布德
Bibaculus	比巴库卢斯
Bineses	拜尼西斯
Bishop	主教
Bishop Alexander	主教亚历山大
Bissextile	闰日
Bithynia	比提尼亚
Black Forest	黑森林
Blandina	布兰迪娜
Blemmyan	布莱米安人

Boadicea	博阿迪西亚
Boccaccio	薄伽丘
Bocchus	博胡斯
Bohemum	波希乌姆
Bologna	博洛尼亚
Bona	博纳
Boniface	博尼法切
Bonn	波恩
Bononia	波诺尼亚
Bonosus	博诺苏斯
Borderers	边防军
Bosporus	博斯普鲁斯海峡
Botheric	波特里克
Boulogne	布洛涅
Bovillae	博维利
Boville	博维尔
Bozrah	布斯拉
Brahmanism	婆罗门教
Bregilio	布雷基里奥
Brescia	布雷西亚
Breucans	布雷坎人
Brinno	布林诺
Britain	不列颠
Britannicus	不列塔尼库斯
Bructerian	布鲁克德里
Brundisium	布伦迪西乌姆
Brutus	布鲁图
Bubalia	布巴利亚
Burrans	伯兰人
Burrus	伯勒斯
Busentinus	布森提努斯

Busiri	布西里斯
Byzantium	拜占庭
C. Annajus Silanus	盖乌斯·安内乌斯·锡拉努斯
C. Cetronius	盖乌斯·塞托尼乌斯
C. Marius	盖乌斯·马略
C. Memmius Regulus	盖乌斯·梅米乌斯·雷古拉斯
C. Silius	盖乌斯·西柳斯
C. Sentius Saturninus	盖乌斯·森提乌斯·萨图尼努斯
Caecilia	采齐利娅
Caecilia Attica	采齐利娅·阿蒂卡
Caecilianus	凯基利亚努斯
Caecina Alienus	凯基纳·阿列安努斯
Caecina Paetus	凯基纳·帕埃图斯
Caelian Hill	西里欧山
Caenis	凯妮斯
Caepio Crispinus	卡埃皮奥·克里斯皮努斯
Caius	盖乌斯
Caledonians	喀里多尼亚人
Caligula	卡利古拉
Callinicum	卡利尼库姆
Callistus	卡利斯图斯
Calpurnia	卡尔普尔妮娅
Calpurnius Crassus	卡尔普尼乌斯·克拉苏
Calpurnius Piso	卡尔普尼乌斯·皮索
Calvinism	加尔文主义
Calvitius	卡尔维提乌斯
Camillus	卡米卢斯
Cammunians	卡穆尼亚人
Campania	坎帕尼亚
Camuntum	卡农图姆
Candace	坎达丝

Candidianus	坎迪迪安努斯
Candidus	坎迪杜斯
Cannae	坎尼
Canninefates	坎尼尼费人
Canons	教规
Cantabrians	坎塔布里亚人
Capellianus	卡贝里亚努斯
Capitoline Games	卡比托利欧竞技会
Capitoline Hill	卡比托利欧山
Cappadocia	卡帕多西亚
Capreae	卡普里埃岛
Capua	卡普阿
Caracalla	卡拉卡拉
Caractacus	卡拉克塔克斯
Carausius	卡劳修斯
Carche	卡尔契
Carinus	卡里努斯
Carisius	卡里修斯
Carpocrates	卡珀奎提斯
Carrhae	卡雷
Carsulae	卡苏莱
Carus	卡鲁斯
Carvilius Marinus	卡维利乌斯·马里努斯
Casperius	卡斯佩里乌斯
Cassandria	卡桑德里亚
Cassarea	恺撒利亚
Cassius	卡修斯
Cassius Chaerea	卡修斯·卡瑞亚
Cassius Dion	卡西乌斯·迪奥
Cassius Severus	卡修斯·塞维鲁
Castle of Ur	达乌尔城堡

Castor	卡斯托
Cataract	卡特拉克特
Catechetic School	教导学院
Catechumens	望教者
Cathari	卡特里派
Catholic	天主教
Catholic church	天主教会
Catilius Severus	卡提利乌斯·塞维鲁
Cato	小加图
Catullus	卡特卢斯
Caucasian	高加索人
Caucasus	高加索
Ceionii	塞奥尼
Ceionius	塞奥尼乌斯
Celsus	塞尔苏斯
Censor	监察官
Cerdo	塞尔都
Ceres	刻瑞斯
Cerinthus	塞林图
Cestius Aemilianus	塞斯提乌斯·埃米利安努斯
Cestius Gallus	塞斯提乌斯·加卢斯
Ceylon	锡兰
Chalcedon	卡尔西登
Chalons	查隆斯
Chamberlain	内廷大臣
Champagne	香槟
Charicles	卡里克勒斯
Charietto	查里埃托
Charlemagne	查理曼大帝
Charles V	查理五世
Chattans	查塔人

Chaucans	乔坎斯
Cheruscan	切鲁斯坎
Cheruseaus	切鲁索
Chillingworth	奇林沃思
Chios	希俄斯岛
Chnodomar	克诺多玛尔
Chorepiscopi	副主教
Chosroës	科斯罗伊斯
Chrysoaspids	金盾大队
Chrysopolis	克里索波利斯
Chrysostom	赫里索斯托
Cibalis	锡巴里斯
Cicero	西塞罗
Cilicia	奇里乞亚
Cilician Gates	奇里乞亚山口
Cinobellinus	奇诺贝里努斯
Circeii	奇尔塞伊
Circesium	奇尔切西乌姆
Circumcellions	奇尔库姆塞隆人
Cisalpine Gaul	山南高卢
Classicus	格拉西库斯
Claudius	克劳狄
Claudius Civilis	克劳狄·西维利斯
Claudius Constantine	克劳狄·君士坦丁
Claudius Drusus	克劳狄·德鲁苏斯
Claudius II	克劳狄二世
Claudius Julianus	克劳狄·尤利安努斯
Claudius Marcellus	克劳狄·马塞勒斯
Claudius Nero	克劳狄·尼禄
Claudius Pompeianus	克劳狄·庞培阿努斯
Claudius Silvanus	克劳狄·西尔瓦努斯

Claudius Tacitus	克劳狄·塔西佗
Cleander	克林德
Clemens	克莱门斯
Clement	克莱门特
Cleopatra	克利奥帕特拉
Cleves	克莱沃
Clovis I	克洛维一世
Clyde	克莱德河
Cn. Domitius	格奈乌斯·多米提乌斯
Cn. Sentius	格奈乌斯·森提乌斯
Cniva	尼瓦
Cocceius Nerva	科齐乌斯·涅尔瓦
Cochet	科歇
Coco	科科
Coenobites	团体派
Colmar	科尔马
Cologne	科洛涅
Comagene	科马基尼
Comes Orientis	东方伯爵
Commagene	科马基尼
Commodus	康茂德
Concord	康考迪亚
Confessions	《忏悔录》
Confessors	告解神父
Congregation	会众
Consentia	康森提亚
Constans	君士坦斯
Constantia	康斯坦蒂娅
Constantina	康斯坦丁娜
Constantine	君士坦丁
Constantinople	君士坦丁堡

Constantius	君士坦提乌斯
Constantius Gallus	加卢斯
Constantius II	君士坦提乌斯二世
Consulars	执政官
Coptos	科普托斯
Corbulo	科尔布罗
Corduene	科杜内
Corinth	科林斯
Corinthian Gulf	科林斯湾
Cornelia	科尔内利娅
Cornelius Aquinus	科尼利厄斯·阿奎尼乌斯
Cornelius Celsus	科尼利厄斯·塞尔苏斯
Cornelius Cinna	科尼利厄斯·秦纳
Cornelius Fuscus	科尼利厄斯·福斯库斯
Cornelius Gallus	科尼利厄斯·加卢斯
Cornelius Laco	科尼利厄斯·拉佐
Cornelius Palma	科尼利厄斯·帕尔马
Cornelius Sabinus	科尼利厄斯·萨宾努斯
Cornelius Sulla	科尼利厄斯·苏拉
Correctors	纠察官
Corsica	科西嘉
Cos	科斯岛
Cossutianus Capito	科苏迪亚努斯·卡皮托
Cottian	科蒂安山
Cottian Alps	科蒂安阿尔卑斯山
Council of Nicaea	尼西亚宗教会议
Councils	理事会
Count Arbogast	阿博加斯特伯爵
Count Gratian	格拉提安伯爵
Count Heraclian	赫拉克利亚伯爵
Count of the Private Estate	皇室财产管理官

Count Romanus	罗曼努斯伯爵
Count Theodosius	狄奥多西伯爵
Counts	伯爵
Counts of the Domestics	内廷伯爵
Crassus	克拉苏
Creator	造物主
Cremona	克雷莫纳
Cremutius Cordus	克莱穆提乌斯·科尔都斯
Creperius	克列佩里乌斯
Crescens	克雷桑斯
Crispina	克丽斯庇娜
Crispus	克里斯普斯
Crispus Passienus	克里斯珀斯·帕西恩努斯
Ctesiphon	泰西封
Curtius Montanus	库尔提乌斯·孟他努斯
Curubis	柯卢比斯
Cutiliae	库提莱
Cydonia	基多尼亚
Cynics	犬儒学派
Cynthia	辛西娅
Cyprian	西普里安
Cyprus	塞浦路斯
Cyrenaean	昔兰尼加
Cyrene	昔兰尼
Cyriades	基里阿德斯
Cyrus	居鲁士
Cyzicus	基齐库斯
Dacians	达契亚人
Dacicus	达契亚库斯
Dadastana	达达斯塔纳
Dagalaiphus	达迦莱法斯

Dagger	《匕首》
Dalmatia	达尔马提亚
Dalmatius	达尔马提乌斯
Damascus	大马士革
Damocles	达摩克利斯
Dante	但丁
Danube	多瑙河
Daphne	达佛涅
Daphnic	月桂女神
Dardania	达尔达尼亚
Darius III	大流士三世
David	大卫王
De re publica	《论共和国》
De Rebus Christianis ante Constantinum	《君士坦丁一世前的基督教史》
Deacons	执事
Decebalus	戴凯巴路斯
Decentius	德森提乌斯
Decius	德西乌斯
Decurion	十夫长
Demiurge	德谬哥
Denars	第纳尔
Deogratias	德奥格拉蒂亚斯
Dervishes	德尔维希
Diadumenianus	迪亚杜门尼安
Diana	狄安娜
Dictator	独裁官
Didius Julianus	狄迪乌斯·尤利安努斯
Dillius Vocula	狄琉斯·沃库拉
Diocletian	戴克里先
Diocmitae	戴克米特
Dionysius	狄奥尼修斯

Divine Author	神性作者
Divine Institutes	《神圣原理》
Divine Spirit	圣灵
Domitia	图密提娅
Domitia Calvina	图密提娅·卡尔维娜
Domitianus	图密善
Domitilla	图密提拉
Domitius Celer	多米提乌斯·塞勒
Don River	顿河
Donatists	多纳图派
Donatus	多纳图
Dorotheus	多罗修斯
Drachmas	德拉克马
Drave	德拉弗
Druidic	德鲁伊教
Drusilla	德鲁茜拉
Drusus	大德鲁苏斯
Dukes	公爵
Dura	杜拉
Dynamis	戴纳米斯
Dyrrhachium	底拉西乌姆
Ebionites	伊便尼派
Eboracum	艾伯拉肯
Ecclesiastical History	《教会史》
Ecclesiastical Polity	《教会行政法规》
Eclectics	折中学派
Eclectus	埃克勒克塔斯
Ecumenical council	大公会议
Eden	埃登
Edessa	埃德萨
Edward Gibbon	爱德华·吉本

Egnatius	埃格纳提乌斯
Egypt Sarabaites	埃及僧侣
Elaeus	艾雷乌斯
Elagabalus	埃拉伽巴路斯
Elbe	易北河
Elders	长老
Elegeia	埃尔吉亚
Elephantina	象皮那城
Eleusinian	厄琉息斯秘仪
Elia Capitolina	埃利亚·卡皮托利那
Elia Catella	埃利娅·卡泰拉
Elison	埃里森
Emesa	埃美萨
Emilianus	埃米利安努斯
Emir	埃米尔
Ennia	恩尼娅
Ennius	恩尼乌斯
Epaphroditus	埃帕弗洛迪图斯
Ephesus	以弗所
Epicharis	埃比卡里斯
Epictetus	爱比克泰德
Epicurus	伊壁鸠鲁
Epiphanius	伊皮凡尼乌
Epirus	伊庇鲁斯
Epistles	《使徒书信》
Eprius Marcellus	伊庇琉斯·马塞勒斯
Equitius	埃奎提乌斯
Eremites	隐士派
Esquiline	厄斯奎林
Eternal City	永恒之城
Ethiopians	埃塞俄比亚人

Etruria	埃特鲁里亚
Eucerus	欧塞鲁斯
Eucherius	欧奇里乌斯
Eudemus	欧德摩斯
Eudocia	欧多西亚
Eudoxia	尤多西娅
Eugenius	欧根尼乌斯
Eunomians	欧诺米派
Eunomius	欧诺米
Euphrates	幼发拉底河
Eusebia	优西比娅
Eusebius	优西比乌
Eutherius	优西里乌斯
Eutropia	尤特罗皮娅
Eutropius	欧特罗庇乌斯
Euxine	攸克辛海
Exarchs	督主教
Exedares	埃克西达雷斯
Exhortations to the Greeks	《异教徒的劝勉》
Exorcists	驱魔员
Fabius Valens	法比尤斯·瓦林斯
Fadilla	法迪娜
Faedcrati	联盟军
Faithful	正式信徒
Falonius	法伦尼乌斯
Fannius Caepio	法尼乌斯·卡埃皮奥
Fano	法诺
Faqeers	法基尔
Fasti	《岁时记》
Father	天父
Father of his Country	国父

Fausta	福斯塔
Faustina	福斯蒂娜
Faustus Cornelius Sulla	福斯图斯·科尼利厄斯·苏拉
Felix	费利克斯
Felix of Aptungus	阿普顿加的费利克斯
Fenius Rufus	费尼乌斯·鲁弗斯
Festus	费斯特斯
Fidenae	费德内
Field of Mars	战神广场
Firmus	菲尔穆斯
First Man	初人
First of the Senate	元首
Firth of Clyde	克莱德湾
Firth of Forth	福斯湾
Fisc	财库
Flaminian	弗莱明
Flamininus	弗拉米尼努斯
Flavius Sabinus	弗拉维乌斯·萨宾努斯
Flavius Victor	弗拉维乌斯·维克托
Florence	佛罗伦萨
Florianus	弗洛里努斯
Fonteius Capito	芬迪乌斯·卡皮托
Forth	福斯河
Fortuna Redux	福尔图娜·雷多克斯
Forum Julii	尤利乌斯广场
Franks	法兰克人
Frederick II	腓特烈二世
Frejus	弗雷瑞斯
Frisians	弗里斯人
Fritigern	弗里提根
Froissart	弗鲁瓦萨尔

Fucine	福奇尼
Fulvia	富尔维娅
Fundi	丰迪
Furius Camillus	富里乌斯·卡米卢斯
Gabinius	加比纽斯
Gadara	加达拉
Gaetulians	盖图里人
Gainas	盖纳斯
Galaesus	盖拉苏斯
Galatia	加拉提亚
Galba	加尔巴
Galen	盖伦
Galerius	伽列里乌斯
Galilans	加利利人
Galilee	加加利
Gall	加拉
Gallicia	加利西亚
Gallienus	加里恩努斯
Gallus	加卢斯
Gannys	甘尼斯
Gascon	加斯科涅
Gassan	加桑
Gaudentius	高登提乌斯
Gaul	高卢
Gaza	加沙
Gelduba	捷尔杜巴
Gemonian steps	杰摩尼亚台阶
General council	普教会议
Genius	格尼乌斯
Genius of Casar	恺撒守护神
Gennerid	根涅里德

Genseric	根泽里克
Gentiles	外邦人
Georgics	《农事诗》
Gepidans	格比丹人
Germanicus	日耳曼尼库斯
Gessius Florus	格西乌斯·弗洛鲁斯
Geta	盖塔
Ghibellines	吉柏林派
Gildo	吉尔多
Glycerins	格利凯里乌斯
Gnosis	诺斯底学说
Gold-grain	小金
Gordian II	戈尔迪安二世
Gordian III	戈尔迪安三世
Gordianus	戈尔迪安
Gorgonius	戈哥尼乌斯
Graeccinus Laco	格拉西努斯·拉佐
Grampian	格兰扁
Granius Marcellus	格兰尼乌斯·马塞勒斯
Gratianus	格拉提安
Gregory	格雷戈里
Gregory Nazianzen	额我略·纳齐安
Gregory of Nyssa	尼撒的贵格利
Gundobald	甘多柏德
Gyrene	格勒内
Hadria	阿德里亚
Hadrian	哈德良
Hadrianople	哈德良堡
Haemus	哈伊莫司
Hairan I	希罗德一世
Halotus	哈洛图斯

Hannibal	汉尼拔
Hannibalianus	汉尼巴利亚努斯
Happy Arabia	阿拉伯半岛
Hasdrubal	哈斯德鲁巴
Hatra	哈特拉
Hebrew Scriptures	《希伯来圣经》
Hebrus	赫布洛斯
Helena	海伦娜
Helius	赫利乌斯
Helvidius Priscus	赫尔维狄乌斯·普里斯库斯
Helvius Pertinax	希尔维乌斯·佩蒂纳克斯
Hengist	吉斯特
Heraclea	赫拉克利亚
Herculaneum	赫库兰尼姆
Hercules	赫丘利
Herculius	赫丘利乌斯
Hercynian	赫西尼亚
Herennius	赫伦尼乌斯
Herennius Callus	赫伦尼乌斯·卡卢斯
Herennius Senecio	赫伦尼乌斯·塞尼西奥
Hermanric	赫尔曼里克
Hermas	黑马
Hermes	赫尔墨斯
Hermogenes	赫莫杰尼斯
Herod Agrippa II	希律亚基帕二世
Herodian	希罗迪安
Heroic Epistles	《女杰书简》
Heroun	神龛
Herulan	赫鲁兰
Herulans	赫卢兰人
Hesiod	赫西奥德

Hierapolis	耶拉波利斯
High Pontiff	大祭司
Hippodrome	椭圆形竞技场
Hippolytus	希波吕托斯
Hispania Tarraconensis	塔拉科西班牙
History of England	《英格兰史》
History of Rome	《罗马史》
History of the Jews	《犹太古史》
History of the Roman republic	《罗马自建城以来的历史》
Homer	荷马
Homoousians	同质论者
Honoria	霍诺里娅
Honorians	霍诺里乌斯人
Honorius	霍诺里乌斯
Horace	贺拉斯
Hordeonius	霍尔迪奥乌斯
Hordeonius Flaccus	霍尔狄奥乌斯·弗拉库斯
Hormisdas	霍尔米斯达斯
Horsa	霍尔萨
Hortorius	霍尔托利乌斯
Hostilia	奥斯蒂利亚
Hostilianus	霍斯蒂利安
Hunneric	亨尼里克
Huns	匈人
Hyperectrises	海珀莱科特莱斯
Iaity	平信徒
Iberia	伊比利亚
Icelus	埃瑟勒斯
Icenians	爱西尼
Igmazen	依格玛赞
Ignatius	依纳爵

Ilias	《伊利亚特》
Illyrian	伊利里亚
Illyricum	伊利里亚
Imperator	凯旋将军
Imperium Palmyrenian	帕尔米拉王国
Incitatus	因吉塔斯
Indo-German	印度—日耳曼系
Ingenuus	英格努乌斯
Inguiomer	英格默
Innocence	纯纯
Interamna	英特拉姆纳
Ionia	爱奥尼亚
Irenaeus	伊勒讷乌斯
Isauria	伊索里亚
Isis	伊希斯
Isle of Wight	怀特岛
Israel	以色列
Isthmian Games	伊斯米亚竞技会
Isthmus	地峡
Istria	伊斯特里亚
Italica	伊塔利卡
Italicus	伊塔利库斯
Iturius	伊图里乌斯
Jamblichus	詹布里库斯
James I	詹姆斯一世
James Stuart	詹姆斯·斯图亚特
Janus	雅努斯
Jarqurric	扎克雷起义
Jazygans	贾齐格人
Jazyges	贾齐格斯
Jericho	杰里科

Jerome	哲罗姆
Jerusalem Delivered	《耶路撒冷的解放》
John	约翰
Joseph	约瑟
Josephus	约瑟夫斯
Jotapianus	约塔皮亚努斯
Jotopata	约图帕塔
Jove the Liberator	解放者朱庇特
Jovianus	约维安
Jovinus	乔维努斯
Jovius	乔维乌斯
Judaea	犹地亚
Judas	犹大
Judges	士师
Jugurtha	朱古达
Julia Domna	尤利娅·多姆娜
Julia Flavia	尤利娅·弗拉维娅
Julia the Elder	大尤利娅
Julian	尤利安
Julian Alps	尤利安阿尔卑斯山
Julian De maritandis ordinibus	《尤利乌斯婚姻法》
Julius Africanus	尤利乌斯·阿非利加努斯
Julius Caesar	尤利乌斯·恺撒
Julius Constantius	尤利乌斯·君士坦提乌斯
Julius Florus	尤利乌斯·弗洛鲁斯
Julius Indus	尤利乌斯·因度斯
Julius Laetus	尤利乌斯·拉图斯
Julius Paulus	尤利乌斯·保卢斯
Julius Sabinus	尤利乌斯·萨宾努斯
Julius Sacrovir	尤利乌斯·萨克罗维尔
Julius Severus	尤利乌斯·塞维鲁

Julius Tutor	尤利乌斯·图拓
Julius Valens	尤利乌斯·瓦伦斯
Julus Antonius	尤鲁斯·安东尼
Junia Calvina	尤尼亚·卡尔维娜
Junia Claudilla	尤尼亚·克劳狄拉
Junia Silana	尤尼亚·西拉娜
Junius Blaesus	尤尼乌斯·布莱苏斯
Junius Rusticus	尤尼乌斯·卢斯提库斯
Junius Silanus	尤尼乌斯·锡拉努斯
Jupiter	朱庇特
Justin Martyr	殉道者查士丁
Justina	尤斯蒂娜
Justinian I	查士丁尼一世
Justitium	《紧急状态法》
Juvenalia	青年竞赛会
Juvenalis	尤维纳利斯
Khosrov	科斯罗伊斯
Kios	基乌斯
L. Aelius Sejanus	卢修斯·埃利乌斯·赛扬努斯
L. Antonius	卢修斯·安东尼
L. Aruntius	卢修斯·阿伦提乌斯
L. Cassius	卢修斯·卡修斯
L. Cornificius	卢修斯·科尔尼菲西乌斯
L. Maximus	卢修斯·马克西姆斯
L. Muraena	卢修斯·穆雷纳
L. Piso	卢修斯·皮索
L. Vitellius	卢修斯·维特利乌斯
L. Aemilius	卢修斯·埃米利乌斯
L. Emilius Paulus	卢修斯·埃米利乌斯·保卢斯
L. Silanus	卢修斯·锡拉努斯
Labarum	拉布兰旗

Lactantius	拉克坦提乌斯
Laetus	拉图斯
Lake Maeotis	迈俄提斯湖
Lake of Curtius	库尔提乌斯湖
Lampaea	兰帕亚
Lampsacus	兰萨库斯
Lancearians	兰西阿利亚
Langobards	伦巴第
Lanuvium	拉努维姆
Laodicea	劳迪塞亚
Lar	拉尔
Largitionum	库务
Latinius Latiaris	拉丁尼乌斯·拉提亚利斯
Latium	拉丁姆
Legates	雷加图斯
Leo	利奥
Leo I	利奥一世
Lepida	列比达
Leptis	莱普提斯
Letters	《书信集》
Levites	利未人
Libanius	利巴尼乌斯
Libius Severus	利比乌斯·塞维鲁
Licinia Eudoxia	李锡尼娅·尤多西娅
Licinius	李锡尼
Licinius Mucianus	李锡尼·穆奇阿努斯
Licinius Proculus	李锡尼·普罗库卢斯
Life of Alexander the Great	《亚历山大大帝传》
Life of Constantine	《君士坦丁传》
Light	明教
Liguria	利米甘特

Lingonians		林贡斯人
Lipara		利帕拉
Lippe		利珀河
Litorius		利托利乌斯
Livia		利维娅
Livia Orestilla		利维娅·奥瑞斯提拉
Livilla		莉薇拉
Living Spirit		活灵
Livius Geminius		利维乌斯·格米尼乌斯
Locusta		洛库斯塔
Loire		卢瓦尔
Lollia Paullina		罗利娅·保莉娜
Londinium		伦蒂尼恩
Long Bridges		长桥
Longinus		朗吉努斯
Lorii		罗丽
Louis I		路易斯一世
Lucania		卢卡尼亚
Lucanus		卢坎
Lucian		琉善
Lucianus		卢西亚努斯
Lucilian		卢基里安
Lucilius Bassus		卢基里乌斯·巴苏斯
Lucilla		露西拉
Lucina		卢奇娜
Lucius		卢修斯
Lucius Aelius		卢修斯·埃利乌斯
Lucius Commodus		卢修斯·康茂德
Lucrine		芦克林
Lucullus		卢库鲁斯
Lugdunum		卢格杜努姆

Lupercal rites	牧神节
Lupercus	卢帕库斯
Lupicinus	卢庇西努斯
Lusitania	卢西塔尼亚
Lusius Quietus	卢西乌斯·奎埃图斯
Lutetia	卢特夏
Lycia	吕西亚
Lydia	吕底亚
Lygdus	利格德斯
M. Antonius	马克·安东尼
M. Aurelius Antoninus	马可·奥勒留·安东尼
M. Claudius Marcellus	马库斯·克劳狄·马塞勒斯
M. Lepidus	马库斯·莱皮杜斯
M. Lollius	马库斯·罗利乌斯
M. Vinicius	马库斯·维尼修斯
M.Elius Aurelius Verus	马克·埃利乌斯·奥勒留·维鲁斯
Macedonius	马其顿尼
Macepracta	马西普拉克塔
Macrianus	马克利亚努斯
Macrianus Minor	小马克利亚努斯
Macrinus	马克里努斯
Macro	马克罗
Maecenas	梅塞纳斯
Maesa	马埃萨
Magian	拜火教
Magistrates	政务官
Magnentius	马格嫩提乌斯
Magnus	马格努斯
Magnus Maximus	马格努斯·马克西穆斯
Mago	马戈
Majonius	马约尼乌斯

Majorian	马约里安
Majorinus	马约里努斯
Malaric	马拉里克
Malea	马列亚
Mamaea	马梅娅
Mamertinus	马梅提努斯
Manes	灵位
Mani	摩尼
Manichaen	摩尼教
Mantua	曼图
Maogamalca	毛加玛恰
Maranga	马兰加
Marcella	玛塞拉
Marcellinus	马塞林努斯
Marcellus	马塞勒斯
Marcia	马尔恰
Marcian	马尔西安
Marcianopolis	马尔西诺波
Marcion	马吉安
Marcius Philippus	马修斯·菲利普斯
Marcius Turbo	马修斯·特尔波
Marcius Verus	马修斯·维鲁斯
Marcomans	马科曼尼人
Marcus Aurelius Antoninus	马可·奥勒留·安东尼
Mardia	马尔迪亚
Mardonius	马多尼乌斯
Mare Suebicum	苏维汇海
Margus	玛格斯
Maria	玛丽亚
Marius	马略
Marius Celsus	马略·塞尔苏斯

Maroboduus	马罗波杜斯
Mars	马尔斯
Marseilles	马赛
Marsian	马尔西
Martial	马夏尔
Martialis	马提亚尔
Martianus	马尔提阿努斯
Martin of Tours	图尔的马丁
Martius Macro	马略·马克罗
Mary	玛利亚
Mary I	玛丽一世
Mascezel	马西泽尔
Massagetans	马萨革泰人
Massalia	马萨利亚
Master	主宰者
Master of the Offices	御前大臣
Masters-general	主将
Maternus	马特努斯
Mattiarians	马提亚利安
Mauretania	毛里塔尼亚
Maxentius	马克森提乌斯
Maximianus	马克西米安
Maximilla	马克西米拉
Maximinus	马克西米努斯
Maximinus Thrax	马克西米努斯·色雷克斯
Maximus	马克西穆斯
Mazippa	马齐帕
Medea	《美狄亚》
Medes	米底亚人
Media	米底亚
Mediana	梅迪亚纳

Mediolanum	麦狄奥拉努姆
Meditations	《沉思录》
Megalesia	自然女神节
Mellobaudes	梅洛包德斯
Memmius Regulus	莫密乌斯·雷古勒斯
Memnia	梅姆尼娅
Memphis	孟菲斯
Menander	米南德
Menapian	梅纳皮亚
Mensurius	门苏里乌斯
Mentz	美因茨
Merida	梅里达
Merobaudes	迈罗鲍德斯
Mesopotamia	美索不达米亚
Messala Corvinus	梅萨拉·科维努斯
Messalina	梅萨利纳
Messalinus	梅萨里努斯
Messiah	弥赛亚
Metamorphoses	《变形计》
Metellus	梅泰卢斯
Methodius	美多迪乌
Metius Carus	梅修斯·卡鲁斯
Metius Pomposianus	梅修斯·庞波西亚努斯
Metropolitans	都主教
Mevania	麦瓦尼亚
Milichus	米利奇乌斯
Milo of Croton	克罗顿的麦洛
Milonia Caesonia	米洛妮娅·凯索妮娅
Miltiades	美基德
Milvian Bridge	米尔维安大桥
Minerva	弥涅耳瓦

Minervina	米内尔维娜
Ministers	牧师
Minucius	米努修
Minucius Fundanus	米纽修斯·丰达努斯
Misenum	米塞卢姆
Misitheus	米西修斯
Mithras	密特拉
Mithridatic war	米特里达梯战争
Mnester	麦尼斯特
Mnestheus	麦尼斯特乌斯
Modar	摩达尔
Modius	摩狄乌斯
Moesia	摩西亚
Mohammedan	穆罕默德
Mohammedanism	伊斯兰教
Moldavia	摩尔达维亚
Mona	莫纳
Monarchians	神格唯一论派
Mongols	蒙古人
Mont Cenis	塞尼山
Montanus	孟他努斯
Montius	蒙提乌斯
Moorad II	穆拉德二世
Moorish	摩尔人
Moors' Camp	摩尔军营
Mopsucrenae	莫普苏克雷奈
Moses	摩西
Mosheim	莫斯海姆
Mother of the Camp	军营之母
Mother of the Gods	诸神之母
Mount Moriah	摩利亚山

Mount Pholoe	法罗山
Mount Seleucus	塞琉古斯山
Mount Taurus	托罗斯山
Mount Vesuvius	维苏威火山
Mucia Tertia	穆西亚·特尔蒂亚
Mulvian Bridge	米尔维奥桥
Munatius Plancus	穆纳提乌斯·普兰库斯
Mursa	穆尔萨
Musianus	穆西亚努斯
Naarmalcha	纳哈尔马尔卡
Nabal	纳巴尔
Nabathaecans	纳巴泰
Nabdates	纳布达兹
Nacolia	纳科利亚
Nahar-malc	纳哈尔—马尔卡
Naissus	纳伊苏斯
Nanienus	纳尼努斯
Napoleon	拿破仑一世
Narbonese Gaul	纳博讷高卢
Narcissus	纳齐苏斯
Narni	纳尔尼
Narnia	纳尼亚
Narseh	纳塞赫
Natalis	纳塔利斯
Natural History	《自然史》
Nazarenes	拿撒勒派
Neaera	涅埃拉
Neapolis	那不勒斯
Neckar	内卡河
Nepos	尼波斯
Nepotianus	尼波提亚努斯

Neptune		尼普顿
Nerva		涅尔瓦
Nervian		内尔维
Nevitta		内维塔
New Anio		新阿尼奥
New Caesarea		新恺撒利亚
New Platonism		新柏拉图主义
New Testament		《圣经·新约》
Nicaea		尼西亚
Nicene Creed		《尼西亚信经》
Nicomedia		尼科米底亚
Nicopolis		尼科波利斯
Niester		尼斯特
Nigrinus		尼格里努斯
Nile		尼罗河
Nisibis		尼西比斯
Nismes		尼姆
Noah		诺亚
Nobeae		诺贝塔人
Nobilissimus		至尊者
Norbanus		诺尔巴努斯
Noricans		诺利卡人
Noricum		诺里库姆
Novae		诺维
Novarra		诺瓦拉
Novasium		诺瓦西乌姆
Nubians		努比亚人
Numa		努马
Numerian		努梅里安
Numidian		努米底亚人
Numinius Atticus		努米尼乌斯·阿提库斯

Numonius Vala	努米尼乌斯·瓦拉
Nymphidius Sabinus	尼姆菲迪乌斯·萨宾努斯
Oboles	欧帛
Octavia	屋大维娅
Octavianus	屋大维
Odaenathus	奥德奈苏斯
Odoacer	奥多亚塞
Odothaeus	奥多狄埃乌斯
Odyssey	《奥德赛》
Oedipus	俄狄浦斯
Ogdoad	八神会
Old Camp	老营
Olybrius	奥利布里乌斯
Olympius	奥林皮乌斯
Olympus	奥林波斯
Onomastus	奥诺玛司图斯
Optatus	奥普塔图斯
Orestes	欧瑞斯特
Origen	奥利金
Ormuzd	欧马兹特
Orontes	奥龙特斯
Osrhoene	奥斯尔欧尼
Ostia	奥斯蒂亚
Ostiaries	守门人
Ostorius Sabinus	奥斯托利乌斯·萨宾努斯
Ostorius Scapula	奥斯托利乌斯·斯卡普拉
Ostrogoths	东哥特人
Otho	奥托
Otriculum	奥特里库卢姆
Ovidius	奥维德
P. Anteius	普布里乌斯·昂提乌斯

P. Dolabella	普布里乌斯·多拉贝拉
P. Largus Caecina	普布里乌斯·拉古斯·凯基纳
P. Silius	普布里乌斯·西柳斯
P. Ostorius	普布里乌斯·奥斯托利乌斯
Paconius Agrippinus	帕哥尼乌斯·阿格利皮努斯
Padua	伯杜瓦
Paelignian	帕尔格纳
Palatine	帕拉丁山
Palatines	内卫军
Palatium	帕拉丁
Palestine	巴勒斯坦
Palladium	帕拉狄昂
Palladius	帕拉狄乌斯
Pallas	帕拉斯
Palmyra	帕尔米拉
Pandateria	潘达达里亚
Pannonia	潘诺尼亚
Pantaenus	潘代努
Panthea	诸神之神
Pantheon	万神殿
Paphian	帕福斯
Papinian	帕皮尼安
Papius	帕皮乌斯
Paraclete	帕拉克勒特
Paris	帕里斯
Parthamasiris	帕塔马西里斯
Parthamaspates	帕尔塔马斯帕提斯
Parthenius	巴尔特尼乌斯
Parthic	帕提亚克
Parthicus	帕提亚库斯
Pascha	复活节

Passienus	帕西努斯
Passover	逾越节
Patchwork	《杂缀集》
Patriarchs	宗主教
Patripassians	圣父受难论派
Patroclus	帕特洛克罗斯
Paul	保罗
Paulicians	保罗派
Paulinus	保利努斯
Paulus Catena	保卢斯·卡泰纳
Paulus Orosius	保罗·奥罗西
Pausanias	帕夫萨尼亚斯
Pavia	帕维亚
Pedagogue	《导师》
Pedo	佩多
Peloponnesian	伯罗奔尼撒
Penates	珀那忒斯
Pennine Alps	本宁阿尔卑斯山
Peraea	佩拉伊亚
Perennis	佩伦尼斯
Pergamus	帕加马
Perinthus	佩林苏斯
Peripatetic	逍遥学派
Perisabor	佩里萨波
Perseus	珀尔修斯
Persia	波斯
Persian Gulf	波斯湾
Persius	佩尔西乌斯
Pertinax	佩蒂纳克斯
Pessinus	培希努
Petillius Cerialis	佩提利乌斯·塞利亚雷斯

Petina	佩蒂纳
Petobio	佩托比奥
Petrarca	彼特拉克
Petronius	彼得罗纽斯
Petronius Maximus	彼特罗纽斯·马克西穆斯
Phaedra	菲德拉
Phaethon	法厄同
Phaon	法翁
Pharisees	法利赛派
Pharsalia	《法萨利亚》
Philagrius	费拉格利乌斯
Philip II	腓力二世
Philip V	腓力五世
Philippi	菲利皮
Philippopolis	菲利普波利斯
Philippus	菲利普
Philo	斐洛
Phoenicia	腓尼基
Photinus	阜提努
Phraates IV	弗拉特斯四世
Phrygian	弗里吉亚
Picts	皮克特人
Piedmont	皮埃蒙特
Pipa	皮帕
Piraeeus	比雷埃夫斯港
Piso Licinianus	皮索·李锡尼亚努斯
Pityus	皮提乌斯
Placentia	普拉森舍
Placidia	普拉西狄娅
Plancina	普兰西娜
Planesia	普拉尼亚

Plato	柏拉图
Platonism	柏拉图主义
Plautia	普劳提娅
Plautianus	普劳提阿努斯
Plautilla	普罗提拉
Plautius Lateranus	普劳提乌斯·拉德拉努斯
Pleroma	普累若麻
Pliny	普林尼
Pliny the Elder	老普林尼
Plotina	普洛蒂娜
Plotinus	柏罗丁
Plotius Tucca	普罗提乌斯·图卡
Plutarch	普鲁塔克
Po	波河
Pola	波拉
Pollux	波吕克斯
Polybius	波利比乌斯
Polycarp	波利卡普
Pompeia Magna	庞培娅·马尼亚
Pompeia Paulina	庞培娅·保利娜
Pompeii	庞贝
Pompeius	庞培
Pontia	潘提亚
Pontifex Maximus	大祭司
Pontus	本都
Poppaea	波培娅
Poppaus	波普埃尼乌斯
Porphyrogeniti	紫衣寝宫
Porphyry	波菲利
Posidus	波西德斯
Postumii	波斯图米

Postumius	波斯图姆斯
Pothinus	波提努斯
Praxeas	帕克西亚
Prelates	高级教士
Presburg	普雷斯堡
Presbyter	长老
Priapus	普里阿普斯
Prince of the Youth	青年王子
Princeps Senatus	首席元老
Prisca	普里斯卡
Priscilla	普丽西拉
Priscillianists	普里西拉派
Priscus	普利斯库斯
Probus	普罗布斯
Proclus	普罗克洛斯
Proconsuls	资深执政官
Procopius	普罗科皮乌斯
Proculus	普罗库卢斯
Profane	世俗信徒
Profuturus	普洛弗图拉斯
Promotus	普洛摩图斯
Propertius	普罗佩提乌斯
Prophets	先知
Propontis	普罗彭提斯
Propraetor	地方长官
Protectors	皇家卫队
Protestant	新教
Prusa	普鲁萨
Ptolemaeus	托勒密乌斯
Ptolemy	托勒密
Publius Terentius Varro	普布里乌斯·泰伦斯·瓦罗

Pulcheria	普尔喀丽娅
Punic war	布匿战争
Pupienus	普皮恩努斯
Puteoli	波佐利
Pyrenees	比利牛斯山脉
Pythagoreans	毕达哥拉斯学派
Pytho	德尔斐
Quadans	夸丹人
Quadratus	昆德纳图斯
Quaestor	财务官
Quietus	奎埃图斯
Quinctius Crispinus	昆可提斯·克里斯皮努斯
Quinquatrus	五日节
Quintilianus	昆提利安
Quintilius	昆提卢斯
Radagaisus	拉达盖苏斯
Raetia	拉埃提亚
Rando	兰多
Ratia	拉提亚
Ratians	拉提亚人
Ravenna	拉韦纳
Readers	诵经士
Reate	列阿特
Rechiar	瑞切尔
Red Sea	红海
Reformation	宗教改革运动
Regillianus	勒吉里阿努斯
Regulus	雷古勒斯
Remigius	雷米吉乌斯
Republic	《理想国》
Rhegium	利基翁

Rheims	里姆斯
Rhine	莱茵河
Rhodes	罗得岛
Rhodope	罗多彼
Rhodosaces	罗多塞斯
Rhone	罗讷河
Rhyndacus	林达库斯
Richard Hooker	理查德·胡克
Richomer	里绍默
Ricimer	里西默
Rimini	里米尼
River Aboras	阿波拉斯河
River Drave	德拉弗河
River Ems	埃姆斯河
Roman Republic	《罗马共和国史》
Romulus	罗慕路斯
Romulus Augustus	罗慕路斯·奥古斯都
Roxolans	罗克索拉尼人
Rubellius Blandus	鲁贝里乌斯·布兰都斯
Rubellius Plautus	鲁贝里乌斯·普拉图斯
Rubrius	卢布里乌斯
Rufinus	鲁菲努斯
Rufius Crispinus	鲁菲努斯·克里斯皮努斯
Rugians	鲁吉安人
Ruricius Pompeianus	卢里修斯·蓬佩阿努斯
Rusticus	鲁斯提库斯
Rutupia	鲁图皮亚
Sabellian	萨贝利人
Sabellianism	形态论
Sabellius	撒伯里乌
Sabina	萨比娜

Sabine	萨宾
Sacred Way	圣道
Saecular Games	百年节
Salarian	萨拉里亚
Salian Franks	撒利亚法兰克人
Sallust	萨卢斯特
Sallustius Lucullus	萨卢斯提乌斯·卢库鲁斯
Salmo	萨尔莫
Salona	萨罗那
Salvius Coccianus	萨尔维乌斯·科切亚努斯
Samaria	撒马利亚
Samaritans	撒马利亚人
Samos	萨摩斯
Samosata	萨莫萨塔
Sandwich	桑威奇
Sangarius	桑加里乌斯
Sangiban	桑吉班
Saone	索恩
Saphrax	萨弗拉克斯
Sapor I	沙普尔一世
Sapor II	沙普尔二世
Sappho	萨福
Sardica	萨尔迪卡
Sarmatian	萨尔马提亚
Sarmaticus	萨尔马提库斯
Sarus	绍鲁什
Sassanian	萨珊王朝
Satan	撒旦
Satornilus	萨图尼鲁斯
Saturn	萨图尔
Saturnalia	农神节

Saturninus	萨图尼努斯
Saul	扫罗
Save	萨沃河
Saverne	萨凡纳
Saxa Rubra	萨沙鲁布拉
Saxons	撒克逊人
Scandinavian peninsula	斯堪的纳维亚半岛
Scevinus	西维努斯
Schlettstadt	塞莱斯塔
Scipio	西皮奥
Scots	苏格兰人
Scribonia	斯里柏尼娅
Scudilo	斯库底洛
Scutarians	斯库塔里人
Scythia	塞西亚
Sebastian	塞巴斯蒂安
Secret Discipline	灵修神学
Secundinus	塞康狄努斯
Secutor	盾剑手
Segestes	赛格斯特斯
Segovia	塞哥维亚
Seine	塞纳河
Seius Strabo	赛伊乌斯·斯特拉博
Seleucia	塞琉西亚
Selinus	塞利努斯
Sempronius Gracchus	森普罗尼乌斯·格拉胡斯
Seneca	塞内卡
Sens	桑斯
Septa	赛普塔
Septimius Severus	塞普提米乌斯·塞维鲁
Septitius Clarus	塞普提克乌斯·克拉卢思

Sequanians	塞夸尼人
Serapis	塞拉皮斯
Serena	塞雷娜
Serenius Granianus	塞雷纽斯·格兰尼亚努斯
Servianus	塞维亚努斯
Servilia	塞维丽娅
Servilian	塞维利亚花园
Sestertia	赛斯特斯
Seth	塞特
Severian	谢韦里安
Severianus	塞维里亚努斯
Severina	塞维莉娜
Severus II	塞维鲁二世
Seville	塞维利亚
Shepherd of Hermas	《黑马牧人书》
Sibylline	西比莱
Sicambrians	西坎布里亚人
Sicarians	西卡里
Sicily	西西里
Sicorius Probus	西科里乌斯·普罗布斯
Sido	西多
Sidon	西顿
Sigimer	西吉默
Silanus	锡拉努斯
Silius Italicus	西利乌斯·伊塔利库斯
Silius Messala	西柳斯·梅萨拉
Silvae	《希尔瓦》
Silvanus	西尔瓦努斯
Similis	西米利斯
Simon	西门
Simon Magus	术士西满

Simplicius	辛普利西乌斯
Singara	辛格拉
Singaric	西格里克
Sinuessa	锡纽萨
Sirmium	西尔米乌姆
Sisci	锡斯西亚
Slavonian	斯拉夫人
Smyrna	士麦那
Soaemis	索埃米斯
Socrates	苏格拉底
Sohemus	苏赫穆斯
Solomon	所罗门
Solway Firth	索尔韦湾
Sophia	索菲娅
Sosia Galla	索西亚·加拉
Sosius Falco	索修斯·法尔科
Spire	斯皮尔
Spoleto	斯波莱托
Sporus	斯波鲁斯
St.Babylas	圣巴比拉斯
St.Bartholomew	圣巴塞洛缪
St.Simeon	圣西门
St.Germanicus	圣日耳曼尼库斯
Stabiae	斯塔比伊
Statilius Taurus	斯塔提乌斯·托鲁斯
Statius	斯塔提乌斯
Statius Annaeus	斯塔提乌斯·安内乌斯
Stephanus	斯特凡努斯
Stilicho	斯提里科
Stoic	斯多葛
Straits of Gades	加迪斯海峡

Strasburg	施特拉斯堡
Stromata	《杂集》
Subdeacons	副执事
Subrius Flavins	苏布里乌斯·弗列文斯
Succi	苏奇
Suetonius	苏埃托尼乌斯
Suevia	施瓦本
Suevians	苏维汇
Sulla	苏拉
Sulpicianus	苏尔庇西亚努斯
Sumere	苏美尔
Suomar	索玛尔
Surena	苏雷纳
Surrentum	苏伦图姆
Susa	苏萨
Svanhildr	斯万希尔德
Switzerland	瑞士
Sword	《剑》
Syene	赛伊尼
Symmachus	叙马库斯
Syracuse	锡拉库萨
Syria	叙利亚
T. Vinius	提图斯·维尼乌斯
Tabraca	塔巴卡
Tacfarinas	塔克法利纳斯
Tacitus	塔西佗
Tadmor	塔德莫尔
Taifalans	泰法兰人
Tanaron	塔纳龙
Tarentum	他林敦
Tarracina	泰拉奇纳

Tarraco	塔拉科
Tarragona	塔拉戈纳
Tarruntius Paternus	塔伦蒂乌斯·帕特努斯
Tarsus	塔尔苏斯
Tatars	鞑靼人
Tatian	塔蒂安
Tatianus	塔蒂亚努斯
Tauric Chersonese	陶鲁斯切尔松尼斯
Telemachus	忒勒马科斯
Tencterans	泰克特兰人
Terentia	特伦蒂娅
Terminalia	界神节
Terni	特尔尼
Tertullian	德尔图良
Tetricus I	泰特里库斯一世
Teutoburg forest	条顿堡林山
The Decline and Fall of the Roman Empire	《罗马帝国衰亡史》
The Law of Treason	《叛国罪法》
The Taking of Ilium	《占领伊利昂》
Thebaean	提巴安
Thebais	蒂巴伊斯
Thebaïs	《忒拜史诗》
Thebes	底比斯
Theocritus	塞奥克里托斯
Theodora	狄奥多拉
Theodoret	西奥多
Theodoric I	狄奥多里克一世
Theodoric II	狄奥多里克二世
Theodosius II	狄奥西多二世
Theodotus	狄奥多图斯
Theophilus	特奥菲卢斯

Thermantia	塞曼提娅
Thessalonica	塞萨洛尼基
Thessaly	色萨利
Theurgia	神通术
Thilsaphata	提尔沙法塔
Thilutha	提卢塔
Thrace	色雷斯
Thrasea	特拉赛亚
Thrasea Priscus	赛拉西·普里斯库斯
Thraseas Paetus	特拉塞亚·帕埃图斯
Thucydides	修昔底德
Thyestes	堤厄斯忒斯
Ti. Alexander	提比略·亚历山大
Tiberius	提比略
Tiberius Claudius Caesar Britannicus	提比略·克劳狄·恺撒·不列塔尼库斯
Tiberius Pompeianus	提比略·庞培阿努斯
Tibullus	提布鲁斯
Tibur	蒂布尔
Ticinum	达提西努姆
Tigellinus	提格利努斯
Timaeus	《蒂迈欧篇》
Time of the Thirty Tyrants	三十僭主时期
Tiridates	梯里达底
Tithe	什一税
Titianus	提蒂亚努斯
Titius Sabinus	蒂蒂乌斯·萨宾努斯
Titus	提图斯
Toga	托加袍
Tomi	托米
Tongres	通格尔
Torrismond	多里斯蒙德

Tortona	托尔托纳
Toulouse	图卢兹
Touraine	图赖讷
Traditor	叛教者
Trajan's Forum	图拉真广场
Trajanus	图拉真
Tranquillina	特兰奎利娜
Transubstantiation	圣餐变体
Transylvania	特兰西瓦尼亚
Trasyllus	特拉塞尔乌斯
Trebellianus	特雷贝里亚努斯
Trebizond	特拉布宗
Treves	特里尔
Trevirians	特列维利亚
Triarius Maternus	特里亚乌斯·马特努斯
Tribunes	保民官
Tribunitian	终身保民官
Triclinium	卧躺餐厅
Tridentum	特里登图姆
Tripolis	的黎波里人
Troyes	特鲁瓦
Tudor	都铎王朝
Tullius Senecio	图利乌斯·塞尼西奥
Tungrian	佟古累人
Turcilingans	图尔奇林根人
Turin	都灵
Tuscan	图斯坎
Tuscany	托斯卡纳
Tyana	提亚纳
Tyne	泰恩
Tyre	提尔

Ubians	乌比安人
Ubians' Altar	乌比亚祭坛
Ulpian	乌尔皮安
Ulpius Crinitus	乌尔比乌斯·克利尼特乌斯
Ulpius Julianus	乌尔比乌斯·尤利安努斯
Ulpius Trajanus	乌尔比乌斯·图拉真努斯
Umbria	翁布里亚
Uorium	乌奥利姆
Upper Egypt	上埃及
Upper Nile	上尼罗河
Urbino	乌尔比诺
Urcisinus	乌尔西努斯
Ursulus	乌尔苏卢斯
Usipetans	乌西佩坦人
Vaballathus	瓦巴拉图斯
Vadomar	瓦多玛尔
Valens	瓦伦斯
Valentia	瓦伦提亚
Valentine	瓦伦廷
Valentinian	瓦伦提尼安
Valeria	瓦莱里娅
Valerian	瓦勒良
Valerius Asiaticus	瓦列里乌斯·阿西阿提库斯
Valerius Flaccus	瓦列里乌斯·弗拉库斯
Valerius Valens	瓦莱里乌斯·瓦伦斯
Valgius	瓦尔吉乌斯
Valladolid	巴利亚多利德
Vandals	汪达尔人
Vangionians	凡吉尼亚人
Varius	瓦利乌斯
Varronianus	瓦罗尼亚努斯

Varus	瓦鲁斯
Vatican	梵蒂冈
Velleius Paterculus	维莱伊乌斯·帕特尔库鲁斯
Venians	维尼亚人
Venus	维纳斯
Venusium	韦诺萨
Verginius Rufus	维吉尼乌斯·鲁弗斯
Verissimus	维利西姆斯
Verona	维罗纳
Vespasianus	韦斯巴芗
Vestal Virgins	维斯塔贞女
Vestinus	维斯提努斯
Vestricius Spurinna	维斯提休斯·斯波里纳
Vetranio	维特里亚诺
Vibidia	维比迪娅
Vibius Crispus	维比乌斯·克里斯珀斯
Vicars	代理官
Vicenza	维琴察
Vice-prefects	副总长
Victor	维克托
Victorinus	维克托利努斯
Vidal	维达尔
Vienne	维埃纳
Viminal	维米那勒
Vindelicans	温得利人
Vindex	文德克斯
Vipsania Agrippina	维普撒妮亚·阿格里皮娜
Virgil	维吉尔
Virtha	塞维尔塔
Visellius Varro	维塞利乌斯·瓦罗
Visigoths	西哥特人

Vitellius	维特利乌斯
Volga	伏尔加
Vologeses	沃洛吉斯
Volusianus	沃鲁西安努斯
Vulsinii	沃尔西尼
Wallachia	瓦拉几亚
Wallia	瓦利亚
Weser	威悉河
Windisch	温迪施
Witheric	威瑟里克
Withimer	威悉默
Worms	沃尔姆斯
Xenophon	色诺芬
Xerxes	薛西斯
Yoga	瑜伽士
York	约克
Young Agrippa	小阿格里帕
Young Dalmatius	小达尔马提乌斯
Young Lepidus	小雷必达
Young Theodosiu	小狄奥多西
Zabdas	扎伯达斯
Zabern	察贝恩
Zammac	扎马克
Zealots	奋锐党人
Zeno	泽诺
Zenobia	芝诺比阿
Zermizegethusa	泽米兹格图萨
Zoroaster	琐罗亚斯德